[illegible]

女光明年贰拾岁 [illegible]

男明鹤年叁拾陆岁 [illegible]

男思社年贰拾贰岁 白丁

男明春年贰拾陆岁 白丁

[illegible]

敦煌社會歷史文獻釋録第一編

策劃、主編：郝春文

英藏敦煌社會歷史文獻釋録

第十一卷

郝春文、王秀林、陳于柱、韓鋒、宋雪春、聶志軍、杜立暉　編著

助編：游自勇、王曉燕

SSAP
社會科學文獻出版社
SOCIAL SCIENCES ACADEMIC PRESS (CHINA)

本書第十一卷　係
國家社會科學基金重大項目（10&ZD080）
上海市哲學社會科學規劃重大課題
國家社會科學基金一般項目（04BZS004）
本書出版得到國家古籍出版專項經費資助

敦煌社會歷史文獻釋録

凡例

一　本書係大型文獻圖集《英藏敦煌文獻》的文字釋録本。其收録範圍、選擇内容均與上書相同。但增收該書漏收的部分佛教典籍以外文獻；對於該書未收的佛經題記，因其具有世俗文書性質，亦予增收；對於該書所收的部分佛經，本書則予以剔除。凡屬增收、剔除之文書，均作説明。

二　本書的編排順序係依收藏單位的館藏編號順序排列。每號文書按正背次序排列，背面以『背』（V）表示。文書正背之區分均依文書原編號。發現原來正背標錯的情況，亦不改動，但在校記中加以説明。

三　凡一號中有多件文書者，即依次以件爲單位進行録校。在每件文書標題前標明其出處和原編號碼。

四　每件文書均包括標題、釋文兩項基本内容；如有必要和可能，在釋文後加説明、校記和有關研究文獻等内容。

五　文書的擬題以向讀者提供儘量多的學術信息爲原則，凡原題和前人的擬題符合以上原則者，即行採用；不符者則重新擬題。

六　凡確知爲同一文書而斷裂爲兩件以上者，在校記中加以説明；若能直接綴合，釋文部分將逕録綴合後的釋文。

七　本書之敦煌文獻釋文一律使用通行繁體字釋録。釋文的格式採用兩種辦法，對有必要保存原格式的文書，以忠實原件、反映文書的原貌爲原則，按原件格式釋録；没有必要保存原格式的文獻，則採用自然行釋録。原件中之逆書（自左向右書寫），亦不改動；一件文書寫於另一件文書行間者，分别釋録，但加以説明。保存原格式的文書，原文一行排不下時，移行時比文書原格式低二格，以示區别。

八　釋文的文字均以原件爲據，適當吸收前人的研究成果。如已發表的釋文有誤，則逕行改正，並酌情出校。

九　同一文書有兩種以上寫本者，釋録到哪一號，即以該號中之文書爲底本，以其他寫本爲參校本；有傳世本者，則以寫本爲底本，以傳世本爲參校本。

一〇　底本與參校本内容有出入，凡底本中之文字文義可通者，均以底本爲准，而將參校本中之異文附於校記，以備參考。若底本有誤，則保留原文，在錯誤文字下用（　）注出正字；如底本有脱文，可據他本和上下文義補足，但需將所補之字置於〔　〕内；改、補理由均見校記。

一一　原件殘缺，依殘缺位置用（前缺）、（中缺）、（後缺）表示。因殘缺造成缺字者，用

□表示，不能確知缺幾個字的，上缺用□表示，中缺用□表示，下缺用□表示，一般佔三格，但有時爲了保持原文格式，可適當延長，視具體情況而定。

一二　凡缺字可據別本或上下文義補足時，將所補之字置於□內，並在校記中說明理由；原文殘損，但據殘筆劃和上下文可推知爲某字者，逕補；無法擬補者，從缺字例；字跡清晰，但不識者照描，在該字下注以『（？）』，以示存疑；字跡模糊，無法辨識者，亦用□表示。

一三　原書寫者未書完或未書全者，用『（以下原缺文）』表示。

一四　原件中的俗體、異體字，凡可確定者，一律改爲通行繁體字；有些因特殊情況需要保留者，用（　）將正字注於該字之下。

一五　原件中的筆誤和筆劃增減，逕行改正；出入較大的保留，用（　）在該字之下注出正字，並在校記中說明理由。

一六　原件中的同音假借字照錄，但用（　）在該字之下注出本字。

一七　原件有倒字符號者，逕改；有廢字符號者，不錄；有重疊符號者，直接補足重疊文字；均不出校。有塗改、修改符號者，只錄修改後的文字；不能確定哪幾個字是修改後應保留的，兩存之。有塗抹符號者，能確定確爲作廢者，不錄；不能確定已塗抹的文字，則照錄。原寫於行外的補字，逕行補入行內；不能確定補於何處者，仍照原樣録於夾行中。

一八　原件中的衍文，均保留原狀，但在校記中注明某字或某字至某字衍，並説明理由。

一九　文書中的朱書和印跡，均在説明中注明。

二〇　本書收録與涉及的敦煌文獻，在標明其出處時，使用學界通用的略寫中文詞和縮寫英文詞，即：

『斯』：倫敦英國國家圖書館藏敦煌文獻斯坦因（Stein）編號

『北敦』（BD）：北京中國國家圖書館藏敦煌文獻編號

『Ch BM』：倫敦英國國家博物館藏敦煌絹紙畫編號

『Ch IOL』：倫敦英國印度事務部圖書館藏敦煌文獻編號

『S. P』：倫敦英國國家圖書館藏敦煌文獻木刻本斯坦因（Stein）編號

『伯』：巴黎法國國立圖書館藏敦煌文獻伯希和（Pelliot）編號

『Дх. 』：聖彼得堡俄羅斯聯邦科學院東方文獻研究所藏敦煌文獻編號

『Ф. 』：聖彼得堡俄羅斯聯邦科學院東方文獻研究所藏敦煌文獻弗魯格（Флуг）編號

目録

斯二〇九二背　一　殘片（舍地著物抄）

釋文

壁（擘）三張來兒舍一口[一]，東西并基一丈六尺八寸，南北并北頭基七尺八寸。計重張地一百三十一尺四分，著物二十六石二斗四合。

説明

此件寫於《金光明最勝王經》卷背用於修補該經的殘紙上，該紙横粘於經卷紙背，雖是殘片，但文字似未殘缺。《敦煌社會經濟文獻真蹟釋録》擬題爲《張來兒舍地基帳》，《英藏敦煌文獻》擬名爲『殘片（賣宅舍契）』，從其内容看似爲舍地著物抄。除此件外，此卷背尚有另一件修補佛經的殘紙和『妙法蓮花經品名録』。

校記

〔一〕『壁』，當作『擘』；『擘三』，《敦煌契約文書輯校》疑爲吐蕃時期之『擘三部落』。

參考文獻

《敦煌資料》一輯，北京：中華書局，一九六一年，三〇八頁；《西北史地》一九八三年四期，八九頁；《敦煌寶藏》一一六册，臺北：新文豐出版公司，一九八一年，一一九頁（圖）；《隋唐五代經濟史料彙編校注》一編（下），北京：中華書局，一九八七年，九七三頁（録）；《敦煌社會經濟文獻真蹟釋録》三輯，北京：全國圖書館文獻縮微複製中心，一九九〇年，五六七頁（録）；《英藏敦煌文獻》四卷，成都：四川人民出版社，一九九一年，一頁（圖）；《敦煌吐魯番研究》三卷，北京：北京大學出版社，一九九八年，二〇九頁；《敦煌契約文書輯校》，南京：江蘇古籍出版社，一九九八年，三頁；*Tunhuang and Turfan Documents Concerning Social and Economic History* (Supplement)，東京：東洋文庫，二〇〇一年，五一頁（録）。

斯二〇九二背　二　殘片（庫藏本來非常用詩）

釋文

（前缺）

□□□□出世塵。庫藏本來非常用，
□□□□常作意，道路蹈巖實苦身〔一〕。
□□□□□微塵〔二〕。世世相遇善知識，
□□□□□□王佐，精勤苦行實難乘〔三〕。

（後缺）

説明

此件寫於《金光明最勝王經》背修補該經的殘紙上，前後上下均缺，存四殘行，從所存文字看是一首以佛教思想爲背景的詩。

校記

〔一〕「崾」，《敦煌遺書總目索引》、《敦煌遺書總目索引新編》均釋作「崢」，《敦煌詩集殘卷輯考》釋作「嶮」。

〔二〕「微」，《敦煌遺書總目索引新編》釋作「佩」，誤。

〔三〕此句《敦煌遺書總目索引新編》釋作「（上缺）人，精勤苦行實難求，王位（下缺）」。

參考文獻

《敦煌寶藏》一六册，臺北：新文豐出版公司，一九八一年，一一九頁（圖）；《敦煌遺書總目索引》，北京：中華書局，一九八三年，一五〇頁（録）；《英藏敦煌文獻》四卷，成都：四川人民出版社，一九九一年，一頁（圖）；《敦煌遺書總目索引新編》，北京：中華書局，二〇〇〇年，八六六頁（録）；《敦煌詩集殘卷輯考》，北京：中華書局，二〇〇〇年，六三頁（録）。

斯二〇九二背　三　妙法蓮花經品名録

釋文

《妙法蓮花經》序品第一　方便品第二　辟（譬）喻品第三[一]
信解品第四　藥草喻品第五　授記品第六　化城喻品第七
五百第（弟）子授記品第八[二]　授學無學人記品第九　法師品第十
見寶塔品第十一　提婆達多品第十二　勸持品第十三
安樂行品第十四　從地踊（涌）出品第十五[三]　如來壽量品第十六
分別功德品第十七　隨憙功德品第十八　法師功德品第十九
常不輕菩薩品第廿　如來神力品第廿一　囑累品第廿二[四]
藥王菩薩品第廿三　妙音菩薩品廿四　觀世音菩薩普門品廿五
陀羅尼品第廿六　妙莊嚴王本事品廿七　菩（普）賢菩薩勸發品廿八[五]
度量天地品廿九　馬鳴菩薩品卅

説明

此件《英藏敦煌文獻》未收，現予增收。原文倒書，無題。方廣錩認爲此件約抄於公元九、十世紀，並定名爲『妙法蓮花經品名録』（參見《敦煌佛教經録輯校》，四一四至四一七頁）。

校記

〔一〕『辟』，當作『譬』，據文義改，『辟』爲『譬』之借字；《敦煌佛教經録輯校》逕釋作『譬』。

〔二〕『第』，當作『弟』，據文義改，『第』爲『弟』之借字；《敦煌佛教經録輯校》逕釋作『弟』。

〔三〕『踊』，當作『涌』，據《大正新脩大藏經》改，『踊』爲『涌』之借字。

〔四〕『囑』，《敦煌佛教經録輯校》釋作『矚』，誤。

〔五〕『菩』，當作『普』，據文義改，《敦煌佛教經録輯校》逕釋作『普』；『勸發』，底本原漏抄，後補寫於『廿八』下，『勸發』後尚有一小『口』字，疑爲『品』之上部，今按文例將『勸發』二字補於『菩薩』和『品』之間，《敦煌佛教經録輯校》録作『普賢菩薩品廿八，勸發品』並出校説明。

參考文獻

《敦煌寶藏》一六册，臺北：新文豐出版公司，一九八一年，一二〇頁（圖）；《敦煌佛教經録輯校》（上），南京：江蘇古籍出版社，一九九七年，四一四至四一七頁（録）。

斯二〇九六背　一　維摩詰經品名録

釋文

解脱佛國品第一
方便品第二
弟子品第三
菩薩品第四
文殊師利問疾品第五
不思議品第六
觀衆生品第七
佛道品第八
入不二法門品第九
香積品第十
菩薩行品第十一

見阿閦佛品第十二〔一〕
法供養品第十三
囑累品第十四

説明

此件抄寫於《佛説太子須大拏經》卷背，無題，《敦煌佛教經録輯校》擬題作『維摩詰經品名録』，並認爲抄寫於十世紀。其後有蔣孝琬所書數碼與《佛説太子須大拏經》，未録。此件《英藏敦煌文獻》未收，現予增收。

校記

〔一〕『閦』，《敦煌佛教經録輯校》釋作『闘』，誤。

參考文獻

《敦煌寶藏》一六册，臺北：新文豊出版公司，一九八一年，一二七頁（圖）；《敦煌佛教經録輯校》（上），南京：江蘇古籍出版社，一九九七年，四二〇至四二一頁（録）。

斯二〇九六背　二　雜寫（准前件人處分等）

釋文

准前件人之之之之之之

處處處處分官流沙

説明

此件爲時人隨手所寫，倒書，《英藏敦煌文獻》未收，現予增收。

參考文獻

《敦煌寶藏》一六册，臺北：新文豐出版公司，一九八一年，一二七頁（圖）。

斯二〇九八背　龍勒鄉百姓氾乾真

釋文

龍勒鄉百姓氾乾真

□國□清□

（後缺）

說明

此件抄寫於『問五眼三身名目』卷背，尾缺，僅存第一行及第二行之部分文字。

參考文獻

《敦煌寶藏》一六册，臺北：新文豐出版公司，一九八一年，一三八頁（圖）；《敦煌遺書總目索引》，北京：中華書局，一九八三年，一五〇頁（録）；《英藏敦煌文獻》四卷，成都：四川人民出版社，一九九一年，二頁（圖）；《敦煌遺書總目索引新編》，北京：中華書局，二〇〇〇年，六三頁（録）。

斯二一〇三　酉年十二月南沙灌進渠用水百姓李進評等乞給公驗牒及判

釋文

城南七里神農河母，兩勒汎水，游淤沙坑，空地兩段共參突。（東至磧，西至賀英倩，南道口，北至神農河北馬國清。）

右南沙灌進渠用水百姓李進評等，爲已
前移灌進口向五石口前，逐便取水。本
無過水渠道，遂憑劉屯子邊賣（買）合行人
地壹突用水[一]。今劉屯子言是行人突
地，依籍我收地，一任渠人別運爲。進評
等今見前件沙淤空閑地，擬欲起畔耕
犁，將填還劉屯子渠道地替，溉灌得一
渠百姓田地，不廢莊園。今擬開耕，恐後無
憑，乞給公驗處分。

牒件狀如前，謹牒。

酉年十二月　日　灌進渠百姓李進評等

百姓胡千榮

百姓楊老老

百姓竇太寧

百姓張達子

百姓氾德清

付營官尋問，實空

閑無主，任脩理佃種。

弁示。

廿三日

説明

此件是渠人狀上有司乞給耕種空閑地之公驗牒，牒後有另筆大字判文，書於百姓署名之上。牒用地支紀年，中有『突地』一詞，其時代應在吐蕃管轄敦煌時期。

校記

〔一〕『賣』，當作『買』，《敦煌社邑文書輯校》據文義校改。

參考文獻

《唐代長安與西域文明》，北京：三聯書店，一九五七年，二一二頁；《中國古代籍帳研究》，東京：東洋文化研究所，一九七九年，五一八頁（録）；《敦煌寶藏》一六册，臺北：新文豐出版公司，一九八一年，一六四頁（圖）；《敦煌吐蕃文獻選》，成都：四川人民出版社，一九八三年，六〇頁；《敦煌吐魯番出土經濟文書研究》，廈門：廈門大學出版社，一九八六年，三六六頁；《敦煌吐魯番文獻研究論集》三輯，北京：北京大學出版社，一九八六年，四七四頁注八、四八三頁、五〇〇頁注五、五〇七頁、五一二頁、五三二頁注一九；《唐五代敦煌寺户制度》，北京：中華書局，一九八七年，一〇八頁；《敦煌社會經濟文獻真蹟釋録》二輯，北京：全國圖書館文獻縮微複製中心，一九九〇年，三七四頁（録）；《英藏敦煌文獻》四卷，成都：四川人民出版社，一九九一年，二頁（圖）；《敦煌殘卷爭訟文牒集釋》，蘭州：甘肅人民出版社，一九九三年，八二頁（録）；《敦煌吐魯番學研究論集》，北京：書目文獻出版社，一九九六年，三二六頁；《敦煌史地新論》，臺北：新文豐出版公司，一九九六年，一〇九頁；《敦煌社邑文書輯校》，南京：江蘇古籍出版社，一九九七年，三六四至三六五頁（録）；《敦煌歷史地理導論》，臺北：新文豐出版公司，一九九七年，二六三頁；*Tunhauang And Turfan Documents Concerning Social And Economic History*（Supplement），東京：東洋文庫，二〇〇一年，六八至六九頁（録）；《敦煌學通論》，蘭州：甘肅教育出版社，二〇〇二年，五九、二九四頁；《敦煌歸義軍史專題研究續編》，蘭州：蘭州大學出版社，二〇〇三年，二七二、二七九頁；《敦煌學》二四輯，臺北：樂學書局有限公司，二〇〇三年，一〇三頁；《周秦漢唐文化研究》三輯，西安：三秦出版社，二〇〇四年，一四二頁。

斯二一〇四背　一　雜寫（自從面別道路長等）

釋文

從
道清　大般羅（若）波羅蜜多經[一]
自星闔現言符講誕之
天公主降禮於
天　土　厥今齊年　今月
自從面別道路長
爾見　尊
外道宗　爾爾　墮於地　元元元元爲
徒三昧
空空大空勝義勝力
今日對　面面對見日

南無南無　南南
南無無無　之德以　以故日相召大大寶
金剛般金光明中　隨卯之也
太子見曹詔中書門下曰勅

說明

此卷爲時人利用《大乘百法明門論開宗義記》卷背的空白隨手所寫。該卷中間斷裂且殘缺，分爲A、B兩卷。卷背内容龐雜，主要包括《神沙鄉百姓賈憨憨等狀稿》、《書信抄》、《贈法清師詩》、殘狀、習字以及其他雜寫。這些内容有的正書，有的倒書，各件及各行間時存空白，少則一行，多則數行，並非連續抄寫，有的字亦未抄完，僅寫部首或筆畫。爲忠實原卷、反映文書的原貌，此卷按原格式從B卷的背面開始，依次釋録。

此件爲雜寫，其中最後一句『太子見曹詔中書門下曰勅』似爲另人所寫，朱筆倒書。

校記

〔一〕『羅』，當作『若』，據文義改。

參考文獻

《敦煌寶藏》一六册，臺北：新文豐出版公司，一九八一年，一六八至一六九頁（圖）；《英藏敦煌文獻》四卷，成都：四川人民出版社，一九九一年，三至四頁（圖）。

斯二一〇四背　二　神沙鄉百姓賈憨憨等狀稿

釋文

神沙鄉百姓賈憨憨　　等狀

右伏以憨憨腹生男四人，弟（第）三男潤定〔一〕，遂雇與鄉官某甲家中，就山牧羊，經今三載，身相不見。言道昨人來，被牧羊人失羊〔二〕，卻打煞〔三〕，其他家人都不肯問信〔四〕。但則雇取，悉見不言交（教）失羊〔五〕，卻打煞〔六〕，病今有見人道是〔七〕，不聽修取。伏望　司空阿郎〔八〕，仁明照察〔九〕，哀〔一〇〕（以下原缺文）

説明

此件倒書，原未抄完，似爲狀稿，有朱筆塗抹痕跡。如不録朱筆塗抹的文字，則全文難以讀通，故以上釋文照録朱筆塗抹的文字，但在校記中説明何處已被朱筆塗抹。

校記

〔一〕『弟』，當作『第』，據文義改，『弟』爲『第』之本字。

〔二〕『羊』、『失羊』，已被朱筆塗抹。

〔三〕『卻打煞』，已被朱筆塗抹。

〔四〕『其他牧』，已被朱筆塗抹。

〔五〕『交』，當作『教』，據文義改，『交』爲『教』之借字。

〔六〕『卻打煞』，已被朱筆塗抹。

〔七〕『療（？）今』，已被朱筆塗抹。

〔八〕『阿郎』，已被朱筆塗抹。

〔九〕『仁明照察』，已被朱筆塗抹。

〔一〇〕『哀』，已被朱筆塗抹。

參考文獻

《敦煌寶藏》一六册，臺北：新文豐出版公司，一九八一年，一六九頁（圖）；《英藏敦煌文獻》四卷，成都：四川人民出版社，一九九一年，四頁（圖）。

斯二二〇四背　三　雜寫（靈圖寺道林律師、金光明寺僧道清等）

釋文

南無海德光明　南南明

金光明寺

靈進張僧和尚枉法

空空大空勝義空有爲空畢竟空無智空

靈圖寺道林律師金光明寺僧道清二人同師同學同見同行者

身形不長不矩（短）[一]，〔面〕帶紅帶白[二]。語含嬌而未正，髻慵整以常偏。

□實封伍佰户何（河）西萬户候（侯）賜此（紫）[三]

進使賈

寺寺　春

開元

是暫

校記

〔一〕「矩」，當作「短」，據文義改。

〔二〕「面」，據文義補。

〔三〕「何」，當作「河」，據文義改，「何」爲「河」之借字；「候」，當作「侯」，據文義改，「候」爲「侯」之借字；「此」，當作「紫」，據文義改。

參考文獻

《敦煌寶藏》一六册，臺北：新文豐出版公司，一九八一年，一六九至一七〇頁（圖）；《英藏敦煌文獻》四卷，成都：四川人民出版社，一九九一年，四頁（圖）。

斯二一〇四背　四　雜寫（懶重抄等）

釋文

懶重抄。可憐庫□

打破雕樑雙燕□

雙　是　前□

說明

此件原抄寫於『雜寫（靈圖寺道林律師、金光明寺僧道清）』之後，任半塘認爲是歌辭，題作『失調名「雕梁雙燕」』（參見《敦煌歌辭總編》上，五四三頁）。

參考文獻

《敦煌寶藏》一六册，臺北：新文豐出版公司，一九八一年，一七〇頁（圖）；《英藏敦煌文獻》四卷，成都：四川人民出版社，一九九一年，四頁（圖）；《敦煌歌辭總編》（上），上海古籍出版社，一九八七年，五四三頁（録）。

斯二一〇四背　五　上道清法師詩并序

釋文

某乙雖歸塵俗，常曉政□

非身歸有相歸依無

以師□□□□會乃

不堪□

緣住世

常

玉

（中缺）

客風乖違　雕樑燕　管領寂寮（寥）〔一〕，必有思鄉之

　喜慶萬户求巧之晨（辰）〔二〕，忽捧榮牋，又程繡翰，勿爲怪訝。是他不是他

是他。

七月佳大（人）喜〔三〕，路逞令凡手，令公貴位，是伏以某乙忝叨，肩素好花，領以圓頂，大信張和尚及忝叨恩煦，陪覺悚慚。某乙准合朝朝，令公傳聞播西，美標外門。

自到敦煌有多時〔四〕，每無管領接括（話）希〔五〕。寂莫（寞）如今不請（消）說〔六〕，苦樂如斯各自知。思良（量）鄉井我心悲〔七〕，未曾一日展開眉。耐得清師頻管領〔八〕，似逢親識是人知〔九〕。

切（竊）以某乙家鄉萬里〔一〇〕，涉歧路而長賒；羡愛龍沙，收心住足。初聽蛩吟於階砌，乍聞蟬噪於高梧。是千門求富之辰，乃巧女七夕之夜。輒奉諸賢，寧無誰思，遂述七言詩，清師勿令怪笑。

七月佳人喜夜情（晴）〔一一〕，各將花果到中庭。爲求織女專心座（坐）〔一二〕，乞巧樓前直至明。

又述五言：

乞巧望天河，雙雙並綺羅。不猶（憂）針眼小〔一三〕，只要月明多。

乞巧臺前有天河，雙雙織女在綺〔□〕〔一四〕。

不問女秋風天河。

説明

此件應爲某位從其他地方到敦煌的僧人所作，贈給敦煌的『管領』『清師』，詩序中有『令公』，其時代當在曹氏歸義軍時期。詩作者和『清師』均待考。其中之《又述五言》實爲施肩吾《乞巧詞》，《萬首唐人絶句》五言卷六（一〇七頁）、《全唐詩》皆收録（參見《全唐詩》一五册，卷四九四，五五八九頁）。

校記

〔一〕『寮』，當作『寥』，據文義改，『寮』爲『寥』之借字。
〔二〕『晨』，當作『辰』，據文義改，『晨』爲『辰』之借字。
〔三〕『大』，當作『人』，據文義改。
〔四〕『自』，《敦煌詩歌導論》、《敦煌遺書總目索引》釋作『身』。
〔五〕『括』，當作『話』，《敦煌詩歌導論》據文義校改。
〔六〕『莫』，當作『寞』，據文義改，『莫』爲『寞』之借字，《敦煌遺書總目索引》、《敦煌遺書總目索引新編》逕釋作『寞』；『請』，當作『消』，據文義改，《敦煌遺書總目索引》、《敦煌遺書總目索引新編》釋作『清』。
〔七〕『良』，當作『量』，《敦煌遺書總目索引》據文義改，『良』爲『量』之借字。
〔八〕『耐』，《敦煌遺書總目索引》釋作『柰』。
〔九〕『知』，《敦煌遺書總目索引》未能釋讀。
〔一〇〕『切』，當作『竊』，據文義改，『切』爲『竊』之借字。

〔一一〕「月」，《敦煌遺書總目索引》、《敦煌遺書總目索引新編》釋作「日」；「情」，當作「晴」，據文義改，「情」爲「晴」之借字，《敦煌遺書總目索引》釋作「晴」，校作「情」。

〔一二〕「座」，當作「坐」，據文義改，「座」爲「坐」之借字。

〔一三〕「猶」，當作「憂」，據文義改，「猶」爲「憂」之借字，《敦煌遺書總目索引》、《敦煌遺書總目索引新編》校改作「由」。

〔一四〕此處疑脱一字。

參考文獻

《敦煌寶藏》一六册，臺北：新文豐出版公司，一九八一年，一七〇至一七一頁（圖）；《敦煌遺書總目索引》，北京：中華書局，一九八三年，一五一頁（録）；《英藏敦煌文獻》四卷，成都：四川人民出版社，一九九一年，四至五頁（圖）；《敦煌僧詩輯校》，蘭州：甘肅人民出版社，一九九四年，一一三至一一四頁（録）；《敦煌佛學·佛事篇》，蘭州：甘肅民族出版社，一九九五年，二七七頁（録）；《隋唐五代燕樂雜言歌辭研究》，北京：中華書局，一九九六年，七一頁；《敦煌歲時文化導論》，臺北：新文豐出版公司，一九九八年，二四一頁；《敦煌遺書總目索引新編》，北京：中華書局，二〇〇〇年，六四頁（録）；《敦煌詩集殘卷輯考》，北京：中華書局，二〇〇〇年，八六六至八六八頁（録）；《大漢遺歌：敦煌詩歌選評》，蘭州：甘肅人民出版社，二〇〇〇年，二〇四頁；《敦煌詩歌導論》，成都：巴蜀書社，二〇〇一年，二二五、二八五至二八六頁（録）。

斯二一〇四背　六　雜寫（狀上司空、府主等）

釋文

伏是今當月登北閣　賦

狀上司空尚是垸客聞**高貴之貞祥**

富府主之　**之狀**　座承　僧大□

府主得受筆減

檢校國子祭酒兼御

御史大

般若波羅蜜多心經一卷

爾時世尊從三昧起告觀自在菩薩　宅爲人之

之爲　宅宅宅宅宅宅

大般若波羅蜜多心經一卷第六　界曰天宅宅宅

會弟分廿三

之爲　爲界爲炬爲燈爲趣

如是衆生　　爲爲爲爲爲
大乘
大乘百法　　大乘　　大乘
如是　　如是　　京西明道傷（場）沙門曇曠撰〔一〕
如是我聞一時佛在舍衛國　　如是立
如是　　是日　　如是之等流
如是我聞如是我聞一時佛在舍衛國祇樹給孤獨
如是　　如是我聞　　保宣
門　　聞　　保宣撰
夫　　大乘〔二〕
夫者發語夫者發語之端緒
夫者發語之端　　大乘百法明門
夫者發發　　二大乘百法明開
般若波羅密　　蜜多經卷第六　今　　今日見弟意中
大乘百法明門　　我聞　　大乘百法明門
般若波羅蜜多

斯二一一〇四背

大乘百法，百者，數也；法，軌持爲義；明者，惠也；門者，通也。
般若波羅蜜多　　　　論者
異（與）大芻苾衆千二百五十人俱〔三〕
般若波羅蜜多心經
如是我聞，一時佛在舍衛國祇樹給孤園（獨）獨（園）〔四〕
如是我一時薄伽梵住王舍城鷲峰山中，與大苾芻衆，及諸菩薩
摩訶薩俱。爾時世尊入諸法平等甚深，顯了三摩地，
復依。爾時觀自在菩薩行深般若波羅蜜時，照見五
蘊體空時，具壽舍子乘佛威力，白觀自菩薩曰：『若善
男子善女人欲修行甚深，般若波羅多。』
金光明寺蒼（倉）庫内有小多物色交〔五〕
南無東方須彌燈光明如來十方

説明

此件爲時人隨手所寫，既有正書，亦有倒書，内容繁雜，包括狀上司空、府主、般若波羅蜜多經名、撰者名、金光明寺庫存、大乘百法論釋名及習字等。

校記

〔一〕『傷』，當作『場』，據文義改。
〔二〕『乘』，據殘筆劃及文義補。
〔三〕『異』，當作『與』，據文義改，『異』爲『與』之借字。
〔四〕『園』，當作『獨』，據文義改；『獨』，當作『園』，據文義改。
〔五〕『蒼』，當作『倉』，據文義改，『蒼』爲『倉』之借字。

參考文獻

《鳴沙餘韻·解説篇》（第一部），京都：臨川書店，一九八〇年，一六四、一七四頁；《敦煌寶藏》一六册，臺北：新文豐出版公司，一九八一年，一七一至一七二頁（圖）；《敦煌と中國仏教》（講座敦煌七），東京：大東出版社，一九八四年，三九頁；《敦煌譯叢》一輯，蘭州：甘肅人民出版社，一九八五年，四三頁；《敦煌佛教の研究》，京都：法藏館，一九九〇年，一九、八一頁；《英藏敦煌文獻》四卷，成都：四川人民出版社，一九九一年，五至六頁（圖）；《敦煌佛學·佛事篇》，蘭州：甘肅民族出版社，一九九五年，二七六頁。

斯二二〇五　妙法蓮華經卷第十題記

釋文

永興二年歲次癸丑三月辛丑朔廿五日乙丑，開弟子陳晏堆〔一〕，南無一切三世常住三寶。
弟子自唯宿行不純〔二〕，等類有識。稟受風末塵穢之形，重昏[迷俗]〔三〕，[沉溺]有[流]〔四〕，
[無明所蓋]〔五〕。竊聞[經云大]覺[玄遺]〔六〕，[信]敬大乘〔七〕，果報無□。
[　　　　　　]世父母所生[　　　　]親眷敬寫。
（後缺）

說明

此件首全尾缺，永興二年即公元五三三年。《英藏敦煌文獻》未收，現予增收。

校記

〔一〕『開』，《敦煌學要籥》據文義校改作『領開』。

〔二〕『唯』，《中國古代寫本識語集録》校改作『惟』，按『唯』亦可通。

〔三〕『迷俗』，《中國古代寫本識語集録》據殘筆劃及文義校補。

〔四〕『沉溺』，《中國古代寫本識語集録》據殘筆劃及文義校補；『流』，《中國古代寫本識語集録》據殘筆劃及文義校補。

〔五〕『無明所蓋』，《中國古代寫本識語集録》據殘筆劃及文義校補。

〔六〕『經云大』，《中國古代寫本識語集録》據殘筆劃及文義校補；『玄邈』，《中國古代寫本識語集録》據殘筆劃及文義校補。

〔七〕『信』，《中國古代寫本識語集録》據殘筆劃及文義校補；『信敬』，《敦煌學要篇》釋作『言教』。

參考文獻

《鳴沙餘韻》，京都：臨川書店，一九八〇年，九〇至九一頁（圖）；《鳴沙餘韻・解説篇》，京都：臨川書店，一九八〇年，二六九頁（録）；《敦煌寶藏》一六册，臺北：新文豐出版公司，一九八一年，一七五頁（圖）；《敦煌學要篇》，臺北：新文豐出版公司，一九八二年，一〇八至一〇九頁（録）；《敦煌遺書總目索引》，北京：中華書局，一九八三年，一五一頁（録）；《中國古代寫本識語集録》，東京：大藏出版株式會社，一九九〇年，一一八頁（録）；《敦煌俗字研究導論》，臺北：新文豐出版公司，一九九六年，一五四頁；《中國敦煌學百年文庫・宗教卷》（四），蘭州：甘肅文化出版社，一九九九年，一九四、二一三頁；《敦煌遺書總目索引新編》，北京：中華書局，二〇〇〇年，六四頁（録）；《1994年敦煌學國際研討會文集・石窟藝術卷》，蘭州：甘肅民族出版社，二〇〇〇年，二七二頁；《姜亮夫全集》（十一），昆明：雲南人民出版社，二〇〇二年，一三三頁。

斯二一〇六　維摩義記題記

釋文

景明原（元）年二月廿二日比丘曇興於定州豐樂寺寫訖〔一〕。

説明

此件《英藏敦煌文獻》未收，現予增收。卷背有蔣孝琬所書數碼及『維摩義記，景明元年二月二十日寫經，定州豐樂寺』等，未録。

校記

〔一〕『原』，當作『元』，《敦煌遺書總目索引新編》據文義校改，『原』爲『元』之借字；第二個『二』，《敦煌遺書總目索引新編》、《敦煌遺書總目索引新編》漏録。

參考文獻

《唐代長安與西域文明》，北京：三聯書店，一九五七年，二一二頁；《鳴沙餘韻》，京都：臨川書店，一九八〇年，六頁（圖）；《鳴沙餘韻・解説篇》，京都：臨川書店，一九八〇年，二八頁（録）；《敦煌寶藏》一六册，臺北：新文豐出版公司，一九八一年，一八七頁（圖）；《敦煌學要籥》，臺北：新文豐出版公司，一九八二年，七二頁（録）；《敦煌遺書總目索引》，北京：中華書局，一九八三年，一五一頁（録）；《中國古代寫本識語集録》，東京：大藏出版株式會社，一九九〇年，九四頁（録）；《魏晉南北朝敦煌文獻編年》，臺北：新文豐出版公司，一九九七年，一五四頁（録）；《敦煌遺書總目索引新編》，北京：中華書局，二〇〇〇年，六四頁（録）；《1994 年敦煌學國際研討會文集・石窟藝術卷》，蘭州：甘肅民族出版社，二〇〇〇年，二七一頁；《姜亮夫全集》（十一），昆明：雲南人民出版社，二〇〇二年，四二、一〇五頁；《姜亮夫全集》（十四），昆明：雲南人民出版社，二〇〇二年，一九三頁。

斯二一一〇　佛説安宅神咒經題記

釋文

佛説安宅〔神〕咒經〔一〕，願爲宣流。今五濁世，加請三七遍〔二〕，令一切宅舍安隱也〔三〕。

説明

此件《英藏敦煌文獻》未收，現予增收。

校記

〔一〕「神」，《敦煌遺書總目索引》據文義校補。
〔二〕「請」，《敦煌遺書總目索引新編》釋作「清」，誤。
〔三〕「隱」，《敦煌遺書總目索引新編》據文義校改作「穩」，按不改亦可通。

參考文獻

《敦煌寶藏》一六册，臺北：新文豐出版公司，一九八一年，二〇九頁（圖）；《敦煌學要籥》，臺北：新文豐出版公司，一九八二年，一〇九頁（録）；《敦煌遺書總目索引》，北京：中華書局，一九八三年，一五一頁（録）；《敦煌遺書總目索引新編》，北京，中華書局，二〇〇〇年，六四頁（録）。

斯二一一〇背　雜寫（長延不在彈下人另）

釋文

長延不在彈下人另

説明

此件爲時人隨手所寫於《佛説安宅神咒經》、《佛説要行捨身經》卷背，《英藏敦煌文獻》未收，現予增收。

參考文獻

《敦煌寶藏》一六册，臺北：新文豐出版公司，一九八一年，二一〇頁（圖）。

斯二一一三背　一　瑞像記

釋文

釋迦牟尼佛從靈鷲山向牛頭山説法來。王舍城北那羅陀寺東有迦葉佛，（下，其頭上有冠。）時三億羅漢舍利，立塔記之，於今見在。中印度境有寺，佛高二丈，額上寶珠。時有貧士，既見寶珠，乃生盜心，詐見清君，盡量長短。夜乃構梯，逮乎欲登，其梯猶短，日日如是，漸增高。便興念曰：我聞諸佛，求者不違，今此素像，吝此明珠如姓（性）明（命）〔一〕，並爲虚闐〔二〕。語訖，像便曲躬授珠與賊。

此像從憍賞彌國飛往于闐東媲摩城，今見在，珠（殊）靈瑞〔三〕。（下，其像至雲。）

張掖郡影像西，古月之（支）王〔四〕，時見瑞像，（其像兩足返。）

高浮寺放光佛，其光聲如火爆〔五〕，（其像兩手立。）

指日月瑞像記。

南天竺國彌勒白佛瑞像記。（其像坐貌〔六〕。）

釋迦牟尼佛真容白檀身，從〔摩〕〔揭〕〔陀〕國王舍城騰空而來〔七〕，在于闐海眼寺住，其像手把袈裟。

釋迦牟尼佛真容白檀香爲身，從漢國騰空而來，在于闐坎城住，下，其像手把袈裟。

釋迦牟尼佛從舍衛國騰空〔而〕〔來〕〔八〕，於固城住，下。

結迦宋佛亦從舍衛國來，在固城住，其像手撚袈裟。

于闐王河浴佛瑞像〔九〕，身丈餘，杖錫持鉢，盡形而立，其像赤體立。

佛在天，又〔優〕〔填〕王思欲見〔一〇〕，乃令目健連日三十二匠往來天圖佛〔一一〕，令匠取各一相，非從降下其檀〔像〕〔一二〕，乃迎本形禮拜，其像乘雲下來。

濮州鐵彌勒瑞像，今改爲濮陽郡是。

南天竺國建（達）嚫國北有迦葉佛寺〔一三〕，五香盤石爲之，今見在山中，其像坐。

老莊王北佛在城中〔一四〕，因馬捂（搐）地而出〔一五〕，其像□小佛□□。

大目揵連已（以）神通力〔一六〕，將三十二匠往天，各貌如來一相。

釋迦牟尼亦從舍衛國騰空同來，在于闐國城住，手把袈裟。

微波陀佛從舍衛國住騰空而同來〔一七〕，在于闐城住，城人欽敬，不可思議，其下像側。

酒泉郡呼蠶河瑞像，奇異不可思議，有人求，獲無量福，其像坐，菩薩形。

迦葉佛亦從舍衛國騰空而來，住于闐國，人皆虔敬，不可思議，其像亦把袈裟。

伽彌迦牟尼佛從舍衛國騰空而來，在固城住，其像手捻袈裟。

此菩提寺高廣大塔，舍利如指，齋日示人，放光，天雨縵陀羅花。

分身像者，中印度境揵馱邏國東大窣睹波，所有畫像一丈，胸上分現，胸下合體。有一貧女，將金錢一文，謂旨我今圖如來妙相，匠功取錢，指前施主像，示其像，遂爲變形。

北天竺國泥婆羅國有彌〔勒〕冠櫃在水中〔一八〕，有人來取，水中火出。

此寺每年正月十六日，現大神變，放大光明，一切奔湊，希見此瑞。

迦迦那莎利神守護于闐國，莎那末（摩）利神守護于闐國〔一九〕，莎那摩利神守護于闐國，阿隅闍天女守護〔于〕闐國〔二〇〕，北　毗沙〔門〕天王神守護于闐國〔二一〕，阿婆羅質多神守護于闐國，摩訶迦羅神守護于闐國，悉他那天女〔守〕護于闐國〔二二〕。世高施物置寺。提頭賴吒天王。毗樓博叉天王。毗樓勒叉天王。舍利弗共毗沙門神決海致于闐國。于闐牛頭山。虛空藏菩薩如來於薩迦耶僊寺住。彌勒菩薩隨釋迦牟尼佛來住漢城。虛空藏菩薩於西玉河薩迦耶僊寺住。佛在毗耶離國巡城，行化紫檀瑞像，其佛在海內行。

此是于闐城。阿育王造八萬四千塔，未惻（測）其地〔二三〕。羅漢以手遮日，日光所下之處，而便立之。

釋迦如來從靈鷲山至牛頭山頂，會八部衆說法。舍衛城南樹林中，是釋迦如來生地，沐太子水成油河，今現流不絕，立塔記。

説明

此件首尾完整，抄於『維摩詰經』卷背。其内容可能爲匠師塑像或繪製壁畫的文字設計，因其中較多條目稱某某『瑞像』，故一般稱其爲『瑞像記』，兹從之。此件後尚有『修功德記』、『華嚴變相九會榜題』及另件『瑞像記』等。其中『修功德記』寫有『乾寧三年（公元八九六年）沙州龍興寺上座德勝宕泉創功德記』題記。此件部分條目起首有勾勒符號，文中間有『了』字或圈符。

現知敦煌文獻中保存的『瑞像記』尚有伯三〇三三背（首缺尾全），伯三三五二（首全尾缺）、斯五六五九（首缺尾全）。張廣達、榮新江有校録（參見《敦煌瑞像記、瑞像圖及其反映的于闐》，《敦煌吐魯番文獻研究論集》三輯，六九頁；《于闐史叢考》（增訂本），一七三至一七七頁）。以上三件在内容和抄寫順序上均與此件存有差異。

校記

〔一〕『姓』，當作『性』，《敦煌瑞像記、瑞像圖及其反映的于闐》據文義校改，『姓』爲『性』之借字；『明』，當作『命』，《敦煌瑞像記、瑞像圖及其反映的于闐》據文義校改。

〔二〕『虚闐』，《敦煌瑞像記、瑞像圖及其反映的于闐》釋作『座闐』，校改作『坐禪』。

〔三〕『珠』，當作『殊』，據伯三〇三三背《瑞像記》改。

〔四〕『古』，據伯三〇三三背、伯三三五二、斯五六五九《瑞像記》補；『之』，當作『支』，據伯三〇三三背、伯三三五

二、斯五六五九《瑞像記》改，『之』爲『支』之借字。

〔五〕『火』，《敦煌瑞像記、瑞像圖及其反映的于闐》漏録。

〔六〕此行與下一行間有『所何菩薩獨知一一一所』等文字一行，倒書，當爲後人隨手所寫，與此件無關，不録。

〔七〕『摩揭陀』，《敦煌瑞像記、瑞像圖及其反映的于闐》據文義校補。

〔八〕『而來』，據文義補。

〔九〕『王』，《敦煌瑞像記、瑞像圖及其反映的于闐》釋作『玉』。

〔一〇〕『又』，當作『優』，《敦煌瑞像記、瑞像圖及其反映的于闐》據《大唐西域記》校改；『填』，《敦煌瑞像記、瑞像圖及其反映的于闐》據《大唐西域記》校補。

〔一一〕『日』，《敦煌瑞像記、瑞像圖及其反映的于闐》疑作『以』。

〔一二〕『像』，《敦煌瑞像記、瑞像圖及其反映的于闐》據莫高窟第二三一窟榜題校補。

〔一三〕『建』，當作『達』，《敦煌瑞像記、瑞像圖及其反映的于闐》據《法顯傳》校改。

〔一四〕『北』，《敦煌瑞像記、瑞像圖及其反映的于闐》釋作『地』，誤。

〔一五〕『捂』，當作『掊』，《敦煌瑞像記、瑞像圖及其反映的于闐》據莫高窟第二三一窟榜題校改。

〔一六〕『已』，當作『以』，據伯三〇三三背《瑞像記》改，『已』爲『以』之借字。

〔一七〕『微』，《敦煌瑞像記、瑞像圖及其反映的于闐》釋作『徽』；『住』，據文義係衍文，當删。

〔一八〕『勒』，《敦煌瑞像記、瑞像圖及其反映的于闐》據莫高窟第二三七窟榜題校補。

〔一九〕『末』，當作『摩』，據文義改。

〔二〇〕『于』，《敦煌瑞像記、瑞像圖及其反映的于闐》據文義校補。

〔二一〕『門』，《敦煌瑞像記、瑞像圖及其反映的于闐》據文義校補。

〔二二〕『守』，據斯五六五九《瑞像記》補。

〔二三〕『惻』，當作『測』，據文義改，『惻』爲『測』之借字，《敦煌瑞像記、瑞像圖及其反映的于闐》逕釋作『測』。

參考文獻

Giles, *BSOS*, *9.4*（*1937*）, p. 1043（録）；*Descriptive Catalogue of the Chinese Manuscripts from Tunhuang in the British Museum*, London：The Trustees of the British Library，1957，P. 168（録）；《文物》一九七八年一二期，二六頁；《講座敦煌》二，東京：大東出版社，一九八〇年，二八三至二八四頁；《敦煌寶藏》一六册，臺北：新文豐出版公司，一九八一年，二二七至二二九頁（圖）；《選堂集林》（中），香港：中華書局，一九八二年，四六〇至四六一，四六八頁；《1983年全國敦煌學術討論會文集·文史遺書編》（上），蘭州：甘肅人民出版社，一九八七年，四三五頁；《敦煌吐魯番文獻研究論集》三輯，北京：北京大學出版社，一九八六年，七八至八四頁（録）；《英藏敦煌文獻》四卷，成都：四川人民出版社，一九九一年，六至七頁（圖）；《饒宗頤史學論著選》，上海：上海古籍出版社，一九九三年，四七二至四七三頁；《法國學者敦煌學論文選萃》，北京：中華書局，一九九六年，一五七至一五八頁、二三二頁、四六二頁；《于闐史叢考》（增訂本），北京：中國人民大學出版社，二〇〇八年，一七三至一七七頁（録）。

斯二一一三背　二　乾寧三年（公元八九六年）沙州龍興寺上座德勝宕泉創修功德記

釋文

唐沙州龍興寺上座沙門俗姓馬氏，香號德勝，宕泉創修功德記。

行敦煌縣慰（尉）兼管内都支計使御史中丞濟北氾唐彦述〔一〕。

竊以釋門龕闢法偈，勸勵萌芽，二鼠來侵，四蛇定其昇降。然則十地虚廊〔二〕，六道交横。仰之者，莫測其源；演之者，罕窮其理。説空空之理，體幻無實；定有爲之宗，亦同芭蕉。足知日不駐時，非覺靡勵。亡父，敦煌縣耆壽，諱太平，字時清。孝悌承家，閑居得志。履謙恭於鄉閭，慕直道於前賢。風嚮許由〔三〕，不趨名利。亡伯僧前三窟教授，法號法堅，可爲緇林碩德，頓悟苦空〔四〕，棄捨囂塵，住持巉澗。弟僧龍興寺臨壇大德法真，威儀冰擽（操）〔五〕，不若（惹）纖塵〔六〕；戒護鵝珠，澄清轉潔。沙門德勝，精閑六禮，明達藏經，談演多機，偉貌清肅。想五藴之皆空，頓除煩惱；悟六道之輪迴，慮逢漂溺。遂因修行之暇，憩步宕泉。仰萬窟之崢嶸，睹千龕而龕目〔七〕。念前賢往哲，由（猶）知身幻而樹福田〔八〕。貧道忝厠緇流，不可蹉跎度世。遂捨房資，於北大像南邊創造新龕一所，内素

（塑）釋迦如來並諸侍從[九]，四壁繪諸經變相，門兩頰畫神兩軀，窟檐頂畫千佛，北壁繪千手千眼菩薩。内外莊嚴，並以（已）功畢[一〇]。夫大覺圓光滿室，照曜恒沙；眉相白毫，騰飛有頃。三十二相，以朱紫而發輝；八十希容，簡丹青而仿佛。大乘緣義，表苦行之微猷[一一]；護法二神，揮寶杵而摧魔網。慈悲菩薩，廣大圓明；心懇所求，無有不剋。今生種植，是過去之津樑。苦海停波[一二]，定爲舟檝（楫）[一三]；刹那若悟，花會非遥。未達真空，沈輪（淪）沙界[一四]。門道素邈，傳爾後昆。然願邊軍諿太，裔表時康。四塞無戰爭之聲，海定而鯨鯢息浪。七世眷囑（屬）[一五]，託質西方，同悟之流，咸登覺路。余退鷁小鷁，多慚荒拙，立奉雅旨，走筆題記。乃爲辭曰：

奇哉宕谷，石化紅蓮。薩訶受記，引錫成泉。千佛淨土，瑞氣盤旋。後爾鐫窟，數滿百年。萬株林藪，靉靆香煙。地皆玉砌，七寶莊嚴。大身金像，疑（凝）見無邊[一六]。恒沙劫佛，空裏連綿。護法大將，侍衛諸天。久曾遊歷，宇宙無先。後乃法真，悟道紹然。捨彼衣鉢，而樹金田。崇飾悉堵，道引有緣。竭力功畢，處淨離喧。龍花三會，必至於仙。離生死苦[一七]，香風引前。辭不獲免，立走片言。

時唐乾寧三年丙辰歲四月八日畢功記。

説明

此件爲沙州龍興寺上座在莫高窟造新龕一所之功德記，造龕時間爲唐乾寧三年（公元八九六年），「功德記」的作者是「行敦煌縣慰（尉）兼管内都支計使御史中丞濟北氾唐彦」。此件應爲抄件，與前件筆體相近，似爲一人所書。

校記

〔一〕「慰」，當作「尉」，《敦煌碑銘讚輯釋》據文義校改，「慰」爲「尉」之借字；「彦」，《敦煌社會經濟文獻真蹟釋録》未能釋讀。
〔二〕「虚」，《敦煌社會經濟文獻真蹟釋録》釋作「塵」，誤。
〔三〕「嚮」，《敦煌社會經濟文獻真蹟釋録》釋作「響」，誤。
〔四〕「苦」，《敦煌社會經濟文獻真蹟釋録》、《敦煌碑銘讚輯釋》釋作「若」。
〔五〕「搡」，當作「操」，據文義改，《敦煌社會經濟文獻真蹟釋録》逕釋作「操」。
〔六〕「若」，當作「惹」，據文義改，「若」爲「惹」之借字。
〔七〕「目」，《敦煌社會經濟文獻真蹟釋録》釋作「因」，誤。
〔八〕「由」，當作「猶」，據文義改，「由」爲「猶」之借字；「田」，《敦煌社會經濟文獻真蹟釋録》釋作「曰」，誤。
〔九〕「素」，當作「塑」，據文義改，「素」爲「塑」之借字。
〔一〇〕「以」，當作「已」，據文義改，「以」爲「已」之借字。
〔一一〕「苦」，《敦煌社會經濟文獻真蹟釋録》、《敦煌碑銘讚輯釋》均釋作「若」，《敦煌碑銘讚輯釋》校改作「苦」；

『微』，《敦煌社會經濟文獻真蹟釋録》、《敦煌碑銘讚輯釋》均釋作『徽』。

〔一二〕『苦』，《敦煌社會經濟文獻真蹟釋録》釋作『若』，誤。

〔一三〕『職』，當作『楫』，《敦煌碑銘讚輯釋》據文義校改。

〔一四〕『輪』，當作『淪』，據文義改，《敦煌社會經濟文獻真蹟釋録》、《敦煌碑銘讚輯釋》均逕釋作『淪』，誤。

〔一五〕『囑』，當作『屬』，《敦煌碑銘讚輯釋》據文義校改，『囑』爲『屬』之借字。

〔一六〕『疑』，當作『凝』，《敦煌社會經濟文獻真蹟釋録》據文義校改。

〔一七〕『苦』，《敦煌社會經濟文獻真蹟釋録》釋作『若』。

參考文獻

《東方學報》三五册，京都：京都大學人文科學研究所，一九六四年，一二一頁；*Descriptive Catalogue of the Chinese Manuscripts from Tunhuang in the British Museum*, The Trustees of the British Museum, london 1957, p. 168（録）；《敦煌寶藏》一六册，臺北：新文豐出版公司，一九八一年，二二九至二三〇頁（圖）；《中國古代寫本識語集録》，東京大學東洋文化研究所，一九九〇年，四三七至四三八頁；《敦煌社會經濟文獻真蹟釋録》五輯，北京：全國圖書館縮微複製中心，一九九〇年，二四二至二四四頁（録）；《英藏敦煌文獻》四卷，成都：四川人民出版社，一九九一年，八頁（圖）；《敦煌碑銘讚輯釋》，蘭州：甘肅教育出版社，一九九二年，三一二至三一六頁（録）；《歸義軍史研究》，上海：上海古籍出版社，一九九六年，一二頁；《敦煌莫高窟史研究》，蘭州：甘肅教育出版社，一九九六年，一〇四至一〇六頁（録）。

斯二一一三背　三　華嚴變相九會榜題

釋文

第一會，佛在摩竭提國法河蘭若菩提場中，與十佛世界塵數菩薩、摩訶薩及三十九佛刹雜類神天諸世主俱普賢菩薩，於世尊前入毗盧遮那藏身三昧，説蓮花莊嚴世界海，果德法門，於佛坐中出海惠等佛刹，塵數菩薩於佛眉間出一切法勝音世界海，塵數菩薩俱聽法時。第二會〔一〕。

第二會，佛在摩竭提國遝蓮河曲普光明殿，放兩足下，百億光明，與十佛世界微塵數摩訶薩俱。又十方各有十佛刹，億數菩薩悉來雲集，文殊師利、覺首、財首乃至賢首等十大菩薩，而爲上首，更相問答，共明十信法時。

第三會，佛在三十三天帝釋宫中妙勝殿，於兩足指放百千億光明，時十方各有佛刹微塵數菩薩摩訶薩而來雲集，法惠十萬菩薩，爲其上首，時法惠十方千億佛刹塵如來現身，以三葉加讚法惠，令説菩薩十住法門時〔二〕。

第四會，佛在夜摩天王寶莊嚴殿，時十方各有佛刹塵數菩薩而來雲集，功德林等十大菩薩爲其上首。時功德林入菩薩智明三昧，十方各有萬佛刹塵數如來現身加讚，令説十行法門時。

第五會，佛在兜率陀天宫中一切寶莊嚴殿，從兩膝輪放百千億那由他光明〔三〕，普照十方法界、虚空界、一切世界，十方各有萬佛刹塵數菩薩悉來雲集，金剛幢入佛智光三昧，十方同明，名佛三業，加金剛幢，令説十向法門時。

第六會，佛在他化自在天王宫摩尼寶藏殿，與不可説菩薩、摩訶薩俱、金剛藏菩薩而爲上首，入菩薩大智惠光明三昧。時十方佛同似三昧，加金剛藏，令説十地毗盧遮那世尊及十方佛各放眉間光明，輪臺於中發聲，勸金剛藏説十地上首菩薩解脱月及大衆亦同請時。

第七會，普光明殿與十佛刹塵數菩薩摩訶薩俱，世尊自入刹那際定。出定已，説阿僧衹品、隨好光明功德品，普賢菩薩説十進十忍出現十等品，彰善别因果及性因果，心王菩〔薩〕説壽量品〔四〕、菩薩住處品，青蓮花菩薩説佛不思議法品時。

第八重會〔五〕，普光明殿與十不可説百千億那由他佛刹微塵數大菩薩俱，普賢衆知疑念，起二百問端，請普賢説。普賢菩薩二千法門俱答，普惠（賢）菩薩次釋衆疑〔六〕，明因果六位，顯彰法門，十方諸佛各現其身，於普賢菩薩讚法門時。

第九會，佛在室羅藏國逝多林給孤獨園大莊嚴婁（樓）閣〔七〕，與五百菩薩摩訶薩俱，如來白入師子頻申三昧，普賢、文殊爲上首，統法界門，十方各有十不可刹塵藏皆坐寶樓閣遍滿逝多林時。

説明

此件緊接前件『修功德記』書寫，内容完整，筆跡與前件不同，當爲另人抄寫。

校記

〔一〕『第二會』，據文義係衍文，當删。
〔二〕原卷此句後有一符號，外面爲『〇』，裏面爲『※』。
〔三〕『百』，據文義及殘筆劃補。
〔四〕『薩』，據文義補。
〔五〕『重』字衍，據文義當删。
〔六〕『惠』，當作『賢』，據文義改。
〔七〕『婁』，當作『樓』，據文義改，『婁』爲『樓』之借字。

參考文獻

《敦煌寶藏》一六册，臺北：新文豐出版公司，一九八一年，二三〇至二三一頁（圖）；《英藏敦煌文獻》四卷，成都：四川人民出版社，一九九一年，九頁（圖）。

斯二一一三背　四　瑞像記

釋文

時尊者舍利弗與六千比丘，前後圍繞，出自住處，來詣佛所，頂禮佛足，右繞三匝，辭退而去，往文殊師利利〔一〕。

昔仁（二）王相侵〔二〕，行陣兩邊，鋒刃交戰，忽有此佛，踊現軍前。仁（二）王睹已，息甲休兵，蒙佛光明〔三〕，淨心便息，其像便住于闐勃伽夷城。

世高行至廟所，見同學者爲撥（發）願受戒〔四〕，令神施物，施物已，於西南豫章寺造塔〔五〕。

廟神捨物，世高泛舟於江中，其神又於山頂出送，世高舉首重别時。

其寺無憂王之所建立，寺中佛牙舍利，白月圓滿時，輝神光，睹者衆庶，咸來供養，見斯瑞應流傳〔六〕，咸欣授（受）記〔七〕。其塔阿育王建造，神瑞多能，餘有神變，廣如斯記〔八〕。

北天竺烏杖國石塔，高卌尺，佛爲天人説法，其塔從地踊（涌）出〔九〕，至今見在。

此是白（百）梯〔山〕延法師隱處〔一〇〕。

拘尸那城中佛陀故宅〔一一〕，當爲佛設供穿井，其井見在，水香甘味不絶。育王壞地獄已，造寺，盛集卌萬衆僧〔一二〕，百過供養〔一三〕，又執香爐，請尊者賓頭盧聖僧受供養時。

後漢桓帝王（末）〔一四〕，安息國王太子出家，名世高，長大來漢地遊化，廣度衆生。

南天竺國王信邪謗佛，一言不伏，龍樹菩薩手持赤幡，便於王前立，言曰：『我是大智人，今日天共阿脩羅戰！』身首而下。

柏林寺放光佛，每有潔淨人以手摩佛光，其光明散出〔一五〕，聲似如火爆〔一六〕。

東：金翅鳥王、乾闥婆王、緊那羅王、迦按那王〔一七〕；西：龍王、阿脩羅王、摩睺羅迦王、夜叉王。

説明

此件亦爲『瑞像記』，内容與此卷第一件『瑞像記』有異同，部分條目起首有勾勒符號，結尾處有標記。尾部空白處有『附』、『大』兩字，可能是雜寫。

以上釋文是以斯二一一三背爲底本，用伯三〇三三背參校。此件只校錯誤，對各件之異文不再出校，所有異文均見前件之校記。

校記

〔一〕第二個『利』字衍，據文義當删。此句後空一行，其後筆跡不同，似另人所抄。
〔二〕『仁』，當作『二』，據莫高窟第七六窟題記改，《敦煌瑞像記、瑞像圖及其反映的于闐》認爲『仁』在此意爲『二』，以下同，不另出校。
〔三〕『蒙佛光明』，《敦煌瑞像記、瑞像圖及其反映的于闐》釋作『□□□略』，誤。
〔四〕『撥』，當作『發』，據文義及伯三〇三三背《瑞像記》改，《敦煌瑞像記、瑞像圖及其反映的于闐》逕釋作『發』；『戒』，《敦煌瑞像記、瑞像圖及其反映的于闐》據伯三〇三三背《瑞像記》校改作『記』。
〔五〕『西』，《敦煌瑞像記、瑞像圖及其反映的于闐》據伯三〇三三背《瑞像記》校改作『江』。
〔六〕『應』，《敦煌瑞像記、瑞像圖及其反映的于闐》未能釋讀。
〔七〕『授』，當作『受』，據文義改，『授』爲『受』之借字。
〔八〕『廣』，《敦煌瑞像記、瑞像圖及其反映的于闐》釋作『庶』。
〔九〕『踊』，當作『涌』，據文義改，『踊』爲『涌』之借字。
〔一〇〕『白』，當作『百』，據文義及伯三〇三三背《瑞像記》改，《敦煌瑞像記、瑞像圖及其反映的于闐》逕釋作『百』，『白』爲『百』之借字；『山』，據文義及斯三〇三三背《瑞像記》補。
〔一一〕『佛』，《敦煌瑞像記、瑞像圖及其反映的于闐》釋作『純』。
〔一二〕『盛』，《敦煌瑞像記、瑞像圖及其反映的于闐》釋作『咸』。
〔一三〕『供』，《敦煌瑞像記、瑞像圖及其反映的于闐》漏録。
〔一四〕『王』，《敦煌瑞像記、瑞像圖及其反映的于闐》疑應作『末』，兹從之。
〔一五〕『其』，《敦煌瑞像記、瑞像圖及其反映的于闐》未能釋讀。

〔一六〕「聲」，《敦煌瑞像記、瑞像圖及其反映的于闐》釋作「都」，誤；「如」，《敦煌瑞像記、瑞像圖及其反映的于闐》漏録。

〔一七〕「按」，《敦煌瑞像記、瑞像圖及其反映的于闐》釋作「樓」；「那」，《敦煌瑞像記、瑞像圖及其反映的于闐》據文義校補作「羅」。

參考文獻

Giles, *BSOS*, 9.4 (1937), P. 1043（録）；《敦煌寶藏》一六册，臺北：新文豐出版公司，一九八一年，二三一至二三二頁（圖）；《選堂集林》（中），香港：中華書局，一九八二年，四六〇至四六一、四六八頁；《敦煌吐魯番文獻研究論集》三輯，北京：北京大學出版社，一九八六年，七八至八四頁（録）；《1983年全國敦煌學術討論會文集·文史遺書編》（上），蘭州：甘肅人民出版社，一九八七年，四三五頁；《英藏敦煌文獻》四卷，成都：四川人民出版社，一九九一年，九至一〇頁（圖）；《饒宗頤史學論著選》，上海：上海古籍出版社，一九九三年，四七二至四七三頁；《法國學者敦煌學論文選萃》，北京：中華書局，一九九六年，一五七至一七五頁；《于闐史叢考》（增訂本），北京：中國人民大學出版社，二〇〇八年，一七五至一七八頁（録）。

斯二一一四背　醜女金剛緣

釋文

醜女金剛緣[一]

我佛當日[二]，爲救門徒[三]，六道輪迴，如（猶）猶（如）舟船[四]，般運衆生[五]，達於彼岸。此時總得見佛[六]，今世足衣足飯[七]。修行時至，勤須發願。布施有多種因緣，一一不及廣讚。設齋歡喜，果報圓滿。若人些子攢眉[八]，來世必當醜面。

佛在之日，有一善女，也曾供養辟支[九]，雖有布施之緣[一〇]，心裏便生輕賤。不得三五日間，此女當時身死，向何處托生[一一]？向波斯匿王宫内託（生）[一二]。此是布施因緣，生於國王之家[一三]。輕慢賢聖之業，憨（感）得果報[一四]，元在於我大王夫人。

纔生三日，進與大王。大王纔見之時，非常驚詐（訝）[一五]。世間醜陋，生於貧下[一六]。

前世修甚因緣，今世形容轉乍（差）[一七]？觀世音菩薩。〔大〕〔王〕〔道〕[一八]：

只守思量也大奇，朕今王種豈如斯[一九]？

醜陋世間人總有，未見今朝惡相儀。

彎山倉緪縮如龜，渾身恰似野豬皮。

任你丹青心裏巧，綵色千般畫不成〔二〇〕。

獸頭渾是可增（曾）見〔二一〕？國內計應無比並〔二二〕。

若論此女形貌相〔二三〕，長大將身娉阿誰？

於是大王處分宮人，不得唱說，便遣送在深宮，更莫將來，休交（教）朕見云云〔二四〕。

女緣醜陋世間希，遮莫身上掛羅衣。

雙腳跟頭皴又𦢊〔二五〕，髮如宗（棕）樹一枝枝〔二六〕。

看人左右和身轉，舉步何曾會禮儀。

十指纖纖如路柱〔二七〕，一雙眼似禾（木）塠（槌）離（梨）〔二八〕。

公主全無窈窕，實事非常不少〔二九〕。

上脣半斤有餘〔三〇〕，鼻孔竹箇（筒）渾小〔三一〕。

生來已省歡喜〔三二〕，見說三年一笑。

覓他行步風流，卻是趙十襪纅〔三三〕。

大王見女醜形骸，常與夫人手託腮〔三四〕。

憂念没心求付（駙）馬〔三五〕，慚惶誰更覓良媒〔三六〕。

雖然富貴居樓殿，恥辱緣房（無）頃（傾）國財（容）〔三七〕。

敕下十年令鏁閉，心（深）宫門户不曾開〔三八〕。
於是金剛醜女日來月往，年漸長成〔三九〕。夫人宿夜憂愁，恐怕大王不肯發遣〔四〇〕。後因遊戲之次，夫人殿（斂）容進步〔四一〕，向前咨白大王〔四二〕：
賤妾常慚醜質身〔四三〕，虚霑宫宅與王親〔四四〕。
日日眼前多富貴，朝朝惟是用珠珍〔四五〕。
宫人侍婢常隨後，使唤東西是大臣。
慚恥這身無德（得）解〔四六〕，大王寵念赴乾坤。
妾今有事須親奏，願王歡喜莫生嗔。
金剛醜女年成長〔四七〕，爭忍令交（教）〔不〕仕（事）人〔四八〕。
於是大王量（良）久沉音（吟）〔四九〕，未容發言，夫人又奏〔五〇〕：
姊妹三人總一般〔五一〕，端正醜陋繼因緣〔五二〕。
並是大王親骨肉，願王一納賜恩隣（憐）〔五三〕。
向令成長居深内〔五四〕，發遣令交（教）使向前。
十指從頭長與短〔五五〕，各各從頭使咬看〔五六〕。
大王見夫人奏勸再三，不免諮告夫人云云〔五七〕：
我緣一國帝王身，眷屬由來斷（宿）業因〔五八〕。

爭那就中容貌乍（差）〔五九〕，交（教）奴恥見國朝臣。
深知是朕親生女〔六〇〕，醜乍（差）都來不似人〔六一〕。
說著上（尚）由（猶）皆驚怕〔六二〕，如何祝（囑）娉向他門〔六三〕。

夫人道〔六四〕：大王若無意發遣，妾也不敢再言。有心令遣事人〔六五〕，聽妾今朝一計，私地詔一宰相〔六六〕，交（教）覓薄落兒郎〔六七〕，官職金玉與伊，祝（囑）娉充爲夫婦〔六八〕。於是大王取其夫人之計〔六九〕，即詔一臣〔七〇〕，交（教）作良媒〔七一〕，便即私地發遣。臣下速赴内廳，面對天勑〔七二〕，授（受）王進旨〔七三〕。王告臣曰：

卿今聽朕語，子細說來處〔七四〕：
緣是國夫人，有一親生女。
天生貌不强，只要且賝（睬）貯（眝）〔七五〕。
覓取一兒郎〔七六〕，娉與爲夫婦〔七七〕。
卿爲臣下我爲君〔七八〕，今日商量只兩人。
召慕（募）切須看穩審〔七九〕，惆悵莫遣外人聞〔八〇〕。
相當不猒無才藝〔八一〕，莽鹵何嫌徹骨貧〔八二〕。
萬計事須相就取，〔陪〕〔些〕〔房〕〔卧〕〔不〕〔爭〕〔論〕〔八三〕。

防（坊）市諸州〔八四〕，處處聞（問）人〔八五〕，朝朝尋覓。後忽經行街巷〔八六〕，見貧生子〔八七〕，姓王〔八八〕，施問再三，當時便肯。領到内門〔八九〕，〔先〕〔入〕〔見〕〔王〕〔九〇〕，〔言〕〔奏〕尋得〔九一〕。皇帝〔聞〕〔説〕〔九二〕，大脱（悦）龍顔〔九三〕，遂詔宰相〔九四〕，速令引到。

皇帝坐相（嚮）寶殿〔九五〕，宰相曲躬來見〔九六〕：
前時奉勑覓人〔九七〕，今日得依王願〔九八〕。
門前有一兒郎，往（性）行不方慈善〔九九〕。
出來好哥面孔〔一〇〇〕，只是些些舌短〔一〇一〕。
大王聞説喜俳佪，捲上珠簾御帳開〔一〇二〕。
既强聖人心裏事〔一〇三〕，也嫌（兼）皇后樂孩（咳）孩（咳）〔一〇四〕。
嬪妃婇女令詔入，内監忙忙迤邐催。
便把布衫揩式（拭）面〔一〇五〕，扳（打）打（扳）精神直入來〔一〇六〕。
王郎登時見皇帝，時道何言語云云〔一〇七〕：
於是貧仕（士）蒙詔〔一〇八〕，跪拜大王以（已）了〔一〇九〕。
叉手又説寒温，直下令人失笑。
更道下情無任，得仕（事）丈母阿嫂〔一一〇〕。
起居進步向前〔一一一〕，下情不勝恰好〔一一二〕。

其時大王處分〔一一三〕：排備嚇（醺）會〔一一四〕，屈請王郎。既到座筵〔一一五〕，令遣宮人引其公主見荆（對）王郎〔一一六〕。當爾之時，道何言語云云〔一一七〕：

新婦出見王郎〔一一八〕，都緣面貌不多强〔一一九〕。
婇女嬪妃左右擁〔一二〇〕，前頭掌扇鬧芬芳〔一二一〕。
金釵玉釧滿頭插〔一二二〕，錦繡羅衣複（馥）鼻香〔一二三〕。
王郎纔見公主面，聞來魂魄轉飛傷〔一二四〕。

於是王郎既被謊到（倒）〔一二五〕，左右宮人，一時扶接〔一二六〕，以水灑面〔一二七〕，良久乃蘇。宮人道何言語？

女緣生前貌不敷〔一二八〕，每看恰似獸頭牟。
天然既没弘（紅）桃臉〔一二九〕，遮莫七寶叫身補〔一三〇〕。
夫主謊來身以（已）到（倒）〔一三一〕，宮人侍婢一時扶。
多少内人噴水救〔一三二〕，須臾還得卻惺（醒）蘇〔一三三〕。

於是兩個阿姊，恐被王郎恥嫌醜陋，不肯卻歸〔一三四〕，左右宮人，合皆總急。阿姊無計〔一三五〕，思寸且著卑辭，報答王郎云〔一三六〕：

王郎不用怪笑，只緣新婦幼小〔一三七〕。
妹子雖不端嚴〔一三八〕，手頭纔（裁）縫最巧〔一三九〕。

官職王郎莫愁，從此富貴到老。

些些醜陋不嫌，新婦正當年小〔一四〇〕。

王郎道苦：被媒人悟（誤）我將來〔一四一〕，今日目前，見這弱事〔一四二〕，乃可不要富貴，亦不藉那官職〔一四三〕。須然相合之時〔一四四〕，爭忍見其醜貌〔一四五〕。思寸再三，沉疑不語。

阿姊以（又）道〔一四六〕：

不要爯（稱）冤道苦〔一四七〕，早晚得這個新婦〔一四八〕。

雖則容貌不强，且是國王之女。

向今正值年小〔一四九〕，又索得當朝公主〔一五〇〕。

鬼神大矖僂儸，不敢偎門傍户〔一五一〕。

於是恥嫌不得〔一五二〕，兩個相合，作爲夫婦。阿姊見親成就〔一五三〕，心裏喜悦非常〔一五四〕，到於宫中，拜賀父母。當時甚道〔一五五〕：

小娘子如今娉了，免劫（卻）父母煩惱〔一五六〕。

推得精在（怪）出門〔一五七〕，任他到舍相麨（吵）〔一五八〕。

王郎咨申大姊：萬事今朝總了，

且須遣妻不出〔一五九〕，恐怕朋友怪笑。

娘子莫顛莫强〔一六〇〕，不要出頭出惱（腦）〔一六一〕。

王郎心裏不謙（嫌）〔一六二〕，前世業遇須要。

於是貧仕（士）既蒙父（駙）馬〔一六三〕，與高品知聞，書題來往〔一六四〕，已（以）相邀會〔一六五〕。遂赴朝官之宴，同拜王（玉）階〔一六六〕，侍義（御）郎中〔一六七〕，共相出入。州官縣宰，伴父（駙）馬之延（筵）〔一六八〕，僕射尚書〔一六九〕，同歡一坐〔一七〇〕。已前諸官，密計相宜〔一七一〕，要看公主〔一七二〕。遞互傳局，流行屈到家中，事須妻出勸酒。既無刑（形）積（跡）〔一七三〕，例皆見女出妻，盡接坐延（筵）〔一七四〕。日日不備歡樂〔一七五〕，次第漸到王郎，排備酒饌〔一七六〕。唯憂妻貌不强〔一七七〕，思慮恥於往還，道（遂）乃精神不悦〔一七八〕，宿夜憂愁。

妻見兒壻怨煩，不免再三盤問〔一七九〕。王郎被問，遂乃於實詔（諮）告妻曰云云〔一八〇〕：

每日將身赴會延（筵）〔一八一〕，家家妻女作周旋。
玉貌細〔看〕花一朵〔一八二〕，禪（蟬）鬢窈窕似神仙〔一八三〕。
朝官次弟（第）相邀會〔一八四〕，飲食朝朝數百般〔一八五〕。
後日我家排酒饌〔一八六〕，也須娘子見朝官。

王郎遂向公主，且説根由〔一八七〕：我到他家〔一八八〕，盡見妻妾，數巡勸酒，對坐歡俁（娱）〔一八九〕。若諸朝官赴我會延（筵）〔一九〇〕，小娘子事須出來相見，我恥此事〔一九一〕，所以憂愁，怨恨自身〔一九二〕，尋常不樂〔一九三〕。

王郎道云云：

我無愁恨亦無嗔〔一九四〕，自嗟前生惡業因。

只爲思君多醜貌，我今恥辱會諸賓。

來朝若也朝官至，娘子還須歡（勸）酒巡〔一九五〕。

出到坐延（筵）相見了，交（教）我羞恥没精神〔一九六〕。

公主既聞此事，哽咽不可發言〔一九七〕，慚見醜身〔一九八〕，嚥氣淚落〔一九九〕：前世種何因果，今生之中，感得醜陋？夫主去後，捻香爐〔二〇〇〕，向於靈山，禮謁發願〔二〇一〕。

醜女纔聞淚數行〔二〇二〕，聲中哽咽轉悲傷〔二〇三〕。

豈料我無端嚴相〔二〇四〕，致合閨裹苦商量〔二〇五〕。

咽（胭）脂合子捻抛卻〔二〇六〕，釵朵籠鏤挑一傍〔二〇七〕。

雨淚燒香思法會〔二〇八〕，遥告靈山大法王。

佛已心通〔二〇九〕，遥見金剛醜女燒香發願，遂於醜女居處皆（階）前〔二一〇〕，從地誦（涌）出〔二一一〕，親垂加護。醜女忽見大聖世尊，舉身皆（階）前，渾搥自撲，起來禮拜，咽哽悲泣，恰似四鳥如（而）分離〔二一二〕，思念自身，不恨而入地〔二一三〕，惟願世尊〔二一四〕，願垂加備云云：

珠淚連連怨復嗟，一種爲人面貌差〔二一五〕。

玉葉不生端正樹，金藤結朵野田花〔二一六〕。
見説牟尼長丈六〔二一七〕，八十隨形號釋迦。
唯願慈悲加護利〔二一八〕，三十二相與些些。
佛有他心道眼，當時遂遥觀見。
現身向醜女前頭〔二一九〕，令交（教）懺悔發願。
醜女佛前懺悔虔〔二二〇〕，所爲惡業自招然〔二二一〕。
懺悔纔終兼發願〔二二二〕，取令果報福團圓云云〔二二三〕。
公主見佛至，容貌世無比。
髮紺玄（旋）縲（螺）文〔二二四〕，眉如雙月翠〔二二五〕。
只（口）似頻婆果〔二二六〕，四十三牙齒〔二二七〕。
兩目海澄澄，胸前題『萬』字。

金剛醜女歎佛已了，右繞三匝，退坐一面〔二二八〕。佛與（以）慈悲之力〔二二九〕，垂金色臂〔二三〇〕，指醜〔女〕身〔二三一〕，醜女形容，當時變改云云〔二三二〕。

讚歎子（了）〔二三三〕，求加備，低頭禮拜心專至〔二三四〕。
容顏頓改舊時儀〔二三五〕，百醜變作千嬌媚〔二三六〕。

醜女既得世尊加備〔二三七〕，換舊時之醜質〔二三八〕，作今日面旋〔二三九〕；醜陋刑（形）

軀〔二四〇〕，變端嚴之相好。敢（感）得王郎入來不識〔二四一〕。妻云道：識我否？夫云道：不識。我是你妻，如何不識？

夫主云〔二四二〕，夫主道〔二四三〕：

娘子天生似獸頭，交（教）我人前見便差（羞）〔二四四〕。

今日因何端正相〔二四五〕，請君與我説來由。

妻語夫曰：

自居（君）前時〔二四六〕，憂我醜身〔二四七〕。

妾生煩惱，再三禱祝。

靈山世尊，深起慈悲，便垂加祐〔二四八〕。

我本生前貌不强〔二四九〕，深慚日夜辱王郎。

遥想釋迦三界主，不捨慈悲降此方。

便禮拜，更添香〔二五〇〕，不覺形容頓改張。

我得今朝端正相，或（感）賀靈山大法王〔二五一〕。

王郎既見妻子端正〔二五二〕，便入宫内〔二五三〕，奏上大王〔二五四〕。

王郎拍頭手歡喜〔二五五〕，走報大王到宫裏〔二五六〕：

丈人丈〔母〕不知〔二五七〕，今日且見喜事〔二五八〕。

小娘子如今改變，不是舊時精魅。
欲説醜女此時容，一似佛前菩薩子〔二五九〕。
大王聞説喜徘佪，火急忙然覓女來〔二六〇〕。
夫人隊丈（仗）離宮殿〔二六一〕，大王御駕到長街〔二六二〕。
纔見女喜顔色迴〔二六三〕，灼灼桃花滿面開。
（以下原缺文）

説明

此件抄於《大乘百法明門論開宗義記》卷背，首題『醜女金剛緣』，尾部原未抄完。『緣』是『因緣』或『緣起』的簡稱。與此件内容大致相同的斯四五一一（首尾完整，背面接續正面抄寫）即首題和尾題均爲『金剛醜女因緣一本』，而伯三〇四八（首全尾缺）則首題『醜女緣起』，伯二九四五（首全尾缺）則與此件題名相同。此外尚有伯三五九二背，首缺尾全，失題，其内容原未抄完。『緣』、『因緣』或『緣起』是佛教徒『説因緣』的底本，其主要内容是宣傳佛教業報輪迴和出世皈依等思想，其文體是散、韻相間，説者在表演時則是説、唱並行。此件爲其中之一種。

以上釋文是以斯二一一四背爲底本，用斯四五一一（稱其爲甲本）、伯三〇四八（稱其爲乙本）、伯三五九二背（稱其爲丙本）、伯二九四五（稱其爲丁本）參校，其中伯三〇四八（乙本）與底本文字差異較大，有些文字前後順序亦有差異，爲避繁瑣，不一一出校。

校記

〔一〕『醜女金剛緣』，甲本作『金剛醜女因緣一本』，丁本作『金剛醜女緣』。
〔二〕甲、丁本均始於此句。
〔三〕『救』，乙、丁本同，甲本作『求』，誤。丙本始於此句之『徒』字。
〔四〕『如猶』，丙、丁本作『由如』，當作『猶如』，據甲、乙本及文義改；『舟』，乙、丁本同，甲本作『載』。
〔五〕『運』，丁本同，甲本作『蓮』，誤。
〔六〕『此時』，乙、丙、丁本同，甲本無。
〔七〕『衣』，甲、乙本同，丁本作『於』，『於』爲『衣』之借字；『飯』，丙、丁本同，甲本作『食』，均可通。
〔八〕『眉』，甲、乙、丙本同，丁本脱。
〔九〕『也』，乙、丙本同，甲本作『他』；『辟支』，丙、丁本同，甲本作『辟支佛』。
〔一〇〕『雖有』，甲、乙、丁本同，丙本脱。
〔一一〕『托』，甲、乙、丙、丁本均作『託』，均可通。
〔一二〕『向』，丁本同，甲、丙本作『向於』；『生』，據甲、乙、丙、丁本補。
〔一三〕『生於國王之家』，丙、丁本同，甲本作『生於王家』。
〔一四〕『憨』，甲本無，丙、丁本作『敢』，當作『感』，據乙本改，『敢』爲『感』之借字；『得』，乙、丙本同，甲本脱。
〔一五〕『詐』，甲本作『雅』，當作『訝』，據乙、丙、丁本改。

〔一六〕『下』，乙、丙、丁本同，甲本作『賤』。
〔一七〕『世』，乙、丙、丁本同，甲本作『生』；『轉乍』，丙、丁本同，甲本作『醜乍』，當作『轉差』，據乙本改，《敦煌變文集》認爲『乍』即『差』。
〔一八〕『大王道』，甲、丙、丁本亦脱，據乙本補。
〔一九〕『今』，甲、乙、丙本同，丁本作『生』。
〔二〇〕『成』，甲、乙、丁本同，丙本作『皮』，誤。
〔二一〕『增』，甲、丙、丁本同，當作『曾』，據文義改，『增』爲『曾』之借字；『見』，甲、乙、丙、丁本同，《敦煌變文校注》釋作『貌』，誤。
〔二二〕『比並』，乙、丙、丁本同，甲本作『並比』。
〔二三〕『論』，丁本同，甲本作『輪』，『輪』爲『論』之借字。此句丙本無。
〔二四〕『交』，甲、乙、丙、丁本同，當作『教』，據文義改，『交』爲『教』之借字。以下同，不另出校。
〔二五〕『跟』，乙、丙、丁本同，甲本作『踉』，誤；『朘』，丙、丁本同，甲本作『酸』。
〔二六〕『宗』，丙、丁本同，甲本作『總』，乙本作『驄』，當作『棕』，據文義改，『宗』、『總』均爲『棕』之借字；『樹』，甲、丙、丁本同，乙本作『皮』。
〔二七〕『纖纖』，乙、丙、丁本同，甲本作『懺懺』，『懺』爲『纖』之借字。
〔二八〕『禾』，當作『木』，據甲、乙、丙、丁本改；『埴』，丙本同，甲本作『堆』，當作『槌』，據乙、丁本改；『離』，乙、丙、丁本同，當作『梨』，據甲本及文義改，『離』爲『梨』之借字。
〔二九〕『事』，乙、丙、丁本同，甲本作『是』，均可通。
〔三〇〕『脣』，乙、丙、丁本同，甲本作『脣有』，按『有』係衍文，據文義當删。

〔三一〕『箇』，當作『筒』，據丙、丁本改，甲本作『同』，誤；『小』，乙、丙、丁本同，甲本作『少』。
〔三二〕『省』，丙、丁本同，甲本作『雀』，誤；『歡喜』，甲、丙本同，丁本作『喜歡』。
〔三三〕丙本此句後有『云云』二字。
〔三四〕『與』，乙、丙、丁本同，甲本作『以』，『以』爲『與』之借字；『託』，甲本同，丙、丁本作『托』，均可通。
〔三五〕『付』，當作『駙』，據甲、乙、丙、丁本改，『付』爲『駙』之借字。
〔三六〕『誰更』，乙、丙、丁本同，甲本作『須臾』；『媒』，乙、丙、丁本同，甲本作『謀』。
〔三七〕『緣房』，丙、丁本同，甲本作『房卧』，當作『緣無』，據乙本改；『頃』當作『傾』，據甲、乙、丙、丁本改；『財』，乙、丙、丁本同，當作『容』，據甲本改，《敦煌變文選注》認爲當校改作『才』，《敦煌變文校注》認爲當校改作『材』。
〔三八〕『心』，當作『深』，據甲、乙、丙、丁本改。
〔三九〕『成』，乙、丙、丁本同，甲本作『大』。
〔四〇〕『怕』，甲本同，丙、丁本無；『肯』，乙、丙、丁本同，甲本無。
〔四一〕『夫人』，乙、丙、丁本同，甲本作『大王』，誤；『殿』，甲、丁本同，當作『斂』，據乙、丙本改。
〔四二〕『大王』，甲、丙、丁本作『大王云云』。
〔四三〕『慚』，丙、丁本同，甲本作『懵』，誤。
〔四四〕『宮』，甲、丁本同，丙本作『室』。
〔四五〕『惟』，甲、乙、丙本同，丁本作『堆』，誤。
〔四六〕『德』，丁本同，甲本脱，當作『得』，據乙、丙本改，『德』爲『得』之借字。
〔四七〕『成長』，甲、乙、丁本同，丙本作『長成』，均可通。

〔四八〕「不」，據甲、乙、丙、丁本補；「仕」，甲、丙、丁本同，當作「事」，據乙本改，「仕」爲「事」之借字。

〔四九〕「量」，丙、丁本同，當作「良」，據甲、乙本改，「量」爲「良」之借字；「久」，乙、丙、丁本同，甲本脱；「音」，甲、丙、丁本同，當作「吟」，據乙本改，「音」爲「吟」之借字。

〔五〇〕「奏」，丙、丁本同，甲本作「奏云云」，乙本作「走」，「走」爲「奏」之借字。

〔五一〕「總」，乙、丙、丁本同，甲本作「共」；「般」，乙、丙、丁本同，甲本脱。

〔五二〕「繼」，丙、丁本同，甲本作「結」。

〔五三〕「隣」，當作「憐」，據甲、乙、丙、丁本改。

〔五四〕「居深」，乙、丙、丁本同，甲本作「深宮」。

〔五五〕「短」，甲本同，乙、丙、丁本作「矩」，誤。

〔五六〕「使」，甲、丙、丁本作「施」；「咬」，乙、丙、丁本同，甲本作「交」，误。

〔五七〕「諮」，乙、丙、丁本同，甲本作「咨」，「諮」同「咨」。

〔五八〕「斷」，乙、丙、丁本同，當作「宿」，據甲本改。

〔五九〕「中」，乙、丙、丁本同，甲本脱；「乍」，甲、丙、丁本同，當作「差」，據乙本及文義改，《敦煌變文校注》認爲「乍」乃「差」的通假字。

〔六〇〕「深」，乙、丙、丁本同，甲本作「心」，《敦煌變文校注》認爲敦煌寫本中「深」、「心」通用。

〔六一〕「乍」，甲、丙、丁本同，當作「差」，據乙本及文義改。

〔六二〕「上」，甲、乙、丙、丁本同，當作「尚」，據文義改，「上」爲「尚」之借字；「由」，甲、乙、丁本同，當作「猶」，據丙本及文義改，「由」爲「猶」之借字。

〔六三〕「祝」，丙、丁本同，甲本作「竹」，當作「囑」，據乙本及文義改。丙本此句後有「云云」二字。

〔六四〕『夫人道』，丙、丁本同，甲本脱。
〔六五〕『事』，乙、丙、丁本同，甲本作『仕』，『仕』爲『事』之借字。
〔六六〕『詔』，乙、丙、丁本同，甲本作『朝』，『朝』爲『詔』之借字。
〔六七〕『交』，甲、乙、丁本同，丙本脱。
〔六八〕『祝』，甲、丙、丁本同，當作『囑』，據文義改，『祝』爲『囑』之借字；『充』，丙、丁本同，甲本無。
〔六九〕『人』，乙、丙、丁本同，甲本脱。
〔七〇〕『詔』，乙、丙、丁本同，甲本作『招』，均可通。
〔七一〕『媒』，乙、丙、丁本同，甲本作『謀』。
〔七二〕『天勑』，乙、丙、丁本同，甲本作『處分夫（天）勑』。
〔七三〕『授』，當作『受』，據甲、乙、丙、丁本改，『授』爲『受』之借字。
〔七四〕『處』，乙、丙、丁本同，甲本作『由』。
〔七五〕『且』，乙、丙、丁本同，甲本作『直』，誤；『賨貯』，丁本同，甲本作『腜肑』，丙本作『膆肑』，當作『瞸眝』，《敦煌變文校注》據文義校改。
〔七六〕『一』，乙、丙、丁本同，甲本作『好』。
〔七七〕丙本此句後有『云云平』三字，丁本此句後有『平』字。
〔七八〕『君』，甲、丁本同，丙本作『居』，誤。
〔七九〕『召』，乙、丙、丁本同，甲本作『朝』；『慕』，甲、丙、丁本同，當作『募』，《敦煌變文校注》據文義校改；『穩』，乙、丁本同，甲本作『聽』，丙本作『隱』，均誤。
〔八〇〕『遣』，乙、丙、丁本同，甲本作『交（教）』。

〔八一〕『不』，乙、丙、丁本同，甲本作『莫』。

〔八二〕『鹵』，乙、丙、丁本同，甲本作『路』，『路』爲『鹵』之借字。

〔八三〕『陪些房臥不爭論』，據乙、丙、丁本補。甲本此句作『倍（陪）些房臥莫爭論』。甲、丙、丁本此句後尚有『於是宰相，拜辭出內，便即私行』。

〔八四〕『防』，當作『坊』，據甲、乙、丙、丁本改，『防』爲『坊』之借字。

〔八五〕『聞』，丙、丁本同，甲本作『求』，當作『問』，據乙本改，『聞』爲『問』之借字；『人』，乙、丙、丁本同，甲本作『覓』。

〔八六〕『行街巷』，甲本同，丙、丁本作『行街堪』。

〔八七〕『見』，丙、丁本同，甲本脱；『子』，甲、丁本同，丙本無。

〔八八〕『姓』，丙、丁本同，甲本作『性』，『性』爲『姓』之借字。

〔八九〕『領』，丙、丁本同，甲本作『令』。

〔九〇〕『先入見王』，甲、丙、丁本無，據乙本補。

〔九一〕『言奏』，甲、丙、丁本無，據乙本補。

〔九二〕『聞説』，甲、丙、丁本無，據乙本補。

〔九三〕『脱』，當作『悦』，據甲、乙、丙、丁本改。

〔九四〕『詔』，乙、丙、丁本同，甲本作『朝』，『朝』爲『詔』之借字。

〔九五〕『坐』，乙、丙、丁本同，甲本作『座』；『相』，乙、丙、丁本同，甲本作『想』，當作『嚮』，據文義改，『想』、『相』均爲『嚮』之借字，《敦煌變文校注》釋作『於』。

〔九六〕『躬』，乙、丙、丁本同，甲本作『弓如』，『弓』爲『躬』之借字，『如』係衍文。

〔九七〕『勑』，乙、丙、丁本同，甲本原作『獻』，後删掉。

〔九八〕『依』，乙、丙、丁本同，甲本作『衣』，『衣』爲『依』之借字。

〔九九〕『往』，當作『性』，據甲、乙、丙、丁本改；『方』，丙、丁本同，甲本作『坊』，『坊』爲『方』之借字。

〔一〇〇〕『孔』，甲本作『貌』，丙、丁本作『毛』。

〔一〇一〕『些些舌短』，甲本作『有些些舌短云云』，丙、丁本作『有些舌短云云』。

〔一〇二〕『捲』，丙、丁本同，甲本作『倦』，『倦』爲『捲』之借字。

〔一〇三〕『人心』，乙、丁本同，甲本脱，丙本脱『人』。

〔一〇四〕『嫌』，丁本同，當作『兼』，據甲、乙、丙本改；『孩孩』，甲本作『嘵嘵』，當作『咳咳』，據乙、丙、丁本及文義改，『咳』爲『孩』之本字。

〔一〇五〕『布』，乙、丙、丁本同，甲本作『被』；『式』，甲、丙、丁本同，當作『拭』，據乙本改，『式』爲『拭』之借字。

〔一〇六〕『扳』，當作『打』，據甲、乙、丙、丁本改；『打』當作『扳』，據甲、乙、丙、丁本改；『神』，乙、丁本同，甲、丙本作『身』，『身』爲『神』之借字；『直』，甲本作『强』，乙、丙、丁本同。丙本此句後有『云云』二字。

〔一〇七〕『時』，丙、丁本同，甲本無；『云云』，丙、丁本同，甲本無。

〔一〇八〕『仕』，甲、丁本同，當作『士』，據文義及乙、丙本改。

〔一〇九〕『跪』，乙、丙、丁本同，甲本作『詭』，『詭』爲『跪』之借字；『以』，丙、丁本同，當作『已』，據甲、乙本改，『以』爲『已』之借字。

〔一一〇〕『仕』，甲、丙、丁本同，當作『事』，據乙本改，『仕』爲『事』之借字。

〔一一一〕「起」，乙、丙、丁本同，甲本作「超」，誤；「進步向前」，底本原寫作「向前進步」，後在其右側用草書注明「顛到」，茲據之乙正。

〔一一二〕「恰」，甲、丙本同，丁本作「憐」。丙本止於此句。

〔一一三〕「時」，丁本同，甲本作「是」，誤。

〔一一四〕「排」，丁本同，甲本作「徘」，誤；「嚥」，丁本同，甲本作「燕」，當作「醼」，「嚥」爲「醼」之借字，「燕」通「醼」。

〔一一五〕「筵」，甲本同，丁本作「延」，「延」爲「筵」之借字。

〔一一六〕「令」，丁本同，甲本無；「見」，丁本同，甲本無；「荆」，當作「對」，據甲、丁本改。

〔一一七〕「云云」，甲、丁本無。

〔一一八〕「出」，乙、丁本同，甲本作「出來」；「王」，乙、丁本同，甲本脱。

〔一一九〕「都緣面貌不多强」，丁本同，甲本作「都緣面貌多不强」。

〔一二〇〕「婇」，甲、乙本同，丁本作「彩」，「彩」爲「婇」之借字。

〔一二一〕「鬧」，乙、丁本同，甲本作「閑」，誤。

〔一二二〕「插」，甲、丁本作「[illegible]」。

〔一二三〕「複」，甲、丁本同，當作「馥」，據乙本及文義改，「複」爲「馥」之借字，《敦煌變文校注》疑當讀作「撲」。

〔一二四〕「聞」，甲、丁本同，《敦煌變文校注》據文義校改作「謔」。

〔一二五〕「被」，乙、丁本同，甲本作「彼」，誤；「到」，甲、丁本同，當作「倒」，據乙本改。

〔一二六〕「接」，甲、丁本同，乙本作「起」。

〔一二七〕「以」，乙本同，甲、丁本作「已」，「已」爲「以」之借字；「水」，乙、丁本同，甲本脱。

〔一二八〕『生前』，丁本同，甲本作『前生』。
〔一二九〕『弘』，當作『紅』，據甲、乙、丁本改，『弘』爲『紅』之借字；『臉』，乙、丁本同，甲本作『色』。
〔一三〇〕『補』，丁本同，甲本作『鋪』，誤。
〔一三一〕『以』，甲、丁本同，當作『已』，據乙本及文義改，『以』爲『已』之借字；『到』，甲、丁本同，當作『倒』，據乙本及文義改，『到』爲『倒』之借字。
〔一三二〕『救』，乙、丁本同，甲本作『求』，誤。
〔一三三〕『還得』，甲本作『得活』，丁本作『活得』；『惺』，丁本作『星』，當作『醒』，據甲本改，『惺』爲『醒』之借字。
〔一三四〕『卻歸』，丁本同，甲本無。
〔一三五〕『阿姊』，丁本同，甲本無。
〔一三六〕『云』，丁本同，甲本作『云云』。
〔一三七〕『幼小』，乙、丁本同，甲本作『嫌幼少』。
〔一三八〕『妹』，丁本同，甲本作『朱』誤；『雖』，乙、丁本同，甲本無；『嚴』，乙、丁本同，甲本作『正』。
〔一三九〕『纔』，丁本同，當作『裁』，據文義及甲、乙本改，『纔』爲『裁』之借字；『縫』，乙本同，甲、丁本作『絳』，誤。
〔一四〇〕『小』，丁本同，甲本作『少』。
〔一四一〕『被』，丁本同，甲本作『彼』；『媒』，乙、丁本同，甲本作『謀』；『悟』，甲、丁本同，當作『誤』，據文義改，『悟』爲『誤』之借字。
〔一四二〕『這』，丁本同，甲本作『這個』。

〔一四三〕「那」，丁本同，甲本作「你」。

〔一四四〕「須」，丁本同，甲本無。

〔一四五〕「見」，丁本同，甲本無。

〔一四六〕「以」，當作「又」，據甲、丁本改。

〔一四七〕「再」，甲、丁本同，當作「稱」，據乙本及文義改；「冤」，丁本同，甲本作「怨」，均可通。

〔一四八〕「得這個新婦」，丁本同，甲本作「言新婦」。

〔一四九〕「值」，丁本同，甲本作「直」，「直」爲「值」之借字；「年小」，甲本作「年少」，丁本作「少年」。

〔一五〇〕「又索得當朝公主」，乙、丁本同，甲本作「色得唐朝公主」，王重民認爲「色得」即「索得」。

〔一五一〕「偎」，丁本同，甲本作「猥」，「猥」爲「偎」之借字。

〔一五二〕「於是」，甲、丁本作「於是王郎」；「嫌」，甲本同，丁本作「謙」，「謙」爲「嫌」之借字。

〔一五三〕「見親成就」，丁本同，甲本作「見成親」。

〔一五四〕「喜悦」，丁本同，甲本作「喜歡」。

〔一五五〕「當時甚道」，丁本同，甲本作「當時甚道云云」。丁本止於此句。

〔一五六〕「劫」，甲本作「得」，當作「卻」，據文義改；「母」，甲本作「孃」。

〔一五七〕「推」，乙本同，甲本作「總惟」；「在」，當作「怪」，據甲、乙本改。

〔一五八〕「麨」，甲本作「抄」，當作「吵」，據文義改，「麨」、「抄」均爲「吵」之借字。

〔一五九〕「且須遣妻不出」，此句甲本寫入下文。

〔一六〇〕「娘子莫顛莫强」，甲本作「小娘子莫顛倒」。

〔一六一〕「惱」，乙本同，當作「腦」，據文義改，「惱」爲「腦」之借字。此句甲本作「且須遣妻不出莫怪，不要出要出頭惚」。
〔一六二〕「謙」，當作「嫌」，據甲本及文義改，「謙」爲「嫌」之借字。
〔一六三〕「仕」，甲本同，當作「士」，據文義改，「仕」爲「士」之借字；「父」，當作「駙」，據文義及甲、乙本改，「父」爲「駙」之借字。
〔一六四〕「來往」，乙本同，甲本作「往來」。
〔一六五〕「已」，甲本同，當作「以」，據文義及乙本改，「已」爲「以」之借字；「邀」，乙本同，甲本作「敫」。
〔一六六〕「王」，當作「玉」，據甲本改；「階」，甲本作「皆」，「皆」爲「階」之借字。
〔一六七〕「義」，甲本作「卸」，當作「御」，據文義改。
〔一六八〕「伴」，乙本同，甲本作「相伴」；「父」，當作「駙」，據文義及甲、乙本改，「父」爲「駙」之借字；「延」，當作「筵」，據甲、乙本改，「延」爲「筵」之借字，以下同，不另出校。
〔一六九〕「僕射」，乙本同，甲本脱。
〔一七〇〕「坐」，乙本同，甲本作「座」。
〔一七一〕「密」，甲本作「蜜」，「蜜」爲「密」之借字。
〔一七二〕「看」，甲本脱。
〔一七三〕「既」，乙本同，甲本作「�」；「刑」，當作「形」，據文義及甲、乙本改，「刑」爲「形」之借字；「積」，甲本同，當作「跡」，據文義及乙本改，「積」爲「跡」之借字。
〔一七四〕「坐延」，甲本作「座筵」。
〔一七五〕「不」，甲本同，《敦煌變文校注》疑作「排」。
〔一七六〕「排」，甲本作「俳」，誤。

〔一七七〕「唯」，甲本作「雉」，誤。

〔一七八〕「道」，當作「遂」，據甲、乙本改；「精神不悦」，甲本作「精不安」。

〔一七九〕「不免再三盤問」，乙本同，甲本作「不免盤問」。

〔一八〇〕「於」，甲本同，乙本作「衣」，當爲「依」之借字；「詔」，當作「詻」，據甲本改，乙本作「而」，亦可通；「云云」，甲本無。

〔一八一〕「每」，乙本同，甲本作「今」。

〔一八二〕「看」，據甲、乙本補；「朵」，乙本同，甲本作「採」，「採」爲「朵」之借字。

〔一八三〕「樿」，當作「蟬」，據甲本及文義改。

〔一八四〕「弟」，甲、乙本同，當作「第」，據文義改，「弟」爲「第」之本字；「邀」，乙本同，甲本作「敫」，誤。

〔一八五〕「百」，乙本同，甲本作「千」。

〔一八六〕「排」，乙本同，甲本作「俳（排）備」，《敦煌變文校注》釋作「備」，按，「排」亦通。

〔一八七〕「且」，甲本作「具」，均可通。

〔一八八〕「我到他家」，甲本作「我倒（到）他家中」。

〔一八九〕「歡」，甲本作「周」；「俁」，當作「娱」，據甲本及文義改。

〔一九〇〕「諸」，甲本無；「會」，甲本作「延（筵）」；「延」，甲本作「會」。

〔一九一〕「恥此事」，乙本同，甲本作「此事恥」。

〔一九二〕「恨」，甲本作「根」，誤。

〔一九三〕「常」，甲本作「相」。

〔一九四〕「愁」，乙本同，甲本作「怨」。

〔一九五〕『歡』，當作『勸』，據甲本改。此句甲本作『還須娘子勸酒巡』。
〔一九六〕甲本此句作『交（教）著恥辱没精身（神）』。
〔一九七〕『咽』，甲本作『噎』，均可通。
〔一九八〕『身』，甲本作『質』。
〔一九九〕『嚥』，甲本作『燕』，『燕』爲『嚥』之借字。
〔二〇〇〕『捻』，甲本作『便捻』。
〔二〇一〕『謁』，甲本作『拜』；『願』，甲本脱。
〔二〇二〕『聞』，乙本同，甲本作『見』。
〔二〇三〕『咽』，乙本同，甲本作『噎』，均可通；『悲』，乙本同，甲本作『非』，誤。
〔二〇四〕『嚴』，甲、乙本作『正』。
〔二〇五〕『合』，甲本作『令』；『闇裹』，甲本作『闇地』。
〔二〇六〕『咽』，甲本作『糽』，當作『胭』，據文義改；『脂』，乙本同，甲本作『枝』；『抛』，乙本同，甲本作『拊』。
〔二〇七〕『籠鏤』，甲本作『籠鞞』；『挑』，甲本作『拔』。
〔二〇八〕『雨淚』，乙本同，甲本作『雨淚落』，衍『落』字。
〔二〇九〕『佛已心通』，甲本作『佛已通心』。
〔二一〇〕『女』，乙本同，甲本脱；『皆』，甲本作『堦』，當作『階』，據文義改，『皆』爲『階』之借字，以下同，不另出校。
〔二一一〕『誦』，當作『涌』，據文義改。自此句至『咽哽悲泣』之『咽哽』，甲本無。
〔二一二〕『如』，當作『而』，據甲本改，時『而』與『如』可互换使用。

〔二一三〕「而入地」，甲本作「減没而入」。
〔二一四〕「惟」，甲本作「堆」，誤。
〔二一五〕「差」，乙本同，甲本作「嗟」，誤。
〔二一六〕「藤」，甲本作「騰」，「騰」爲「藤」之借字。
〔二一七〕「丈」，乙本同，甲本作「仗」，「仗」爲「丈」之借字。
〔二一八〕「唯」，乙本同，甲本作「惟」，均可通；「慈悲」，甲本同，乙本作「世尊」；「護利」，甲本作「護我」，乙本作「被我」。
〔二一九〕「現」，乙本同，甲本作「珠」，誤。
〔二二〇〕「悔」，甲本作「罪」；「虔」，甲本作「愆」。
〔二二一〕「爲」，乙本同，甲本作「以」；「惡業」，甲本作「惡自業」；「招」，甲、乙本同，《敦煌變文集》釋作「昭」，誤。
〔二二二〕「終」，乙本同，甲本作「中」，「中」爲「終」之借字。
〔二二三〕「取令」，甲本作「願令」；「團」，乙本同，甲本作「周」；「云云」，甲本無。
〔二二四〕「髮」，乙本同，甲本脱；「玄」，甲本同，當作「旋」，據文義及乙本改，「玄」爲「旋」之借字；「縲」，甲、乙本同，當作「螺」，據文義改。
〔二二五〕「月」，乙本同，甲本作「日」。
〔二二六〕「只」，當作「口」，據甲、乙本改。
〔二二七〕「三」，甲本作「二」。
〔二二八〕「坐」，甲本作「座」，「座」爲「坐」之借字。

〔二二九〕『與』，甲本作『已』，當作『以』，據文義改，『與』、『已』均爲『以』之借字。
〔二三〇〕『垂』，甲本作『湩』。
〔二三一〕『女』，據甲本補。
〔二三二〕『云云』，甲本無。
〔二三三〕『子』，當作『了』，據甲、乙本及文義改。此句甲本作『歎佛了』。
〔二三四〕『至』，甲本作『志』，均可通。
〔二三五〕『顔』，乙本同，甲本作『貌』，均可通。
〔二三六〕『變』，乙本同，甲本作『遍』，『遍』爲『變』之借字；『媚』，乙本同，甲本作『美』。
〔二三七〕甲本自『女』字始接書於背面。
〔二三八〕『之』，甲本無。
〔二三九〕『面旋』，甲本作『之面旋』，《敦煌變文字義通釋》校作『周旋』，《敦煌變文校注》認爲『周旋』猶『周全』，按，『面旋』亦通。
〔二四〇〕『刑』，當作『形』，據甲本改，『刑』爲『形』之借字。
〔二四一〕『敢』，甲、乙本同，當作『感』，據文義改，『敢』爲『感』之借字。
〔二四二〕『夫主云』，乙本同，甲本無。
〔二四三〕『夫主道』，甲本作『夫道』。
〔二四四〕『見便』，甲本同，乙本作『滿面』；『差』，當作『羞』，據甲、乙本改。
〔二四五〕『端』，乙本同，甲本作『頭』，誤。
〔二四六〕『居』，當作『君』，據甲、乙本及文義改。

〔二四七〕「醜身」，甲本作「身醜」。此句至「便垂加祐」，甲本作「憂我身醜，妾生煩惱，再三禱祝，靈山世尊，深起慈悲，便須加祐云」。
〔二四八〕「祐」，甲本作「祐云」。
〔二四九〕「生前」，甲本作「前生」。
〔二五〇〕「更」，乙本同，甲本作「再」，均可通。
〔二五一〕「或」，當作「感」，據甲、乙本改。
〔二五二〕「子」，甲本無。
〔二五三〕「便」，甲本無；「内」甲本無。
〔二五四〕甲本此句後有「云云」。
〔二五五〕「頭」字係衍文，據文義當删。
〔二五六〕「到」，甲本脱。甲本此句後有「云云」二字。
〔二五七〕「母」，據甲、乙本補。
〔二五八〕「且見喜」，甲本作「具見喜」。
〔二五九〕「前」，據甲、乙本及殘筆劃補。
〔二六〇〕「覓」，乙本同，甲本作「尋」，均可通。
〔二六一〕「隊」，甲本作「傢」，誤；「丈」，甲本同，當作「仗」，據文義改，「丈」爲「仗」之借字。
〔二六二〕「駕」，甲本作「輩」；「到」，據甲、乙本及殘筆劃補。
〔二六三〕「纔見女喜顔色迴」，甲本作「纔見顔面」。

參考文獻

《敦煌變文彙録》（增訂本），上海出版公司，一九五五年，二四三至二五二頁；《敦煌變文集》（下），北京：人民文學出版社，一九五七年，七八七至八〇六頁（録）；《敦煌古籍叙録》，北京：中華書局，一九七九年，三八一至三八三頁；Mair, *Chinoperl Papers No. 10*（1981），p. 50（録）；《敦煌寶藏》一六册，臺北：新文豐出版公司，一九八一年，二三五至二三七頁（圖）；《變文因緣類研究》，臺北：中國文化大學中國文學研究所碩士論文，一九八一年，一四二至一八一頁、二二九至二三二頁（録）；《敦煌變文論文録》，上海古籍出版社，一九八二年，五〇九至五一七頁、五一九至五二一頁；《敦煌遺書總目索引》，北京：中華書局，一九八三年，一五一頁；《敦煌變文集新書》（下），臺北：文津出版社，一九八三年，七七一至八〇一頁、一三七〇至一三七三頁（録）；《敦煌古籍叙録新編》一八册，臺北：新文豐出版公司，一九八六年，三〇七至三一四頁、三五一至三七〇頁；《敦煌變文選注》，成都：巴蜀書社，一九九〇年，七二二至七五七頁（録）；《敦煌變文集校議》，長沙：岳麓書社，一九九〇年，四〇五至四一二頁（録）；《英藏敦煌文獻》四卷，成都：四川人民出版社，一九九一年，一一至一二頁（圖）；《南京大學學報》一九九三年四期，八六至九二頁；《敦煌論稿》，蘭州：甘肅文化出版社，一九九五年，四〇九至四一二頁；《俗語言研究》，京都：禪文化研究所，一九九五年二期，五二至七七頁；《西北師大學報》一九九六年六期，五〇頁；《敦煌變文校注》，北京：中華書局，一九九七年，一一〇二至一一三〇頁（録）；《敦煌變文講經文因緣輯校》，南京：江蘇古籍出版社，一九九八年，九四九至九八九頁（録）；《中國敦煌學百年文庫·語言文字卷》（二），蘭州：甘肅文化出版社，一九九九年，二頁；《敦煌遺書總目索引新編》，北京：中華書局，二〇〇〇年，六四頁。

斯二一二一　大乘無量壽經題記

釋文

張卿。

説明

此卷共存兩件《大乘無量壽經》，第二件後缺，以上題名寫於第一件尾部，《英藏敦煌文獻》未收，現予增收。

參考文獻

《敦煌寶藏》一六册，臺北：新文豐出版公司，一九八一年，二八七頁（圖）；《敦煌學要籥》，臺北，新文豐出版公司，一九八二年，一〇九頁（録）；《敦煌遺書總目索引》，北京：中華書局，一九八三年，一五一頁（録）；《中國古代寫本識語集録》，東京：大藏出版株式會社，一九九〇年，三八九頁（録）；《敦煌遺書總目索引新編》，北京：中華書局，二〇〇〇年，六四頁（録）。

斯二一二二　太上妙法本相經廣説普衆捨品第廿一

釋文

（前缺）

▭□玉〔一〕▭綿，馬瑙緣邊，琉璃薄地，七寶莊嚴。天尊説是經法〔二〕，聲聞大衆，正以一音演説法，隨類衆生，各各受解。一切人前如有尊，視諸同坐無有尊，相好具足無有勝，行化道業無不憘，視之無厭，無量功德，濟諸苦惱行大慈，正一合悲恒度物，廣演言教，行衆備三解八脱，得自在行。篤信海法中王爲之，性常爲正，化曜三界〔三〕，輝法場〔四〕，德宗無上獨立，一降神通真，諸法王得行後真號〔五〕，神尊海智無量，得正慧傳道通真天人師，度人無量，得自在無可無不可行衆備，與諸群生無彼我。

爾時山中有扶桑靜室，左右玉室，前後金堂，八窗四闥，嚴麗無有。東有服炁之室，西有養鋒之方，南有練朱之宇〔六〕，北有起明之堂，金樓玉閣，五嶽之城，神真所玩樂，甚妙無有。爾時有青靈始老領諸徒衆九千人，在於此室，脩行道德〔七〕，聞天尊遊化世界，布振四方，來在青玉九合玄臺妙靈師子座上，說太上妙法本相至真尊經，無量無邊，不可思議。爾時青靈將諸徒從詣於座所，繞座三匝，叉手禮拜，問訊天尊時宜寒温已，天尊曰：何能遠也？始老答曰：何有遠也？聞天尊於斯山中敷揚道教，整理天文，一切衆生，莫不蒙恩。昨聞今馳，不敢暫寧。今得睹師，一生足矣。但生住邊地，不閑天文，不知不識，由（猶）如盲人〔八〕。今蒙天尊來，詣師訣（決）其不解〔九〕，問其不識，仰冀天尊，告其因緣所從而來，實冀天尊不見拒逆。

天尊告曰：善！汝於此土脩行道德〔一〇〕，一方之化主也。意有不訣（決）〔一一〕，能問但問，未足懷疑。始老問曰：自我居此室以來，三百萬劫，但見國人而無衰老，是男是女，面如玉脂，無有喪病。土有玉池，方圓五百里，池水温調，飲之令人面如玉脂，永無喪病。而此東華山中，有此九合玄臺，累玉而成，妙靈神座，七寶莊嚴，恒有神龍猛馬，八威毒狩（獸）〔一二〕，吸嚇叵近。復有九色神鳳九千頭，不見飲食，恒常生活，恒以晝夜六時，吐其微妙麗雅之音。其鳥鳴時，一切山中之蟲，伏聽不起。此臺傳云復是東華宮，本是聖人宮臺，即名神宮，無人敢近。弟子所居室，傳名扶桑靜室，前後金堂，八窗四闥，嚴麗無有。東有服炁之室，西有養鋒之方，南有練朱之宇，北有起明之堂，金樓玉閣，五嶽之城，神真所玩樂，甚妙無有。自我居三百萬劫，人不衰老。我亦與國人同受玉池，面如玉脂。近來不知何故，面皺髮白，如似老容，國人即名我爲始老之人。如斯之事，悉不知之，唯願天尊告其因緣所從而來，令諸衆生悉得聞知。

天尊答曰：善哉！善哉！汝居座位，諦受勿忘，語汝因緣所從而來。於是始老及諸徒從，悉於座位正坐諦聽，不敢忘失，伏受命旨。曰：此土人無辜，壽命長遠，以飲玉池故耳。所以者何？吾昔龍漢之時，於此土中造此玉池，洗拂天景，大混文字，瑩拭字形，出法度人。自我去後，有諸人民，不問男女，有入此池，吸飲此水，即能面如玉脂，無有衰老，即無欲想。國人遂相效之，舉國來入，一切男女，悉無淫欲，皆面如玉脂，命得長壽，而無衰老，以飲玉池，真炁在脂，是故不衰。

爾時吾洗拭以既，賫持詣東華山中，即造清玉九合玄臺，核定真文，傳於九靈君。爾時扶桑先生脩念於此山中[一三]，三劫乃去，所以東有服炁之室，納炁於東；所以西有養鋒之方，割卻生死之網；所以南有練珠（朱）之宇[一四]，示有赤心於道；所以北有起明之堂，欲濟衆生長夜之苦。前堂授文，後堂決誡，八窗上法八方，四闥堂下法四時。自爾汝居逮於今日，汝所以面皺髮白，示有天炁將諸，知有變異之狀也。自今以去，天運漸促，真文收還，大羅之外，王（玉）京玄都[一五]，紫微上宫，永無真炁。人雖飲食，不能面如玉脂、命得長遠。當今以去，人命短促，轉轉不同，五濁躁競，魔或妄生，衆邪蠱道，流滿天下，奪筭夭年，自共傷害。何以故？復坐國主剋暴，賦税民物，職任之官，都食百姓，吏依形勢，助君行虐，殘賊百姓，自作積富。吏讒拷打，搒笞無度〔一六〕，盜許私用，求望鞭卒，方枷械杻，三木全具，人民死亡，橫枉者半，使民無時，不得喪葬，强（僵）屍滿野〔一七〕，哭聲盈路，雖有遺餘，貧困叵補，使男失其娶，女失其嫁，男女怨曠，面有不足之色。感運生災，不以度數，陽隔陰塞，水旱不時。或以霜雹蟥（蝗）蟲〔一八〕，傷害五穀，民人飢（饑）饉〔一九〕，不安其處，憍奮相陵〔二〇〕，强弱相殘，天下妄兵，威力逼迮，男帝（啼）女泣〔二一〕，溢於階陌。天下荼炭，傷之我情，吾故爲一切苦惱衆生，開紫微上宮太上妙法本相自然尊經，度諸衆生苦惱之中。是以吾歷諸四方，説太上妙法本相無上尊經，度脱一切苦惱衆生，拔諸長夜苦魂之難，而諸一切含形之類，悉有道性，有能志務之者，皆得去離苦惱之中，將來皆神仙之道，長夜苦魂悉得光明之輝。若有善男子、善女人，至心念道，身行三業，良善福田，心行大慈，口詠靈篇，長齋苦思，唯行道味，割棄色累，逍遥洞真，功成德就，雲輿來迎，何以故？此經尊極無上，諸經元王，苞羅諸經，運御諸品，神至無極，度人無量，何以故？太上恒寶秘斯文，不傳於世，但以運促世給，人命轉短，五濁躁行，妖邪競興，流滿天下，不可稱記，故爲説之。昔黄上真人、太微帝君、高上真人，以奉宗供養，詠誦斯文，得爲太真之位乎。若有暫得盻其篇目者〔二二〕，皆慶及九玄，上生天上安樂之處。若能身心供養，皆得名列三清，功德成就，雲輿來迎而不疑也。

吾昔於此土中洗瑩天文，造此玉池，詣於東華山清玉造九合玄臺〔二三〕，校定真文，傳付三賢。爾時九炁天君於此中誦讀天文，千日之中，身變神仙軀形，蓮華九炁之色紫文繞之，結成宮殿，羅於天君，國人樂推爲主。而天君即受吾命從之，王於東土。即以天尊所校閱，正定天文，造九合玄臺，於此臺中即爲東華宮，受生命籍〔二四〕，即九炁天君主之〔二五〕，至於今日。若有學士男女之人，脩行道德，亦恒投簡於東流水，投入於海中，九炁天君賞人命籍〔二六〕，是以投簡注生之名玉曆之中。若有男女之人，不知罪過，亦須放簡於靈山也。若彰其罪，依靈寶金龍之法，於東流之上，解散罪謫，石（名）列東華〔二七〕，注仙珠宮。功成德就，剋得無爲至真之道也。問曰：東華山中有此奇好之物，仙聖所行，名如諸山嶽，一切大山小山，清恬君靜，皆可止神居仙，復可居之，豈獨[木剽]於東華〔二八〕？答曰：山者爲靜，神真所居處，是以學士居於山寂靜之處，脩養神形〔二九〕，易可功效。若於俗化一切，救濟衆生，功成遂之，此德高大，不可稱之。復能長行於齋誦，執詠不絶，功成遂之，不可稱之。若有志士男女之人，行於大道，志存山林〔三〇〕，長齋隱素，剋成生真。山無大小，皆有其神，大山大神，小山小神。欲隱學山林，必須求望之，何以故？學士德未高遠，威未折止〔三一〕，事須求望之，不求不望；囂敗子真，故須求及之〔三二〕，不求不及，不得定性。問曰：於此以東有何國土？學道以不？答曰：自此以東卌萬里有飛行之國〔三三〕，不學文書，不知禮典，行則飛馳，樔居穴處〔三四〕，不如中土，人坐知天上之事、天下山川，何以故？坐習書筭，著〔之〕於五內〔三五〕，役之於十方，能知吉凶去就之事，何以故？知觀之上候星辰，下瞻人民，先告事證，立文驗之，可名習聖之國。

爾時始老國王名陳儀成，聞天尊於東華山九合清玉玄臺之中，説太上妙法本相至真尊經，廣演言教，啓悟衆生，聞之搥鍾鳴鼓〔三六〕，隱隱闐闐，馳路詣於東華宫，觀天尊所説太上妙法本相正道之因，其義微妙不可思議，種種教説，善辭巧妙，世之無有。心中覺悟，意樂天尊説法，不欲爲時而捨，即欲不去。但國事尚重，不可輒然而住，要須迴還，使授國位，布置僚佐安慰，乃可還來耳。勉仰而迴，不鳴伎樂，如子别父。到家宫殿，群臣歡喜，無復已已。乃詔曰：朕昨别東華宫中，聽天尊説太上妙法尊經，其議（義）微妙〔三七〕，世之無有，并説過去無邊塵沙數之劫，復説現在無量無邊世界，一切萬法，悉能明了。復説當來劫末無量之運，過去、未來及得現在微豪纖細之物，一切明辯，不可思議。此師真正世之無有，朕昨一往，心中意樂，不欲爲時而捨，輒欲即住，但以國事尚重，不可輒住。朕今迴來，故欲委國卿等，自相推量堪能任重者，朕欲捨位傳付，追求正真長生不死之道也。大臣寬裕答詔曰：上正有天，下正有地，中正有王，三事之外，豈更有上？山中隱士，不勘（堪）世煩〔三八〕，隱形山林，自養神形〔三九〕，習諸伎術，誑幻民物，集合群徒，謬入天廟，説空論虚，自稱至真也。如臣所觀見，實自不可。王曰：斯言未可用之。經云：域中有四大〔四〇〕，而王處其下，何以故？道大、天大、地大、王大，故居於早（卑）處〔四一〕，居四大之下，能不仰尊於大乎？朕所處於人王，爲百姓所宗者，以先身好善樂道，行諸功德，積著自然，運感福報，生爲人王，天下一切人民普同其形，所由不如朕乎？位卑所以仰上，以前世功德故也。人生一世，莫不貪高務遠，志願榮華，而不允願者，皆由前身不行善道故也。是以有貴有賤，有貧有富，有强有弱，有卑有隆，有好有醜，有長有短，有黑有白，有壽有夭，有智有愚，如斯前世皆由履諸行業故也。若不爾者，應同混受。以此觀之，將知前世行業所鍾也〔四二〕。卿之所見，不如我懷。汝所言者，朕不從乎。裕曰：王心以（已）移〔四三〕，不可奈何。若有所賢者，王自量之，何以故？知臣莫若於君，知子莫若於父。王自量之，可委便委。王曰：以朕觀之，普進可也。何以故？普進爲人，寬而大智，恩而威人，以朕目之，可傳王國。言畢，即詔下普進。而進既至王前侍命，詔曰：太上天尊於東華山中九合玄臺，説太上妙法本相至真尊經，其義廣遠，微妙叵言。爾時朕即心意不寧，往彼觀之，文辭巧妙〔四四〕，世之無有，進到師邊，觀聽所説，能知百千萬劫之事，及得過去未來現在，一切知之，觀斯驗之，非是凡也。

爾時朕即起心自誓，要不居國，追求大道。當時即欲亭（停）留〔四五〕，但以國事尚重，不得輒然，故還委重，而卿德勘（堪）任重〔四六〕，知堪理物。我今傳重，卿意云何〔四七〕？普進答曰：得王信言。夫傳國之重，非太子不任，釐斷王綱，非大臣不委。而臣卑賤，忽言國事，貴賤不可。但臣智薄德淺，不堪任重，未可容也。王曰：我今傳太子，可謂愛親之子，與道返（反）乎〔四八〕？夫皇天無親，唯與善人。而卿德堪任大，故委王國也，未可遊言乎。於是釋王位、玩弄之具〔四九〕、服飾等，傳王國事，事備授畢，即將太子妻息男女五十八口，歡喜而去，到東華山中清玉九合玄臺，面覲天尊，寒温時宜。天尊告曰：汝能來也？答曰：天尊在此，不敢自停也。天尊曰：國事如何也？王曰：弟子昨到國治，下詔大群臣傳委國事，而諸不可。國中有孝子，行合天下，慈恭有智。制授命傳委以國土，釋王位而授，無有呵難。爾乃將諸妻子，歸命師門。天尊曰：善矣，如斯之比，未之有也。昔者元皇不居世位，今致正真元皇之位號也。汝妻子眷屬，悉是世中真人也，何以故？汝前，吾於珠口説法之時，同在其中。爾時汝等五十八人同於一席，共起一願，捨身受身，願常與道爲因，共生一家，追脩道業，成道乃止。以前世願故，同生王室，各各本願。今復乘前之功，來脩道業，此功德高大，難可比之。王於（與）坐中五十八人〔五〇〕，同時得地仙之道。

天尊見諸群臣民人不信道業，欲彰王道，於此坐上放一光明，煥照一國〔五一〕，地作金色。始老國土一切人民〔五二〕，尋光普見東華山中清玉九合玄臺之中師子座上，靜老大尊説太上妙法本相尊經，四衆圍遠（繞）〔五三〕，匝滿其邊，但見本國王太子妻息男女五十八人，同登地仙之道也。面首光仙（鮮）〔五四〕，端坐所坐，九色神龍口吐五色寶華，照曜其巔，一切大衆莫不光明。國内男女於是遂脩道業，知有因緣，咸行善心，從今以去，往往有脩道學仙二年三年，有一人白日飛昇空玄，遊晏（宴）太虚〔五五〕。是故道教下來，救世之苦〔五六〕，有濟衆生無量生死之苦也。從今以去，世運轉促，漸漸遂急，人生惡心，刀兵困苦。若有善男子、善女人，有能信心三寶，脩行道德，長齋誦經，履行真直，皆行過度惡世，將來得生天宫，衣食自然。若功成德就，受記後賢，終不虚妄也。何以故？譬如種之根苗，一株之果，不如萬根之多。是故真人以多種，故得爲多果報。故法不唐捐，功不妄棄，著之於空中，成之於見果〔五七〕，不思之化，唯法可畏也。言畢，天尊欲遊北方之賓（濱）〔五八〕，於坐上勅諸弟子，言曰：一切衆生，如於幻耳。有功者得上補洞玄自然之宫。若不如法，溢津三河，汝等著之。何以故？録善罰惡，天律明矣。始老曰：夫一切萬物，有生之性，皆受之於道炁，何故不獨入於水石？答曰：水性百入，利潤萬物；石姓（性）質堅〔五九〕，主政人心，至於微碎，不可耕稼，人心在道，其堅如石，上與道同，下匹人心，中合神真，是以水石可尚，與道合性，豈有不受道于（乎）〔六〇〕。何以故？上匹於道，下譬人心，中匹神真者，以其堅潤故也。問曰：道何故稱一？答曰：一者獨立無爲，永無雙匹，故稱之爲一。何以故？天無一，無以可清；地無一，無以可寧；神無一，無以可靈；帝王無一，無以政令；谷無一，無以盈。是故一者，道之稱也。若其有二，則萬物豈得成，吾故立應形，以道其真，故可一而無二，可名而無質也。問曰：天尊所説行善以譬（避）惡世〔六一〕，冥中以積功烈，所以不免禍者何？答曰：但衆生自相招禍耳。何以故？天道不可罵而罵之，父母不可逆而逆之，君王不可違而違之，是故積惡著逮後身，積善著逮後形，報應之道，不可奪之。是以賢者遇禍以報先業也，現受以取後功，交報以成來果，故有受也。

軆空之法有過，願身交受，不將來惡道受。何以故？現報無遺，唯功是之。交受禍盡，後無拘累，故興願不侍後形也〔六二〕。教授之功，成就王業，度諸有心，彈指現光，照於東方，卌八萬里〔六三〕，倉海之東清和國中，地作金色，國中民人睹見此光，不知所由而來。爾時元皇真人於國授導至真道業，國王見光怪之，問元皇真人曰：天生奇光，煥照國土，不知此徵爲吉爲凶，爲善爲惡，不知所由。元皇曰：此之光明，非是天光於此，西方海外靜老天尊，於始老國中東華山中清玉九合玄臺，説太上妙法本相大道之因，國王以國位委禪大臣普進，將家妻子男女五十八人，詣於師所，聽天尊説是經義，甚好麗妙，不可思議。國人言（信）解者亦無數量〔六四〕。爾時國王及家五十八人，於坐中即得地仙之道，其士男女於是往往有白日飛昇虛空。天尊慶斯因緣，彈指出其光明，煥照此土，未有奇異也。心中不悟生或〔六五〕，愕然曰：此光天上之光，煥照下方，示有怪祥吉凶之道，未能分別，豈言道士之光也？不受信之。於是清陵道宮，赫然而開〔六六〕。一切王臣民人仰看，但見種種信解人，種種布施人，種種根行人，種種造治人。爾時天光悉朗，幽夜開明〔六七〕，但見西方海外東華山中清玉九合玄臺中〔六八〕，天尊昇於坐上，説太上妙法本相尊經。四衆圍繞，光明奕奕〔六九〕，不可稱計。復見彼國王妻子眷屬五十八人，得地仙之道。須臾之頃，天光還閉，無有光明。爾時清和國王，位不爲位，榮不爲榮，唯念大道，脩行道德，正以神真禮律，化御王國，不殺不害，道法而治。一切人民，樂其三寶，履善而行。國無盜賊，人無惡心。兕虎不猛，犲狼不食其肉，鷹鷂不博（搏）〔七〇〕，食生之類，普食草木。純風遠被，四方朝宗，風雨隨時，五穀豐實。使富者不盈，貧者不乏，貧富齊等，天下和平。男不邪心，女不淫奔，各及時禮配，永無怨曠。一切兆民，咸同辭願。爾時國土男女之人，往往有飛行者。爾時國王詔下：天下善信男女，不問貴賤，有能爲我在國行道者，百金遺家，人受國育，現在人天，願常同俱。天下人民，善信男女三千五百人，咸爾受應。國王即設大齋，請諸四輩三萬七千人，會諸坐所，齋食以畢，布施三千五百男女道士供養之具，種種供給，無所乏少，衣裘卧具，悉以供給。即造習仙神宫，上下九級，一百廿丈，基高九尺，方圓百廿步，宫室卅有六，純以金銀薄上，晃昱無量。四周房宇，左右廚室，中憑上閣，無事不有。及流泉浴池，種種華林，百和香映。一切名物，無不備足。供養之具，事事悉給。復造神仙七正之廟，亦與習仙同之。男居習靈，女居七正〔七一〕。國王隨時禮拜於習靈，夫人隨時禮拜於七正。七正者，上法廿八宿，其宫室廿八門，應之度數，一百年中，三千五百學士白日昇於太極宫也。國王夫人亦同飛遷，爲妙梵天王。而梵貪於樂樂，不行功德，脩志天宫，不脩道德。爾時恒發一善願，於玄中養之前，捨身受身，乃至成道，常與弟子作師，度爲高真。以此願故，落爲人王，於于（乎）西方罽賓之國〔七二〕，號曰煩陀力王，殺害衆生亦無數量，田獵山野，如於狂人，淫愛宫妃，羖牂之屬，積罪如山，不可稱計。玄中養爾時號爲玄中法師，於中歎曰：清和國王，信解三寶，供養布施，以脩善業，得生天上，爲妙梵天王，貪著樂樂，不行前業，從（縱）意寬誕〔七三〕，遂落人王，爲罽賓國中煩陀力王，殺害無度，不可稱數。前以許誓，不得違失，須化之度之，去離苦惱，令即信伏，得脩學業，遷成道真。於是玄中法師化生有緣，先李氏女神妃之子，願使生道之胞七十二年，舉候十年，乃剖左腋而生之。天人玉女，盥滌而承洗之，剖地晧（皓）首〔七四〕，百鳥鳳鱗〔七五〕，翔集中庭。經由三月，乘白鹿而西，應合尹憘〔七六〕，同期唐門，隱跡檀特，三年不出，煩陀獵見，因即呵嫌，仍遣不留，恐其溢言。二子不去，遂漸化之，不從正教，方欲毒之。延王就穴，具出神廚，食不盡餚，萬衆悉足，於後吁其二子〔七七〕，因而遣之。倉廚窮竭，王轉增怒，積薪熕燒，火不能熱；沉石海淵，石不肯没；出兵格戰，箭返刃折。百種禍害，不能令殺。靜老麾吁山林，化成兵鉀，從天而下，滿在王國，舉國惶怕，恐無生活，持石叩頭，兩手雙博（搏）〔七八〕，誓奉神人，不移不易。二子知心，方導三乘於沙圍城西，一時摧折，度其入道〔七九〕。髡剔鬚髮〔八〇〕，衣以弊服，縱帔横裙，授以戒律，號曰桑門。至末世經流東土，漸至洸（澆）僞〔八一〕，此法大興，清濁同器，真僞不别，道炁去離，遂入死緣。東海龍王煩燒洞然，五十年後其法還興。僞世男女，競入道門。城池聚落，廟塔門門，世名入道，號曰比丘。南行補空，壞幕爲袴，自號赫弈。於是還返，流本西域，不復興心，南北合城，便墮死緣。王氏化治，付囑卯金，木子弓口，方乃興焉。治道天下，無有惡人。男則無染，女則無塵。道化流行，性合自然。不偏不黨，異骨爲親。路無行盗，夜無非奸。巷有勞音，陌有真言。無爲之治，天下一倫。疫炁沉没，不復害人。虎狼不肉〔八二〕，鷹鷂啾塵。虮蛇不毒，蜂蛆不螫。甘泉當吐，不比川原。小種大收，永無病敗。天度不錯，日月不虧。狂風不發，土霧不宜。雷不振搖，雨不雹申。草木不折，禾麥不損。當爾之時，一切改新。

爾時始老真人得天尊敷揚道教，説過去未來及得現在，一切萬法所由而來、罪福對報、行業因緣、善惡之報，莫不具陳。一切大衆，皆得道真，慶此靈會，無復已已。即於天尊前長跪，合掌而作頌曰：

千劫之因緣，會此宿命師。爲諸大衆等，説此萬劫微。
行業招對報，罪福自來推。白黑須臾分，五蔭幸若歸。
遇兹常樂尊，歷觀在東華。振此清玉臺，説是妙惠家。
五十八男女，捨樂就苦差。苦盡得一果，色龍吐蓮華。
光照東方土，元皇奉宗受〔八三〕。清和得度世，遷居妙梵首。
貪著居此樂，落生西王后。玄老予通鑒，知此因緣有。
化生李母胎，生落自皓（皓）首。興尹西化之，苦惱備經久。
胡王後得伏，度脱一切人。衣服褚紅色，與世不參差。
積行累業成，號曰無上真。法教漸東流，化及東海間。
末世興此法，中夭熕蕩然。南行補人空，於此還西賓。

太上妙法本相經廣説普衆捨品第廿一

説明

此件首缺尾全，起『玉□綿，馬瑙緣邊』，訖『《太上妙法本相經廣説普衆捨品》第廿一』。敦煌文獻中保存的同類寫本尚有伯二三八九、伯二四七六兩件。伯二三八九首缺尾全，起『九炁天君主之』，訖『《太上妙法本相經廣説普衆捨品》第廿一』；伯二四七六首尾均缺，起『自養神形』，訖『始老國土一切人民』之『始老國土』。《太上妙法本相經》卷數不詳，至少應有二十三卷，約成書於南北朝末，是流傳較廣的重要道經（參看王卡《敦煌道教文獻研究：綜述·目録·索引》，一一七頁）。《中華道藏》收録了此件釋文，由盧國龍、王卡整理點校（張繼禹主編《中華道藏》五册，三七至四四頁）。

以上釋文是以斯二一二二爲底本，用對此件有校勘價值的伯二三八九（稱其爲甲本）、伯二四七六（稱其爲乙本）參校。

校記

〔一〕『玉』，《中華道藏》未能釋讀。
〔二〕『尊説』，《中華道藏》據文義校補。
〔三〕『曜』，《中華道藏》釋作『耀』，誤。
〔四〕《中華道藏》疑『輝』字前有脱文。

〔五〕「後」，《中華道藏》釋作「彼」，誤。
〔六〕「練」，《中華道藏》釋作「煉」，誤。
〔七〕「脩」，《中華道藏》釋作「修」，雖義可通而字誤。
〔八〕「由」，當作「猶」，《中華道藏》據文義校改，「由」爲「猶」之借字。
〔九〕「訣」，當作「決」，據文義改，「訣」爲「決」之借字。
〔一〇〕「脩」，《中華道藏》釋作「修」，雖義可通而字誤。
〔一一〕「訣」，當作「決」，據文義改，「訣」爲「決」之借字。
〔一二〕「狩」，當作「獸」，據文義改，「狩」爲「獸」之借字。
〔一三〕「脩」，《中華道藏》釋作「修」，雖義可通而字誤。
〔一四〕「練」，《中華道藏》釋作「煉」，誤；「珠」，當作「朱」，據文義改，「珠」爲「朱」之借字。
〔一五〕「王」，當作「玉」，據文義改，《中華道藏》逕釋作「玉」。
〔一六〕「搒」，《中華道藏》釋作「榜」。
〔一七〕「强」，當作「僵」，據文義改。
〔一八〕「蟥」，當作「蝗」，據文義改，「蟥」爲「蝗」之借字。
〔一九〕「飢」，當作「饑」，據文義改，《中華道藏》逕釋作「饑」，「飢」爲「饑」之借字。
〔二〇〕「憍」，《中華道藏》釋作「驕」，雖義可通而字誤。
〔二一〕「帝」，當作「啼」，《中華道藏》據文義校改。
〔二二〕「盻」，《中華道藏》釋作「盼」，誤。
〔二三〕「清玉造」，《中華道藏》釋作「造清玉」，誤。

〔二四〕「籍」，《中華道藏》釋作「藉」。
〔二五〕甲本始於此句。
〔二六〕「籍」，甲本同，《中華道藏》釋作「藉」。
〔二七〕「石」，當作「名」，據甲本及文義改，《中華道藏》逕釋作「名」。
〔二八〕「欟」，甲本作「標」，《中華道藏》釋作「標」。
〔二九〕「脩」，《中華道藏》釋作「修」，雖義可通而字誤。
〔三〇〕「存」，甲本同，《中華道藏》釋作「於」，誤。
〔三一〕「折」，甲本同，《中華道藏》釋作「析」，誤。
〔三二〕「及」，甲本同，《中華道藏》漏録。
〔三三〕「卌」，甲本同，《中華道藏》釋作「四十」。
〔三四〕「櫟」，甲本作「擽」，誤。
〔三五〕「之」，據甲本補。
〔三六〕「搥」，甲本同，《中華道藏》釋作「槌」；「鍾」，甲本同，《中華道藏》釋作「鐘」，雖義可通而字誤。
〔三七〕「議」，甲本同，當作「義」，據文義改，《中華道藏》逕釋作「義」。
〔三八〕「勘」，甲本同，當作「堪」，《中華道藏》據文義校改，「勘」爲「堪」之借字。
〔三九〕乙本始於此句。
〔四〇〕「域」，乙本同，甲本作「城」，誤。
〔四一〕「早」，乙本同，當作「卑」，據甲本改。
〔四二〕「鍾」，甲、乙本同，《中華道藏》釋作「鐘」，誤。

〔四三〕『以』，甲、乙本同，當作『已』，據文義改，『以』爲『已』之借字。
〔四四〕『妙』，甲本同，乙本脱。
〔四五〕『亭』，甲、乙本同，當作『停』，《中華道藏》據文義校改。
〔四六〕『勘』，甲、乙本同，當作『堪』，《中華道藏》據文義校改。
〔四七〕『云』，甲、乙本同，《中華道藏》釋作『如』，誤。
〔四八〕『返』，當作『反』，據文義改，『返』爲『反』之借字。
〔四九〕『弄』，甲、乙本同，《中華道藏》釋作『卡』，誤。
〔五〇〕『於』，甲本同，當作『與』，《中華道藏》據文義校改。
〔五一〕『焕』，甲本同，底本原作『喚』，當爲『焕』受下文『照』類化之俗字，《中華道藏》釋作『映』，誤。以下同，不另出校。
〔五二〕乙本止於此句之『始老國土』。
〔五三〕『遠』，當作『繞』，據甲本改。
〔五四〕『仙』，甲本同，當作『鮮』，據文義改，『仙』爲『鮮』之借字。
〔五五〕『晏』，甲本同，當作『宴』，《中華道藏》據文義校改，『晏』爲『宴』之借字。
〔五六〕『救』，甲本同，《中華道藏》釋作『求』，誤。
〔五七〕『之』，甲本同，《中華道藏》漏録。
〔五八〕『賓』，甲本同，當作『濱』，據文義改，『賓』爲『濱』之借字。
〔五九〕『姓』，甲本同，當作『性』，《中華道藏》據文義校改，『姓』爲『性』之借字。
〔六〇〕『于』，甲本同，當作『乎』，據文義改，《中華道藏》逕釋作『乎』。

〔六一〕『譬』，甲本同，當作『避』，《中華道藏》據文義校改，『譬』爲『避』之借字。

〔六二〕『侍』，甲本同，《中華道藏》釋作『待』，誤。

〔六三〕『卌』，甲本同，《中華道藏》釋作『四十』。

〔六四〕『言』，當作『信』，據甲本改。

〔六五〕『或』，甲本同，《中華道藏》校改作『惑』，按『或』本有『惑』義，不必校改。

〔六六〕『開』，甲本作『閑』，誤。

〔六七〕『開』，甲本作『閑』，誤。

〔六八〕『外』，甲本作『水』。

〔六九〕『弈弈』，甲本同，《中華道藏》釋作『奕奕』，雖義可通而字誤。

〔七〇〕『博』，甲本同，當作『搏』，據文義改，《中華道藏》逕釋作『搏』。

〔七一〕『居』，甲本同，《中華道藏》釋作『成』，誤。

〔七二〕『于』，甲本同，當作『乎』，據文義改，《中華道藏》逕釋作『乎』。

〔七三〕『從』，甲本同，當作『縱』，《中華道藏》據文義校改，『從』爲『縱』之借字。

〔七四〕『晧』，甲本同，當作『皓』，據文義改，《中華道藏》逕釋作『皓』。以下同，不另出校。

〔七五〕『驎』，甲本同，《中華道藏》釋作『麟』。

〔七六〕『憘』，甲本作『憙』，均有依據。

〔七七〕『吁』，甲本同，《中華道藏》釋作『呼』。

〔七八〕『博』，甲本同，當作『搏』，據文義改，《中華道藏》逕釋作『搏』。

〔七九〕『入』，甲本作『人』，誤。

〔八〇〕『髣』，甲本同，《中華道藏》釋作『既』，誤。
〔八一〕『洗』，甲本同，當作『澆』，《中華道藏》據文義校改。
〔八二〕『肉』，甲本同，《中華道藏》釋作『完』，誤。
〔八三〕『元皇』，甲本作『無量』。

參考文獻

《敦煌寶藏》一六册，臺北：新文豐出版公司，一九八〇年，二九〇至二九九頁（圖）；《英藏敦煌文獻》四卷，成都：四川人民出版社，一九九一年，一三至二〇頁（圖）；《中華道藏》五册，北京：華夏出版社，二〇〇四年，三七至四四頁（録）；《敦煌道教文獻研究：綜述·目録·索引》，北京：中國社會科學出版社，二〇〇四年，一一九頁。

斯二一三六　大般涅槃經卷第十題記

釋文

夫以顧復難追〔一〕，昊天罔極；馳景遠感，痛結終身。故知不藉福基，無酬　恩造。崇徽、崇暕等，不幸薄福，早喪　尊親。泣泉壤以增悲，仰穹昊而何及！況復承　恩膝下，早榮花蕚之歡；念愛掌中，預霑珠玉之美。追思鞠育〔二〕，至勤之　澤實深；敬荷劬勞，返哺之誠無逮。崇徽、崇暕，奉爲亡考妣敬寫《涅槃經》一部。罄此微誠，莊嚴供養。冀使遠津靈識，業靜福崇〔三〕；通濟幽明，障銷德滿〔四〕。

維大唐景龍二年歲次戊申五月壬辰朔廿六日丁巳〔五〕，弟子朝議郎成州同谷縣令上柱國薛崇徽寫〔六〕。

夫人陰氏盧舍那供養，

弟雍州永樂府左果毅上柱國崇暕供養，

弟妻令狐氏大法供養，

孫男上柱國英彥供養，

英彦妻令狐氏成實相供養，
孫女明正信供養〔七〕，
孫男英諒供養，
孫男爲政供養〔八〕，
孫女小王供養，
孫女母娘供養，
孫女明尚智供養，
孫男鴻鶴供養。

説明

此件寫於《大般涅槃經》卷第十尾部，《英藏敦煌文獻》未收，現予增收。『大唐景龍二年』即公元七〇八年。三井八郎右衛門所藏《大般涅槃經》卷第七，有與此件内容完全相同的題記（參見《中國古代寫本識語集録》，二六八至二六九頁）。

校記

〔一〕『以』，《敦煌遺書總目索引》漏録；『顧』，《敦煌遺書總目索引》、《敦煌遺書總目索引新編》均釋作『願』，誤。

〔二〕「鞠」，《敦煌遺書總目索引》、《敦煌遺書總目索引新編》均釋作「鞠」，誤。
〔三〕「靜」，《敦煌遺書總目索引》釋作「敬」，誤。
〔四〕「銷」，《敦煌遺書總目索引》、《敦煌遺書總目索引新編》均釋作「消」，誤。
〔五〕「維」，《敦煌遺書總目索引》、《敦煌遺書總目索引新編》均釋作「惟」，誤。
〔六〕「寫」，《敦煌遺書總目索引新編》釋作「敬寫」，按底本實無「敬」字。
〔七〕「信」，《中國古代寫本識語集録》漏録。
〔八〕「政」，《敦煌遺書總目索引》、《敦煌遺書總目索引新編》均釋作「正」，誤。

參考文獻

Giles, *Bsos*, 9.1（1937）, pp. 3–5（録）；*Descriptive Catalogue of the Chinese Manuscripts from Tunhuang in the British Museum*, The Trustees of the British Museum, London 1957. pp. 44–45（録）；《敦煌寶藏》一六册，臺北：新文豐出版公司，一九八一年，四五〇至四五一頁（圖）；《敦煌學要籥》，臺北：新文豐出版公司，一九八二年，一〇九至一一〇頁（録）；《敦煌遺書總目索引》，北京：中華書局，一九八三年，一五一至一五二頁（録）；《敦煌文學》，蘭州：甘肅人民出版社，一九八九年，七七頁；《中國古代寫本識語集録》，東京大學東洋文化研究所，一九九〇年，二六九至二七〇頁（録）；《敦煌願文集》，長沙：岳麓書社，一九九五年，八九七至八九八頁（録）；《敦煌遺書總目索引新編》，北京：中華書局，二〇〇〇年，六五頁（録）；《姜亮夫全集》（十一），昆明：雲南人民出版社，二〇〇二年，二八五頁（録）。

斯二二三七　大乘無盡藏法

釋文

（前缺）

□《阿含經》説〔一〕。或明遠惡近善遠近法，有四法，當急走避之，〔去〕〔百〕〔由〕〔旬〕〔二〕，〔一〕〔由〕〔旬〕〔四〕〔十〕〔里〕〔三〕，百由旬四千里〔四〕。四法者：一者，惡友；二者，惡衆；三者，或多語或戲笑〔五〕；四者，或瞋或鬪。何以故？釋出罪相輕重義，寧斫截三千世界衆生〔六〕，不於初發心菩薩所起瞋心。或明不得與説出家人等過者往來〔七〕，如方等經卅五種護戒〔法〕廣説〔八〕。又，《寶雲經》〔九〕，不聽向破戒家乞食。又，《法華經》四『安樂行品』教佛去世後末法，法師説法，法於内，明遠惡近善法，義最具足。總而言之，如諸經律戒品廣説，又末法凡夫，學捨邪入正，《涅槃》最顯。惡（捨）捨（惡）入善〔一〇〕、捨小入大〔一一〕，《十輪經》最顯。無盡藏法略説竟〔一二〕。

開皇三年歲次癸卯十一月廿日〔一三〕，相州光嚴寺僧信行〔一四〕，普爲過去、未來、現在皇帝陛下、臣僚百官〔一五〕、諸師、父母，乃至一切衆生，頓捨身命財，屬十六種常樂我淨法等一切法〔一六〕。於内有五段明義：一者，明學行常樂我淨行多少義〔一七〕。二者，明常樂我淨行所用財物定不定義。二（三）者〔一八〕，明常樂我淨行行之先後義〔一九〕。四者，明常樂我靜（淨）行度衆生淺深義〔二〇〕。五者〔二一〕，明常樂我淨行能〔行〕人〔二二〕。

第一，明學行常樂我淨行多少義者〔二三〕，於内有十六段〔二四〕：一者，願施禮佛無盡，日日不斷，乃至成佛。二者，願施轉經無盡，日日不斷，乃至成佛。三者，願施衆僧無盡，日日不斷〔二五〕，乃至成佛〔二六〕。四者，願施衆生無盡，日日不斷，乃至成佛。五者，願施坐禪無盡〔二七〕，日日不斷，乃至成佛。六者，願施十二頭陀無盡，日日不斷，乃至成佛。七者，願施飲食無盡，日日不斷，乃至成佛。八者，願施食器無盡，日日不斷，乃至成佛。九者，願施衣服無盡，日日不斷〔二八〕，乃至成佛〔二九〕。十者，願施房舍無盡，日日不斷，乃至成佛。十一者〔三〇〕，願施牀坐無盡〔三一〕，日日不斷，乃至成佛。十二者，願燃燈燭無盡〔三二〕，日日不斷〔三三〕，乃至成佛。十三者，願施鍾鈴無盡，日日不斷，乃至成佛。

十四者〔三四〕，願施香無盡，日日不斷，乃至成佛。十五者，願施柴炭無盡〔三五〕，日日不斷〔三六〕，乃至成佛。十六者，願施洗浴無盡〔三七〕，或日日不斷〔三八〕，乃至成佛〔三九〕。〔造〕〔像〕〔四〇〕、造經、誦經、講經，亦應有如來見〔四一〕，不敢玄説〔四二〕，除十六法〔四三〕，餘一切法〔四四〕。或續、〔不〕〔續〕〔四五〕，亦願至佛不斷〔四六〕。

第二，明常樂我淨行所用財物定不定義者〔四七〕，於内有兩段：一者，明普施法，法法不定。二者，明別施法〔四八〕，法法各定。第一，明布（普）施法〔四九〕，法法不定者，或迴或滅，禮佛轉經物〔五〇〕，作餘十四種用。乃至或迴或滅〔五一〕，餘十四種物，作禮佛轉經用，亦如是。如十六既通，互用不定，乃至法界行，亦如是。所以普施法雖爲十六法施，如得一處，共用無罪。第三（二）〔五二〕，明別施法，法法各定者〔五三〕，若於十六法〔五四〕，各各別施者，唯得還依十六法，各各別用。不得互用，互用有罪〔五五〕。所以於十六法，各各別施者，唯得更餘〔處〕作功德〔五六〕，一向不得共普施者一處。

第三，明常樂我淨行行之先後者，所有財物，莫問多少〔五七〕。會待十六行等〔五八〕，得成相續，然後餘用，終不得廢。脩常樂我淨相續行〔五九〕，先作苦空無常不相續功德，壞他菩提行，大得罪。

第四，明常樂我淨行度衆生淺深義者，於内有五段：一者，明於十六行同行人，得十六種常樂我淨果。二者，明於十六行生隨喜人〔六〇〕，得十六種常樂我淨果〔六一〕。三者，明見行十六〔行〕人〔六二〕，得十六種常樂我淨果〔六三〕。四者，明聞行十六行人，得十六種常樂我淨果。五者，明受供養人，得十六種常樂我淨果。

第五，明常樂我淨行能行人者，今見有四人〔六四〕：一者，相州人光嚴寺僧惠定〔六五〕。二者，相州嚴淨寺僧道進〔六六〕。三者，魏州貴鄉縣黨孫浪彪下俗人王善行，年卅〔六七〕。四者，趙州癭〔陶〕縣黨王鳳邕下俗人王善性〔六八〕，年十九。此四人〔六九〕，普爲一切衆生，頓捨身命財，屬十六種常樂我淨等一切法。日日不斷，乃至成佛。常樂我淨行具出竟。

答呼脩營功德啓〔七〇〕

信行行啓〔七一〕：信行自思量，無始生死，徒致〔羈〕纏〔七二〕。皆由無知，不依聖典。今得遭逢，〔還〕〔復〕不依〔七三〕，恐增生死，永無解脱。所以今日，隨力隨分。依傍大乘，具足真軌。如説脩行大乘法者，義雖塵沙，大判不過有四：一者境盡，二者行周，三者人是，四者處當。第一，境盡者〔七四〕，所謂佛、法、僧及盡衆生界。第二，行周者，所謂六波羅蜜等法界行。第三，人是者，法別有三：〔一〕者解真〔七五〕；二者行深；三者病輕。三乘根機，無與等者。第四，處當者，處通十方。何以故？盡有多種〔七六〕。一者從總入別，此就行説，明新學之徒，但得總盡，未能及別。就（二）二（者）人明〔七七〕，從本至末，一一普遍。三者窮盡。此之一階，唯是諸佛。降斯以還，普未究竟。此大乘法，但能廢別就總，一處得成〔七八〕，則衆處不少。若也廢總隨別，雖得見在少益〔七九〕，還復不免來生，彼此還不具足〔八〇〕。既蒙重意，無以能報。故附微心，仰願照知。謹啓。十月十五日〔八一〕。

禮佛法用功至大〔八二〕。第一，須食，若官府聽乞食〔八三〕，食自乞。一向不須食。若官府不聽乞食，先須得食。第二，大須炭。第三，大須柴。第四，須内衣，多少任意。第五，須香，多少任意。第六，大須澡豆。第七，大須灰水。第八，〔大〕須楊枝〔八四〕。第九，須四人。兩人供灰水，兩人作食。第十，須屋三口。一口禮〔佛〕〔八五〕，一口消息，一口坐禪。

又若能禮佛、坐禪者，復須知行之法用〔八六〕。

坐禪者常坐，莫問晝夜，一向不得卧。禮佛者，各各須得淨衣，一日一夜，三時洗浴，莫問晝夜，常禮不息。除半夜一時卧，晝日一時食。食之多少，坐禪禮佛，一種唯得一食。既知行之法用，能者同行，不能〔者〕任意〔八七〕，何以故？末世凡夫，懈怠者多，精進者少。若三品一處作業，上者不立，所以隨分隨力。學行大乘常樂我淨〔行〕者〔八八〕，唯得取上〔八九〕，不及次、下。又能禮佛者，莫問道俗。有籍者得，無籍者不得。

一乞聽行四種無盡行。一乞聽隨喜助施。一乞聽依十二頭陀，常行乞食。一乞聽依《法華經》，學行不輕行。

第一，四種無盡行者。一願禮一初（切）佛〔九〇〕，日日不斷，乃至成佛。二願轉一切經，日日不斷，乃至成佛。三願供養一切衆僧，日日不斷，乃至成佛。此唯少分，不絕如（而）已〔九一〕。四願供養一切衆生，日日不斷，乃至成佛。此唯少分，不絕如（而）已〔九二〕。

開皇七年正月十日，相州光嚴寺沙門信行白州知事檀越：信〔行〕少小患心勞損〔九三〕，由是不堪坐禪，亦不堪講誦。自從十七以來，求善知識，至今卌八歲，積滿卅二年。唯得相州光嚴寺僧慧定、相州嚴淨寺僧道進〔九四〕、魏州貴鄉縣黨孫浪彪下王善行、趙州癭陶縣黨王鳳邕下王善性等四人，誓願頓捨身命財，直到成佛。脩行上事，相續不斷。此既有助王國，饒益群生。乞爲奏聞，賜垂聽許。謹白〔九五〕。

四謗法

若道有，增益謗；若道無，損減謗；非有非無，戲論謗；亦有亦無，相違謗。

入入不入，是如來入入〔九六〕。一一切，是修道。一切一，是成道。

（後缺）

説明

此件首尾均缺，下部略殘，所存内容爲三階教經典《大乘無盡藏法》，作者爲三階教創建者信行，撰寫時間在開皇三年（公元五八三年）。此件矢吹慶輝最早發現，稱其爲『信行遺文』（參見《三階教之研究》，岩波書店，一九二七年版，一二至一三頁），《敦煌寶藏》擬名爲『開皇三年光嚴寺僧信行遺文』。

三階教是隋唐時期的佛教派别之一，由信行禪師創建，後因受到官府的禁斷和佛教内部的抵制而失傳，此件是了解該教的重要文獻。

現知敦煌文獻中與此件内容相類的尚有斯一九〇（首缺尾全，含此件前九行）、斯九一三九（首缺，尾題『大乘無盡藏法一卷』，包含此件除最後兩行外的所有内容）。陳祚龍釋録斯一九〇卷、方廣錩釋録斯九一三九時均曾以此件參校（參見《敦煌學林劄記》，四六〇至四六一頁；《藏外佛教文獻》四輯，三六三至三七二頁）。此件《英藏敦煌文獻》未收，因其具有佛教行事文性質，現予增收。

以上釋文以斯二一三七爲底本，用斯九一三九（稱其爲甲本）、斯一九〇（稱其爲乙本）參校。

校記

〔一〕『阿』，據甲、乙本補。

〔二〕『去百由旬』，據甲、乙本補。

〔三〕「一由旬四十里」，據甲本補，乙本作「一由旬卌里」。

〔四〕「百」，據甲、乙本補。

〔五〕「語」，據甲、乙本補。

〔六〕「斫截三千」，據甲、乙本補。

〔七〕「得與説出」，據甲、乙本補。

〔八〕「卅」，乙本同，甲本作「三十」；「法」，據甲、乙本補。

〔九〕「寶雲經」，據甲、乙本補。

〔一〇〕「惡捨」，當作「捨惡」，據甲、乙本改；「入善」，據甲、乙本補。

〔一一〕「捨小入大」，據甲、乙本補。

〔一二〕乙本止於此句。

〔一三〕「次」，據甲本補；「卯十一月廿日」，據甲本補。

〔一四〕「相」，據甲本補。

〔一五〕「臣僚百官」，據甲本補。

〔一六〕「我淨法」，據甲本補。

〔一七〕「行多少義」，據甲本補。

〔一八〕「二」，當作「三」，據甲本改；「者」，據甲本補。

〔一九〕「明常樂我淨」，據甲本補。

〔二〇〕「靜」，當作「淨」，據甲本改，「靜」爲「淨」之借字；「深義」，據甲本補。

〔二一〕「五者」，據甲本補。

〔二二〕「明」，據甲本補；「行」，據甲本補。
〔二三〕「者」，據甲本補。
〔二四〕「於」，據甲本補。
〔二五〕「日日不斷」，據甲本補。
〔二六〕「乃至成」，據甲本補。
〔二七〕「願施坐禪」，據甲本補。
〔二八〕「日日不斷」，據甲本補。
〔二九〕「乃至成」，據甲本補。
〔三〇〕「一者」，據甲本補。
〔三一〕「願施牀」，據甲本補。
〔三二〕「願燃燈燭」，甲本作「願施燈燭」，均可通。
〔三三〕「日日不斷」，據甲本補。
〔三四〕「四者」，據甲本補。
〔三五〕「炭無盡」，據甲本補。
〔三六〕「日」，據甲本補。
〔三七〕「浴」，甲本同，《敦煌學林劄記》釋作「沐」，誤。
〔三八〕「或」，甲本無；「日不斷」，據甲本補。
〔三九〕「乃」，據甲本補。
〔四〇〕「造像」，據甲本補。

〔四一〕「來」，甲本作「未」。
〔四二〕「説」，據甲本補。
〔四三〕「除十六法」，據甲本補。
〔四四〕「餘」，據甲本補。
〔四五〕「不續」，據甲本補。
〔四六〕「亦願至佛不斷」，甲本同，《敦煌學林劄記》校補作「亦願至成佛，日日不斷。」
〔四七〕「財物定」，據甲本補。
〔四八〕「明別施法」，據甲本補。
〔四九〕「布」，當作「普」，據甲本改。
〔五〇〕「經」，據甲本補。
〔五一〕「滅」，甲本作「減」，《敦煌學林劄記》釋作「減」。
〔五二〕「三」，當作「二」，據甲本改。
〔五三〕「各定者」，據甲本補。
〔五四〕「若於」，據甲本補。
〔五五〕「有罪」，據甲本補。
〔五六〕「處」，據甲本補。
〔五七〕「多少」，據甲本補。
〔五八〕「會」，據甲本補。
〔五九〕「常樂我淨」，據甲本補。

〔六〇〕『隨喜人』，據甲本補。
〔六一〕『得』，據甲本補。
〔六二〕第二個『行』，據甲本補。
〔六三〕『樂』，據甲本及殘筆劃補；『淨』，據甲本及殘筆劃補。
〔六四〕『見』，甲本作『現』，均可通。
〔六五〕『人』，甲本無。
〔六六〕『相』，甲本作『并』；『淨』，據甲本及殘筆劃補。
〔六七〕『年卅』，據甲本補。
〔六八〕『陶』，據甲本補；『鳳』，甲本作『風』。
〔六九〕『四』，據甲本補。
〔七〇〕『啓』，據甲本補。
〔七一〕『信行行啓』，據甲本，第二個『行』字係衍文，當删。
〔七二〕『羈』，據甲本補。
〔七三〕『還復』，據甲本補。
〔七四〕『盡者』，據甲本補。
〔七五〕『一』，據甲本補。
〔七六〕『有多』，據甲本補。
〔七七〕『就』，當作『二』，據甲本改；『二』，甲本作『就』，當作『者』，據文義改。
〔七八〕『處得』，據甲本補。

〔七九〕『見』，甲本作『現』，均可通。
〔八〇〕『還』，甲本作『皆』。
〔八一〕『日』，甲本作『日某甲啓』。
〔八二〕『功』，甲本無。
〔八三〕『官』，據甲本補。
〔八四〕『大』，據甲本及文義補。
〔八五〕『佛』，據甲本補。
〔八六〕『行』，甲本無。
〔八七〕『者』，據甲本補。
〔八八〕『行』，據甲本補。
〔八九〕『唯』，據甲本補。
〔九〇〕『初』，當作『切』，據甲本改。
〔九一〕『不絶如』，據甲本補；『如』，當作『而』，據文義改，時『如』、『而』可互換使用。
〔九二〕『如』，當作『而』，據文義改，時『如』、『而』可互換使用。
〔九三〕『行』，據甲本補。
〔九四〕『相』，甲本作『並』。
〔九五〕甲本此句後尚有尾題和題記：『大乘無盡藏法一卷。十方三世一切諸佛，當證弟子合家眷屬，願從今身乃至成佛，普爲一切三寶，普爲一切衆生，日捨上上錢一文。普供養一切三寶，普供養一切衆生，施入信行禪師法界，普無盡藏，常無休息，乃至成佛。』

〔九六〕『入』，據文義及殘筆劃補。

參考文獻

《三階教之研究》，東京：岩波書店，一九二七年，附圖一（圖），一一至一五頁（録）；《敦煌寶藏》二册，臺北：新文豐出版公司，一九八一年，一八八至一九〇頁（圖）；《敦煌寶藏》一六册，臺北：新文豐出版公司，一九八一年，四五一至四五三頁（圖）；《敦煌學林劄記》（下），臺北：商務印書館，一九八七年，四六〇至四六一頁、四八〇至四八八頁（録）；《藏外佛教文獻》四輯，北京：宗教文化出版社，一九九八年，三六三至三七二頁（録）；《中國三階教史》，北京：社會科學文獻出版社，二〇一三年，四四至四六、七八至八一、一二六、三四五至三五二、四三〇至四三三、五五三至五五八、六一〇至六六六頁。

斯二一三九　一　毗盧遮那壇城圖

釋文

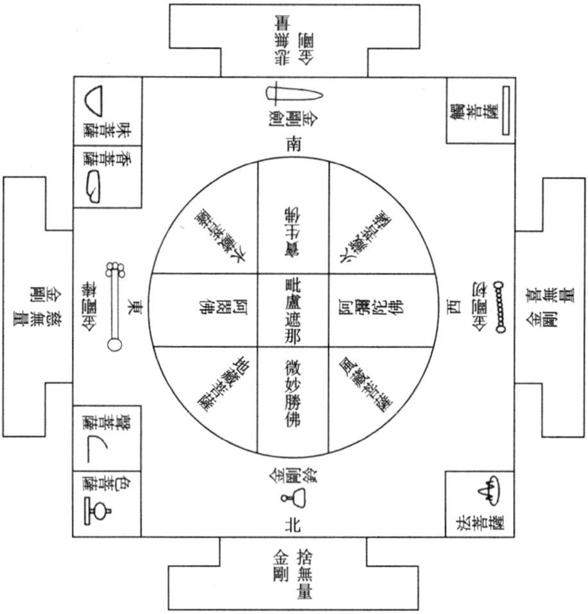

説明

此件爲毗盧遮那佛壇城平面圖。

參考文獻

《敦煌寶藏》一六册，臺北：新文豐出版公司，一九八一年，四五七頁（圖）；《英藏敦煌文獻》四卷，成都：四川人民出版社，一九九一年，二〇頁（圖）。

斯二一三九　二　故和尚大祥文

釋文

悲夫！榮枯衰盛，凡聖同歸；修矩（短）吉凶[一]，古今齊運。仲尼掩兩盈（楹）之夢[二]，如來韜雙樹之光。雖生死理常，而哀離豈免！厥今宏開寶殿，廣闢珍場，啓萬字之金雄，薦九泉之靈識者，有誰施作？時則有座前持爐門弟，奉爲故和尚大祥追念之福會也。伏惟和尚乃行堅松竹，戒潔冰霜，温潤而美玉齊輝，瑩徹而秋蟾並耀，理應而（如）山等壽[三]，似海長年，助陽（揚）佛法僧儀[四]，覆護門人眷屬，奈何疾生無忘（妄）[五]，命也有涯，隨蝶夢而一息不還，終鶴林而九泉難返，遂使門人荼毒，恨隔千晨，俗眷攀號，悲纏三載。是日也，吉祥之草分滿胸庭，功德之林影蓮（連）魂帳[六]。紅（洪）鍾夜切（徹）[七]，清梵朝哀。香焚鶴樹之間，供烈（列）祇園之内[八]。以斯設齋，功德啓願，福因盡用，益資亡和尚所生神道。

説明

此件首尾完整，無題，有墨點句讀，接寫於『壇城圖』後。《英藏敦煌文獻》定名爲『故和尚大祥祭文』。從其内容看，此件乃『持爐門弟，奉爲故和尚大祥追念之福會』之齋文，應題爲『故和尚大祥文』（參見郝春文《部分英藏敦煌文獻的定名問題》，《北京圖書館館刊》一九九九年二期，七五頁）。大祥齋會屬佛事活動，而『祭文』是用中國傳統的方式祭奠亡者，故《英藏敦煌文獻》定名不確。

校記

〔一〕『矩』，當作『短』，據文義改。

〔二〕『盈』，當作『楹』，據文義改，『盈』爲『楹』之借字。

〔三〕『而』，當作『如』，《敦煌方音止遇二攝混同及其校勘學意義》據文義校改，時二字常互换用。

〔四〕『陽』，當作『揚』，據文義改，『陽』爲『揚』之借字。

〔五〕『忘』，當作『妄』，據文義改，『忘』爲『妄』之借字。

〔六〕『蓮』，當作『連』，據文義改，『蓮』爲『連』之借字。

〔七〕『紅』，當作『洪』，據文義改，『紅』爲『洪』之借字；『切』，當作『徹』，據文義改。

〔八〕『烈』，當作『列』，據文義改，『烈』爲『列』之借字。

參考文獻

《敦煌寶藏》一六册，臺北：新文豐出版公司，一九八一年，四五七頁（圖）；《英藏敦煌文獻》四卷，成都：四川人民出版社，一九九一年，二一一頁（圖）；《敦煌研究》一九八六年四期，五〇頁；《北京圖書館館刊》一九九九年二期，七五頁。

斯二一四〇　沙州乞經狀

釋文

沙州先得帝王恩賜藏教（經）〔一〕，即今遺失舊本〔二〕，無可尋覓欠數〔三〕，卻於上都乞求者〔四〕：

〔大〕〔乘〕〔五〕：

《法集經》一部六卷有〔六〕，或八卷無，一百二十七紙張。

《央崛魔羅經》一部四卷七十八紙〔七〕。

《大乘造像功德經》一部二卷三十一紙〔八〕。

《造塔功德經》一部一卷二紙〔九〕。

《菩薩內習六波羅蜜〔經〕》一部一卷三紙〔一〇〕。

《優婆塞戒經》一部七卷一百三十一紙〔一一〕。

《菩薩戒羯磨文》一部一卷七紙〔一二〕。

《大乘阿毗達磨集論》一部七卷無著菩薩造，一百三十紙。

《大乘法界無差別論》一部一卷六紙（一三）。

小乘：

《樓炭經》一部六卷西晉沙門釋法立、法炬譯（一四），一百三紙。

《廣義法門經》一部一卷陳天竺三藏真諦譯（一五），九紙。

《根本説一切有部毗奈耶雜事》一部四十卷六百四十四紙。

《根本説一切有部戒經》一部一卷二十五紙（一六）。

《四分僧戒（本）》一部一卷二十三紙（一七）。

《解脱戒本》一部一卷二十二紙（一八）。

《沙彌十戒法并威儀》一部一卷二十一紙（一九）。

《根本説一切有部百一羯磨》一部十卷一百四十六紙（二〇）。

《四分雜羯磨》一部一卷四十紙。

《四分僧羯磨》一部三卷八十紙（二一）。

《五百問事經》一部一卷三十三紙（二二）。

《根本薩婆多部律攝》一部二十卷尊者勝友集，二百七十七紙。

《大乘修行菩薩行門諸經要集》一部三卷八十一紙。

《菩薩善戒經》九卷或十卷三十品，一百八十紙〔二三〕。

《菩薩戒本》一部一卷出《地〔持〕戒品》中慈氏菩薩説〔二四〕，十紙〔二五〕。

上件所欠經、律、論本〔二六〕，蓋爲邊方邑衆〔二七〕，佛法難聞，而又遺失於教言，何以得安於人物〔二八〕？切望　中國壇越，慈濟乞心，使　中外之藏教俱全遺來〔二九〕。今之凡夫轉讀〔三〇〕，便是受　佛付囑傳授〔三一〕，　教敕得法〔三二〕，久住世間矣。

説明

此件首尾完整，起『沙州先得帝王恩賜藏教』，訖『久住世間矣』，所存内容爲沙州僧衆向中原乞經之記録。敦煌遺書中屬於《沙州乞經狀》系統的共有八件，分别爲Дх.一三七六、Дх.一四三八、Дх.二一七〇、斯二一四〇、斯三六〇七、斯四六四〇、伯四六〇七、伯三八五一，其中Дх.二一七〇大約是《沙州乞經狀》的草稿，斯四六四〇爲定稿，此件則是斯四六四〇的抄本。斯四六四〇首尾完整，起『沙州先於帝王請得藏經』，訖『久住世間矣』，所録佛經中有十八部經目旁邊注有『罷卻』二字。方廣錩認爲《沙州乞經狀》反映了敦煌僧人在五代時期一次完整的乞經活動，此次乞經主要依據《開元釋教録·入藏録》進行，是研究敦煌佛教、《開元釋教録》的流傳以及晚唐五代佛藏統一運動的重要資料（參看《中國寫本大藏經研究》，三六八至三九三頁）。

以上釋文是以斯二一四〇爲底本，用對此件有校勘價值的斯四六四〇（稱其爲甲本）參校。

校記

〔一〕『得』，甲本作『於』；『恩賜』，甲本作『請得』；『教』，當作『經』，據甲本改。
〔二〕『即今』，甲本作『自後』。
〔三〕『欠數』，甲本無。
〔四〕『卻於上都乞求者』，甲本作『今卻入朝國求乞欠數者』。
〔五〕『大乘』，據甲本補。
〔六〕甲本此經旁注『罷卻』。
〔七〕『崛』，甲本同，《敦煌佛教經録輯校》釋作『掘』，雖義可通而字誤。甲本此經旁注『罷卻』。
〔八〕甲本此經旁注『罷卻』。
〔九〕甲本此經旁注『罷卻』。
〔一〇〕『經』，據甲本補。甲本此經旁注『罷卻』。
〔一一〕甲本此經抄在『《菩薩善戒經》』之後，并在右側書『入京未去』，後又塗去。
〔一二〕甲本此經旁注『罷卻』，并抄在『《菩薩戒本》』之後。
〔一三〕甲本此經旁注『罷卻』。
〔一四〕『西晉沙門釋法立、法炬譯』，甲本無。
〔一五〕『陳天竺三藏真諦譯』，甲本無。甲本此經旁注『罷卻』。
〔一六〕甲本此經旁注『罷卻』。

〔一七〕「本」，據甲本補。甲本此經旁注「罷卻」。

〔一八〕甲本此經旁註「罷卻」。

〔一九〕甲本此經旁註「罷卻」。

〔二〇〕甲本此經旁註「罷卻」。

〔二一〕甲本此經旁註「罷卻」。

〔二二〕甲本此經旁註「罷卻」。

〔二三〕甲本此經旁註「罷卻」，并抄在「《菩薩内習六波羅蜜經》」之後。

〔二四〕「持」，據甲本及《開元釋教録》補。

〔二五〕甲本此經旁註「罷卻」，并抄在「《優婆塞戒經》」之後。甲本此經後有「《菩薩戒本》罷卻，一部一卷，出《瑜伽論》彌勒菩薩説，十八紙」。

〔二六〕「本」，甲本作「本者」。

〔二七〕「邑」，甲本作「人」。

〔二八〕「而又遺失於教言，何以得安於人物」，甲本無。

〔二九〕「切望中國壇越，慈濟乞心，使中外之藏教俱全遣來」，甲本作「中國諸賢能滿乞願，唯望十信壇越一切好心隨喜寫之，所欠教言普使傳之」。

〔三〇〕「今之凡夫」，甲本作「邊人」。

〔三一〕「囑」，《敦煌遺書總目索引新編》釋作「屬」，誤。

〔三二〕「便是受佛付囑傳授，教勑得法」，甲本作「亦是受佛教勑，付囑傳授」。

參考文獻

《敦煌寶藏》一六册，臺北：新文豐出版公司，一九八一年，四五八頁（圖）；《敦煌遺書總目索引》，北京：中華書局，一九八三年，一五二頁（録）；《英藏敦煌文獻》四卷，成都：四川人民出版社，一九九一年，二一一頁（圖）；《敦煌佛教經録輯校》，南京：江蘇古籍出版社，一九九七年，九〇〇至九〇二頁（録）；《敦煌遺書總目索引新編》，北京：中華書局，二〇〇〇年，六五頁（録）；《中國寫本大藏經研究》，上海古籍出版社，二〇〇六年，三六八至三九三頁。

斯二一四二　乾德二年（公元九六四年）當寺上藏内諸雜經目

釋文

《大品般若》弟（第）三袟[一]，　《大品般若》弟（第）四袟。
《善住意天子經》等一袟。
《佛本行經》弟（第）一袟，　弟（第）二袟，　弟（第）三袟，　弟（第）
五袟，　弟（第）六袟。
《大法炬陀羅尼經》弟（第）一袟，　弟（第）二袟。
《大般涅槃經》弟（第）一袟，　《藥師琉璃光如來本願功德經》一袟。
《大般涅槃經》弟（第）二袟，　《五千五百佛名經》等一袟。
《大般涅槃經》弟（第）三袟，　《阿闍世王女阿〔術〕達菩薩經》等一袟[二]，雜。
《大般涅槃經》弟（第）四袟，　《大樹緊那羅王經》等一袟，雜。
《大般涅槃經》弟（第）五袟。　《大集賢護經》等一袟，雜。
《大菩薩藏經》弟（第）一袟，　《持人菩薩所問經》等一袟，十二卷。

《大菩薩藏經》弟（第）二袟，

《大菩薩藏經》弟（第）四袟，

《大菩薩藏經》弟（第）五袟。

《光讚般若經》等十一卷，一袟。

《大哀經》等一袟〔六〕。

《大方等大集經》等一袟。

《法集等（經）》經（等）一袟〔七〕。

《大薩遮尼乾子經》等一袟。

《無盡意菩薩經》等一袟。

《佛説甚深大迴（向）經》等一袟〔九〕。

《佛本行經》等一袟。

《思益經》等九卷，一袟。

《大悲經》等一袟。

《乳光經》等一袟。

《大方廣十輪經》等十一卷。

《大乘方便經》等一袟。

《優婆塞五戒相經》等一袟〔三〕。

《大瓘（灌）頂經》等一袟〔四〕。

《難（雜）寶藏經》等一袟〔五〕。

《十住斷結經》一袟，十卷，首。

《新道行經》等七卷，一袟。

《大方等念佛三昧經》等一袟。

《金剛般若經》等一袟。

《佛遺日摩尼寶經》等一袟。

《大菩薩見實三昧經》等一袟〔八〕。

《正法業（華）經》等一袟〔一〇〕。

《大方光（廣）如來性起微密藏經》等一袟〔一一〕。

《諸佛心陀羅尼經》等一袟。

《蜜（密）跡金剛力士經》等一袟〔一二〕。

《維摩詰經》等一帙。　《立世阿毗曇論經》等一帙。
《大悲分陀利經》一帙。　《樓炭經》等一帙。
《十住經》等一帙。　《業（華）手經》一帙[一三]。
《聞城十二因緣經》等一帙。　《菩薩本行經》等一帙。
《入楞伽經》一帙。　《寶如來三昧經》等一帙。
《無所有菩薩經》弟（第）一帙。　《佛說密跡金剛力士經》一帙。

《不退轉法論（輪）經》等一帙[一四]。　《僧伽吒經》等一帙。
《勝天王般若》等一帙。　《觀佛三昧經》等一帙。
《大方廣寶篋經》等一帙。　《信力入〔印〕法門經》等一帙[一五]。
《四分律》弟（第）一帙，　《菩薩善戒經》等一帙，雜。
《四分律》弟（第）二帙。　《十地經論》十二卷，一帙。
《寶星陀羅尼經》一帙。
《佛本行集經》弟（第）四帙。
《無量門微密〔持〕經》弟（第）一帙[一六]。　《佛本行集經》弟（第）一帙。

《樂瓔珞〔莊〕〔嚴〕方便經》等一袟[一七]，雜。《放光般若》弟（第）一袟，《放光般若》弟（第）三袟[一八]。

《菩薩纓（瓔）珞經》十二卷[一九]，一袟。《般若放光經》弟（第）二袟。

《大集經》弟（第）三袟，

《大集經》弟（第）六袟。《菩薩本業經》等一袟。

《賢劫經》一袟。

《移識經》等一袟。《光讚般若經》弟（第）一袟。

《小品般若經》等一袟。

《出曜經》卷弟（第）一袟[二〇]，十卷。《出曜經》弟（第）二袟，十卷。

《護菩薩所問經》等一袟[二一]。

右件當寺上藏諸雜部袟，緣無經録，不知部袟數多少。今見看阡子[二二]，抄録袟數，一一謹具如前。

已上都計諸雜經袟一百六袟，《大般若》六十袟。

大唐（宋）乾德二年[二三]，歲次甲子，四月廿三日[二四]，經司僧政惠晏、法律會慈等，點檢《大般若經》兩部，欠數教（較）多[二五]，未得成就。同日，法律海詮請藏《大佛頂略咒本》一卷；法律會慈請藏細字《最勝王經》兩卷，計一部。

説明

此件首缺尾全，起『《大品般若》』，訖『計一部』，所存内容爲乾德二年（公元九六四年）四月某寺上報該寺所藏諸雜經部袟，《英藏敦煌文獻》擬題爲『乾德二年沙州某寺勘經目』，方廣錩擬題爲《當寺上藏内諸雜經録》，此從方廣錩定名。方廣錩認爲此件所屬之寺院或爲歸義軍時期的敦煌三界寺，尾題『大唐乾德二年』之『大唐』應是『大宋』之誤（參看《敦煌佛教經録輯校》，五七二至五七三頁）。

校記

〔一〕『弟』，當作『第』，據文義改，《敦煌佛教經録輯校》逕釋作『第』，『弟』爲『第』之本字，以下同，不另出校。
〔二〕『術』，《敦煌佛教經録輯校》據歷代經録校補。
〔三〕『戒』，《敦煌佛教經録輯校》釋作『界』，校作『戒』，按原件『界』旁實注『戒』字以作校改。
〔四〕『瓘』，當作『灌』，據歷代經録及文義改，《敦煌佛教經録輯校》逕釋作『灌』，『瓘』爲『灌』之借字。
〔五〕『難』，當作『雜』，《敦煌佛教經録輯校》據歷代經録校改。
〔六〕『大』，《敦煌佛教經録輯校》認爲底本原脱，按底本實有『大』字。
〔七〕『等經』，當作『經等』，《敦煌佛教經録輯校》據文例校改。
〔八〕『大』係衍文，據歷代經録當刪。
〔九〕『迴』，當作『向』，據歷代經録改，《敦煌佛教經録輯校》逕釋作『向』。

〔一〇〕「業」，當作「華」，《敦煌佛教經録輯校》據歷代經録校改。
〔一一〕「光」，當作「廣」，《敦煌佛教經録輯校》據歷代經録校改，「光」爲「廣」之借字。
〔一二〕「蜜」，當作「密」，《敦煌佛教經録輯校》據歷代經録校改，「蜜」爲「密」之借字。
〔一三〕「業」，當作「華」，據歷代經録改，《敦煌佛教經録輯校》逕釋作「華」。
〔一四〕「不」，《敦煌佛教經録輯校》認爲底本原脱，按底本「不」字已殘，僅存下半部分，可據殘筆劃確定爲「不」字；「論」，當作「輪」，據歷代經録改，《敦煌佛教經録輯校》逕釋作「輪」，「論」爲「輪」之借字。
〔一五〕「印」，《敦煌佛教經録輯校》據歷代經録校補。底本此後有「《般若道行經》弟（第）一袟」，該經右側有朱筆删除符號，故不録。
〔一六〕「持」，《敦煌佛教經録輯校》據歷代經録校補。
〔一七〕「瓔」，《敦煌佛教經録輯校》釋作「纓」，校改作「瓔」，按底本實爲「瓔」；「莊嚴」，據歷代經録補。
〔一八〕《敦煌佛教經録輯校》將此經釋讀於《般若放光經》之後。
〔一九〕「纓」，當作「瓔」，據歷代經録改，《敦煌佛教經録輯校》逕釋作「瓔」。
〔二〇〕「卷」，《敦煌佛教經録輯校》認爲係衍文，據文例當删。
〔二一〕《敦煌佛教經録輯校》疑「護」前有脱文。
〔二二〕「看」，《敦煌佛教經録輯校》釋作「著」，誤。
〔二三〕「唐」，當作「宋」，據文義改。
〔二四〕「廿」，《敦煌佛教經録輯校》釋作「二十」。
〔二五〕「教」，當作「較」，《敦煌佛教經録輯校》據文義校改，「教」爲「較」之借字。

參考文獻

《敦煌寶藏》一六册，臺北：新文豐出版公司，一九八一年，四六四至四六五頁（圖）；《英藏敦煌文獻》四卷，成都：四川人民出版社，一九九一年，二二二至二二三頁（圖）；《敦煌佛教經録輯校》，南京：江蘇古籍出版社，一九九七年，五七一至五七八頁（録）。

斯二一四二背　一　大寶積經難字抄

釋文

《大寶積經》第一袟，第一卷

第二

第三

第四

第五：暎。轂。豫。擔。瀑。蔽。玩。逯。槁。磬。

第六：嗅。胝。

説明

此件抄『《大寶積經》第一袟，第一卷』、『第二』、『第三』、『第四』、『第五』、『第六』六行文字，僅『第五』下抄難字十、『第六』下抄難字二，與同卷背第三件『《大寶積經難字》第一袟』下所抄部分難字相合。《敦煌寶藏》誤將此件印爲倒書，《英藏敦煌文獻》未收，現予增收。張涌泉考訂此件實是《大寶積經》難字初稿，抄者原打算把所摘難字按照袟、卷分列，後因故放棄，而另頁重抄（參看《敦煌經部文獻合集》十册，五〇六八頁）。

此件後尚有『大寶積經第十一袟會卷品開闔録』和『大寶積經難字』，三件筆跡相似，當爲一人所抄。

參考文獻

《敦煌寶藏》一六册，臺北：新文豐出版公司，一九八一年，四六七頁（圖）；《敦煌經部文獻合集》十册，北京：中華書局，二〇〇八年，五〇六八至五〇八九頁。

斯二一四二背　二　大寶積經第十一袟會卷品開闔録

釋文

第十一袟

第一卷，功德寶華敷菩薩會第三十四，卷一百一，中有善德天子會第三十五。

第二，善住意天子會第卅六之一，三藏笈多譯，卷一百二，緣起品第一。

第三，善住意天子會第三十六之二，卷一百三，開實義品第二，中有文殊神變品第三，又中有破魔品第四，又中〔有〕菩薩身行品第五〔一〕。

第四，善住意天子會第三十六之三，卷一百四，破菩薩品第六，中〔有〕破二乘相品第七之一〔二〕。

第五，善住意天子會第三十六之四，〔卷〕一百五〔三〕，破二乘相品第七之二，中有破凡夫相品第八，又中〔有〕神通證説品第九〔四〕，又中有稱讚付法品第十。

第六，阿闍世王子會第卅七〔五〕，卷一百六，中有大乘方便會第卅八之一〔六〕，西（東）晉天竺居士竺難提譯〔七〕。

第七，大乘方便會弟（第）卅八之二〔八〕，〔卷〕〔一〕〔百〕〔七〕〔九〕。

第八，大乘方便會第三十八之三，卷一百八。
第九，賢護長者會〔第〕卅九之一〔一〇〕，卷一百九，隨（隋）三藏崛多譯〔一一〕。
第十，賢護長者會弟（第）卅九之二〔一二〕，〔卷〕一百一十〔一三〕。

説明

此件首尾完整，倒書，起『第十一袟』，訖『〔卷〕一百一十』，《英藏敦煌文獻》未收，現予增收。方廣錩認爲所存内容係《大寶積經》第十一袟之會、卷、品開闔録（參看《敦煌佛教經録輯校》，三五六頁）。

校記

〔一〕『有』，《敦煌佛教經録輯校》據文例校補。
〔二〕『有』，據文義補。
〔三〕『卷』，《敦煌佛教經録輯校》據文例校補。
〔四〕『有』，《敦煌佛教經録輯校》據文例校補。
〔五〕『卅』，《敦煌佛教經録輯校》釋作『三十』。
〔六〕『卅』，《敦煌佛教經録輯校》釋作『三十』。
〔七〕『西』，當作『東』，據《大正新脩大藏經》本《大寶積經》及《開元釋教録》改。

〔八〕『弟』，當作『第』，《敦煌佛教經録輯校》逕釋作『第』，『弟』爲『第』之本字；『卅』，《敦煌佛教經録輯校》釋作『三十』。

〔九〕『卷一百七』，《敦煌佛教經録輯校》據文例校補。

〔一〇〕『第』，《敦煌佛教經録輯校》據文例校補；『卅』，《敦煌佛教經録輯校》釋作『三十』。

〔一一〕『隨』，當作『隋』，據《大正新脩大藏經》本《大寶積經》改，《敦煌佛教經録輯校》逕釋作『隋』，『隨』爲『隋』之借字。

〔一二〕『弟』，當作『第』，《敦煌佛教經録輯校》逕釋作『第』，『弟』爲『第』之本字；『卅』，《敦煌佛教經録輯校》釋作『三十』。

〔一三〕『卷』，《敦煌佛教經録輯校》據文例校補。

參考文獻

《敦煌寶藏》一六册，臺北：新文豐出版公司，一九八一年，四六七頁（圖）；《敦煌佛教經録輯校》，南京：江蘇古籍出版社，一九九七年，三五六至三六〇頁（録）。

斯二一四二背　三　大寶積經難字

釋文

《大寶積經》第一袟：囊橐。勵。暵。縠。豫。擔。瀑。蔽。玩。逯[一]。槁。磐。嗅。胝。霓。攘。皤。瘧。炬。捺。謎。雞。谿。旅。鐅。賒。齧。橐。邸。鉤鎖。兆。垓。忻。廢（？）。疊。詑。駃。恢。淫。祴。裹。呻。蟲。辭。瘳。完。姝。寐。叩。搏。饍。裹。沓。粗。蹇。俳。詑。憒。觚。誼。挈。稍。滑。眴。栒。閡。鏗。欬。矗。獷。脅。腨。頸。紺。敏。蟲。

弟（第）二袟[二]：淳淑。釭。秏。麩。赭。裸。菔。睒。弊。蕪。搆。潼（湩）[三]。糜。縵。饍。跳。饌。恪。磧。操。整。嬈。胞。斸。騁。剖。苞。内（閙）[四]。疊。筮。噬。綩綖。涎。適。倚。鄙。煒曄。膳。顧。酌。竊。遜。擲。梱。匱。犇。僞。庠。詳。媢。訢。鑿。儔。忻。蒸。賑。屣。唄。摧。熕。癲。緩。拖。穀。嘯。矯。餤。瑳。濬。激。濯。濱。馥。苹。珥璫。蹈。階。標。擐。叢。瞬。茵。縶。顧。躁。泄。痰。剡。礫。溝。偃。嬾惰。祚。低[五]。寡。軛。垣牆。悚慄。袞。雉。沼。整。縈。褱。搮。映。亮。蘩。裔。翩。驅。棖棗。銜。弄。撾。椽。捔。桃。備。詎。攢。搖。燧。諭。炷。

茵。燎。魁膾。罥。怡。膗。㢑。霆〔六〕。脞。腭。煖。膜。整。懀。惽。耄。輓。弶。株

杌。涉。嬈。梯橙（隥）〔七〕。蹶。暴。純。掉。拕。犛。漚。混。幟。燼。迮。逃。厲。

侮。徑。擯。謇。翌。贖。鸝。捷。墠（憚）〔八〕。栽。烓〔九〕。諠譁。叡。鋭。鍵。昵。囪

圊。毬。桎梏。鬫。鄙。刖。矯。紆。慼。譽。譏。貶。晧。紡。綫。縷。癊。癲。癰癧。

淡。挻。灼。埴。壞。敦。希。貯。嬾惰〔一〇〕。馲駝。剉。笮。弊。脆。抑。寐。戇。頸。

僻。姦。旅。頩。嶷。繚戾。傴。椊。俯。欻。蜫。憒。稍。榟。攜。抗拒。勍。驍。挫。

臧賕。璅。𪘬。謯。稚。恬。鋈。熛。窣堵。僚。陷。掩。瑣。屏。膏。冤。墟。瘀泥。

腥。迭。陏。嘶。熯。嚙。剜握（掘）〔一一〕。昂（昂）〔一二〕。欯。噍。踈（疏）〔一三〕。

憘〔一四〕。斂。採。蠅蝱〔一五〕。挾。訾。籠。紐。笑〔一六〕。邃。鞞。鹽。嵐。膽。肪。腋。

腰。跨。蹲。踝。蒸。暖。胞。稠。餔。竅。脹。矚。竅〔一七〕。瓠。紝。騁。内（鬧）。

秔。糠檜。嘿。效。訊〔一八〕。挍。㦕。塚。賁〔一九〕。牀槢（榻）〔二〇〕。蜈蚣。蚊蝱〔二一〕。螫。

擣。瘟。醯。戮。恕。諾。蹇。埳。險隘。嶮。詭。縵。視。纖。軟。佷。儲。儐。鈍。

墜。謗。劇。羸。睒。抒。倮。股。恤。猨猴。殺。慠。餐。雉。筒。擾。誘誑。腐。盪

突。鉤。楚。鋪。䅻（黐）膠〔二二〕。顛。顚。擗。怏。頞。萎。劬。躑躅。條。嘲譁。賄。

滴。讁。雌。混。隥。炤。捫。綜。俎（？）。昤。殞。羃。斂。腐。絡。蠶。藺。耄。

瘠。鼇。髆。墜。棓。塊。遽。愆。握。綩綖。眗。

說明

此件首尾完整，倒書，首題「《大寶積經》，第一袟」，第七行「淳」字右側添補「弟（第）二袟」，所存文字大多出自唐菩提流志譯《大寶積經》，係該經難字之摘抄（參看張涌泉《敦煌經部文獻合集》十册，五〇六八頁）。除前二袟外，其餘所摘難字前均不標袟數，袟與袟、卷與卷之間皆接抄不分。從難字與經文順序並不完全一致的情況來看，抄手似原打算按照各帙書寫難字，或因字序參差而放棄分帙，故僅保留了「第一袟」、「第二袟」的標題。其抄寫時間應晚於正面《乾德二年（公元九六四年）沙州某寺勘經目》。

校記

〔一〕「遂」，《敦煌經部文獻合集》疑爲「逯」之訛，「逯」爲「逮」之或體。

〔二〕「弟」，當作「第」，「弟」爲「第」之本字。

〔三〕「潼」，當作「湩」，《敦煌經部文獻合集》據《大正新脩大藏經》本《大寶積經》校改。

〔四〕「內」，當作「鬧」，《敦煌經部文獻合集》據《大正新脩大藏經》本《大寶積經》校改，以下同，不另出校。

〔五〕底本「低」後有「卍音萬」，但已圈塗，不録。

〔六〕「霔」，《敦煌經部文獻合集》釋作「窪」，誤。

〔七〕「橙」，當作「隥」，《敦煌經部文獻合集》據《大正新脩大藏經》本《大寶積經》校改，「橙」爲「隥」之類化字。

〔八〕「墠」，當作「憚」，《敦煌經部文獻合集》據《大正新脩大藏經》本《大寶積經》校改。
〔九〕「炷」，《敦煌經部文獻合集》疑爲「怯」。
〔一〇〕《敦煌經部文獻合集》認爲「嬾」是「懶」之俗字，按「嬾」實同「懶」。
〔一一〕「握」，當作「掘」，《敦煌經部文獻合集》據《大正新脩大藏經》本《大寶積經》校改。
〔一二〕「昴」，當作「昂」，《敦煌經部文獻合集》據《中華大藏經》影印《高麗藏》本《大寶積經》校改。
〔一三〕「踈」，當作「疏」，據文義改，《大正新脩大藏經》本《大寶積經》作「踈」，「踈」爲「疎」之訛，「疎」同「疏」。
〔一四〕《敦煌經部文獻合集》認爲「憘」是「喜」之增旁俗字，按《字彙補》載「憘」係古文「喜」字。
〔一五〕「蝱」，《敦煌經部文獻合集》釋作「⿱宀虫」，「⿱宀虫」爲「蝱」之俗寫。
〔一六〕「笑」，《敦煌經部文獻合集》釋作「咲」，「咲」爲「笑」之俗寫。
〔一七〕《敦煌經部文獻合集》認爲「竅」係衍文，據文義當删。
〔一八〕「訊」，《敦煌經部文獻合集》釋作「訙」，「訙」爲「訊」之俗寫。
〔一九〕《敦煌經部文獻合集》認爲「⿱真共」是「糞」之俗字，按「⿱真共」實同「糞」。
〔二〇〕「槢」，當作「榻」，據《大正新脩大藏經》本《大寶積經》改，《敦煌經部文獻合集》逕釋作「榻」。
〔二一〕「蝱」，《敦煌經部文獻合集》釋作「⿱宀虫」，「⿱宀虫」爲「蝱」之俗寫。
〔二二〕「⿰禾离」，當作「黐」，《敦煌經部文獻合集》據《大正新脩大藏經》本《大寶積經》校改。

參考文獻

《敦煌寶藏》一六册，臺北：新文豐出版公司，一九八一年，四六六頁（圖）；《英藏敦煌文獻》四卷，成都：四川人民出版社，一九九一年，二三至二四頁（圖）；《敦煌經部文獻合集》十册，北京：中華書局，二〇〇八年，五〇六九至五〇八九頁（録）。

斯二一四三　佛事文摘抄

釋文

（前缺）

□禮佛名恐畏□逼迫，無有閑闕□罪極□百却（劫）千却（劫）無解脱時[一]，亦無閑□亦無閑時，禮拜供養諸佛，慳惜□之福。遂略出。

十二月禮多記

正月一日平旦時，向南方禮四拜，除罪一伯却（劫）[二]；二月九日鷄鳴時，向北方禮四拜，除罪一伯却（劫）[三]；三月七日人定時，向西方禮四拜，除罪三伯却（劫）[四]；四月八日夜半時，向北方禮四拜，除罪一伯卅却（劫）[五]；五月六日黄昏時[六]，向南方禮四拜，除罪四百却（劫）[七]；六月三日黄昏時，向東方禮六拜，除罪五百却（劫）[八]；七月六日午時，向東方禮九拜，除罪六百二千却（劫）[九]；八月八日午時，向東方禮九拜，除罪三百二千却（劫）[一〇]；九月九日午時，向南方禮九拜，除罪三百三千却（劫）[一一]；

十月七日黄昏時，向南方禮〔□〕拜〔一二〕，除罪四千却（劫）〔一三〕；十一月十三日黄昏時，向南方禮四拜，除罪四千却（劫）〔一四〕；十二月十三日黄昏時，向南方禮卅拜，除罪四千却（劫）〔一五〕。

爾時玄藏（奘）法〔一六〕

勑抄此佛名，頒下諸州，五濁惡世。若有善女人，能至心受持此禮〔一七〕，依持却（劫）禮者〔一八〕，除罪無數，恆河沙却（劫）〔一九〕，命終之後，託生極樂世界〔二〇〕，坐寶蓮花，受諸快樂。思衣羅錦千重，念食百味俱至，又能教人受持此禮者，獲定除罪八萬二千五百劫〔二一〕，□□□不虛。又略每月惡日，並是十齋日。

每月十齋日〔二二〕。

一日童子下〔二三〕，若此日持齋念佛，不墮劍樹地獄〔二四〕。八日太子下〔二五〕，此日持齋念佛〔二六〕，不隨（墮）鐵犁地獄〔二七〕。十四日訶（司）命下〔二八〕，此日持齋念佛，不墮鑊湯地獄〔二九〕。十五日五道大神下，此日持齋念佛，不墮糞屎地獄〔三〇〕。十八日閻羅王下，此日持齋念佛，不墮鋸解地獄。廿三日天大將軍下〔三一〕，此日持齋念佛，不墮銅柱地獄。廿四日察命下，此日持齋念佛，不墮鐵牀地獄。廿八日太山府君下，此日持齋念佛，不墮鐵叉地獄。廿九日四天王下，此日持齋念佛，不墮刀山地獄。卅日釋梵天王下，此日持齋念佛，不墮鐵倫（輪）地獄〔三二〕。

右以上十齋日，並是諸大神子、童子及察命下，其時節注云：齋後午前即下，謹請衆等至時千萬努力，念佛脩善慎之，勿使察録，故負罪愆，誰能相救？

竊以真宗闊遠〔三三〕，非積善而不臻；苦海難登，非舟船而不渡。只如賢却（劫）千佛〔三四〕，兹聖化以成刑（形）〔三五〕，卅三天表輪王於福業。是以釋迦脩道，藉六載之艱辛；童子捨身，爲求四句之八字。佛功德海，歎莫能盡。然今座前齋主啓（稽）首〔三六〕，和南十方諸佛尊法般若羅漢聖僧，即席福臨見前〔三七〕，請衆年常起願，家口平安，敬設齋檀（壇）〔三八〕，一中（心）洪（供）養〔三九〕。願使從今以去，香山香水，灌蕩身心，無上醍醐，流於體内，刑（形）同寶嶽，不動不傾，命等今（金）山〔四〇〕，遷靈常住即〔四一〕，菩提日進，惠業高明，福與善誓同年，命等金剛等故（固）〔四二〕。女乃任任美德，似碧樹之開研（妍）〔四三〕；琬琬風宜，類叢花而耀採。又願以次（此）功德〔四四〕，惟願皇帝、皇后，聖化無窮，端坐一帝之臺，不著千王之化，連成將暮，即聖以來，期異國土，人握神圖而競至，耕賓讓壟，路容分途，聖祚永隆，叚（遐）延萬代〔四五〕。三界翻爲諍（淨）土〔四六〕，地獄變作香城，俱出苦門，咸登覺道。

梵音

云何得長壽，金剛不壞身？佛以何因緣，得大堅同（固）力〔四七〕？云何於此經，久

（究）竟到彼岸〔四八〕？·願佛開微密，廣爲衆生説。

爲廿八天釋梵王等，敬禮常住三寳；爲施主福慧莊嚴，敬禮常住三寳；爲六道衆生離障〔四九〕，下脱〔五〇〕。和南一切賢聖。

施食呪願

今所施食，上獻諸佛，中奉賢聖，下及法界衆生，普同飽滿。等供此食，食香未觸，上獻諸佛，中奉賢聖，下及法界衆生，普同飽滿。

識（觀）食呪願〔五一〕

敬白大衆，弟子所造齋食，衆手共成，多不如法，願衆弘慈，布施歡喜。重白大衆，弟子所造齋食，衆手共成，多不如法，一擬恭齋，中時以（已）過〔五二〕，殘有餘食，聽衆處分，餘食施普誦。

處世界，如虚空；如蓮花，不著水；心清淨，超於彼；稽首禮，無上尊。

布施呪願

俱爲萬行首，捨著離慳貪，是故今施主設齋以（已）訖〔五三〕，恐果不圓，復持淨財，以爲布施。先亡者往生西方，現在者見性成佛道。一切恭敬。自歸依佛，當願衆生，體解正覺，發菩提意；自歸依法，當願衆生，深入經藏，智慧如海；自歸依僧，當願衆生，統理大衆，一切無礙，和男（南）聖衆〔五四〕。

一切普誦

如來妙色身，世間無與等。無比不思儀（議）〔五五〕，是故今敬禮。如來色無盡，智慧亦復然。一切法常往，是故我皈依。

敬禮常住三寶。

月光菩薩説多囉尼神呪〔五六〕：

滌低帝徒蘇咤、阿若蜜帝嗚都咤、滌岐咤、波賴帝咤、耶彌若咤、嗚都咤、俱羅帝咤、岐摩咤、沙婆呵。

亡女揭（偈）〔五七〕

舍利佛國難違（爲）〔五八〕，吾本出家誰知，捨却親翁（親）母〔五九〕，唯有和尚闍梨。

舍利佛國難爲，吾本出家誰知，捨却親姊親妹，唯有同學相隨。

舍利佛國難爲，吾本出家誰知，捨却煙（胭）芝（脂）胡粉〔六〇〕，唯有澡豆楊枝〔六一〕。

舍利佛國（難）爲〔六二〕，吾本出家誰知，捨却大氈大被，唯有坐具三依（衣）〔六三〕。

舍利佛國難爲〔六四〕，吾本出家誰知，捨却漆槃漆椀，唯有藴鉢同（銅）匙〔六五〕。

心中坐（作）道場〔六六〕，坐卧涅槃堂。身是彌陀佛，何處（復）覓西方〔六七〕。

十一面觀世音呪曰

此名大心呪：唵阿梨耶、婆路枳帝攝跋囉耶、菩提薩埵耶、摩呵薩埵耶、摩呵迦路尼迦耶、哆姪他唵、阿嚕力娑呵。此呪能持一切鬼病，大驗。及持有鬼神變身，或作野胡及種種諸身，入人身中，持之並差〔六八〕。唯須護淨。

欲令一切官人歡喜誦呪曰

南無多羅神，護多神，能令君臣喜不嗔，沙婆呵。南無和脩吉陀羅，南無摩醯首楞陀呵，南無踴躍大神彌憂陀，南無佉提阿蘆多，休留休留，沙婆呵。

進果獲證脩業呪曰

多擲哆，牟留羅，牟留羅，阿嘍破，牟留羅，毗祇叉夜沙呵。

若人受持讀誦兼脩福業者，此人是初地菩薩。

南無西方阿彌陀佛。佛在西方極樂國，普勸同心一處生。無問貴賤皆昭（招）引〔六九〕，只是凡夫業不成。第一念佛常不忘，第二心口會須平，三者勤脩六度行，四者莫外覓聲名〔七〇〕。若能如此合佛意，彼國蓮華東向頃〔七一〕。臨命終時直往彼，隨佛六道救衆生。〔願〕〔共〕〔諸〕〔衆〕〔生〕〔七二〕，往生安樂國。

南無西方阿彌陀佛。六道衆生不可救，見佛光明不發心。彌陀親喚不肯去，牛頭獄卒競來迎。業正佛救亦不勉（免）〔七三〕，鑊湯爐炭轉加深。佛聞（問）此人造何罪〔七四〕，飲酒食肉及邪婬。普勸道場諸衆等，願捨閻浮膿血身。願共諸衆生，往生安樂國。

南無西方阿彌陀佛。真門一入永不迴，合掌夫（撫）心坐寶臺〔七五〕。八功德水常圓滿，四面蓮華遶佛來。佛放眉間相光照，下品衆生花自開。意欲他方救諸苦，身上敢（感）得二珠衣〔七六〕。普勸道場諸衆等，專心念佛入真門。願共諸衆生，往生安樂國。

南無西方阿彌陀佛。金蓮獨坐顯光明，絶攝大道苦衆生。欲得同歸於一處，勤脩練行會須精。菩薩内藏脩十善，凡夫外行覓聲名。佛法寬洪無有二，愚人分別數門行。或説此身同性〔七七〕，或説佛性別求名。如此之人非是〔七八〕，一定三塗六趣坑。願絶二見脩平等，西方淨土自然生。願共諸衆生，往生安樂國。

南無西方阿彌陀佛。衆等專脩淨土業，當須獨坐淨（靜）思量〔七九〕。莫言分往閻浮地，須臾不息即無常。命如風中燈燭焰，亦似雲中一電光。不具（懼）三塗十八苦〔八〇〕，一旦無常何處藏。忽爾尋思深可歎，如何晝夜不驚忙。自古聖賢不勉（免）死〔八一〕，何況凡夫得久長。行者怒（努）力脩十善〔八二〕，知身不久即無常〔八三〕。願共諸衆生，往生安樂國。

南無西方阿彌陀佛。第（弟）子自性居三界〔八四〕，長明黑闇處昏昏。輪迴六道無休息，未曾得聞淨土聲。今日遇逢善知識，願捨凡夫臭穢身。早得託生極樂國，蓮華臺上自然生。願共諸衆生，往生安樂國。

南無〔西〕〔方〕阿彌陀佛〔八五〕。今觀此身實可厭，種種不淨假名身。三百碎骨相支駐（拄）〔八六〕，漏（遍）體何曾有片真〔八七〕！脂粉朱唇徒莊（妝）識（飾）〔八八〕，終歸地下作灰塵。煩惱熾盛無休息，並是流浪三塗因。普勸道場諸衆等，怒（努）力勤脩淨土因〔八九〕。

願共諸衆生，往生安樂國。

南無西方阿彌陀佛。三塗〔一〕入難得出〔九〇〕，歷劫受苦身自當。臨命終時無善業〔九一〕，心中忙怕自迴惶。一切罪業業皆見，鑊湯爐炭眼前行〔九二〕。阿黎耶識受諸苦，四大深埋土底藏〔九三〕。今得人身不念佛，來生邊界作毛囊。願共諸衆生〔九四〕，往生安樂國。

南無西方阿彌陀佛。披毛帶（戴）角畜生身〔九五〕，爲我前身無善因〔九六〕。造罪煞生無休息，輕慢師僧狂（誑）二親〔九七〕。飲酒食肉無慚愧，今日受苦向誰陳。口中横骨不得語〔九八〕，種種從他鞭打身。楚痛眼中雙淚下，普勸來生發善心。願共諸衆生，往生安樂國。

南無西方阿彌陀佛。歷劫已來懷疾慢，□癡生三毒。□得出，每被六賊共相親。□□時年歸見時年歸大地〔九九〕，不覺自然心即驚。各各勤心脩善業，努力前頭避火坑。願共〔諸〕〔衆〕〔生〕〔一〇〇〕，往生安樂國。

南無西方阿彌陀佛。諦觀西方有一國，其國有佛號彌陀。一住説法恒沙劫，普爲世界斷衆魔。安樂城中登聖坐，諸天圍遶悉來過。八萬四千菩薩衆，奉〔持〕花果淨（敬）娑婆〔一〇一〕。願共諸衆生，往生安樂國。

南無西方阿彌陀佛。天宮悉出空中現〔一〇二〕，七寶臺殿音恒□〔一〇三〕。幢蓋幡花遍上界〔一〇四〕，金枝玉樹自然行〔一〇五〕。馬瑙玻梨爲大地〔一〇六〕，珊胡（瑚）大海作□□〔一〇七〕。

□空，自向加□執□在。願共諸衆生〔一〇八〕，往生安樂國〔一〇九〕。

南無西方阿彌陀佛〔一一〇〕，□羅。

（後缺）

説明

此件首尾均缺，中題『十二月禮多記』、『爾時玄藏（奘）法』、『施食呪願』、『月光菩薩説囉尼神呪』、『亡女揭（偈）』、『十一面觀世音呪』等，中間尚有未列標題的齋文、偈、禮佛文等，卷中『世』字缺筆。《英藏敦煌文獻》定名爲『齋曆（十二月禮多記、十齋日等）』，《大正新脩大藏經》擬題爲『持齋念佛懺悔禮文』。此件内容龐雜，既有齋曆（十二月禮多記、十齋日等），也有『禮懺文』，還有齋文、呪、偈等，所抄内容有的是完整的，有的只是摘抄。從筆體看應爲一人所書，屬於個人筆記性質，故暫定名爲『佛事文摘抄』。本書第八卷對斯一八〇七號『西方阿彌陀佛禮文抄』釋録時曾以此件後半部分之禮佛文參校（參見本書第八卷，三六至五一頁）。

校記

〔一〕兩個『刼』字，均當作『劫』，據文義改，《大正新脩大藏經》逕釋作『劫』。

〔二〕『刼』，當作『劫』，據文義改，《大正新脩大藏經》逕釋作『劫』。

〔三〕「却」，當作「劫」，據文義改，《大正新脩大藏經》逕釋作「劫」。

〔四〕「却」，當作「劫」，據文義改，《大正新脩大藏經》逕釋作「劫」。

〔五〕「卅」，《大正新脩大藏經》釋作「三十」，以下同，不另出校；「却」，當作「劫」，據文義改，《大正新脩大藏經》逕釋作「劫」。

〔六〕「五」，據文義補。

〔七〕「却」，當作「劫」，據文義改，《大正新脩大藏經》逕釋作「劫」。

〔八〕「却」，當作「劫」，據文義改，《大正新脩大藏經》逕釋作「劫」。

〔九〕「却」，當作「劫」，據文義改，《大正新脩大藏經》逕釋作「劫」。

〔一〇〕「却」，當作「劫」，據文義改，《大正新脩大藏經》逕釋作「劫」。

〔一一〕「却」，當作「劫」，據文義改，《大正新脩大藏經》逕釋作「劫」。

〔一二〕「□」，據文義此處應脱一字，此補一缺字符號。

〔一三〕「却」，當作「劫」，據文義改，《大正新脩大藏經》逕釋作「劫」。

〔一四〕「却」，當作「劫」，據文義改，《大正新脩大藏經》逕釋作「劫」。

〔一五〕「千」，據殘筆劃及文義補；「却」，當作「劫」，據文義改，《大正新脩大藏經》逕釋作「劫」。

〔一六〕「藏」，當作「奘」，據文義改，「藏」爲「奘」之借字。

〔一七〕「禮」，據殘筆劃及文義補。

〔一八〕「依持」，據殘筆劃及文義補；「却」，據殘筆劃補，當作「劫」，據文義改，《大正新脩大藏經》逕釋作「劫」。

〔一九〕「却」，當作「劫」，據文義改，《大正新脩大藏經》逕釋作「劫」。

〔二〇〕「極樂世界」，據殘筆劃及文義補，《大正新脩大藏經》認爲此處缺五字。

〔二一〕「劫」，據文義補。
〔二二〕「每月十齋日」，據《上海博物館藏敦煌吐魯番文獻》四八之《每月十齋》、斯五五四一之《每月十齋日》補。
〔二三〕「一日童」，據《上海博物館藏敦煌吐魯番文獻》四八之《每月十齋》、斯五五四一之《每月十齋日》補；「子」，《大正新脩大藏經》釋作「與」，誤；「下」，《大正新脩大藏經》漏釋。
〔二四〕「墮」，《大正新脩大藏經》釋作「隨」，誤。
〔二五〕「子下」，據《上海博物館藏敦煌吐魯番文獻》四八之《每月十齋》、斯五五四一之《每月十齋日》補。
〔二六〕「此日持」，據殘筆劃及文義補，《大正新脩大藏經》認爲無此三字。
〔二七〕「隨」，當作「墮」，據《上海博物館藏敦煌吐魯番文獻》四八之《每月十齋》、斯五五四一之《每月十齋日》改。
〔二八〕「詞」，當作「司」，據《上海博物館藏敦煌吐魯番文獻》四八之《每月十齋》、斯五五四一之《每月十齋日》改。
〔二九〕「墮」，底本此字有墨跡，似有意塗抹。
〔三〇〕「糞」，《大正新脩大藏經》未能釋讀。
〔三一〕「廿」，《大正新脩大藏經》釋作「二十」。以下同，不另出校。
〔三二〕「倫」，當作「輪」，據《上海博物館藏敦煌吐魯番文獻》四八中之《每月十齋》、斯五五四一中之《每月十齋日》改，「倫」爲「輪」之借字。
〔三三〕「竊」，《大正新脩大藏經》釋作「偶」，誤。
〔三四〕「只」，《大正新脩大藏經》釋作「口」，誤；「却」，當作「劫」，據文義改，《大正新脩大藏經》逕釋作「劫」。
〔三五〕「刑」，當作「形」，據文義改，「刑」爲「形」之借字，《大正新脩大藏經》逕釋作「形」，以下同，不另出校。
〔三六〕「啓」，當作「稽」，據文義改，「啓」爲「稽」之借字。
〔三七〕「席」，《大正新脩大藏經》釋作「㾡」。

〔三八〕「檀」，當作「壇」，據文義改，「檀」爲「壇」之借字。

〔三九〕「中」，當作「心」，據文義改；「洪」，當作「供」，據文義改，「洪」爲「供」之借字，《大正新脩大藏經》逕釋作「供」。

〔四〇〕「今」，當作「金」，據文義改，「今」爲「金」之借字。

〔四一〕底本「常住」後原有一「界」字，上有墨跡塗抹，疑爲删除符號，不録。「常住即」爲佛教術語，《大正新脩大藏經》未察，仍照録此字。

〔四二〕「故」，當作「固」，據文義改，「故」爲「固」之借字。

〔四三〕「研」，當作「妍」，據文義改，「研」爲「妍」之借字。

〔四四〕「次」，當作「此」，據文義改，「次」爲「此」之借字。

〔四五〕「叚」，當作「遐」，據文義改，「叚」爲「遐」之借字，《大正新脩大藏經》釋作「段」，誤。

〔四六〕「諍」，當作「淨」，據文義改，「諍」爲「淨」之借字，《大正新脩大藏經》逕釋作「淨」。

〔四七〕「同」，當作「固」，據文義改。

〔四八〕「久」，當作「究」，據文義改，「久」爲「究」之借字，《大正新脩大藏經》釋作「分」，誤。

〔四九〕「衆」，底本原寫作「遝」，係涉上文「道」字的類化俗字。

〔五〇〕「下脱」，似抄寫者的按語，説明所據以抄寫的文本有脱文。

〔五一〕「讖」，當作「儭」，據文義改，「讖」爲「儭」之借字。

〔五二〕「以」，當作「已」，據文義改，「以」爲「已」之借字。

〔五三〕「以」，當作「已」，據文義改，「以」爲「已」之借字。

〔五四〕「男」，當作「南」，據文義改，「男」爲「南」之借字。

〔五五〕『儀』，當作『議』，據文義改，《大正新脩大藏經》逕釋作『議』。
〔五六〕『月』，《大正新脩大藏經》釋作『日』，誤。
〔五七〕『揭』，當作『偈』，據文義改，『揭』爲『偈』之借字。
〔五八〕『違』，當作『爲』，據斯五五三九《出家讚一本》、斯五五七二《出家讚文》、斯六二七三《出家讚文》、伯三〇一一《出家讚一本》、伯三一一六《出家讚一本》、伯四五九七《出家讚文》改，『違』爲『爲』之借字，《大正新脩大藏經》釋作『違』，誤。
〔五九〕『親』，據文義補。
〔六〇〕『煙』，當作『胭』，據文義改，『煙』爲『胭』之借字；『芝』，當作『脂』，據文義改，『芝』爲『脂』之借字。
〔六一〕『豆』，《大正新脩大藏經》釋作『豈』，誤。
〔六二〕『難』，據斯五五三九《出家讚一本》、斯五五七二《出家讚文》、斯六二七三《出家讚文》、伯三〇一一《出家讚一本》、伯三一一六《出家讚一本》、伯四五九七《出家讚文》補。
〔六三〕『依』，當作『衣』，據斯六二七三《出家讚文》、伯三一一六《出家讚一本》、伯四五九七《出家讚文》改，『依』爲『衣』之借字，《大正新脩大藏經》逕釋作『衣』，誤。
〔六四〕『國』，《大正新脩大藏經》釋作『目』，誤。
〔六五〕『同』，當作『銅』，據斯五五七二《出家讚文》、斯六二七三《出家讚文》、伯四五九七《出家讚文》改，『同』爲『銅』之借字，《大正新脩大藏經》釋作『起』，誤。
〔六六〕『坐』，當作『作』，《敦煌詩集殘卷輯考》據文義校改，『坐』爲『作』之借字。
〔六七〕『處』，當作『復』，據文義改，《敦煌詩集殘卷輯考》逕釋作『復』。
〔六八〕『差』，《大正新脩大藏經》未能釋讀。

〔六九〕『昭』，當作『招』，據斯一八〇七《西方阿彌陀佛禮文抄》改，『昭』爲『招』之借字。
〔七〇〕『莫』，《大正新脩大藏經》釋作『菓』，誤。
〔七一〕『頃』，《大正新脩大藏經》釋作『須』，誤。
〔七二〕『願共諸衆生』，據斯一八〇七《西方阿彌陀佛禮文抄》及文義補。
〔七三〕『勉』，當作『免』，據文義改，『勉』爲『免』之借字。
〔七四〕『聞』，當作『問』，據斯一八〇七《西方阿彌陀佛禮文抄》改，『聞』爲『問』之借字。
〔七五〕『夫』，當作『撫』，據文義改，『夫』爲『撫』之借字。
〔七六〕『敢』，當作『感』，據斯一八〇七《西方阿彌陀佛禮文抄》改，『敢』爲『感』之借字。
〔七七〕此句疑有脱文。
〔七八〕此句疑有脱文。
〔七九〕『淨』，當作『静』，據文義改，『淨』爲『静』之借字。
〔八〇〕『具』，當作『懼』，據文義改，『具』爲『懼』之借字。
〔八一〕『勉』，當作『免』，據文義改，『勉』爲『免』之借字。
〔八二〕『怒』，當作『努』，據文義改，『怒』爲『努』之借字。
〔八三〕『久』，《大正新脩大藏經》釋作『分』，誤。
〔八四〕『第』，當作『弟』，據文義改，『第』爲『弟』之借字，《大正新脩大藏經》逕釋作『弟』。
〔八五〕『西方』，據斯一八〇七《西方阿彌陀佛禮文抄》及文義補。
〔八六〕『駐』，當作『拄』，據斯一八〇七《西方阿彌陀佛禮文抄》改，『駐』爲『拄』之借字。
〔八七〕『漏』，當作『遍』，據斯一八〇七《西方阿彌陀佛禮文抄》及文義改。

〔八八〕「莊」，當作「妝」，據文義改，「莊」爲「妝」之借字；「識」，當作「飾」，據斯一八〇七《西方阿彌陀佛禮文抄》及文義改，「識」爲「飾」之借字。
〔八九〕「怒」，當作「努」，據文義改，「怒」爲「努」之借字。
〔九〇〕「一」，據斯一八〇七《西方阿彌陀佛禮文抄》及文義補。
〔九一〕「業」，《大正新脩大藏經》未能釋讀。
〔九二〕「炭」，《大正新脩大藏經》未能釋讀。
〔九三〕「底」，《大正新脩大藏經》未能釋讀。
〔九四〕「共諸」，據斯一八〇七《西方阿彌陀佛禮文抄》及文義補。
〔九五〕「帶」，當作「戴」，據斯一八〇七《西方阿彌陀佛禮文抄》改，「帶」爲「戴」之借字。
〔九六〕「無」，《大正新脩大藏經》釋作「厄」，誤；「善」，《大正新脩大藏經》釋作「苦」，誤。
〔九七〕「狂」，當作「誑」，據斯一八〇七《西方阿彌陀佛禮文抄》改，「狂」爲「誑」之借字。
〔九八〕「骨」，《大正新脩大藏經》釋作「礙」，誤。
〔九九〕「歸見時年」，據文義係衍文，當刪。
〔一〇〇〕「諸衆生」，據文義補。
〔一〇一〕「持」，據斯一八〇七《西方阿彌陀佛禮文抄》補；「淨」，當作「敬」，據文義改，「淨」爲「敬」之借字。
〔一〇二〕「悉」，據殘筆劃及文義補。
〔一〇三〕「音」，《大正新脩大藏經》未能釋讀。
〔一〇四〕「上界」，《大正新脩大藏經》未能釋讀。
〔一〇五〕「行」，《大正新脩大藏經》未能釋讀。

〔一〇六〕「玻」，據殘筆劃及文義補；「梨」，底本原寫作「琜」，係涉上文「玻」產生的類化俗字。
〔一〇七〕「胡」，當作「瑚」，據文義改，「胡」爲「瑚」之借字。此句以下《大正新脩大藏經》未釋。
〔一〇八〕「願共諸衆生」，據文義補。
〔一〇九〕「往生安樂」，據文義補。
〔一一〇〕「南」，據文義補；「阿彌陁佛」，據文義補。

參考文獻

《敦煌寶藏》一六册，臺北：新文豐出版公司，一九八一年，四六七至四七一頁（圖）；《大正新脩大藏經》八五册，臺北：新文豐出版公司，一九八三年，一二六六至一二六八頁（録）；《敦煌歌辭總編》，上海古籍出版社，一九八七年，一〇七一至一〇八〇頁（録）；《英藏敦煌文獻》四卷，成都：四川人民出版社，一九九一年，二四至二七頁（圖）；《上海博物館藏敦煌吐魯番文獻》二卷，上海古籍出版社，一九九三年，四一頁（圖）；《藏外佛教文獻》七輯，北京：宗教文化出版社，二〇〇〇年，三五〇至三七一頁；《敦煌詩集殘卷輯考》，北京：中華書局，二〇〇〇年，八六八頁（録）；《英藏敦煌社會歷史文獻釋録》八卷，北京：社會科學文獻出版社，二〇一二年，三七至四四頁、二八七至二九一頁（録）。

斯二一四三背　施捨疏抄

釋文

麵壹盤，麵壹盤，奉爲合家報願平安，今投道場，請以念誦。
右件轉誦功德。
（後缺）

説明

此件抄於『佛事文摘抄』紙背，其前有『金光明最勝王經卷弟（第）二』、『妙法蓮華經卷序品弟（第）一』、『自在神通可思議』、『金剛一卷，裹須』等文字，因非社會歷史文書，未録。

參考文獻

《敦煌寶藏》一六册，臺北：新文豐出版公司，一九八一年，四七二頁（圖）；《敦煌社會經濟文獻真蹟釋録》三輯，北京：全國圖書館文獻縮微複製中心，一九九〇年，一〇八頁（録）；《英藏敦煌文獻》四卷，成都：四川人民出版社，一九九一年，二八頁（圖）。

斯二二一四三背

斯二一四四　韓擒虎話本

釋文

會昌帝臨朝之日〔一〕，不有三寶〔二〕，毁坼迦藍〔三〕，感得海内僧尼，盡總還俗迴避。説其中有一僧，名號法華和尚，家住邢州，知主上無道，遂復（複）裹經題〔四〕，真（直）至隨州山内隱藏〔五〕，權時繫一茅菴。莫不朝朝轉念，日日看經〔六〕。感得八個人，不顯姓名，日日來聽。或朝一日，有七人先來〔七〕，一人後到。法華和尚心内有宜（疑）〔八〕，發言便問：『啓言老人，住居何處？姓字名誰？每日八人齊來，君子因何後到？』老人答曰：『某乙等不是别人，是八大海龍王，知和尚看一部《法華經義疏》〔九〕，迴施功德與我等水族眷屬，例皆同沾福利。某乙等眷屬，别無報答〔一〇〕，恐和尚有難，特來護助，失（適）來莫怪後到〔一一〕。爲隨州楊堅，限百日之内，合有天分，爲戴平天冠不穩，與揬腦蓋骨去來〔一二〕。和尚若也不信，使君現患生腦疼次，無人醫療。某乙等弟兄八人，别無報答，有一合龍膏，度與和尚。若到隨州使君面前，已（以）膏便塗〔一三〕，必得痊差。若也得教，事須委囑：「限百日之内，有使臣詔來，進一日亡，退一日則傷。若已後爲君〔一四〕，事須再興佛法〔一五〕，即是某乙等願足。且辭和尚去也。』道遊（猶）言訖〔一六〕，忽然不見。

法華和尚見龍王去後，直到隨州衙門。門司入報：『外頭有一僧，善有妙術，口稱醫療，不感（敢）不報〔一七〕。』使君聞語，遂命和尚昇廳而坐。發言相問：『是某乙悴（猝）患生腦疼〔一八〕，檢盡藥方，醫療不得。知道和尚現有妙術，若也得教，必不相負。』法華和尚聞語，逐（遂）袖内取出合子〔一九〕，已（以）龍仙膏往頂門便塗〔二〇〕。説此膏未到頂門，一事也無〔二一〕，才到腦蓋骨上，一似佛手撚卻。使君得教，頂謁再三，啓言和尚：『雖自官家明有宣頭，不得隱藏師僧，且在某乙衙府迴避，乞（豈）不好事〔二二〕？』法華和尚聞語，億（憶）得龍王委囑〔二三〕，不感（敢）久住〔二四〕。啓言使君：『限百日之内，合有天分。若有使臣詔來，進一日亡，退一日傷。即是貧道願足〔二五〕。若也已後爲君，事須再興佛法。且辭使君歸山去也。』使君見和尚去後，心内由（猶）自有疑〔二六〕，遂書壁爲記。

前後不經所（數）旬〔二七〕，裹（果）然司天大監夜官（觀）虔（乾）象〔二八〕，知隨州楊堅限百日之内，合有天分，具表奏聞。皇帝攬（覽）表〔二九〕，似大杵中心，遂差殿頭高品直詣隨州宣詔。使君蒙詔，不感（敢）久住〔三〇〕，遂與來使登徒（途）進發〔三一〕，迅速不停，直至長安十里有餘常樂驛安下。憩歇才定，使君忽思量得法華和尚委囑：『限百日之内，合有天分。進一日亡，退一日傷。是我今日朝現（見）〔三二〕，必應遭他毒手。』思量言訖，遂命天使同共商量，後來日朝現（見）〔三三〕。天使唱喏，具表奏聞。皇帝攬（覽）表〔三四〕，大悦龍顔。唯有楊妃滿目流淚。皇帝亦（一）見〔三五〕，宣問皇后：『緣即罪楊堅一人，不忓皇后之事〔三六〕。』楊妃拜謝，便來后宫，心口思量：『阿耶來日朝近（覲）〔三七〕，必應遭他毒手。我爲皇后，榮（容）得兮（奚）爲〔三八〕？不如服毒先死，免見使君受苦。』思量言訖，香湯沐浴，改揆衣裝〔三九〕，滿添一杯藥酒在鏡臺前頭〔四〇〕。皇后重梳嬋（蟬）嬪（鬢）〔四一〕，載（再）畫娥（蛾）媚（眉）〔四二〕。整梳裝之次〔四三〕，鏡内忽見一人，迴故（顧）而趣（覷）〔四四〕，員（原）是聖人〔四五〕，從坐而起。皇帝宣問：『皇后梳裝如常，要酒何用？』楊妃蒙問，繫（計）從天降〔四六〕，啓言聖人：『但臣妾一遍梳裝〔四七〕，須飲此酒一盞，一要潄（軟）髮〔四八〕，二要貯（駐）顔〔四九〕。且徒（圖）供奉聖人〔五〇〕，别無餘事。』皇帝聞語，喜不自身（勝）〔五一〕：『皇后上（尚）自貯（駐）顔〔五二〕，寡人飲了，也莫端正？』楊妃聞語，連忙捧盞，啓言陛下：『臣妾飲時，號目（曰）發裝酒〔五三〕。聖人若飲，改卻酒名，唤即（甚）甚（即）得〔五四〕，號曰萬歲杯。願聖人萬歲，萬萬歲！』皇帝不知藥酒，捻得便飲。説者酒未飲之時一事無，才到口中，腦烈（裂）身死〔五五〕。楊妃亦（一）見，拽得靈襯（櫬）在龍牀底下〔五六〕，權時把敷壁遮蘭〔五七〕，便來前殿。遂差内使一人，宣詔楊堅〔五八〕。

使君蒙詔，一似大杵中心，不感（敢）爲（違）他宣命〔五九〕，當時朝現（見）〔六〇〕，直詣閤門，所司入奏。楊妃聞奏，便令賜對〔六一〕。使君得對，趨過蕭牆〔六二〕，拜舞叫呼萬歲〔六三〕。楊妃亦（一）見，處分左右，册（策）起使君〔六四〕，便賜上殿。楊堅舉目，忽見皇后，心口思量：『是我今日莫逃得此難？』思量言訖，便上殿來。楊妃問言：『阿耶莫怕，主上龍歸倉（滄）海〔六五〕，今日便作萬乘軍（君）王〔六六〕。』楊堅聞語，猶自疑或〔六七〕。『若也不信，引到龍牀底下〔六八〕，見其靈襯（櫬）〔六九〕，方可便信。』楊堅啓言皇后：『某緣力微，如何即是？』皇后問言：『阿耶朝庭與甚人訴（素）善〔七〇〕？』『某與左右金吾有分。』皇后聞言：『緣二人權綰總在手頭，何憂大事不成？』遂來前殿，差一人宣詔左右金吾上將軍胡、朗。二人蒙詔，直至殿前，忽見楊堅，心内有疑。皇后宣問：『將軍知道與使君有分。主上已龍歸倉（滄）海〔七一〕，今擬册立使君爲軍（君）〔七二〕，卿意者何〔七三〕？』朗啓言皇后：『册立則得，争況合朝大臣〔七四〕，如何即是？』皇后問言：『將軍今夜點檢御軍五百〔七五〕，須得闊刃陌刀〔七六〕，甲幕下埋伏。阿奴來日，前朝自幾（己）宣問〔七七〕。若也册立使君爲軍（君）〔七八〕，萬事不言；一句參差，殿前總殺，别立一作大臣。乞（豈）不好事〔七九〕？』將軍唱喏，遂點檢御軍五百，甲幕下埋伏。乞（迄）後來日前朝〔八〇〕，應是文武百寮大臣總在殿前。皇后宣問：『主上以（已）龍歸倉（滄）海〔八一〕，今擬册立隨州楊使君爲乾坤之主，卿意者何〔八二〕？』道猶言訖〔八三〕，拂袖便去。應是文武百寮大臣不册（測）涯濟（際）〔八四〕，心内疑或〔八五〕，望殿而趣（覷）〔八六〕，見一白羊，身長一丈二尺，張齖（牙）利口〔八七〕，便下殿來，哮吼如雷，擬吞合朝大臣。衆人亦（一）見，便知楊堅合有天分，一齊拜舞，叫呼萬歲。遂乃册立〔八八〕，自稱隨（隋）文皇帝〔八九〕。感得四夷歸順，八蠻來降。

時有金璘（陵）陳王〔九〇〕，知道楊堅爲軍（君）〔九一〕，心生不負〔九二〕。宣詔合朝大臣，總在殿前，當時宣問：『阿奴今擬興兵，收伏狂秦，卿意者何〔九三〕？』時有鎮國上將軍任蠻奴越班走出，奏而言曰：『臣啓陛下，且願拜將出師剪戮〔九四〕，後收下西秦〔九五〕，駕行便去。』陳王聞語：『衣（依）卿所奏〔九六〕。』遂拜蕭磨（摩）呵（訶）〔九七〕、周羅侯（睺）二人爲將〔九八〕，收伏狂秦。二人受宣，拜舞謝恩，領軍四十餘萬，登途進發。不經旬日，直至鍋（渦）口〔九九〕，下營憩歇。二將商量，兩道引軍〔一〇〇〕，各二十餘萬。蕭磨（摩）呵（訶）打宋、卞（汴）〔一〇一〕、陳、許，周羅侯（睺）收安、伏（復）〔一〇二〕、唐、鄧。寄（既）入界守（首）〔一〇三〕，鄉村百姓具表聞天，皇帝攬（覽）表〔一〇四〕，似大杵中心〔一〇五〕。遂搥鍾擊鼓〔一〇六〕，聚集文武百寮大臣，總在殿前。皇帝宣問：『阿奴無得（德）〔一〇七〕，檻（濫）處爲軍（君）〔一〇八〕，今有金璘（陵）陳叔古（寶）便生爲（違）背〔一〇九〕，不順阿奴，今擬拜將出師剪戮，甚人去得？』時有左勒將賀若弼越班走出：『啓言陛下，臣願請軍去得。』賀若弼才請軍之次，有一個人不恐（肯）〔一一〇〕。是甚人？是即（積）大（代）名將是韓熊男〔一一一〕，幼失其父，自訓其名，號曰衾（擒）虎〔一一二〕，心生不分，越班走出：『臣啓陛下，蹄觥小水，争知大海滄波〔一一三〕！賈（假）饒螻蟻成堆〔一一四〕，儺（那）能與天爲患〔一一五〕！臣願請軍，剋日活捻（擒）陳王進上〔一一六〕，不感（敢）不奏〔一一七〕。』皇帝亦（一）見衾（擒）虎〔一一八〕，年登一十三歲，嬭腥未落，有日（若）大胸今（襟）〔一一九〕，阿奴何愁社稷？擬拜韓衾（擒）虎爲將，恐爲阻著賀若弼。擬二人總拜爲將，殿前上（尚）自如此〔一二〇〕，領兵在外，必争人我。『卿二人且歸私地（第）〔一二一〕，後來日前朝，别有宣至〔一二二〕。』乞（迄）後來日前朝〔一二三〕，合朝大臣總在殿前，遂色（索）金鑄印〔一二四〕，拜弟楊素爲都招罰（討）使〔一二五〕，弟（第）二拜賀若弼爲副知節〔一二六〕，第三〔拜〕韓衾（擒）虎爲行營馬步使〔一二七〕。三人受宣，拜舞謝恩，走出朝門，領軍三十餘萬，登途進發，迅速不停，直到鄭州。有先峰（鋒）馬探得蕭磨（摩）呵（訶）領軍二十餘萬〔一二八〕，陳留下營，具事由迴報。上將軍楊素聞語，當處下營，昇根（帳）而坐〔一二九〕。遂喚二將，總在面前，遂問二將：『隨（隋）文皇帝殿前有言，請軍剋收金璘（陵）〔一三〇〕。如今賊軍府（俯）迫〔一三一〕，甚人去得？若也得勝迴過，具表奏聞。』將軍才問，韓衾（擒）虎越班便出：『啓言將軍，衾（擒）虎去得。』『要軍多少？』『要馬步軍三萬五千。』便令交付。

衾（擒）虎得兵，進軍便起，迅速不停。來到終（中）謀（牟）境上〔一三二〕，駐（屯）軍便住〔一三三〕。衾（擒）虎昇根（帳）而坐，遂喚一官健只在面前〔一三四〕，載（再）三處分〔一三五〕：『公解探事，一取將軍處分，探得軍機，速便早迴，與公重賞。』官健唱喏。丐（改）揬衣裝〔一三六〕，作一百姓裝裹，擔得一栲栳饅頭，直到蕭磨（摩）呵（訶）寨内，當時便賣。探得軍機，即便迴來。到將軍根（帳）前，唱諾便報。衾（擒）虎問言官健：『軍機若何？』官健祇對：『馬軍是海眼皂旗，步人是紅旗，勝字田（填）心〔一三七〕，大開寨門，一任百姓來往買賣。』衾（擒）虎聞語，便知蕭磨（摩）呵（訶）不是作家戰將。自故（古）有言〔一三八〕：『軍慢即將妖（夭）〔一三九〕，主慢即國傾。』道由（猶）言訖〔一四〇〕，處分兒郎，丐（改）揬旗號〔一四一〕，夜至黄昏，登途便起。去蕭磨（摩）呵（訶）寨廿餘里〔一四二〕，偷路而過，迅速不停。來到金璘（陵）江岸，虜劫舟船，領軍便過。到得南岸，應是舟船，溺在水中，遂卻繼自家旗號〔一四三〕，顯其衾（擒）虎之名。引軍打劫，直到石頭店。人户告級（急）〔一四四〕，具表奏聞。陳王攬（覽）表〔一四五〕，似大杵中心，遂搥鍾打鼓〔一四六〕，聚集文武百尞（寮）大臣〔一四七〕，總在殿前。陳王宣問：『阿奴無得（德）〔一四八〕，檻（濫）處稱尊〔一四九〕，今有隨（隋）駕（家）兵仕（士）到來〔一五〇〕，甚人敵得？』陳王裁問〔一五一〕，時有三十年名將鎮國任蠻奴越班走出〔一五二〕：『臣啓大王，不知隨（隋）駕（家）兵事（士）多少〔一五三〕？緣衾（擒）虎領軍三萬五千，臣願請軍三萬五千，不肖（消）展陣開旗〔一五四〕，聞蠻奴之名，即便降來。』陳王聞語，便交（教）點檢〔一五五〕：『物（勿）令遲滯〔一五六〕！』蠻奴遂領軍三萬五千，直到衾（擒）虎陣面，一齊簇旗大噉

（喊）〔一五七〕，色（索）隨（隋）駕（家）兵事（士）交戰〔一五八〕。衾（擒）虎亦（一）見，領軍便來，高聲便問：『上將姓字名誰，官居何爲（位）〔一五九〕？』將軍祇對：『某姓任名蠻奴，官職鎮國大將軍。』衾（擒）虎聞言，滿目淚流：『億（憶）得亡父委囑：「若也已後爲將，到金璘（陵）之日，有一名將任蠻奴與阿耶同堂學業，傳筆抄書。見面之時，切須存其父子之禮。」誰知今日相逢！』思量言訖，遂乃前來：『啓言將軍，但衾（擒）虎三杖在身〔一六〇〕，拜跪不得，乞將軍不怪。』蠻奴聞語，即次（知）便是韓熊男〔一六一〕，心口思量：『父不得與子交戰。』問言衾（擒）虎：『收軍卻迴，蠻奴奏上陳王，差使和同〔一六二〕，作一禮義之國，乞（豈）不好事〔一六三〕？』衾（擒）虎聞語，心生不分：『啓言將軍，但某乙面辭隨（隋）文皇帝之日，剋收金璘（陵）。一事未成，迴去須得三般之物進上隨（隋）文皇帝，即便卻迴。』蠻奴聞語：『弟（第）一要何物〔一六四〕？』衾（擒）虎答曰：『某乙弟（第）一要陳家地理山河〔一六五〕、人户數目，即便卻迴。』蠻奴聞言〔一六六〕：『此緣小事，後某乙奏上陳王〔一六七〕。』蠻奴問言：『弟（第）二要何物〔一六八〕？』衾（擒）虎答曰：『某乙弟（第）二要兵馬庫藏〔一六九〕，賞設三軍，即便卻迴。』蠻奴問：『弟（第）三要何物〔一七〇〕？』衾（擒）虎答言：『某乙弟（第）三要陳叔保（寶）手（首）進上隨（隋）文皇帝〔一七一〕，即便卻迴。』蠻奴聞言，知子無禮，忽然大怒。衾（擒）虎亦（一）見，拔劍便赫（嚇）〔一七二〕，問言將軍：『但衾（擒）虎手內之劍，是隨（隋）文皇帝殿前宣賜，上含霜雪，臨陣交豐（鋒）[一七三]，不識親踈（疏）[一七四]。』蠻奴聞語，迴馬遂排一左掩右夷（移）陣[一七五]，色（索）隨（隋）駕（家）兵士交戰[一七六]。衾（擒）虎亦（一）見，破顏微笑[一七七]，問言諸將：『還識此陣？』諸將例皆不識。『但衾（擒）虎雖在幼年，也曾博攬（覽）亡父兵書[一七八]。此是左掩右移陣[一七九]，見前面津口紅旗，下面總是鹿巷，李（裹）有硇（撓）勾搭索[一八〇]，不得打著，切須既（記）當[一八一]！』見右夷（移）陣上[一八二]，人緣教（較）多[一八三]，前頭總是弓弩。衾（擒）虎有令：『簸旗大暾（喊），旗亞齊入，若一人退後，斬利（殺）諸將[一八四]，莫言不道！』道由（猶）言訖[一八五]，簸旗大暾（喊），一齊便入，此陣一擊[一八六]，當時瓦解。蠻奴領得戰殘兵士，便入城來。陳王聞語，大怒非常，處分左右，令交（教）把入[一八七]。橫拖到（倒）拽[一八八]，直至殿前。責而言曰：『叵耐遮賊，臨陣交鋒，識認親情，壞卻阿奴社稷。敗軍之將，腰令（領）難存[一八九]；亡國大夫，罪當難赦。拖出軍門，斬了報來！』任蠻奴不分，册（策）起頭稍[一九〇]：『合負大王萬死，乞載（再）請軍[一九一]，與隨（隋）駕（家）兵士交戰[一九二]。』陳王聞語，念見名將即（積）大（代）功訓（勳）[一九三]，處分左右，放起頭稍。蠻奴拜舞謝恩，奏而言曰：『臣願請軍，敬（更）與隨（隋）駕（家）兵士交戰[一九四]，得勝迴過，册立大王，面南稱尊，不是好事？』陳王聞語，便交（教）點檢在城兵士[一九五]，便令交割。蠻奴領軍，心生不分，從城排一引龍出水陣，直至隨（隋）駕

（家）兵士陣前〔一九六〕，簸旗大噉（喊），便索交戰。衾（擒）虎亦（一）見，破顔微笑，或（忽）遇（語）諸將〔一九七〕：『蠻奴是即（積）大（代）名將〔一九八〕，乍舒（輸）心生不分〔一九九〕，從城排一大陣，識也不識？』諸將啓言將軍：『但某乙即知用命，不會兵書，將軍若何？』衾（擒）虎聞語：『但某乙雖自年幼，也覽亡父兵書，若逢引龍出水陣，須排五虎擬山陣。』道由（猶）言訖〔二〇〇〕，此陣便圓，緣無將來頭（投）〔二〇一〕，心生疑或〔二〇二〕。迴觀此陣〔二〇三〕，虎無爪齖（牙），争恐（肯）猛利〔二〇四〕？遂抽衙隊弓箭五百人〔二〇五〕，已（以）安爪衙（牙）〔二〇六〕。排此陣是甚時甚節？是寅年、寅月、寅日、寅時。此陣既圓，上合天地。蠻奴亦（一）見，失卻隨（隋）駕（家）兵士〔二〇七〕，見遍野總是大蟲，張齖（牙）利口，來吞金璘（陵）。蠻奴心口思微（惟）〔二〇八〕：『若逢五虎擬山之陣，須排三十六萬人倫（掄）槍之陣〔二〇九〕，擊十日十夜，勝敗由（猶）未知〔二一〇〕。我把些子兵士，似一片之肉入在虎齖（牙）〔二一一〕，不螻咬嚼，博唼之間，並乃傾盡。我聞公（功）成者去〔二一二〕，未來者休，不如搗（倒）弋（戈）卸甲來降〔二一三〕。』思量言訖，莫不草繩自縛，黄麻半（絆）肘〔二一四〕，直到將軍馬前。衾（擒）虎亦（一）見，處分左右，册（策）起蠻奴〔二一五〕，『具（拒）狄（敵）者煞〔二一六〕，來頭（投）便是一家〔二一七〕，容某乙奏上隨（隋）文皇帝，請作叔父恩養，即是衾（擒）虎願足。』道由（猶）言訖〔二一八〕，領軍便入城遲（池）〔二一九〕。

陳王見隨（隋）駕（家）兵士到來〔二二〇〕，遂乃波逃，入一枯井，神明不助，化爲平地。將士亦（一）見，當下捻（擒）將，把在將軍馬前。責而言曰：『叵耐遮賊，心生爲（違）倍（背）〔二二一〕，効（淆）亂中圓（原）〔二二二〕，今日把來，有甚李（理）説〔二二三〕？』陳王備（被）側（責）〔二二四〕，度（杜）口無詞〔二二五〕。遂陷居（車）而再（載）〔二二六〕，同朝隨（隋）文皇帝，迅速不停，直到新安界守（首）〔二二七〕。有先逢（鋒）使探得周羅侯（睺）領軍二十餘萬〔二二八〕，疑（擬）劫本主〔二二九〕。衾（擒）虎聞言，遂命陳王側（責）而言曰〔二三〇〕：『是（事）君爲（違）陪（背）〔二三一〕，於天不祐，先斬公手（首）〔二三二〕，在（再）居中營〔二三三〕，後（與）周羅侯（睺）交戰〔二三四〕。』陳王聞語，啓言將軍：『容某乙修書與周羅侯（睺）降來，乞（豈）不好事〔二三五〕？』衾（擒）虎聞語，便令修書。陳王書曰：『阿奴本任金璘（陵）之日，地管伍拾餘州〔二三六〕，三百餘縣，握萬里山河，權軍百萬，便擬横行天下，自號稱尊。不知衾（擒）虎兵士到來一擊，當時瓦解，當下捻（擒）將。賈（假）饒卿雖自權軍，不得與隨（隋）駕（家）交戰〔二三七〕。若也心中疑或〔二三八〕，於天不祐！今陳王書到周羅侯（睺）手内開坼〔二三九〕。』修書寄（既）必（畢）〔二四〇〕，遂差一小將直至周羅侯（睺）寨内送書。羅侯（睺）得書，滿目淚流，心口思量：『我主上由（猶）自捻（擒）將〔二四一〕，假饒得勝迴戈〔二四二〕，公（功）歸何處〔二四三〕？』思量言訖：『大凡男子，隨幾（機）而變〔二四四〕，不如降他。』先送二十萬軍衣甲，然後草繩自縛〔二四五〕，直到將軍馬前，啓而言曰：『某乙緣是敗君（軍）之將〔二四六〕，死活二徒（途）〔二四七〕，伏乞將軍一降。』衾（擒）虎聞言，或（忽）遇（語）將軍〔二四八〕：『具（拒）狄（敵）者煞〔二四九〕，來頭（投）便是一家〔二五〇〕。』既得主將二人，登途進發，星夜不停，同朝隨（隋）文皇帝。皇帝覽表，大悦龍顔，便令賜對。衾（擒）虎得對，先進上主將二人，然後趨過蕭牆〔二五一〕，拜舞叫呼萬歲。皇帝亦（一）見，大悦龍顔：『賜卿且歸私地（第）憩歇〔二五二〕。後（候）楊素到來〔二五三〕，別有宣至〔二五四〕。』衾（擒）虎拜舞謝恩，走出朝門，私宅憩歇。前後不經旬日，楊素戰蕭磨（摩）呵（訶）得勝迴過，直詣閤門〔二五五〕，所司入奏。皇帝聞奏，便令賜對。楊素得對，趨過蕭牆，拜舞叫呼萬歲。皇帝亦（一）見，遂詔合朝大臣，總在殿前，色（索）金鑄印〔二五六〕，遂拜韓衾（擒）虎爲開國公，姚（遥）守陽（揚）州節度〔二五七〕；弟（第）二拜楊素東涼（京）留守〔二五八〕；弟（第）三賜賀若弼錦綵羅綾〔二五九〕、金銀器物。三將受宣，拜舞謝恩，走出朝門，各歸私地（第）〔二六〇〕。

前後不經旬日，有北蕃大下（夏）嬋（單）于遂差突厥守（首）領爲使〔二六一〕，直到長安，遂色（索）隨（隋）文皇帝交戰〔二六二〕。皇帝聞語，聚集文武百寮大臣，總在殿前。皇帝宣問：『嬋（單）于色（索）寡人交戰〔二六三〕，卿意者〔何〕〔二六四〕？』皇帝才問，蕃使不識朝疑（儀）〔二六五〕，越班走出：『臣啓陛下，蕃家弓箭爲上，賭射只在殿前。若解微臣箭得，年年送供（貢）〔二六六〕，累歲稱臣。若也解箭不得，只在殿前定其社稷！』皇帝聞奏，即在殿前，遂安社（射）墮（垛）〔二六七〕，畫二鹿，便交（教）睹射〔二六八〕。蕃人已（一）見〔二六九〕，喜不自昇（勝）〔二七〇〕，拜謝皇帝，當時便射。箭發離弦，勢同僻（劈）竹〔二七一〕，不東不西，恰向鹿齊（臍）中箭〔二七二〕。皇帝亦（一）見，宣問大臣：『甚人解得？』時有左勒將賀若弼：『臣願解箭！』皇帝聞語：『衣（依）卿所奏〔二七三〕！』賀若弼此時臂上捻弓，腰間取箭，答（搭）闊（括）當弦〔二七四〕，當時便射。箭起離弦，不東不西，同孔便中。皇帝亦（一）見，大悦龍顔，應是合朝大臣，一齊拜舞，叫呼萬歲。時韓衾（擒）虎亦（一）見箭不解，不恐（肯）拜舞〔二七五〕，獨立殿前。皇帝宣問：『卿意者何〔二七六〕？』衾（擒）虎奏曰：『臣願解箭。』皇帝聞語：『衣（依）卿所奏〔二七七〕！』衾（擒）虎拜謝，遂臂上捻弓，腰間取箭，答（搭）闊（括）當弦〔二七八〕，當時便射。箭既離弦，世（勢）同雷吼〔二七九〕，不東不西，去蕃人箭闊（括）便中〔二八〇〕，從榦至鏃〔二八一〕，突然便過，去射墮（垛）十步有餘〔二八二〕，入土三尺。蕃人亦（一）見，驚怕非常，連忙前來，側身便拜。衾（擒）虎亦（一）見，責而言曰：『叵耐小獸，便意生心〔二八三〕，擾亂中園（原）〔二八四〕。如今殿前，有何理説？』蕃將聞語，驚怕非常，當時便辭，登徒（途）進發〔二八五〕。隨（隋）文皇帝亦（一）見，遂差韓衾（擒）虎爲使和蕃〔二八六〕。衾（擒）虎受宣，拜舞謝恩，面辭聖人，與蕃將登途進發。

前後不經旬日，便到蕃家解（界）守（首）〔二八七〕。單于接得天使，昇根（帳）而坐，遂喚三十六射雕王子，總在面前處分：『緣天使在此，並無歌樂，蕃家弓箭爲上，射雕洛（落）雁〔二八八〕，供養天使。』王子唱諾，一時上馬，忽見一雕從北便來，王子亦（一）見，當時便射。箭既離弦，不東不西，況雕前翅過〔二八九〕。單于亦（一）見，忽然大怒，處分左右：『把下王子，便擗腹取心，有挫我蕃家先祖！』天使亦（一）見，仿（方）便來救〔二九〇〕，啓言蕃王：『王子此度且放。但某乙願請弓箭，射雕供養單于。』單于聞語，遂度與天使弓箭。衾（擒）虎接得，思微（惟）中間〔二九一〕，忽有雙雕，争食飛來。衾（擒）虎亦（一）見，喜不自勝，祇揖蕃王，當時來射。衾（擒）虎十步地走馬，二十步地臂上捻弓〔二九二〕，三十步腰間取箭，四十步搭闊（括）當弦〔二九三〕，拽弓叫圓，五十步翻身倍（背）射〔二九四〕。箭既離弦，世（勢）同擗竹〔二九五〕，不東不西，況前雕咽喉中箭〔二九六〕，突然而過；況後雕擗心便著〔二九七〕，雙雕齊落馬前。蕃王亦（一）見，一齊唱好。天使接世（勢）便赫（嚇）〔二九八〕：『但衾（擒）虎弓箭少會些些，隨（隋）文皇帝有一百二十指撝，射燕（雁）都盡總好手〔二九九〕。』蕃王聞語，連忙下馬，遥望南朝拜舞，叫呼萬歲。拜舞既了，遂揀細馬百疋〔三〇〇〕，明駝千頭，骨咄、羦羝〔三〇一〕、麋鹿〔三〇二〕、麝香，盤纏天使。衾（擒）虎便辭，登途進發。前後不經旬日，便達長安，直詣閤門，所司入奏。皇帝聞語，便令賜對。衾（擒）虎得對，趨過蕭牆，拜舞叫呼萬歲。皇帝亦（一）見，喜不自昇

（勝）〔三〇三〕，遂賜衾（擒）虎錦綵羅綾〔三〇四〕、金銀器物，美人一對，且歸私地（第）憩歇〔三〇五〕，一月後别有進旨（止）〔三〇六〕。衾（擒）虎拜武（舞）謝恩〔三〇七〕，便來私宅憩歇〔三〇八〕。

前後不經兩旬，忽覺神賜（思）不安〔三〇九〕，眼〔瞤〕耳熱〔三一〇〕，心口思量，昇廳而坐。坐由（猶）未定〔三一一〕，惚（忽）然十字地烈（裂）〔三一二〕，涌出一人：身披黄金鎖甲，頂載（戴）鳳翅頭（兜）毛（牟）〔三一三〕，按三丈（杖）頭（低）低（頭）高聲唱諾〔三一四〕。衾（擒）虎亦（一）見，當時便問：『是公甚人〔三一五〕？』神人答曰：『某乙緣是五道將軍。』『何來？』『夜來三更奉天符牒下〔三一六〕，將軍合作陰司之主。』衾（擒）虎聞語，或（忽）遇（語）五道大神〔三一七〕：『但某乙請假三日，得之已府（否）〔三一八〕？』五道大神：『啓言將軍，緣鬼神陰司無人主管，一時一剋（刻）不得〔三一九〕。』衾（擒）虎聞語，惚（忽）然大怒，問：『你屬甚人所管？』『某乙屬大王所管。』衾（擒）虎側（責）言〔三二〇〕：『不緣未辭本主，左脅下與一百鐵棒！』五道將軍聞語，〔嚇〕得甲（浹）貝（背）汗流〔三二一〕：『臣啓大王，莫道三日，請假一月已來總得。』衾（擒）虎處分五道將軍：『速去陰司點檢鬼神，後弟（第）三日祗候〔三二二〕。』五道將軍唱諾，影滅身形。衾（擒）虎見五道將軍去後，遂寫表聞天，具事由奏上隨（隋）文皇帝。皇帝覽表〔三二三〕，驚訝非常，宣詔衾（擒）虎，直到殿前：『緣朕之無得（德）〔三二四〕，濫處稱尊，不知將軍作陰司之主，阿奴社稷若何？』衾（擒）虎奏曰：『臣啓陛下，若有大難，但知啓告，微臣必領陰軍相助。』皇帝聞奏，遂詔合朝大臣，内宴三日，只在殿前與衾（擒）虎取别。恰到弟（第）三日〔三二五〕，整歌歡之此（次）〔三二六〕，忽有一人著紫〔三二七〕，忽見一人著緋，乘一朵黑雲，立在殿前，高聲唱諾。衾（擒）虎亦（一）見：『殿前立者甚人？』當時祇對：『某（緣）乙（某）緣（乙）二人是天曹〔三二八〕、地府，來取大王，更無别事。』衾（擒）虎聞語：『且賜酒飯管領，且在一邊。』二人唱諾〔三二九〕，各歸一面。衾（擒）虎且與聖人取别，面辭合朝大臣，來入自宅内，委囑妻男、合宅良賤：『且辭去也！』道由（猶）言訖〔三三〇〕，便奔牀卧，才著錦被蓋卻，摸（驀）馬舉（攀）鞍〔三三一〕，便昇雲露（路）〔三三二〕，來到隨（隋）文皇帝殿前：『且辭陛下去也！』皇帝亦（一）見，滿目淚流，遂執盞酧酒〔三三三〕，祭而言曰〔三三四〕：……

畫本既終〔三三五〕，並無抄略。

說明

此件首尾完整，原無標題，《敦煌變文集》依故事内容擬題。底卷尾『畫本既終，并無抄略』八字之前有『祭而言曰』四字，其下並無殘損，《敦煌變文校注》認爲抄手所據底本即未抄完，所省略的文字與《葉浄能詩》末尾之韻文相近。此件内容，項楚認爲是根據《隋書·韓擒（避唐諱省『虎』字）傳》的綫索（文中『韓擒虎』寫作『韓衾虎』），經過極大的想象虚構，再創作而成。其中與使者賭射，本是賀若弼事（見《隋書・賀若弼傳》），一射雙雕則是長孫晟事（見《隋書・長孫晟傳》），由作者移花接木，移植於韓擒虎名下（參見項楚《敦煌變文選注》，二九八頁）。此件性質，《敦煌遺書總目索引・斯坦因劫經録》認爲是小説（參見商務印書館編《敦煌遺書總目索引》，一五二頁），胡士瑩認爲是畫本（參見《話本小説概論》，三〇頁），更多人認爲是話本。又有兩種不同意見：王慶菽、王重民、張錫厚、張鴻勳認爲卷尾『畫本』二字是『話本』的同音借用或誤寫，程毅中、韓建翎認爲『畫本』二字非『話本』之訛（參見韓建翎《敦煌寫本〈韓擒虎畫本〉初探（一）——『畫本』、『足本』、創作與抄卷時間考辨》，《敦煌學輯刊》一九八六年一期，五一至五四頁）。

此件背面抄有《結壇散食迴向發願文》，其中有『太傅、公主』，韓建翎認爲敦煌歷代歸義軍節度使官勳結銜中有『太傅』一銜又與『公主』有涉者，只有曹延禄一人，因而確定《發願文》或寫於九八〇年至九八四年曹延禄任『太傅』期間，或抄於一〇〇二年曹延禄死後，並且進一步推測此件抄寫於一〇〇九年前後（參見《敦煌寫本〈韓擒虎畫本〉初探（一）——『畫本』、『足本』、創作與抄卷時間考辨》，六一頁）。

校記

〔一〕『帝』，《敦煌變文選注》釋作『既』，校改作『帝』，《敦煌變文校注》釋作『既』，并認爲此字有破缺處，較難辨別，按底本實爲『帝』。

〔二〕「有」，《敦煌變文選注》認爲「有」通「友」，《敦煌變文校注》疑當作「存」，《敦煌小説合集》疑爲「信」之形訛。

〔三〕「拆」，《敦煌變文選注》釋作「拆」，誤；「迦」，《敦煌變文選注》校改作「伽」，按不改亦可通。

〔四〕「復」，當作「複」，《敦煌變文選注》據文義校改，「復」爲「複」之借字，《敦煌小説合集》認爲底本「復」已被塗改成「複」。

〔五〕「真」，當作「直」，《敦煌變文集》據文義校改，《敦煌變文選注》逕釋作「直」。

〔六〕「經」，《敦煌變文校注》釋作「風」，校改作「諷」，誤。

〔七〕「有」，《敦煌小説合集》認爲底本已塗抹，應不録。

〔八〕「宜」，當作「疑」，《敦煌變文集》據文義校改，《敦煌變文選注》逕釋作「疑」，「宜」爲「疑」之借字。

〔九〕「疏」，《敦煌變文校注》據文義校補，《敦煌小説合集》認爲此字作「記」更切合史實。

〔一〇〕「别」，《敦煌變文選注》釋作「並」，誤。

〔一一〕「失」，當作「適」，袁賓據文義校改，「失」爲「適」之借字，《敦煌變文校注》、《敦煌小説合集》認爲底本爲「先」字。

〔一二〕「揬」，《敦煌變文選注》釋作「换」，誤。

〔一三〕「已」，當作「以」，《敦煌變文集》據文義校改，《敦煌變文選注》逕釋作「以」，「已」爲「以」之借字。

〔一四〕「已」，《敦煌變文集》、《敦煌變文校注》校改作「以」，按不改亦可通，《敦煌變文選注》釋作「以」，誤。

〔一五〕「須」，《敦煌變文選注》釋作「復」，校改作「須」，按底本實爲「須」。

〔一六〕「遊」，當作「猶」，《敦煌變文校注》據文義校改，「遊」爲「猶」之借字，《敦煌變文選注》釋作「由」，誤。

〔一七〕「感」，當作「敢」，《敦煌變文集》據文義校改，《敦煌變文選注》逕釋作「敢」，「感」爲「敢」之借字。

〔一八〕「悴」，當作「猝」，《敦煌變文校注》據文義校改，《敦煌變文校注》認爲「悴」通「猝」。

〔一九〕「逐」，當作「遂」，《敦煌變文集》據文義校改，《敦煌變文選注》、《敦煌小説合集》均逕釋作「遂」，《敦煌變文校注》認爲「逐」義爲「隨」，不煩校改。

〔二〇〕「已」，當作「以」，《敦煌變文集》據文義校改，《敦煌變文選注》逕釋作「以」，「已」爲「以」之借字。

〔二一〕「事」，《敦煌變文選注》釋作「半」，校改作「事」，按底本實爲「事」。

〔二二〕「乞」，當作「豈」，《敦煌變文集》據文義校改，《敦煌變文選注》逕釋作「豈」，「乞」爲「豈」之借字。

〔二三〕「億」，當作「憶」，《敦煌變文集》據文義校改，《敦煌變文選注》逕釋作「憶」，「億」爲「憶」之借字。以下同，不另出校。

〔二四〕「感」，當作「敢」，《敦煌變文集》據文義校改，《敦煌變文選注》逕釋作「敢」，「感」爲「敢」之借字。

〔二五〕「即是貧道願足」，《敦煌變文校注》、《敦煌變文選注》（增訂本）、《敦煌小説合集》認爲此句當在「事須再興佛法」之後。

〔二六〕「由」，當作「猶」，《敦煌變文集》據文義校改，《敦煌變文選注》逕釋作「猶」，「由」爲「猶」之借字。

〔二七〕「所」，當作「數」，《敦煌變文集》據文義校改，《敦煌變文選注》逕釋作「數」。

〔二八〕「裹」，當作「果」，《敦煌變文集》據文義校改，《敦煌變文選注》逕釋作「果」，「裹」爲「果」之借字；「大」，《敦煌變文選注》釋作「太」，校改作「臺」；「官」，當作「觀」，《敦煌變文集》據文義校改，《敦煌變文選注》逕釋作「觀」，「官」爲「觀」之借字；「虔」，當作「乾」，《敦煌變文集》據文義校改，《敦煌變文選注》逕釋作「乾」，「虔」爲「乾」之借字。

〔二九〕「攬」，當作「覽」，《敦煌變文選注》據文義校改，「攬」爲「覽」之借字。

〔三〇〕「感」，當作「敢」，《敦煌變文集》據文義校改，《敦煌變文選注》逕釋作「敢」，「感」爲「敢」之借字。

〔三一〕「徒」，當作「途」，《敦煌變文集》據文義校改，《敦煌變文選注》逕釋作「途」，「徒」爲「途」之借字。

〔三二〕「日」，《敦煌變文選注》以底本此字脱，並據下文補，按底本實有「日」；「現」，當作「見」，《敦煌變文集》據文義校改，《敦煌變文選注》逕釋作「見」。

〔三三〕「現」，當作「見」，《敦煌變文集》據文義校改，《敦煌變文選注》逕釋作「見」。

〔三四〕「攬」，當作「覽」，《敦煌變文選注》據文義校改，「攬」爲「覽」之借字。

〔三五〕「亦」，當作「一」，《敦煌變文選注》據文義校改，「亦」爲「一」之借字。以下同，不另出校。

〔三六〕「忓」，《敦煌變文選注》釋作「干」，《敦煌變文校注》認爲「忓」乃「干」之俗字，《敦煌小説合集》校改作「干」。

〔三七〕「近」，當作「覲」，《敦煌變文集》據文義校改，《敦煌變文選注》逕釋作「覲」，「近」爲「覲」之借字。

〔三八〕「榮」，當作「容」，據文義改，「榮」爲「容」之借字；「兮」，當作「奚」，《敦煌變文集》據文義校改，《敦煌變文選注》逕釋作「奚」，「兮」爲「奚」之借字。

〔三九〕「㨙」，《敦煌變文選注》釋作「换」，誤。

〔四〇〕「添」，《敦煌變文選注》漏録，並認爲此句句首「滿」字前脱「斟」字，按底本「添」以小字補於「滿」之右下角。

〔四一〕「嬋嬪」，當作「蟬鬢」，《敦煌變文集》據文義校改，《敦煌變文選注》逕釋作「蟬鬢」，「嬋嬪」爲「蟬鬢」之借字。

〔四二〕「載」，當作「再」，《敦煌變文集》據文義校改，《敦煌變文選注》逕釋作「再」，「載」爲「再」之借字；「娥媚」，當作「蛾眉」，《敦煌變文集》據文義校改，「娥媚」爲「蛾眉」之借字，《敦煌變文選注》釋作「娥眉」。

〔四三〕「整」，《敦煌變文選注》、《敦煌變文校注》、《敦煌小説合集》校改作「正」，按不改亦可通。

〔四四〕「故」，當作「顧」，《敦煌變文集》據文義校改，《敦煌變文選注》逕釋作「顧」，「故」爲「顧」之借字；「趣」，當作「覷」，蔣禮鴻據文義校改，「趣」爲「覷」之借字。

〔四五〕「員」，當作「原」，《敦煌變文集》據文義校改，「員」爲「原」之借字，《敦煌變文選注》、《敦煌變文校注》、《敦煌小説合集》校改作「元」，認爲「原」爲後起替换字。

〔四六〕「繫」，當作「計」，袁賓據文義校改，「繫」爲「計」之借字，《敦煌變文集》、《敦煌變文校注》校改作「喜」。

〔四七〕「一遍」，《敦煌變文選注》漏録。

〔四八〕「漱」，當作「軟」，《敦煌變文集》據文義校改，《敦煌變文選注》逕釋作「軟」，《敦煌變文校注》、《敦煌小説合集》認爲「漱」是「軟」之增旁字。

〔四九〕「貯」，當作「駐」，徐震堮據文義校改，「貯」爲「駐」之借字。

〔五〇〕「徒」，當作「圖」，《敦煌變文集》據文義校改，《敦煌變文選注》逕釋作「圖」，「徒」爲「圖」之借字。

〔五一〕「身」，當作「勝」，《敦煌變文集》據文義校改，《敦煌變文選注》逕釋作「勝」，「身」爲「勝」之借字。

〔五二〕「上」，當作「尚」，《敦煌變文集》據文義校改，《敦煌變文選注》逕釋作「尚」，「上」爲「尚」之借字；「貯」，當作「駐」，徐震堮據文義校改，「貯」爲「駐」之借字。

〔五三〕「目」，當作「曰」，《敦煌變文集》據文義校改，《敦煌變文選注》逕釋作「曰」，《敦煌小説合集》釋作「月」，校改作「曰」；「裝」，《敦煌變文選注》釋作「粧」，誤。

〔五四〕「即甚」，當作「甚即」，《敦煌變文選注》據文義乙正。

〔五五〕「烈」，當作「裂」，《敦煌變文集》據文義校改，《敦煌變文選注》逕釋作「裂」，「烈」爲「裂」之借字。

〔五六〕「襯」，當作「櫬」，《敦煌變文集》據文義校改，《敦煌變文選注》逕釋作「櫬」，「襯」爲「櫬」之借字。

〔五七〕「蘭」，《敦煌變文集》、《敦煌變文選注》、《敦煌變文校注》均釋作「闌」，誤。

〔五八〕「宣」，《敦煌變文選注》釋作「直到宣」，按底本「直到」二字已被墨筆塗抹，應不録。

〔五九〕「感」，當作「敢」，《敦煌變文集》據文義校改，《敦煌變文選注》逕釋作「敢」，「感」爲「敢」之借字；「爲」，當作「違」，《敦煌變文集》據文義校改，《敦煌變文選注》逕釋作「違」，「爲」爲「違」之借字。

〔六〇〕「現」，當作「見」，《敦煌變文集》據文義校改，《敦煌變文選注》逕釋作「見」，「現」爲「見」之借字。

〔六一〕「令」，《敦煌變文選注》以爲底本脱此字，並據文義補，按底本實有「令」字。

〔六二〕「趨」，《敦煌小説合集》釋作「趍」，校改作「趨」，以下同，不另出校；「蕭」，《敦煌變文選注》、《敦煌小説合集》釋作「簫」，校改作「蕭」，按寫本「⺮」、「艹」旁多通用，不煩校改，以下同，不另出校。

〔六三〕「叫」，《敦煌變文選注》釋作「吋」，校改作「叫」，《敦煌變文校注》認爲「吋」爲「叫」變體，不煩校改。以下同，不另出校。

〔六四〕「册」，當作「策」，蔣禮鴻據文義校改，「册」爲「策」之借字，《敦煌小説合集》認爲「册」通「策」。

〔六五〕「倉」，當作「滄」，《敦煌變文選注》據文義校改，「倉」爲「滄」之借字。

〔六六〕「軍」，當作「君」，《敦煌變文集》據文義校改，《敦煌變文選注》逕釋作「君」，「軍」爲「君」之借字。

〔六七〕「或」，《敦煌變文集》、《敦煌變文校注》、《敦煌小説合集》校改作「惑」，《敦煌變文選注》釋作「惑」，按「或」有「惑」義，不煩校改。

〔六八〕「引」，《敦煌變文集》、《敦煌變文選注》、《敦煌變文校注》均釋作「行」，誤。

〔六九〕「襯」，當作「櫬」，《敦煌變文校注》據文義校改，《敦煌變文選注》逕釋作「櫬」，「襯」爲「櫬」之借字。

〔七〇〕「訴」，當作「素」，《敦煌變文集》據文義校改，《敦煌變文選注》逕釋作「素」，「訴」爲「素」之借字。

〔七一〕「倉」，當作「滄」，《敦煌變文選注》據文義校改，「倉」爲「滄」之借字。

〔七二〕「軍」，當作「君」，《敦煌變文集》據文義校改，《敦煌變文選注》逕釋作「君」，「軍」爲「君」之借字。

〔七三〕「者」，《敦煌變文校注》認爲是「若」之形訛。

〔七四〕「況」，《敦煌變文校注》校改作「向」。

〔七五〕「檢」，《敦煌小説合集》釋作「撿」，校改作「檢」。以下同，不另出校。

〔七六〕「須」，《敦煌變文選注》釋作「復」，校改作「須」，按底本實爲「須」。

〔七七〕「幾」，當作「己」，《敦煌變文集》據文義校改，《敦煌變文選注》逕釋作「己」，「幾」爲「己」之借字。

〔七八〕「軍」，當作「君」，《敦煌變文集》據文義校改，《敦煌變文選注》逕釋作「君」，「軍」爲「君」之借字。

〔七九〕「乞」，當作「豈」，《敦煌變文校注》據文義校改，《敦煌變文選注》逕釋作「豈」，「乞」爲「豈」之借字。

〔八〇〕「乞」，當作「迄」，《敦煌變文校注》據文義校改，《敦煌變文選注》釋作「訖」，且斷入上句「伏」字之後，「乞」爲「迄」之借字。

〔八一〕「以」，當作「已」，《敦煌變文集》據文義校改，《敦煌變文選注》逕釋作「已」，「以」爲「已」之借字；「倉」，當作「滄」，《敦煌變文選注》據文義校改，「倉」爲「滄」之借字。

〔八二〕「者」，《敦煌變文校注》認爲是「若」之形訛。

〔八三〕「猶」，《敦煌變文選注》校改作「由」，誤。

〔八四〕「册」，當作「測」，《敦煌變文集》據文義校改，《敦煌變文選注》逕釋作「測」，「册」爲「測」之借字；「濟」，當作「際」，《敦煌變文集》據文義校改，《敦煌變文選注》逕釋作「際」，「濟」爲「際」之借字。

〔八五〕「或」，《敦煌變文集》、《敦煌變文校注》、《敦煌小説合集》校改作「惑」，《敦煌變文選注》釋作「惑」，按「或」有「惑」義，不煩校改。

〔八六〕「趣」，當作「覷」，蔣禮鴻據文義校改，「趣」爲「覷」之借字。

〔八七〕「齖」，當作「牙」，《敦煌變文集》據文義校改，《敦煌變文選注》、《敦煌變文校注》逕釋作「牙」，「齖」爲

「牙」之借字，《敦煌小説合集》認爲「齖」爲「牙」之增旁俗字。以下同，不另出校。

〔八八〕「遂」，《敦煌變文選注》釋作「遊」，校改作「遂」，按底本實爲「遂」。

〔八九〕「隨」，當作「隋」，《敦煌變文選注》據文義校改，「隨」爲「隋」之借字。以下同，不另出校。

〔九〇〕「璘」，當作「陵」，《敦煌變文選注》據文義校改，「璘」爲「陵」之借字。以下同，不另出校。

〔九一〕「軍」，當作「君」，《敦煌變文集》據文義校改，《敦煌變文選注》逕釋作「君」，「軍」爲「君」之借字。

〔九二〕「負」，《敦煌變文選注》、《敦煌小説合集》校改作「分」，《敦煌變文校注》認爲「不負」同「不分」，不煩校改。

〔九三〕「者」，《敦煌變文校注》認爲是「若」之形訛。

〔九四〕「且」，《敦煌變文選注》校改作「臣」。

〔九五〕「後」，《敦煌變文選注》校改作「候」，《敦煌變文校注》將「後」斷入上句「戮」之後。

〔九六〕「衣」，當作「依」，《敦煌變文集》據文義校改，《敦煌變文選注》逕釋作「依」，「衣」爲「依」之借字。

〔九七〕「磨」，當作「摩」，據《隋書·高祖楊堅紀》改，「磨」爲「摩」之借字，以下同，不另出校；「呵」，當作「訶」，據《隋書·高祖楊堅紀》改，「呵」爲「訶」之借字，以下同，不另出校。

〔九八〕「侯」，當作「睺」，據《隋書·高祖楊堅紀》改，「侯」爲「睺」之借字。以下同，不另出校。

〔九九〕「鍋」，當作「渦」，徐震堮據文義校改，「鍋」爲「渦」之借字。

〔一〇〇〕「引」，《敦煌變文集》、《敦煌變文集選注》、《敦煌變文校注》均釋作「行」，誤。

〔一〇一〕「卞」，當作「汴」，《敦煌變文選注》據文義校改，「卞」爲「汴」之借字。

〔一〇二〕「伏」，當作「復」，《敦煌變文選注》據文義校改，「伏」爲「復」之借字。

〔一〇三〕「寄」，當作「既」，《敦煌變文集》據文義校改，《敦煌變文選注》逕釋作「既」，「寄」爲「既」之借字；「守」，當作「首」，《敦煌變文集》據文義校改，《敦煌變文選注》逕釋作「首」，「守」爲「首」之借字。

〔一〇四〕「攬」，當作「覽」，《敦煌變文選注》據文義校改，「攬」爲「覽」之借字。
〔一〇五〕「杵」，《敦煌變文選注》釋作「拚」。
〔一〇六〕「鍾」，《敦煌變文集》、《敦煌變文校注》校改作「鐘」，《敦煌變文選注》釋作「鐘」，按「鍾」通「鐘」。
〔一〇七〕「得」，當作「德」，《敦煌變文集》據文義校改，《敦煌變文選注》逕釋作「德」，「得」爲「德」之借字。
〔一〇八〕「檻」，當作「濫」，《敦煌變文集》據文義校改，《敦煌變文選注》逕釋作「濫」，《敦煌小説合集》釋作「撿」，校改作「濫」；「軍」，當作「君」，《敦煌變文集》據文義校改，《敦煌變文選注》逕釋作「君」，「軍」爲「君」之借字。
〔一〇九〕「古」，當作「賓」，《敦煌變文集》據文義校改，《敦煌變文選注》逕釋作「賓」；「爲」，當作「違」，《敦煌變文集》據文義校改，《敦煌變文選注》逕釋作「違」，「爲」爲「違」之借字。
〔一一〇〕「恐」，當作「肯」，徐震堮據文義校改，「恐」爲「肯」之借字。
〔一一一〕「即大」，當作「積代」，袁賓據文義校改，「即大」爲「積代」之借字，《敦煌變文選注》校改作「絶代」；第二個「是」，《敦煌變文選注》據文義認爲係衍文，當删。
〔一一二〕「衾」，當作「擒」，《敦煌變文選注》據文義校改，「衾」爲「擒」之借字。以下同，不另出校。
〔一一三〕「知」，《敦煌變文選注》、《敦煌小説合集》釋作「福」，《敦煌變文選注》校改作「伏」。
〔一一四〕「賈」，當作「假」，《敦煌變文集》據文義校改，《敦煌變文選注》逕釋作「假」，「賈」爲「假」之借字，以下同，不另出校；「堆」，《敦煌變文集》、《敦煌變文校注》、《敦煌小説合集》校改作「堆」，《敦煌變文選注》釋作「堆」，按「堆」同「堆」，不煩校改。
〔一一五〕「儺」，當作「那」，《敦煌變文集》據文義校改，《敦煌變文選注》逕釋作「那」，「儺」爲「那」之借字。
〔一一六〕「捦」，當作「擒」，《敦煌變文集》據文義校改，《敦煌變文選注》逕釋作「擒」，「捦」爲「擒」之借字。以下同，不另出校。

〔一一七〕「不」，《敦煌變文選注》漏録；「感」，當作「敢」，《敦煌變文集》據文義校改，《敦煌變文選注》逕釋作「敢」，「感」爲「敢」之借字。

〔一一八〕「帝」，《敦煌變文集》、《敦煌變文選注》、《敦煌變文校注》釋作「帝聞語」，按底本「聞語」用墨塗抹，應不録。

〔一一九〕「日」，當作「若」，《敦煌變文校注》據文義校改，《敦煌變文選注》認爲當作「爾」，《敦煌小説合集》校改作「爾」；「今」，當作「襟」，《敦煌變文選注》據文義校改，「今」爲「襟」之借字。

〔一二〇〕「上」，當作「尚」，《敦煌變文集》據文義校改，《敦煌變文選注》逕釋作「尚」，「上」爲「尚」之借字。

〔一二一〕「地」，當作「第」，《敦煌變文集》據文義校改，《敦煌變文選注》逕釋作「第」，「地」爲「第」之借字。

〔一二二〕「至」，《敦煌變文校注》、《敦煌小説合集》校改作「旨」，按不改亦可通。

〔一二三〕「乞」，當作「迄」，《敦煌變文集》據文義校改，《敦煌變文選注》逕釋作「迄」，「乞」爲「迄」之借字。

〔一二四〕「色」，當作「索」，《敦煌變文校注》據文義校改，《敦煌變文選注》認爲「色」通作「索」。

〔一二五〕「拜弟」，《敦煌變文選注》、《敦煌變文校注》、《敦煌小説合集》校改作「弟一拜」；「罰」，當作「討」，《敦煌變文選注》據文義校改。

〔一二六〕「弟」，當作「第」，《敦煌變文集》據文義校改，「弟」爲「第」之本字。

〔一二七〕「第」，《敦煌變文選注》、《敦煌變文校注》釋作「弟」，誤；「拜」，據文義補。

〔一二八〕「峰」，當作「鋒」，《敦煌變文集》據文義校改，《敦煌變文選注》逕釋作「鋒」，「峰」爲「鋒」之借字。

〔一二九〕「根」，當作「帳」，《敦煌變文選注》據文義校改，「根」爲「帳」之借字。以下同，不另出校。

〔一三〇〕「軍」，《敦煌變文集》、《敦煌變文校注》校改作「君」，《敦煌變文選注》釋作「君」。

〔一三一〕「府」，當作「俯」，《敦煌變文選注》據文義校改，「府」爲「俯」之借字。
〔一三二〕「終謀」，當作「中牟」，《敦煌變文集》據文義校改，《敦煌變文選注》逕釋作「中牟」，「終謀」爲「中牟」之借字。
〔一三三〕「窀」，當作「屯」，《敦煌變文集》據文義校改，《敦煌變文選注》逕釋作「屯」，「窀」爲「屯」之借字。
〔一三四〕「徤」，《敦煌小説合集》釋作「健」，校改作「健」。以下同，不另出校。
〔一三五〕「載」，當作「再」，《敦煌變文集》據文義校改，《敦煌變文選注》逕釋作「再」，「載」爲「再」之借字。
〔一三六〕「丐」，當作「改」，《敦煌變文集》據文義校改，《敦煌變文選注》逕釋作「改」，「丐」爲「改」之借字；「揬」，《敦煌變文選注》釋作「换」，誤。
〔一三七〕「田」，當作「填」，《敦煌變文選注》據文義校改，「田」爲「填」之借字。
〔一三八〕「故」，當作「古」，《敦煌變文集》據文義校改，《敦煌變文選注》逕釋作「古」，「故」爲「古」之借字。
〔一三九〕「妖」，當作「夭」，《敦煌變文校注》據文義校改，「妖」爲「夭」之借字，《敦煌變文選注》校改作「殀」。
〔一四〇〕「由」，當作「猶」，《敦煌變文校注》據文義校改，「由」爲「猶」之借字。
〔一四一〕「丐」，當作「改」，《敦煌變文集》據文義校改，《敦煌變文選注》逕釋作「改」，「丐」爲「改」之借字；「揬」，《敦煌變文選注》釋作「换」，誤。
〔一四二〕「廿」，《敦煌變文校注》釋作「二十」。
〔一四三〕「繼」，《敦煌變文選注》校改作「繫」，《敦煌變文校注》認爲「郤繼」義即「重繫」，不煩校改。
〔一四四〕「級」，當作「急」，《敦煌變文集》據文義校改，《敦煌變文選注》逕釋作「急」，「級」爲「急」之借字。
〔一四五〕「攬」，當作「覽」，《敦煌變文校注》據文義校改，《敦煌變文選注》逕釋作「覽」，「攬」爲「覽」之借字。
〔一四六〕「鍾」，《敦煌變文集》、《敦煌變文校注》校改作「鐘」，《敦煌變文選注》釋作「鐘」。

〔一四七〕「尞」，當作「寮」，《敦煌變文集》據文義校改，《敦煌變文選注》逕釋作「寮」，「尞」爲「寮」之借字。

〔一四八〕「得」，當作「德」，《敦煌變文集》據文義校改，《敦煌變文選注》逕釋作「德」，「得」爲「德」之借字。

〔一四九〕「檻」，當作「濫」，《敦煌變文集》據文義校改，《敦煌變文選注》逕釋作「濫」，《敦煌小説合集》釋作「㩜」，校改作「濫」。

〔一五〇〕「駕」，當作「家」，《敦煌變文選注》據文義校改，「駕」爲「家」之借字；「仕」，當作「士」，《敦煌變文集》據文義校改，「仕」爲「士」之借字。

〔一五一〕「裁」，《敦煌變文選注》認爲「裁」通「才」。

〔一五二〕「時」，《敦煌變文選注》將此字斷入上句「問」之後；「國」，《敦煌變文選注》補作「國大將軍」。

〔一五三〕「駕」，當作「家」，《敦煌變文選注》據文義校改，「駕」爲「家」之借字；「事」，當作「士」，《敦煌變文校注》據文義校改，《敦煌變文選注》逕釋作「士」，「事」爲「士」之借字。

〔一五四〕「肖」，當作「消」，《敦煌變文集》據文義校改，《敦煌變文選注》逕釋作「消」，「肖」爲「消」之借字。

〔一五五〕「交」，當作「教」，《敦煌變文選注》據文義校改，「交」爲「教」之借字。

〔一五六〕「物」，當作「勿」，《敦煌變文集》據文義校改，《敦煌變文選注》逕釋作「勿」，「物」爲「勿」之借字。

〔一五七〕「簸」，底本爲「披」，係「簸」之俗字，以下同，不另出校；「嗽」，當作「喊」，《敦煌變文集》據文義校改，《敦煌變文校注》逕釋作「喊」，「嗽」爲「喊」之借字，以下同，不另出校。

〔一五八〕「色」，當作「索」，《敦煌變文集》據文義校改，《敦煌變文選注》逕釋作「索」；「駕」，當作「家」，《敦煌變文選注》據文義校改，「駕」爲「家」之借字；「事」，當作「士」，《敦煌變文校注》據文義校改，《敦煌變文選注》逕釋作「士」，「事」爲「士」之借字。

〔一五九〕「爲」，當作「位」，《敦煌變文集》據文義校改，《敦煌變文選注》逕釋作「位」，「爲」爲「位」之借字。

〔一六〇〕『杖』，《敦煌變文選注》、《敦煌小説合集》釋作『扙』，校改作『杖』。
〔一六一〕『次』，當作『知』，《敦煌變文校注》據文義校改，《敦煌小説合集》校改作『此』。
〔一六二〕『和』，《敦煌變文選注》釋作『私』，校改作『和』，按底本實爲『和』。
〔一六三〕『乞』，當作『豈』，《敦煌變文集》據文義校改，《敦煌變文選注》逕釋作『豈』，『乞』爲『豈』之借字。
〔一六四〕『弟』，當作『第』，《敦煌變文集》據文義校改，『弟』爲『第』之本字。
〔一六五〕『弟』，當作『第』，據文義改，『弟』爲『第』之本字。
〔一六六〕『言』，《敦煌變文選注》釋作『語』，校改作『言』，按底本實爲『言』。
〔一六七〕『後』，《敦煌變文選注》（增訂本）校改作『候』，《敦煌變文校注》認爲『後』當讀作『候』。
〔一六八〕『弟』，當作『第』，據文義改，『弟』爲『第』之本字。
〔一六九〕『弟』，當作『第』，據文義改，『弟』爲『第』之本字。
〔一七〇〕『弟』，當作『第』，據文義改，『弟』爲『第』之本字。
〔一七一〕『弟』，當作『第』，據文義改，『弟』爲『第』之本字；『保』，當作『寶』，《敦煌變文集》據文義校改，《敦煌變文選注》逕釋作『寶』，『保』爲『寶』之借字；『手』，當作『首』，《敦煌變文集》據文義校改，《敦煌變文選注》逕釋作『首』，『手』爲『首』之借字。
〔一七二〕『劍』，《敦煌小説合集》釋作『釰』，校改作『劍』，以下同，不另出校；『赫』，當作『嚇』，《敦煌變文校注》據文義校改。
〔一七三〕『豊』，當作『鋒』，《敦煌變文集》據文義校改，《敦煌變文選注》逕釋作『鋒』，『豊』爲『鋒』之借字。
〔一七四〕『踈』，當作『疏』，據文義改，『踈』爲『疎』之訛，『疎』同『疏』，《敦煌變文選注》、《敦煌變文校注》逕釋作『疏』。

〔一七五〕「夷」，當作「移」，《敦煌變文校注》據文義校改，「夷」爲「移」之借字。

〔一七六〕「色」，當作「索」，《敦煌變文集》據文義校改，《敦煌變文選注》逕釋作「索」；「駕」，當作「家」，《敦煌變文選注》據文義校改，「駕」爲「家」之借字。

〔一七七〕「笑」，《敦煌小説合集》釋作「咲」，校改作「笑」，按「咲」爲「笑」之俗字，不煩校改。以下同，不另出校。

〔一七八〕「攬」，當作「覽」，《敦煌變文集》據文義校改，《敦煌變文選注》逕釋作「覽」，「攬」爲「覽」之借字。

〔一七九〕「移」，《敦煌變文集》、《敦煌變文校注》、《敦煌小説合集》校改作「夷」，《敦煌變文選注》釋作「夷」，均誤。

〔一八〇〕「李」，當作「裏」，《敦煌變文集》據文義校改，《敦煌變文選注》逕釋作「裏」，「李」爲「裏」之借字；「硇」，當作「撓」，《敦煌變文校注》據文義校改，「硇」爲「撓」之借字，《敦煌變文選注》釋作「砲」，校改作「撓」。

〔一八一〕「既」，當作「記」，《敦煌變文集》據文義校改，《敦煌變文選注》逕釋作「記」，「既」爲「記」之借字。

〔一八二〕「夷」，當作「移」，《敦煌變文校注》據文義校改，「夷」爲「移」之借字。

〔一八三〕「緣」，《敦煌變文集》、《敦煌變文校注》校改作「員」，《敦煌變文選注》認爲「緣」字無義，不必改；「教」，當作「較」，《敦煌變文集》據文義校改，「教」爲「較」之借字。

〔一八四〕「利」，當作「殺」，《敦煌變文集》據文義校改，《敦煌變文選注》逕釋作「殺」，《敦煌變文校注》釋作「刹」，校改作「殺」，《敦煌小説合集》釋作「切」，誤。

〔一八五〕「道」，《敦煌變文選注》漏録；「由」，《敦煌變文選注》漏録，當作「猶」，《敦煌變文校注》據文義校改，「由」爲「猶」之借字。

〔一八六〕「陣」，《敦煌變文選注》（增訂本）釋作「陳」，誤。

〔一八七〕『交』，當作『教』，《敦煌變文校注》據文義校改，『交』爲『教』之借字；『把』，《敦煌變文選注》釋作『把』，校改作『托』，按底本實爲『把』。

〔一八八〕『到』，當作『倒』，《敦煌變文集》據文義校改，《敦煌變文選注》逕釋作『倒』，『到』爲『倒』之借字。

〔一八九〕『腰』，《敦煌小説合集》釋作『䙅』，校改作『腰』；『令』，當作『領』，向達據文義校改，『令』爲『領』之借字。

〔一九〇〕『册』，當作『策』，蔣禮鴻據文義校改，『册』爲『策』之借字，《敦煌變文選注》認爲『册』通『策』。

〔一九一〕『載』，當作『再』，《敦煌變文集》據文義校改，《敦煌變文選注》逕釋作『再』，『載』爲『再』之借字。

〔一九二〕『駕』，當作『家』，《敦煌變文選注》據文義校改，『駕』爲『家』之借字。

〔一九三〕『即大』，當作『積代』，袁賓據文義校改，『即大』爲『積代』之借字，《敦煌變文選注》釋作『郎大』，校改作『絶代』；『訓』，當作『動』，《敦煌變文集》據文義校改，《敦煌變文選注》逕釋作『動』，『訓』爲『動』之借字。

〔一九四〕『敬』，當作『更』，蔣禮鴻據文義校改；『駕』，當作『家』，《敦煌變文選注》據文義校改，『駕』爲『家』之借字。

〔一九五〕『交』，當作『教』，《敦煌變文選注》據文義校改，『交』爲『教』之借字。

〔一九六〕『駕』，當作『家』，《敦煌變文選注》據文義校改，『駕』爲『家』之借字。

〔一九七〕『或遇』，當作『忽語』，《敦煌變文校注》據文義校改，『或遇』爲『忽語』之借字，《敦煌變文選注》、《敦煌小説合集》校改作『回語』。

〔一九八〕『即大』，當作『積代』，蔣禮鴻據文義校改，『即大』爲『積代』之借字，《敦煌變文選注》校改作『絶大』。

〔一九九〕『舒』，當作『輸』，《敦煌變文集》據文義校改，《敦煌變文選注》逕釋作『輸』，『舒』爲『輸』之借字。

〔二〇〇〕「由」，當作「猶」，《敦煌變文校注》據文義校改，「由」爲「猶」之借字。

〔二〇一〕「頭」，當作「投」，《敦煌變文集》據文義校改，《敦煌變文選注》逕釋作「投」，「頭」爲「投」之借字。

〔二〇二〕「或」，《敦煌變文集》、《敦煌變文校注》、《敦煌小説合集》校改作「惑」，《敦煌變文選注》釋作「惑」，按「或」有「惑」義，不煩校改。

〔二〇三〕「覩」，《敦煌變文集》、《敦煌變文校注》釋作「睹」，《敦煌變文選注》釋作「睹」，校改作「覩」，按底本實爲「覩」。

〔二〇四〕「恐」，當作「肯」，徐震堮據文義校改，「恐」爲「肯」之借字。

〔二〇五〕「衙」，《敦煌變文選注》釋作「壓」，誤。

〔二〇六〕「已」，當作「以」，《敦煌變文集》據文義校改，《敦煌變文選注》逕釋作「以」，「已」爲「以」之借字；「衙」，當作「牙」，《敦煌變文集》據文義校改，《敦煌變文選注》逕釋作「牙」，「衙」爲「牙」之借字。

〔二〇七〕「駕」，當作「家」，《敦煌變文選注》據文義校改，「駕」爲「家」之借字。

〔二〇八〕「微」，當作「惟」，《敦煌變文集》據文義校改，《敦煌變文選注》逕釋作「惟」，「微」爲「惟」之借字。

〔二〇九〕「倫」，當作「掄」，據文義改，「倫」爲「掄」之借字，《敦煌變文校注》認爲「倫」讀作「輪」，今作「掄」。

〔二一〇〕「由」，當作「猶」，《敦煌變文選注》據文義校改，「由」爲「猶」之借字。

〔二一一〕「片」，《敦煌變文選注》釋作「斤」，校改作「片」，按底本實爲「片」。

〔二一二〕「公」，當作「功」，《敦煌變文集》據文義校改，《敦煌變文選注》逕釋作「功」，「公」爲「功」之借字。

〔二一三〕「搗」，當作「倒」，《敦煌變文集》據文義校改，《敦煌小説合集》釋作「擣」，校改作「倒」，《敦煌變文選注》逕釋作「倒」，「搗」爲「倒」之借字；「弋」，當作「戈」，《敦煌變文集》據文義校改，《敦煌變文選注》逕釋作「戈」。

〔二一四〕『半』，當作『絆』，《敦煌變文集》據文義校改，《敦煌變文選注》逕釋作『絆』，『半』爲『絆』之借字。
〔二一五〕『册』，當作『策』，據文義改，『册』爲『策』之借字。
〔二一六〕『具』，當作『拒』，徐震堮據文義校改，『具』爲『拒』之借字；『狄』，當作『敵』，《敦煌變文集》據文義校改，『狄』爲『敵』之借字；『煞』，《敦煌變文校注》釋作『殺』。
〔二一七〕『頭』，當作『投』，《敦煌變文集》據文義校改，《敦煌變文選注》逕釋作『投』，『頭』爲『投』之借字。
〔二一八〕『由』，當作『猶』，據文義改，『由』爲『猶』之借字。
〔二一九〕『遲』，當作『池』，《敦煌變文集》據文義校改，《敦煌變文選注》逕釋作『池』，『遲』爲『池』之借字。
〔二二〇〕『駕』，當作『家』，《敦煌變文選注》據文義校改，『駕』爲『家』之借字。
〔二二一〕『爲倍』，當作『違背』，《敦煌變文集》據文義校改，《敦煌變文選注》逕釋作『違背』，『爲倍』爲『違背』之借字。
〔二二二〕『効』，當作『淆』，《敦煌變文校注》據文義校改，『効』爲『淆』之借字，《敦煌變文選注》、《敦煌小説合集》校改作『擾』；『圓』，當作『原』，《敦煌變文集》據文義校改，《敦煌變文選注》逕釋作『原』，『圓』爲『原』之借字。
〔二二三〕『李』，當作『理』，《敦煌變文集》據文義校改，《敦煌變文選注》逕釋作『理』，『李』爲『理』之借字。
〔二二四〕『備側』，當作『被責』，《敦煌變文集》據文義校改，《敦煌變文選注》逕釋作『被責』，『備側』爲『被責』之借字。
〔二二五〕『度』，當作『杜』，《敦煌變文集》據文義校改，《敦煌變文選注》逕釋作『杜』，『度』爲『杜』之借字。
〔二二六〕『居』，當作『車』，《敦煌變文集》據文義校改，《敦煌變文選注》逕釋作『車』，『居』爲『車』之借字；『再』，當作『載』，《敦煌變文集》據文義校改，《敦煌變文選注》逕釋作『載』，『再』爲『載』之借字。

〔二二七〕「守」，當作「首」，《敦煌變文集》據文義校改，《敦煌變文選注》逕釋作「首」，「守」爲「首」之借字。
〔二二八〕「逢」，當作「鋒」，《敦煌變文集》據文義校改，《敦煌變文選注》逕釋作「鋒」，「逢」爲「鋒」之借字。
〔二二九〕「疑」，當作「擬」，《敦煌變文集》據文義校改，《敦煌變文選注》逕釋作「擬」。
〔二三〇〕「側」，當作「責」，《敦煌變文集》據文義校改，《敦煌變文選注》逕釋作「責」。
〔二三一〕「是」，當作「事」，《敦煌變文集》據文義校改，《敦煌變文選注》逕釋作「事」，「是」爲「事」之借字；「爲陪」，當作「違背」，《敦煌變文集》據文義校改，《敦煌變文選注》逕釋作「違背」，「爲陪」爲「違背」之借字。
〔二三二〕「手」，當作「首」，《敦煌變文集》據文義校改，《敦煌變文選注》逕釋作「首」，「手」爲「首」之借字。
〔二三三〕「在」，當作「再」，《敦煌變文集》據文義校改，《敦煌變文選注》逕釋作「再」，「在」爲「再」之借字。
〔二三四〕「後」，《敦煌變文選注》校改作「候」；「與」，《敦煌變文校注》據文義校補。
〔二三五〕「乞」，當作「豈」，《敦煌變文集》據文義校改，《敦煌變文選注》逕釋作「豈」，「乞」爲「豈」之借字。
〔二三六〕「伍」，《敦煌變文選注》、《敦煌變文校注》釋作「五」。
〔二三七〕「駕」，當作「家」，《敦煌變文選注》據文義校改，「駕」爲「家」之借字。
〔二三八〕「或」，《敦煌變文集》、《敦煌變文校注》、《敦煌小説合集》校改作「惑」，《敦煌變文選注》釋作「惑」，按「或」有「惑」義，不煩校改。
〔二三九〕「拆」，《敦煌變文選注》校改作「拆」，按不改亦可通。
〔二四〇〕「寄」，當作「既」，《敦煌變文集》據文義校改，《敦煌變文選注》逕釋作「既」，「寄」爲「既」之借字，《敦煌小説合集》釋作「奇」，校改作「既」；「必」，當作「畢」，《敦煌變文集》據文義校改，《敦煌變文選注》逕釋作「畢」，「必」爲「畢」之借字。

〔二四一〕「由」，當作「猶」，《敦煌變文集》據文義校改，《敦煌變文選注》逕釋作「猶」，「由」爲「猶」之借字。
〔二四二〕「戈」，《敦煌變文校注》、《敦煌小説合集》校改作「過」，不必。
〔二四三〕「公」，當作「功」，《敦煌變文集》據文義校改，《敦煌變文選注》逕釋作「功」，「公」爲「功」之借字。
〔二四四〕「幾」，當作「機」，《敦煌變文集》據文義校改，《敦煌變文選注》逕釋作「機」，「幾」爲「機」之借字。
〔二四五〕「後」，《敦煌變文校注》釋作「從」，誤。
〔二四六〕「君」，當作「軍」，《敦煌變文集》據文義校改，《敦煌變文選注》逕釋作「軍」，「君」爲「軍」之借字。
〔二四七〕「徒」，當作「途」，《敦煌變文集》據文義校改，《敦煌變文選注》逕釋作「途」，「徒」爲「途」之借字。
〔二四八〕「或遇」，當作「忽語」，《敦煌變文校注》據文義校改，「或遇」爲「忽語」之借字，《敦煌變文選注》、《敦煌小説合集》校改作「回語」，誤。
〔二四九〕「具」，當作「拒」，徐震堮據文義校改，「具」爲「拒」之借字；「狄」，當作「敵」，《敦煌變文集》據文義校改，「狄」爲「敵」之借字；「煞」，《敦煌變文校注》釋作「殺」。
〔二五〇〕「頭」，當作「投」，《敦煌變文集》據文義校改，《敦煌變文選注》逕釋作「投」，「頭」爲「投」之借字。
〔二五一〕「趨」，《敦煌變文選注》釋作「迻」，校改作「趨」。
〔二五二〕「地」，當作「第」，《敦煌變文集》據文義校改，《敦煌變文選注》逕釋作「第」，「地」爲「第」之借字。
〔二五三〕「後」，当作「候」，《敦煌變文集》、《敦煌變文校注》據文義校改，《敦煌變文選注》逕釋作「候」，「後」爲「候」之借字。
〔二五四〕「至」，《敦煌變文校注》校改作「旨」，按不改亦可通。
〔二五五〕「詣」，底本此字前有「亻」，蓋誤筆所致，不録。
〔二五六〕「色」，當作「索」，《敦煌變文校注》據文義校改。

〔二五七〕「姚」，當作「遥」，《敦煌變文集》據文義校改，《敦煌變文選注》逕釋作「遥」，「姚」爲「遥」之借字；「陽」，當作「揚」，《敦煌變文選注》據文義校改，「陽」爲「揚」之借字。

〔二五八〕「弟」，當作「第」，據文義改，《敦煌變文選注》、《敦煌變文校注》逕釋作「第」，「弟」爲「第」之本字；「涼」，當作「京」，《敦煌變文選注》據文義校改，《敦煌變文校注》認爲「涼」當爲「京」之增旁俗字。

〔二五九〕「弟」，當作「第」，據文義改，《敦煌變文選注》、《敦煌變文校注》逕釋作「第」，「弟」爲「第」之本字；「綾」，《敦煌變文校注》釋作「紈」，《敦煌小説合集》釋作「綄」。

〔二六〇〕「地」，當作「第」，《敦煌變文集》據文義校改，《敦煌變文選注》逕釋作「第」，「地」爲「第」之借字。

〔二六一〕「下」，當作「夏」，《敦煌變文選注》據文義校改，「下」爲「夏」之借字；「嬋」，當作「單」，《敦煌變文集》據文義校改，《敦煌變文選注》逕釋作「單」，「嬋」爲「單」之借字；「守」，當作「首」，《敦煌變文集》據文義校改，《敦煌變文選注》逕釋作「首」，「守」爲「首」之借字。

〔二六二〕「色」，當作「索」，《敦煌變文集》據文義校改，《敦煌變文選注》逕釋作「索」。

〔二六三〕「嬋」，當作「單」，《敦煌變文集》據文義校改，《敦煌變文選注》逕釋作「單」，「嬋」爲「單」之借字；「色」，當作「索」，《敦煌變文集》據文義校改，《敦煌變文選注》逕釋作「索」。

〔二六四〕「者」，《敦煌變文校注》認爲是「若」之形訛；「何」，《敦煌變文集》據文義校補，《敦煌變文選注》逕釋作「何」。

〔二六五〕「疑」，當作「儀」，《敦煌變文集》據文義校改，《敦煌變文選注》逕釋作「儀」，「疑」爲「儀」之借字。

〔二六六〕「供」，當作「貢」，《敦煌變文集》據文義校改，《敦煌變文選注》逕釋作「貢」，「供」爲「貢」之借字。

〔二六七〕「社墮」，當作「射垛」，《敦煌變文集》據文義校改，《敦煌變文選注》逕釋作「射垛」，「社墮」爲「射垛」之借字。

〔二六八〕「交」，當作「教」，《敦煌變文選注》據文義校改，「交」爲「教」之借字。
〔二六九〕「已」，當作「一」，《敦煌變文選注》據文義校改，「已」爲「一」之借字。
〔二七〇〕「昇」，當作「勝」，《敦煌變文集》據文義校改，《敦煌變文選注》逕釋作「勝」，「昇」爲「勝」之借字。
〔二七一〕「僻」，當作「劈」，《敦煌變文集》據文義校改，《敦煌變文選注》逕釋作「劈」，「僻」爲「劈」之借字。
〔二七二〕「齊」，當作「臍」，《敦煌變文集》據文義校改，「齊」爲「臍」之借字，《敦煌變文選注》認爲「齊」通「臍」。
〔二七三〕「衣」，當作「依」，《敦煌變文集》據文義校改，《敦煌變文選注》逕釋作「依」，「衣」爲「依」之借字。
〔二七四〕「答闊」，當作「搭括」，《敦煌變文集》據文義校改「答闊」爲「搭括」之借字，《敦煌變文選注》釋作「搭栝」；「當」，《敦煌變文選注》釋作「齊」，校改作「當」，按底本實爲「當」。
〔二七五〕「恐」，當作「肯」，徐震堮據文義校改，「恐」爲「肯」之借字。
〔二七六〕「者」，《敦煌變文校注》認爲是「若」的形訛。
〔二七七〕「衣」，當作「依」，《敦煌變文集》據文義校改，《敦煌變文選注》逕釋作「依」，「衣」爲「依」之借字。
〔二七八〕「答闊」，當作「搭括」，《敦煌變文集》據文義校改，「答闊」爲「搭括」之借字，《敦煌變文選注》釋作「搭栝」。
〔二七九〕「世」，當作「勢」，《敦煌變文集》據文義校改，《敦煌變文選注》逕釋作「勢」，「世」爲「勢」之借字。
〔二八〇〕「闊」，當作「括」，《敦煌變文集》據文義校改，「闊」爲「括」之借字，《敦煌變文選注》釋作「栝」。
〔二八一〕「榦」，《敦煌變文選注》釋作「榦」，校改作「榦」，按底本實爲「榦」，《敦煌小說合集》釋作「擀」，校改作「榦」。
〔二八二〕「墮」，當作「垛」，《敦煌變文集》據文義校改，《敦煌變文選注》逕釋作「垛」，「墮」爲「垛」之借字。

〔二八三〕「便」，《敦煌變文選注》校改作「使」。

〔二八四〕「園」，當作「原」，《敦煌變文集》據文義校改，《敦煌變文選注》逕釋作「原」，「園」爲「原」之借字。

〔二八五〕「徒」，當作「途」，《敦煌變文集》據文義校改，《敦煌變文選注》逕釋作「途」，「徒」爲「途」之借字。

〔二八六〕「蕃」，《敦煌變文集》、《敦煌變文選注》、《敦煌變文校注》均釋作「番」，誤。

〔二八七〕「解守」，當作「界首」，《敦煌變文集》據文義校改，《敦煌變文選注》逕釋作「界首」，「解守」爲「界首」之借字。

〔二八八〕「洛」，當作「落」，《敦煌變文集》據文義校改，《敦煌變文選注》逕釋作「落」，「洛」爲「落」之借字。

〔二八九〕「況」，《敦煌變文校注》校改作「向」。

〔二九〇〕「仿」，當作「方」，《敦煌變文集》據文義校改，《敦煌變文選注》逕釋作「方」，「仿」爲「方」之借字。

〔二九一〕「微」，當作「惟」，《敦煌變文集》據文義校改，《敦煌變文選注》逕釋作「惟」，「微」爲「惟」之借字。

〔二九二〕「地」，《敦煌變文選注》釋作「把」，校改作「地」，按底本實爲「地」。

〔二九三〕「闊」，當作「括」，《敦煌變文集》據文義校改，「闊」爲「括」之借字，《敦煌變文選注》釋作「栝」。

〔二九四〕「倍」，當作「背」，《敦煌變文集》據文義校改，《敦煌變文選注》逕釋作「背」，「倍」爲「背」之借字。

〔二九五〕「世」，當作「勢」，《敦煌變文集》據文義校改，《敦煌變文選注》逕釋作「勢」，「世」爲「勢」之借字；「擗」，《敦煌變文選注》釋作「劈」，誤。

〔二九六〕「況」，《敦煌變文校注》校改作「向」。

〔二九七〕「況」，《敦煌變文校注》校改作「向」；「擗」，《敦煌變文選注》釋作「劈」，誤。

〔二九八〕「世」，當作「勢」，《敦煌變文集》據文義校改，《敦煌變文選注》逕釋作「勢」，「世」爲「勢」之借字；「赫」，當作「嚇」，《敦煌變文校注》據文義校改。

〔二九九〕『燕』，當作『雁』，《敦煌變文集》據文義校改，《敦煌變文選注》逕釋作『雁』，『燕』爲『雁』之借字。

〔三〇〇〕『細』，《敦煌變文選注》釋作『細』，校改作『細』，按底本實爲『細』。

〔三〇一〕『羦』，《敦煌變文選注》釋作『羦』，《敦煌變文校注》釋作『羱』。

〔三〇二〕『麋』，《敦煌小説合集》釋作『麇』，《敦煌變文選注》、《敦煌變文校注》校改作『麋』，按不改亦可通。

〔三〇三〕『昇』，當作『勝』，《敦煌變文集》據文義校改，《敦煌變文選注》逕釋作『勝』，『昇』爲『勝』之借字。

〔三〇四〕『綾』，《敦煌變文集》、《敦煌變文校注》釋作『紈』，校改作『紈』，《敦煌變文選注》、《敦煌小説合集》釋作『紈』，均誤。

〔三〇五〕『地』，當作『第』，《敦煌變文集》據文義校改，《敦煌變文選注》逕釋作『第』，『地』爲『第』之借字。

〔三〇六〕『旨』，當作『止』，《敦煌變文選注》據文義校改，『旨』爲『止』之借字。

〔三〇七〕『武』，當作『舞』，《敦煌變文集》據文義校改，《敦煌變文選注》逕釋作『舞』，『武』爲『舞』之借字。

〔三〇八〕『宅』，《敦煌變文選注》釋作『第』，《敦煌變文校注》釋作『佳』，校改作『家』，均誤。

〔三〇九〕『賜』，當作『思』，《敦煌變文集》據文義校改，《敦煌變文選注》逕釋作『思』，『賜』爲『思』之借字。

〔三一〇〕『�』，《敦煌變文集》據文義校補，《敦煌變文選注》逕釋作『�』。

〔三一一〕『坐』，《敦煌變文選注》以底本此字脱並補，按底本『坐』下實有重文符號；『由』，當作『猶』，《敦煌變文選注》據文義校改，『由』爲『猶』之借字。

〔三一二〕『惚』，當作『忽』，《敦煌變文集》據文義校改，《敦煌變文選注》逕釋作『忽』，『惚』爲『忽』之借字，以下同，不另出校；『烈』，當作『裂』，《敦煌變文集》據文義校改，《敦煌變文選注》逕釋作『裂』，『烈』爲『裂』之借字。

〔三一三〕『載』，當作『戴』，《敦煌變文校注》據文義校改，《敦煌變文選注》逕釋作『戴』；『頭』，當作『兜』，《敦煌變文集》據文義校改；「毛」，當作「牟」，《敦煌變文校注》據文義校改，《敦煌小説合集》校改作「鍪」。

〔三一四〕「按」，《敦煌變文選注》補作「手按」；「丈」，當作「杖」，《敦煌變文校注》據文義校改，「丈」爲「杖」之借字，《敦煌變文選注》校改作「仗」；「頭低」，當作「低頭」，袁賓據文義校改，《敦煌變文選注》逕釋作「低頭」。

〔三一五〕「是公」，《敦煌變文選注》釋作「公是」，誤。

〔三一六〕「符」，《敦煌小説合集》釋作「苻」，校改作「符」。

〔三一七〕「或遇」，當作「忽語」，《敦煌變文校注》據文義校改，「或遇」爲「忽語」之借字，《敦煌變文選注》、《敦煌小説合集》校改作「回語」。

〔三一八〕「府」，當作「否」，《敦煌變文集》據文義校改，《敦煌變文選注》逕釋作「否」，「府」爲「否」之借字。

〔三一九〕「剋」，當作「刻」，《敦煌變文集》據文義校改，《敦煌變文選注》逕釋作「刻」，「剋」爲「刻」之借字。

〔三二〇〕「側」，當作「責」，《敦煌變文集》據文義校改，《敦煌變文選注》逕釋作「責」。

〔三二一〕「嚇」，《敦煌變文集》據文義校補，《敦煌變文選注》逕釋作「嚇」；「甲貝」，當作「浹背」，《敦煌變文集》據文義校改，《敦煌變文選注》逕釋作「浹背」，「甲貝」爲「浹背」之借字。

〔三二二〕「弟」，當作「第」，《敦煌變文集》據文義校改，「弟」爲「第」之本字。

〔三二三〕「覽」，《敦煌變文校注》釋作「攬」，校改作「覽」，按底本實爲「覽」。

〔三二四〕「得」，當作「德」，《敦煌變文集》據文義校改，《敦煌變文選注》逕釋作「德」，「得」爲「德」之借字。

〔三二五〕「弟」，當作「第」，據文義改，《敦煌變文選注》、《敦煌變文校注》逕釋作「第」，「弟」爲「第」之本字。

〔三二六〕「整」，《敦煌變文選注》、《敦煌變文校注》、《敦煌小説合集》校改作「正」，按不改亦可通；「此」，當作「次」，《敦煌變文集》據文義校改，《敦煌變文選注》逕釋作「次」，「此」爲「次」之借字。

〔三二七〕「有」，《敦煌變文校注》校改作「見」。
〔三二八〕「某乙緣」，當作「緣某乙」，據文義改。
〔三二九〕「諾」，《敦煌小説合集》校改作「喏」，按不改亦可通。
〔三三〇〕「由」，當作「猶」，《敦煌變文校注》據文義校改，「由」爲「猶」之借字。
〔三三一〕「摸」，當作「驀」，袁賓據文義校改，「摸」爲「驀」之借字；「舉」，當作「攀」，《敦煌變文選注》據文義校改。
〔三三二〕「露」，當作「路」，據文義改，「露」爲「路」之借字，《敦煌變文選注》釋作「霧」，校改作「路」，按底本實爲「露」。
〔三三三〕「盞」，《敦煌變文選注》釋作「蓋」，校改作「盞」，按底本實爲「盞」。
〔三三四〕「曰」，《敦煌變文選注》釋作「日」，校改作「曰」，按底本實爲「曰」。底本此處接寫「畫本既終，并無抄略」八字，其下並無殘損，《敦煌變文校注》、《敦煌小説合集》認爲抄手所據底本即未抄完，所省略的文字與《葉淨能詩》末尾之韻文相近。
〔三三五〕「畫」，《敦煌變文選注》疑當作「話」，《敦煌變文校注》校改作「話」。

參考文獻

《敦煌變文集》（上），北京：人民文學出版社，一九五七年，一九六至二〇八頁（録）；《隋書》一册，北京：中華書局，一九七三年，一五頁；《隋書》五册，一三三〇、一三四五至一三四六頁；《敦煌寶藏》一六册，臺北：新文豐出版公司，一九八一年，四七二至四七六頁（圖）；《敦煌遺書總目索引》，一五二頁；《敦煌學輯刊》一九八六年一期，五一至五四、六一頁；《敦煌變文選注》，成都：巴蜀書社，一九八九年版，二九七至三三〇頁（録）；《英藏敦煌文獻》四卷，成都：四川人民出版社，一九九一年，二一八至三一一頁（圖）；《敦煌變文集新書》（下），臺北：文津出版社，一九九四年，一〇七九至一〇九四頁，一三八一至一三八九頁（録）；《敦煌變文校注》，北京：中華書局，一九九七年，二九八至三一八頁（録）；《敦煌變文選注》（增訂本），北京：中華書局，二〇〇六年，三八七至四二九頁（録）；《敦煌小説合集》，杭州：浙江文藝出版社，二〇一〇年，四六三至四八一頁（録）。

斯二一四四背　一　金剛峻經金剛頂一切如來深妙秘密金剛界大三昧耶修行四十二種壇法經作用威儀法則、大毗盧遮那佛金剛心地法門密法戒壇法儀則

釋文

僧迦難提臨般涅槃時〔一〕，蜜（密）傳心印〔二〕，付囑伽耶舍多，偈云〔三〕：

有種有心地，因緣能發萌。於緣不相礙，當生生不生？

伽耶舍多臨般涅槃時〔四〕，蜜（密）傳心印〔五〕，付囑鳩摩羅多，偈云〔六〕：

性上本無生，爲對求人説。於法既無證，何懷決不決？

鳩摩羅多臨般涅槃時〔七〕，蜜（密）傳心印〔八〕，付囑闍夜多尊者，偈云：

言下合無生，因於法界性。若能如是解，通達事理竟。

闍夜多臨般涅槃時〔九〕，蜜（密）傳心印〔一〇〕，付囑婆修槃頭〔一一〕，偈云：

泡幻同無礙，云何不了悟？達法在其中，非今亦非古。

婆修槃頭尊者臨般涅槃時〔一二〕，蜜（密）傳心印〔一三〕，付囑摩拏羅，偈云：

心逐萬境轉，轉處實能幽。隨流認得性，無喜亦無憂。

摩拏羅尊者臨般涅槃時〔一四〕，蜜（密）傳心印〔一五〕，付囑鶴勒尊〔者〕〔一六〕，偈云：

認得心性時，可說不思議〔一七〕。了了無可得，得時不說知。

鶴勒尊〔者〕臨般涅槃時〔一八〕，蜜（密）傳心印〔一九〕，付囑師子尊者，偈云：

正説知見時，知見俱是心。當心即知見，知見即於今。

師子尊者臨般涅槃時〔二〇〕，蜜（密）傳心印〔二一〕，付囑婆舍斯〔多〕聖者〔二二〕，偈云：

聖人説知見，當境無是非。我今悟真悟（性）〔二三〕，無道亦無理〔二四〕。

婆舍斯多臨般涅槃時〔二五〕，蜜（密）傳心印〔二六〕，付囑不如蜜（密）多尊者〔二七〕，偈云：

真性心地藏，無頭亦無尾。應緣而化物，方便呼爲智。

不如蜜（密）多臨般涅槃時〔二八〕，蜜（密）傳心印〔二九〕，付囑般若多羅，偈云：

心地生諸種，因事復生理。果滿菩提圓，花開世界起。

般若多羅臨般涅槃時〔三〇〕，蜜（密）傳心印〔三一〕，付囑菩提達魔（磨）〔三二〕，偈云：

吾本來兹土，傳法救迷情。一花開五葉，結果自然成。

達磨臨般涅槃時〔三三〕，蜜（密）傳心印〔三四〕，付囑惠可大師，偈云：

本來緣有地，因地種花生。本來無有種，花亦不能生。

惠可大師臨般涅槃時〔三五〕，蜜（密）傳心印〔三六〕，付囑僧璨大師，偈云：

花種雖因地，從地種花生。若無人下種，花地盡無生。

璨大師臨般涅槃時〔三七〕，蜜（密）傳心印〔三八〕，付囑道信大師，偈云：

花種有生性，因地花生生。大緣與性合，當生不生生。

信大師臨般涅槃時〔三九〕，蜜（密）傳心印〔四〇〕，付囑弘忍大師，偈云：

有情來下種，因地果還生。無生既無種，無情亦無生。

弘忍大師臨般涅槃時〔四一〕，蜜（密）傳心印〔四二〕，付囑惠能大師〔四三〕，偈云〔四四〕。

惠能大師告諸長老〔四五〕：衣信到吾處不傳也。所以達〔磨〕道〔四六〕：『一花開五葉，結果自然成』。從可大師至吾，恰五人也。普告諸長老曰：如來以大法眼付囑大迦葉〔四七〕，展轉相傳，今至於我。今將此正法眼藏付囑於汝，汝善護持，無令法眼斷絶。聽吾偈言：

心地菩薩性，普雨悉皆生。頓悟花情已，菩提果自成。

成身合色，換身結界〔四八〕，然後擡禁身心，端身正坐〔四九〕。想此身放大光明，遍照十方，三塗息苦，地獄停酸。右肩上放一道乳光，照一切諸天，悉皆離苦解脱。左肩上放一道乳光，照一切諸天，悉皆離苦。十方世界一切天人總正（證）道果〔五〇〕。右脇下放一道乳光，照一切畜生，盡得生天。右（左）脇下放一道乳光〔五一〕，照一切餓鬼，總得生天。右膝下放〔一〕〔道〕乳光〔五二〕，清浄涼冷，照破一切八熱地獄，受苦衆生，悉皆生天。左膝下放一道温暖乳光，照八寒地獄，受苦衆生，總得離苦，皆得生天。然後盡十方界一切衆生，無有一個受苦之者。想我身印，即是諸佛，諸佛即是我身，餘外更無別物。

金剛藏菩薩三字觀想：初祖時面取向西，端身正坐〔五三〕，安此三字。唵字，觀在腦上，〔放〕黄光〔五四〕；吽字，觀在心上，放白光；押字，觀在舌上，放赤光。然後三光遍三千大千世界，十方諸佛見此光明，迴加恩於作觀人〔五五〕，然後念驗光真言：薩泥呵囉那吽〔五六〕。念了，三光還來，各入本位。三字懸在虛空，押字上，吽字中，唵字下排着。後唵字生一道光入吽字中，又押字生一道光，亦入吽字中了。後吽字卻生一道光〔五七〕，滅前兩字光了〔五八〕。其吽字光亦滅，後便入無念禪定。良久淨（靜）坐〔五九〕，若氏眼來者，便須觀空，後念真言：悉鉢囉那叭。然後念此光真言：薩泥呵囉那吽。念了，三光便即化來〔六〇〕，其光作一半月，阿字作一半月，合爲一個月日壇。結界印，浄印，李無一切印。

大毗盧遮那佛付法藏心地法門秘密甚深必（密）法戒四十二種壇法〔六一〕，傳授心印，地（遞）代相傳〔六二〕，成（承）受付囑〔六三〕，不令斷絶。

金剛峻經金剛頂一切如來深妙秘密金剛界大三昧耶修行四十二種壇法經作用威儀法則、大毗盧遮那佛金剛心地法門必（密）法戒壇法並儀則卷第四〔六四〕。

大興善寺三藏沙門大廣智不空奉　　詔譯

説明

此件首部並非從頭抄起，尾部完整。起『僧迦難提臨般涅槃時』，尾題『大興善寺三藏沙門大廣智不空奉詔譯』。其後有《結壇散食迴向發願文》。此件《英藏敦煌文獻》未收，因其具有佛教行事文性質，故予增收。

敦煌文獻發現的《金剛峻經金剛頂一切如來深妙秘密金剛界大三昧耶修行四十二種壇法經作用威儀法則、大毗盧遮那佛金剛心地法門密法戒壇法並儀則》，現有八個寫本，侯沖經過歸類排比後，發現分屬三個不同的寫本：第一是伯三九一三號，第二是北敦一五一四七號和甘博〇一五號，第三是北敦〇二三〇一號背、斯二三一六號背＋北敦〇二四三一號背、北敦〇六三二九號背、斯二一四四號背（參見侯沖《金剛峻經金剛頂一切如來深妙秘密金剛界大三昧耶修行四十二種壇法經作用威儀法則、大毗盧遮那佛金剛心地法門密法戒壇法儀則》，《藏外佛教文獻》十一輯，一七至一九頁）。

以上釋文以斯二一四四背爲底本，用伯三九一三（稱其爲甲本）、甘博〇一五（稱其爲乙本）參校。

校記

〔一〕『槃』，甲本同，乙本作『盤』。

〔二〕「蜜」，甲本同，當作「密」，據乙本改，「蜜」爲「密」之借字。
〔三〕「云」，乙本同，甲本作「曰」。
〔四〕「槃」，甲本同，乙本作「盤」。
〔五〕「蜜」，甲、乙本同，當作「密」，據文義改，「蜜」爲「密」之借字。
〔六〕「云」，乙本同，甲本作「曰」。
〔七〕「槃」，甲本同，乙本作「盤」。
〔八〕「蜜」，甲本同，當作「密」，據乙本改，「蜜」爲「密」之借字。
〔九〕「槃」，甲本同，乙本作「盤」。
〔一〇〕「蜜」，甲本同，當作「密」，據乙本改，「蜜」爲「密」之借字。
〔一一〕「槃」，甲、乙本作「盤」。
〔一二〕兩個「槃」，甲、乙本均作「盤」。
〔一三〕「蜜」，當作「密」，據甲、乙本改，「蜜」爲「密」之借字。
〔一四〕「槃」，甲、乙本作「盤」。
〔一五〕「蜜」，當作「密」，據甲、乙本改，「蜜」爲「密」之借字。
〔一六〕「者」，乙本無，據甲本補。
〔一七〕「議」，甲、乙本作「儀」，誤。
〔一八〕「者」，乙本亦脱，據甲本補；「槃」，甲、乙本作「盤」。
〔一九〕「蜜」，乙本同，當作「密」，據甲本改，「蜜」爲「密」之借字。
〔二〇〕「槃」，甲、乙本作「盤」。

〔二一〕「蜜」，甲、乙本同，當作「密」，據文義改，「蜜」爲「密」之借字。
〔二二〕「多」，甲、乙本亦脱，據文義補。
〔二三〕「悟」，乙本同，當作「性」，據甲本改。
〔二四〕「道」，甲、乙本作「導」。
〔二五〕「槃」，甲、乙本作「盤」。
〔二六〕「蜜」，當作「密」，據甲、乙本改，「蜜」爲「密」之借字。
〔二七〕「蜜」，甲、乙本同，當作「密」，據文義改，「蜜」爲「密」之借字。
〔二八〕「蜜」，當作「密」，據甲、乙本改，「蜜」爲「密」之借字；「槃」，甲本脱，乙本作「盤」。
〔二九〕「蜜」，甲本同，當作「密」，據乙本改，「蜜」爲「密」之借字。
〔三〇〕「槃」，甲、乙本作「盤」。
〔三一〕「蜜」，當作「密」，據甲、乙本改，「蜜」爲「密」之借字。
〔三二〕「魔」，乙本同，當作「磨」，據甲本改，「魔」爲「磨」之借字。
〔三三〕「槃」，甲、乙本作「盤」。
〔三四〕「蜜」，乙本同，當作「密」，據甲本改，「蜜」爲「密」之借字。
〔三五〕「槃」，甲、乙本作「盤」。
〔三六〕「蜜」，甲本同，當作「密」，據乙本改，「蜜」爲「密」之借字。
〔三七〕「般涅」，甲本同，乙本無；「槃」，乙本同，甲本作「盤」。
〔三八〕「蜜」，當作「密」，據甲、乙本改，「蜜」爲「密」之借字。
〔三九〕「槃」，甲、乙本作「盤」。

〔四〇〕「蜜」，當作「密」，據甲、乙本改，「蜜」爲「密」之借字。
〔四一〕「槃」，甲、乙本作「盤」。
〔四二〕「蜜」，當作「密」，據甲、乙本改，「蜜」爲「密」之借字。
〔四三〕「付」，乙本同，甲本無。
〔四四〕疑此句後有脱文。
〔四五〕「惠」，甲、乙本無。
〔四六〕「磨」，乙本無，據甲本補。
〔四七〕「棄」，甲、乙本作「弃」，誤。
〔四八〕「换」，甲、乙本脱。
〔四九〕「坐」，甲、乙本作「座」，「座」通「坐」。
〔五〇〕「正」，甲、乙本同，當作「證」，據文義改，「正」爲「證」之借字。
〔五一〕「右」，當作「左」，據甲、乙本改。
〔五二〕「一道」，據甲、乙本補。
〔五三〕「身」，甲、乙本脱。
〔五四〕「放」，據文義補。
〔五五〕「作」，甲、乙本無。
〔五六〕「囉」，乙本同，甲本作「羅」，均可通。
〔五七〕「道光」，甲、乙本脱。
〔五八〕「前」，乙本同，甲本脱。

〔五九〕『淨』，乙本同，當作『靜』，據甲本改，『淨』爲『靜』之借字。

〔六〇〕『化』，乙本同，甲本作『花』，『花』爲『化』之借字。

〔六一〕『必』，甲、乙本同，當作『密』，據文義改，『必』爲『密』之借字；『壇』，乙本同，甲本作『檀』，『檀』爲『壇』之借字。

〔六二〕『地』，甲、乙本同，當作『遞』，據文義改，『地』爲『遞』之借字。

〔六三〕『成』，甲、乙本同，當作『承』，據文義改，『成』爲『承』之借字。

〔六四〕『必』，甲本同，當作『密』，據文義改，『必』爲『密』之借字。

參考文獻

《敦煌寶藏》一六册，臺北：新文豐出版公司，一九八一年，四七七至四七八頁；《金剛峻經金剛頂一切如來深妙秘密金剛界大三昧耶修行四十二種壇法經作用威儀法則、大毗盧遮那佛金剛心地法門密法戒壇法儀則》，《藏外佛教文獻》二編十一輯，北京：中國人民大學出版社，二〇〇八年，一七至一四四頁。

斯二一四四背　二　結壇散食迴向發願文

釋文

結壇散食迴向發願文

奉請清淨法身毗盧遮那佛，奉請圓滿寶（報）身盧捨那佛〔一〕，奉請千佰億化身同名釋迦牟尼佛，奉請東方〔世〕〔界〕十二上願藥師琉璃光佛〔二〕，奉請西方極樂世界阿彌陀佛，奉請南方世界日月燈王佛，奉請北〔方〕世界最勝音王佛〔三〕，奉請十方三世一切恆沙諸佛，來就敦煌群（郡）東南角結壇道場〔四〕，五日五夜〔五〕，受我太傅花果、淨香、淨燈，專主（注）供養〔六〕，擁護我一群（郡）倉生及我太傅〔七〕、公主、長幼、合宅枝羅，並受無疆之福。九横不侵於寶體，十善常增於閨合（閤）〔八〕。敬禮常住三寶。

奉請清涼山頂奉請大聖文殊〔師〕利菩薩〔九〕，奉請文殊普賢菩薩〔一〇〕，奉請大慈如意輪菩薩，奉請大悲救苦觀世音菩薩，奉請大慈大勢志（至）菩薩〔一一〕，奉請大悲地藏菩薩，奉請十方三世〔一〕切諸菩薩衆〔一二〕。復（伏）願去（起）拔濟心〔一三〕，就此道場，受我太傅供養，助一方境土〔人〕民及我太傅〔一四〕、合宅親羅，非災不染，恆承吉慶。敬禮常住三寶。

奉請十方世界無學辟支、入定羅漢、有天眼、〔天〕〔耳〕〔一五〕、他心通者，並願出於三昧，興悲愍心，降此道場，受我太傅淨心供養，加護世界，悲念萬人，資蓋（益）我太傅〔一六〕、因（姻）羅宗族〔一七〕，福蔭閨圍（闈）〔一八〕。敬禮常住三寶。

奉請東方提頭賴吒天王，主領一切乾闥婆神，毗舍闍鬼，并諸眷屬，來降道場。奉請南方毗樓勒叉天王，主領一切鳩槃吒鬼，毗脇多鬼，并諸眷屬，來降道場。奉請西方毗樓博叉天王，主領一切諸大毒龍，及富怛那鬼，并諸眷屬，來降道場。奉請北方大聖毗沙門天王，主領一切夜叉羅刹，諸惡鬼神，并諸眷屬，來降道場。奉請上方釋提恒因，主領一切日月天子、星宿五官、三十二神、四金剛首，并諸眷屬，來降道場。奉請下方堅牢地神，主領一切山嶽靈祇，江河魍魎，并諸眷屬，來降道場。奉請三界九地、二十八部、那羅延〔神〕〔一九〕、散諸（脂）大將〔二〇〕、金剛蜜跡、轉輪聖王、護塔善神、護伽藍神、三皈五界〔戒〕〔二一〕、菩薩藏神、閻羅天子、啖人羅刹、行病鬼〔王〕〔二二〕、内外五道大王、太山付（府）君〔二三〕、察命司録、五羅八王、三目六付（府）〔二四〕、奏使考典、預弟（定）是非〔二五〕、善惡童子、大阿毗獄、夜叉羅刹、小捺洛迦、牛頭獄卒，諸如是等，雜類鬼神，皆有不思議大威神力；并願空飛雨驟，電擊雷奔，并諸眷屬，來降道場。證明弟子所修功德，并願發歡喜心，誓當懺悔。敬禮常住三寶。

奉請四天王衆、二十八部、藥叉大將、乾闥婆神、毗舍闍鬼、丘槃吒鬼及富單那鬼、毗脇多鬼、夜叉羅刹等一切鬼神族累（類）〔二六〕，并諸眷屬，來降道場，受我太傅所請淨食、香燈、錢財、五穀、花果，六時供養，衛護我敦煌一境及我太傅一族，永〔離〕刀兵諸（之）難〔二七〕、永離賊施之難〔二八〕、永離非災之難、永離弊毒之難、永離侵毒之難、永離水災之難、永離火災之難、永離毒蛇之難、永離蠱毒之難、永離厭禱之難、永離毒龍之難，所有一切不祥之難等，不占（沾）我身〔二九〕，不及我門，諸鬼神等，願當衛護。福比高山，受（壽）等深江〔三〇〕，福（禄）同滄海〔三一〕，門列朱軒，千秋萬古，永保長年。敬禮常住三寶。

又請江河淮濟，諸大龍王，海首雷公，蟾光掣電〔三二〕，諸龍衆等，并諸眷屬，來降道場，受我太傅結壇五日五夜、香火燈燭〔三三〕、種種飲食、錢財、五穀、六時音樂，萬般供養。唯願折雷庭（霆）之怒〔三四〕，發歡喜之心；調順風雨，五禾豐登；憂（夏）疽秋霜〔三五〕，不霑境内；〔哀〕〔愍〕〔萬〕〔人〕〔三六〕，並昌年豐之啓。至心歸命，〔敬〕〔禮〕常住三寶〔三七〕。

懺悔隨喜，勸請發願：散神餘食了〔三八〕，次打鬼食。太傅及萬性（姓）結壇五日五夜〔三九〕，所施飲食，如似深海。以（與）汝錢財〔四〇〕，如同高山。以（與）汝燈明〔四一〕，照之黑暗〔四二〕。以（與）汝轉念〔四三〕，願汝往生〔淨〕〔土〕〔四四〕，永離鬼趣。若是天上人間，壙野丘陵，塚墓〔孤〕墳〔四五〕，離鄉失井，不得歸魂。或非自〔潔〕〔四六〕，敬（驚）忙而死[四七]。或塚名錯追，不時曠死，不得生處，流浪而行。或於軍陣鬪死，或犯官法而死，兩盈（楹）之間[四八]，作群娥（餓）鬼[四九]。或是新〔死〕之鬼未得歸還[五〇]，在其中陰，未得生路，詐作親識，更（便）爲我禍[五一]。或是客死之鬼，未得歸還，欲作禍祟[五二]。汝等諸鬼，〔受〕我太傅結壇五日五夜[五三]，淨食、香燈、錢財、五禾、花果、音樂供養汝等[五四]，願汝等迴禍爲福，守護我沙〔州〕一境及太傅[五五]、刺史、尚書、枝羅宗族，免斯妖禍，歸依他界。莫堅（慜）萬人[五六]，永離鬼趣。敬禮常住三寶。

若是江河溪浴（谷）[五七]，一切魍魎，道路林間，巖穴浮遊，詐稱神鬼，并願來就道場，領受淨信供養。隨經聲癘疾消除，逐呪音永歸本所。然後國安仁（人）秦（泰）[五八]，合成（城）清吉[五九]。敬禮常住三寶。

説明

此件首尾完整，首題『結壇散食迴向發願文』，其抄寫時代在歸義軍曹氏時期（參看此卷正面『韓擒虎話本』之『説明』）。《英藏敦煌文獻》未收，現予增收。

敦煌文獻發現的《結壇散食迴向發願文》，現知有六個寫本，除此件外，還有斯一一四七、斯一一六〇、斯三四二七、北敦五二九八（夜字九十八）、臺灣一三六。從内容來看，可以分爲實用文書和文樣兩大類。此件文書有『太傅』、『公主』等信息，可以確定爲實用文書，北敦五二九八（夜字九十八）原本也有『太保』、『敦煌』等信息，但是均用墨筆塗抹，在旁邊改爲『施主』。因此，與其他四件文書相同，均爲文樣。本書第五卷分别以斯一一四七、一一六〇號爲底本進行了釋録，在對斯一一四七號進行釋録時，對以上各件異文均已出校。

以上釋文以斯二一四四背爲底本，參考北敦五二九八《結壇散食迴向發願文》釋録。

校記

〔一〕『賓』，當作『報』，據北敦五二九八《結壇散食迴向發願文》改，『賓』爲『報』之借字。
〔二〕『世界』，據北敦五二九八《結壇散食迴向發願文》補。
〔三〕『方』，據北敦五二九八《結壇散食迴向發願文》補。
〔四〕『群』，當作『郡』，《敦煌願文集》據文義校改。
〔五〕第二個『五』，《敦煌願文集》釋作『天』，校改作『五』，底本實爲『五』。
〔六〕『主』，當作『注』，據北敦五二九八《結壇散食迴向發願文》改，『主』爲『注』之借字。
〔七〕『群』，當作『郡』，《敦煌願文集》據文義校改；『倉』，《敦煌願文集》釋作『含』，誤。
〔八〕『合』，當作『閤』，據北敦五二九八《結壇散食迴向發願文》改，『合』爲『閤』之借字。
〔九〕第二個『奉請』係衍文，據文義當删；『師』，據北敦五二九八《結壇散食迴向發願文》補。
〔一〇〕『文殊』係衍文，據文義當删；『殊』，《敦煌願文集》釋作『珠』，校改作『殊』，底本實爲『殊』。
〔一一〕『志』，當作『至』，據文義改，《敦煌願文集》逕釋作『至』，『志』爲『至』之借字。
〔一二〕『一』，據北敦五二九八《結壇散食迴向發願文》補。

〔一三〕『復』，當作『伏』，據北敦五二九八《結壇散食迴向發願文》改，『復』爲『伏』之借字；『去』，當作『起』，《敦煌願文集》據文義校改。
〔一四〕『人』，據北敦五二九八《結壇散食迴向發願文》補。
〔一五〕『天耳』，據北敦五二九八《結壇散食迴向發願文》補。
〔一六〕『蓋』，當作『益』，《敦煌願文集》據文義校改。
〔一七〕『因』，當作『姻』，據北敦五二九八《結壇散食迴向發願文》改，『因』爲『姻』之借字。
〔一八〕『圍』，當作『闈』，據北敦五二九八《結壇散食迴向發願文》改，『圍』爲『闈』之借字。
〔一九〕『神』，據北敦五二九八《結壇散食迴向發願文》補。
〔二〇〕『諸』，當作『脂』，據文義改，『諸』爲『脂』之借字。
〔二一〕『界』，當作『戒』，據北敦五二九八《結壇散食迴向發願文》改，『界』爲『戒』之借字。
〔二二〕『王』，據北敦五二九八《結壇散食迴向發願文》補。
〔二三〕『付』，當作『府』，據北敦五二九八《結壇散食迴向發願文》改，『付』爲『府』之借字。
〔二四〕『付』，當作『府』，據北敦五二九八《結壇散食迴向發願文》改，『付』爲『府』之借字。
〔二五〕『弟』，當作『定』，《敦煌願文集》據文義校改。
〔二六〕『累』，當作『類』，據北敦五二九八《結壇散食迴向發願文》改，『累』爲『類』之借字。
〔二七〕『離』，據北敦五二九八《結壇散食迴向發願文》補；『諸』，當作『之』，據北敦五二九八《結壇散食迴向發願文》改，『諸』爲『之』之借字。
〔二八〕『施』，《敦煌願文集》校改作『所』。
〔二九〕『占』，當作『沾』，《敦煌願文集》據文義校改，『占』爲『沾』之借字。

〔三〇〕「受」，當作「壽」，《敦煌願文集》據文義校改，「受」爲「壽」之借字。
〔三一〕「福」，當作「禄」，據北敦五二九八《結壇散食迴向發願文》改。
〔三二〕「電」，《敦煌願文集》釋作「雷」，校改作「電」，按底本實爲「電」。
〔三三〕「燭」，底本在抄寫時誤脱，後又補寫於「燈」和「種」字之右側，《敦煌願文集》未察，又據北敦五二九八《結壇散食迴向發願文》校補此字。
〔三四〕「庭」，當作「霆」，據文義改，「庭」爲「霆」之借字。
〔三五〕「憂」，當作「夏」，據北敦五二九八《結壇散食迴向發願文》改。
〔三六〕「哀愍萬人」，據北敦五二九八《結壇散食迴向發願文》補。
〔三七〕「敬禮」，據北敦五二九八《結壇散食迴向發願文》補。
〔三八〕「餘」，《敦煌願文集》校改作「已」；「了」，《敦煌願文集》漏録。
〔三九〕「性」，當作「姓」，《敦煌願文集》據文義校改，「性」爲「姓」之借字。
〔四〇〕「以」，當作「與」，《敦煌願文集》據文義校改，「以」爲「與」之借字。
〔四一〕「以」，當作「與」，《敦煌願文集》據文義校改，「以」爲「與」之借字。
〔四二〕「之」，《敦煌願文集》校改作「諸」。
〔四三〕「以」，當作「與」，《敦煌願文集》據文義校改，「以」爲「與」之借字。
〔四四〕「淨土」，據北敦五二九八《結壇散食迴向發願文》補。
〔四五〕「孤」，據北敦五二九八《結壇散食迴向發願文》補。
〔四六〕「潔」，據北敦五二九八《結壇散食迴向發願文》補。
〔四七〕「敬」，當作「驚」，據北敦五二九八《結壇散食迴向發願文》改。

〔四八〕「盈」，當作「楹」，《敦煌願文集》據文義校改，「盈」爲「楹」之借字。

〔四九〕「娥」，當作「餓」，《敦煌願文集》據文義校改，「娥」爲「餓」之借字。

〔五〇〕「死」，據北敦五二九八《結壇散食迴向發願文》補；「未得歸還」係衍文，據北敦五二九八《結壇散食迴向發願文》當删。

〔五一〕「更」，當作「便」，據北敦五二九八《結壇散食迴向發願文》改。

〔五二〕「崇」，《敦煌願文集》釋作「崇」，校改作「崇」。

〔五三〕「受」，據北敦五二九八《結壇散食迴向發願文》補。

〔五四〕「汝等」係衍文，據北敦五二九八《結壇散食迴向發願文》當删。

〔五五〕「州」，《敦煌願文集》據文義校補。

〔五六〕「堅」，當作「慫」，據北敦五二九八《結壇散食迴向發願文》改，「堅」爲「慫」之借字。

〔五七〕「浴」，當作「谷」，《敦煌願文集》據文義校改。

〔五八〕「仁」，當作「人」，《敦煌願文集》據文義校改，「仁」爲「人」之借字；「秦」，當作「泰」，據文義改，《敦煌願文集》逕釋作「泰」。

〔五九〕「成」，當作「城」，據北敦五二九八《結壇散食迴向發願文》改，《敦煌願文集》逕釋作「城」，「成」爲「城」之借字。

參考文獻

《敦煌寶藏》一六册，臺北：新文豐出版公司，一九八一年，四七八至四八〇頁（圖）；《敦煌願文集》，長沙：岳麓書社，一九九五年，五六二至五六六頁（録）；《關於敦煌寫本齋文的幾個問題》，《首都師範大學學報》一九九六年二期，六七至六九頁；《神道人心——唐宋之際敦煌民生宗教社會史研究》，北京：中華書局，二〇〇六年，五七至五九頁；《藏外佛教文獻》十一輯，北京：中國人民大學出版社，二〇〇八年，一三七至一四四頁（録）。

斯二一四六　齋文集

釋文

（前缺）

[　]諸佛現興，善權化物，群生瞻奉，鄙惑消亡。雖法闡三乘，戒[　]鈍開合有差，
凡所見聞，俱蒙勝益，此會事也。時我[　]爰及　教授闍梨，爲勸道之主也。將使真風
廣扇，佛日重明[　]謝之端，士庶展聽聞之福（一）。於時開寶地，豎金幢（二），香煙與瑞
[　]清梵共笙歌而合，嚮籌稱解脱（三），頂戴受持戒，號防非深[　]菩提藏種，霑甘
露以抽芳；覺樹祥花，結香園之味果，以斯一一[　]□先用莊嚴。梵釋諸王、龍天八
部，惟願身光增益，聖力冥□□念含生，匡茲教法，使陰陽應序，風雨聲和，稼穡豐登，人
民樂業。又持勝福，莊嚴　聖神贊〔普〕（四），伏願壽齊聖石，命等靈椿，官寮善被無疆，尊
宿福資有識。然後兵刀永絶，教跡流通，凡厥含情，俱登覺道。

布薩文

夫法王應現，威振大千。法教興崇，弘通是務。況宣傳戒藏，每月二時。精守不逾，福資家國。於是幢（撞）鍾召衆〔五〕，奏梵延僧，香騰五雲，幡暉衆綵。總斯多善，無限良緣。即用莊嚴上界天仙、龍神八部，惟願威靈潛衛，聖德冥加；使日月貞明，陰陽克序；和風應節〔六〕，甘雨順時；四人有樂於安邊，萬里無虞於永歲。即願法永扇〔七〕，釋教弘敷，一切含靈，俱登覺道。

布薩文

夫竊見流沙一方，緇徒累百，其能秉惠炬，建法幢，弘志（至）教於即時〔八〕，暨津梁於來世者，豈非我 教授之謂歟！故能使二部律儀，策勤而不倦；三〔乘〕軌躅〔九〕，相繼而無窮。布薩之法，洗條（滌）於煩籠〔一〇〕；住持之功，繼明於動植。唯願以斯白業〔一一〕，無蘊（疆）福因〔一二〕，先用莊嚴梵釋四王、龍天八部，即願福德逾增，威光轉盛；消除役（疫）厲〔一三〕，利樂生靈；三邊無變怪之憂，百穀有豐登之樂〔一四〕。又用功德奉資 聖神贊普，伏願明齊舜宇（禹）〔一五〕，美協堯湯〔一六〕；布恩惠於八方〔一七〕，視鹼（黔）黎於一子〔一八〕。次用功德莊嚴我節兒上（尚）論〔一九〕，伏願榮高往歲，慶益今辰。此（次）用莊嚴都督杜公〔二〇〕，惟〔願〕福逐年長〔二一〕，壽逾金石。然後散霑法界，普及有情。

罷四季文

夫佛日舒光，無災不遣；般若流演〔二二〕，何福不臻。今者啓八龍之寶藏，開五印之真文，會二百之梵輪，於三旬而轉誦者，則我當今　聖神贊〔普〕〔二三〕，保願功德之端叙矣。伏惟聖神贊普，道邁羲軒〔二四〕，功超堯舜，握圖御曆〔二五〕，秉録匡時，八表廓清，廣弘十善。家（加）以別崇妙福〔二六〕，特豎芳因；建四季道場，希萬機永古（固）〔二七〕。由是照（詔）自舟（丹）闕〔二八〕，遠令敦煌〔二九〕，每歲脩崇〔三〇〕，恒爲常式〔三一〕。今兹會者，則春季之終畢矣！是日也，元（原）田初緑〔三二〕，桃苑讒（纔）紅〔三三〕，玉緤（牒）向終〔三四〕，金言告罷。相此殊勝〔三五〕，無疆（疆）福因〔三六〕，先用莊嚴（以下原缺文）

〔行〕〔城〕〔文〕〔三七〕

夫應化無方，神用不倦。恩霑動植〔三八〕，福洽生靈。天中之天，獨擅其務〔三九〕。至於妙事，豈足繁詞！此瑞（端）之興〔四〇〕，抑有由矣。今則三春中律，四序初分。絜拆南枝〔四一〕，冰開北岸。廣法王之化跡，冀殄千殃；揚大聖之辭榮，悕臻萬善〔四二〕。於是不扃月殿，夜擊霜鍾〔四三〕。爰集緇徒，競持幡蓋。列四門之勝會，旋一郡之都城〔四四〕。像設金容，雲飛鷲嶺；眉開毫月，花步蓮宫；傾市傾城，搖山蕩谷。迦維厭欲，豈用年哉！所冀四王護世，百福潛加，攙搶掃於天門〔四五〕，疫厲藏於地户〔四六〕；慶雲有（布）也（野）〔四七〕，喜色凝空；倒載干戈，修文偃武。總斯功德，迴奉龍天八部〔四八〕。惟願威光恒赫，神力無涯，災害不生，禍亂不作。又持勝福，上資　聖神贊普。唯願萬國納貢，四海來庭〔四九〕；寶曆恆昌〔五〇〕，金石比壽。又持勝福，莊嚴節兒、都督。唯願壽命逾遠，祿極萬鍾。部落使官遼（僚）〔五一〕，門傳九戟。然後散霑法界，普洎有情〔五二〕，賴此勝因，咸登樂果。

行城文

我法王之利見也，大矣哉！故降神兜率，現影王城。觀妙色有若於癰瘡，厭寶位乃踰於宮闕，御四魔而登正覺，居三界而獨稱尊。神化難量，叵能談也。今者春陽令月，地拆萌芽〔五三〕；鳥嚮含春，風搖翠柳。於是豁開柰苑〔五四〕，洞啓蓮宮；金相煥爛於四衢，銀毫暉舒於八極。隱隱振振〔五五〕，如旋白鈑（飯）之城〔五六〕；巍巍俄（峨）俄（峨）〔五七〕，似繞迦維之闕。尊卑務（霧）集〔五八〕，大小雲奔；笙歌競奏而啾留〔五九〕，法曲爭陳而槽櫟（摧）〔六〇〕；所冀百福被矣，千障雲祛；睹勝相兮獲因，瞻妙色兮生福。總斯多善，莫限良緣，先用莊嚴釋梵四王〔六一〕、龍天八部。唯願增威力，益神通，併妖氛，驅疫厲〔六二〕。次持勝福，奉用莊嚴我當今　聖神贊普〔六三〕，伏願壽永固，等乾坤，六夷賓，四海伏。次用莊嚴，節兒、尚論，爰及都督杜公，爲雲爲雨，濟枯涸於明朝。部落使諸官，建忠貞於聖代。然後上窮空界，傍括十方，賴此勝因，成正覺道。

行城文

應化無窮，作用不倦，恩霑動相（植）〔六四〕，福洽生靈〔六五〕。天中之天，獨擅其務；

至於妙事，豈足繁詞！此會之端（端）〔六六〕，抑有由矣！今則四序將盡，三春肇來；送故納新，除災建福；冀清封壘，保艾烝黎。於是月殿不扃，霜鍾夜擊〔六七〕；爰集緇侶〔六八〕，悉索幡花。出佛像於四門，繞重城而一匝。儼然相好，鷲嶺雲飛；煥爛毫光，蓮峰降步。傾城傾市，蕩谷搖山。舍衛踰城，豈用年矣。即冀四王護世，百福潛加。攙槍掃於天門〔六九〕，疫癘藏於地户〔七〇〕。庶（慶）雲布族〔七一〕，喜色凝空。倒載干戈，修文偃武。總斯功德，迴施龍天八部。惟願威光恒赫，神力無涯，災害不生，禍亂不作。又持景福，上資聖神贊普〔七二〕，惟願萬國納貢，四海來庭〔七三〕；寶曆恒昌，金石比壽。皇太子殿下，洊雷遠震〔七四〕，少海長清。夫人蘭桂永芳，妃嬪椒花獻頌〔七五〕。又持勝福，總用莊嚴我都督杜公，禄極萬鍾，然後（以下原缺文）

行軍轉經文

夫諸佛興悲，無緣普備；有情見異，感跡緣老〔七六〕。故使歸向者，福逐願生；輕毁者，禍隨心起。則知禍福自致，非聖愛增（憎）者與〔七七〕！然今此會轉經意者，則我東軍國相論掣脯〔七八〕，敬爲西征將仕（士）保願功德之建修也〔七九〕。伏惟相公天降英靈，地資秀氣，嶽山作鎮，謀略坐籌。每見北虜興師，頻犯邊境，抄劫人畜，暴秏（耗）田苗〔八〇〕，使人色不安，峰（烽）飆數舉〔八一〕。我國相慢（勃）然忿起〔八二〕，怒髮衝冠。遂擇良才，主兵西討。雖料謀指掌，百無一遺；然必賴福資，保其清吉。是以遠啓三危之侣，遥祈八藏之文，冀仕（士）馬平安，永寧家國。故使虔虔一志，諷誦《金剛》；濟濟僧尼，宣揚《般若》。想此殊勝，夫何以加！先用莊嚴護世四王、龍神八部，願使威光盛〔八三〕，福力憎（增）〔八四〕，使兩陣齊威，北戎伏欵（款）〔八五〕。又用莊嚴行軍將相，伏願才智日新，福同山積，壽命遐遠，鎮坐臺階。諸將仕（士）等，三寶撫護，萬善莊嚴，然後（以下原缺文）

轉經文

我法王之利見也，難可詳焉！其有歸依者〔八六〕，果無不尅矣！然今啓龍藏、虔一心、擊洪鍾〔八七〕、邀二衆者，其誰施之？則我　國相論掣晡，敬爲西征將仕（士）保願功德之所建矣。伏惟　相公乃何（河）嶽降靈〔八八〕，神威動物，咸（銜）恩出塞〔八九〕，撫俗安邊。一昨春初扶陽〔九〇〕，作孽摽掠人畜。由是大舉軍師，併除兇醜。雖曰兵强仕（士）勇〔九一〕，然福乃禍師。是以遠杖（仗）流沙〔九二〕，積祈轉念。今者能事遐列，勝福斯圓。總用莊嚴行軍將相即體，願使諸佛護念，使無傷損之憂；八部潛加，願起降和之意。然後人馬咸吉，仕（士）卒保康，各守〔邊〕垂〔九三〕，永除征戰。然後散霑法界，普及有情，賴此方（芳）因〔九四〕，咸登覺道。

置傘文

夫除災靜難者，莫善於佛頂蜜（密）言〔九五〕；集福延休者，事資於行城念誦。今者春陽令月，寒色猶威，請二部之僧尼，建白幢於五所者，其誰施之？時則有節兒、都督，爲合邑黎元，報（保）願功德之所建矣〔九六〕。伏唯　節兒〔九七〕、都督公平育物，罄節安邊，恐瘳（疹）疾流行〔九八〕，災央（殃）倏起〔九九〕。是以預修弘願〔一〇〇〕，建豎良因〔一〇一〕，行城將殄於妖氛，豎幢用臻乎福利〔一〇二〕。今既能事備，勝願享，福長空，量難比。以兹勝利，先用莊嚴梵釋四王、龍神八部（以下原缺文）

置傘文

夫睹相興善者，無出於應化之身；穰（禳）災怯（祛）禍者〔一〇三〕，莫過乎佛頂心呪。然無身之身，故現身而齊（濟）難〔一〇四〕；無説而説，説心呪而持危。盛事之興，莫大於兹矣！今者敦煌之府，内豎白法之勝幢，〔外〕設佛頂於四門〔一〇五〕，使黑業之殄掃。厥今此會，其誰施之？時則有二節兒、嶽牧杜公等爲城堭報（保）安之所建也〔一〇六〕。唯節兒、都督以慮敦堭（煌）西極〔一〇七〕，境接北胡，躍馬控弦，寇盜無準。恐艾踐稼穡，百減衣食之源；九農匪登，使萬人懷罄懸之念。所以互相設計〔一〇八〕，務在安人；若論護國匡邦，無過建斯幢傘，即冀除災殃於不毛之地，併疫厲於無何有之鄉〔一〇九〕；五穀無霜雹之災，萬品登人（仁）壽之城〔一一〇〕。先資是福，奉用莊嚴　聖神贊普，伏願寶位永固，金石齊年；四海澄清，萬方朝貢。亦持此善，莊嚴節兒、都督爲霜爲雨〔一一一〕，齊（濟）枯旱於明朝〔一一二〕；部落使諸官，建中（忠）貞於　聖代〔一一三〕。又持是善，亦用莊嚴　二教授闍梨，伏願極（拯）拔殊苦〔一一四〕，超出輪迴；壽等寒松，福如春草。然後薄霑動植，遍及無疆，賴此勝因，登正覺道。

置傘文

夫延祥展慶，必賴於勝幢〔一一五〕；掃孽除災，要資於皃力。故使善住聞其增壽〔一一六〕，慶喜尅獲本心，魑魅畏之逃刑（形）〔一一七〕，天魔怖而求救。大哉神皃，無得而稱者歟！今屬和風動物，蟄户將開；幡蓋俳佪，緇倫肅穆者，何所謂耶〔一一八〕？時則有我節皃尚論及都督杜公等，並乃養人如子，憂國同家，恐妖氛肆惡於城中，品物屢遭於迍厄。是以三陽令月，啓三福於釋尊；四季初辰，豎四門之利〔一一九〕。總斯殊妙，最上福田，盡用莊嚴梵釋四王、龍神八部，伏願威光盛，福力增，育黎元，護軍國。我聖神贊普，唯願聖躬堅遠，日往月來；寶位恆昌，天長地久。節皃、都督松皇（篁）比壽〔一二〇〕，福慶相資。部落使諸官等，唯願助理平和，惟清惟直。然後四時順，五穀登，百殃除，萬祥集。般若神皃，諸佛所師〔一二一〕；大衆虔城（誠）〔一二二〕，一切普誦。

説明

此件首缺尾全，由多紙粘連而成，起『諸佛現興』，訖『大衆虔城（誠），一切普誦』，計存『布薩文』、『罷四季文』、『行城文』、『行軍轉經文』、『轉經文』、『置傘文』等，係以上各類齋文之合集。此件有多通涉及贊普、節皃尚論、都督、部落使官等吐蕃職官，所以這是一件吐蕃管轄時期敦煌佛教徒所作的齋文集，是研究這一時期敦煌社會歷史的珍貴資料。《大正新脩大藏經》、《敦煌願文集》曾釋録了此件中的部分齋文。

校記

〔一〕「士」，《大正新脩大藏經》釋作「土」，误。
〔二〕「幢」，《大正新脩大藏經》釋作「憧」。
〔三〕「嚮」，《大正新脩大藏經》釋作「響」，雖義可通而字誤。
〔四〕「普」，據文義補。
〔五〕「幢」，當作「撞」，《敦煌願文集》據文義校改；「鍾」，《敦煌願文集》釋作「鍾」，校改作「鐘」，按不改亦可通。
〔六〕「節」，《敦煌願文集》釋作「陽」，誤。
〔七〕底本「法」字後疑有脱文。
〔八〕「志」，當作「至」，《敦煌願文集》據文義校改，「志」爲「至」之借字。
〔九〕「乘」，據文義補。
〔一〇〕「條」，當作「滌」，據文義改，《大正新脩大藏經》、《敦煌願文集》逕釋作「滌」。
〔一一〕「白」，《大正新脩大藏經》釋作「自」，誤；「業」，《大正新脩大藏經》未能釋讀。
〔一二〕「蘊」，當作「疆」，據文義改，《大正新脩大藏經》、《敦煌願文集》逕釋作「疆」。
〔一三〕「役」，當作「疫」，《敦煌願文集》據文義校改，「役」爲「疫」之借字，《大正新脩大藏經》逕釋作「疫」；「厲」，《大正新脩大藏經》釋作「癘」，雖義可通而字誤。

〔一四〕「穀」，底本原作「國」，該字右側又書「穀」，據之改。
〔一五〕「宇」，當作「禹」，《敦煌願文集》據文義校改，「宇」爲「禹」之借字。
〔一六〕「美」字旁另書有「靡」字，應爲「美」字之注音；「協」字原爲古文，釋文已改爲今文。
〔一七〕「布」字旁另書有「補」，應爲「布」字之注音。
〔一八〕「視」，《大正新脩大藏經》釋作「親」，誤；「鑰」，當作「黔」，《敦煌願文集》據文義校改，「鑰」爲「黔」之借字。
〔一九〕「上」，當作「尚」，《敦煌願文集》據文義校改，「上」爲「尚」之借字。
〔二〇〕「此」，當作「次」，《敦煌願文集》據文義校改，「此」爲「次」之借字。
〔二一〕「願」，《敦煌願文集》據文義校補。
〔二二〕「般」，《敦煌願文集》釋作「股」，校改作「般」。
〔二三〕「普」，《敦煌願文集》據文義校補。
〔二四〕「義」，《敦煌願文集》釋作「義」，校改作「羲」。
〔二五〕「御」，《敦煌願文集》釋作「埘」，校改作「邦」。
〔二六〕「家」，當作「加」，《敦煌願文集》據文義校改，「家」爲「加」之借字。
〔二七〕「古」，當作「固」，《敦煌願文集》據文義校改，「古」爲「固」之借字。
〔二八〕「照」，當作「詔」，據文義改，「照」爲「詔」之借字；「舟」，當作「丹」，《敦煌願文集》據文義校改。
〔二九〕「令」，《敦煌願文集》校改作「合」。
〔三〇〕「脩」，《敦煌願文集》釋作「修」。
〔三一〕「式」，《敦煌願文集》釋作「成」，校改作「式」。

〔三二〕「元」，當作「原」，《敦煌願文集》據文義校改，「元」爲「原」之借字。
〔三三〕「苑」，《敦煌願文集》校改作「菀」，按「菀」通「苑」，故不煩校改；「讒」，當作「纔」，《敦煌願文集》據文義校改。
〔三四〕「緤」，當作「牒」，據文義改，《敦煌願文集》逕釋作「牒」。
〔三五〕「相」，《敦煌願文集》釋作「賴」，誤。
〔三六〕「畺」，當作「疆」，《敦煌願文集》據文義校改，「畺」爲「疆」之借字。
〔三七〕「行城文」，《敦煌願文集》據文義校補。
〔三八〕「恩」，《敦煌願文集》釋作「思」，誤。
〔三九〕「務」，《敦煌願文集》釋作「物」，校改作「務」，按底本實爲「務」。
〔四〇〕「瑞」，當作「端」，《敦煌願文集》據文義校改。
〔四一〕「拆」，《敦煌願文集》校改作「坼」。
〔四二〕「悕」，《敦煌願文集》校改作「希」，按不改亦可通。
〔四三〕「鍾」，《敦煌願文集》校改作「鐘」，按不改亦可通。
〔四四〕「旋」，《敦煌願文集》釋作「延」，誤。
〔四五〕「攙搶」，《敦煌願文集》釋作「欃槍」，均可通。
〔四六〕「厲」，《敦煌願文集》校改作「癘」，按不改亦可通。
〔四七〕「有」，當作「布」，《敦煌願文集》據文義校改；「也」，當作「野」，《敦煌願文集》據文義校改，「也」爲「野」之借字。
〔四八〕「逥」，《敦煌願文集》釋作「無（先）逥」，按底本「無」字右側有删除符號，應不録。

〔四九〕「庭」，《敦煌願文集》校改作「廷」，按「庭」可通，不煩校改。
〔五〇〕「曆」，《敦煌願文集》釋作「歷」，校改作「曆」。
〔五一〕「遼」，當作「僚」，《敦煌願文集》據文義校改，「遼」爲「僚」之借字。
〔五二〕「洎」，《敦煌願文集》校改作「及」，按不改亦可通。
〔五三〕「拆」，《敦煌願文集》校改作「坼」。
〔五四〕「菀」，《敦煌願文集》釋作「苑」，雖義可通而字誤。
〔五五〕「振振」，《敦煌願文集》校改作「軫軫」，按不改亦可通。
〔五六〕「鈑」，當作「飯」，《敦煌願文集》據斯六一七二《文樣》校改。
〔五七〕「俄俄」，當作「峨峨」，《敦煌願文集》據文義校改，「俄」爲「峨」之借字。
〔五八〕「務」，當作「霧」，《敦煌願文集》據文義校改，「務」爲「霧」之借字。
〔五九〕「競」，《敦煌願文集》釋作「竟」，校改作「競」，按底本實爲「競」；「留」，《敦煌願文集》據斯六一七二《文樣》校改作「嚠」，「嚠」疑爲「留」之類化俗字。
〔六〇〕「楑」，當作「摧」，據斯六一七二《文樣》改，《敦煌願文集》釋作「瑛」，校改作「檫」，誤。
〔六一〕「釋梵」，《敦煌願文集》釋作「梵釋」。
〔六二〕「厲」，《敦煌願文集》據斯六一七二《文樣》校改作「癘」，按不改亦可通。
〔六三〕「當今」，《敦煌願文集》漏録。
〔六四〕「相」，當作「植」，據文義改，《敦煌願文集》逕釋作「植」。
〔六五〕「冾」，《敦煌願文集》釋作「洽」，均可通。
〔六六〕「湍」，當作「端」，據文義改，《敦煌願文集》逕釋作「端」，「湍」爲「端」之借字。

〔六七〕「鍾」，《敦煌願文集》校改作「鐘」，按不改亦可通。
〔六八〕「集」，《敦煌願文集》釋作「及」，校改作「集」，按底本實爲「集」。
〔六九〕「攙」，《敦煌願文集》釋作「欃」，均可通。
〔七〇〕「癘」，《敦煌願文集》釋作「厲」，校改作「癘」，按底本實爲「癘」。
〔七一〕「庶」，當作「慶」，《敦煌願文集》據文義校改。
〔七二〕「聖神」，《敦煌願文集》釋作「神聖」，校改作「聖神」，按底本並無倒乙符號，《敦煌願文集》改變原文順序缺少依據。
〔七三〕「庭」，《敦煌願文集》校改作「廷」，按「庭」可通，不煩校改。
〔七四〕「洊」，《敦煌願文集》釋作「海」，誤。
〔七五〕「嬪」，《敦煌願文集》釋作「賓」，校改作「嬪」，按底本實爲「嬪」；「椒」，《敦煌願文集》釋作「樹」，誤。
〔七六〕「老」，《敦煌願文集》校改作「善」。
〔七七〕「增」，當作「憎」，《敦煌願文集》據文義校改，「增」爲「憎」之借字。
〔七八〕「脯」，《敦煌願文集》釋作「晡」。
〔七九〕「仕」，當作「士」，據文義改，《敦煌願文集》逕釋作「士」，「仕」爲「士」之借字。以下同，不另出校。
〔八〇〕「秏」，當作「耗」，《敦煌願文集》據文義校改。
〔八一〕「峰」，當作「烽」，《敦煌願文集》據文義校改，「峰」爲「烽」之借字。
〔八二〕「慢」，當作「勃」，據文義改，《敦煌願文集》釋作「悖」，校改作「勃」。
〔八三〕「使」，《敦煌願文集》漏録。
〔八四〕「憎」，當作「增」，據文義改，《敦煌願文集》逕釋作「增」，「憎」爲「增」之借字。

〔八五〕「欵」，當作「款」，據文義改，《敦煌願文集》逕釋作「款」。

〔八六〕「有」，《敦煌願文集》漏録。

〔八七〕「鍾」，《敦煌願文集》校改作「鐘」，按不改亦可通。

〔八八〕「何」，當作「河」，《敦煌願文集》據文義校改，「何」爲「河」之借字。

〔八九〕「咸」，當作「銜」，《敦煌願文集》據文義校改，「咸」爲「銜」之借字。

〔九〇〕「昨」，《敦煌願文集》釋作「著」，誤。

〔九一〕「曰」字原補寫於天頭。

〔九二〕「杖」，當作「仗」，《敦煌願文集》據文義校改，「杖」爲「仗」之借字。

〔九三〕「邊」，《敦煌願文集》據文義校補。

〔九四〕「方」，當作「芳」，《敦煌願文集》據文義校改，「方」爲「芳」之借字。

〔九五〕「蜜」，當作「密」，《敦煌願文集》據文義校改，「蜜」爲「密」之借字。

〔九六〕「報」，當作「保」，《敦煌願文集》據文義校改，「報」爲「保」之借字。

〔九七〕「唯」，《敦煌願文集》釋作「惟」，雖義可通而字誤。

〔九八〕「瘳」，當作「疹」，據文義改。

〔九九〕「央」，當作「殃」，《敦煌願文集》據文義校改，「央」爲「殃」之借字；「倏」，《敦煌願文集》釋作「條」，校改作「倏」，按底本實爲「倏」。

〔一〇〇〕「弘」，《敦煌願文集》釋作「佛」，誤。

〔一〇一〕「建」，底本後原有「因」字，旁有刪除符號，《敦煌願文集》不察照録，又將「良」後「因」字下屬，實誤。

〔一〇二〕《敦煌願文集》在「幢」後校補「傘」字，按不補亦可通。

〔一〇三〕「穰」，當作「禳」，《敦煌願文集》據文義校改，「穰」爲「禳」之借字；「怯」，當作「祛」，《敦煌願文集》據文義校改。
〔一〇四〕「齊」，當作「濟」，《敦煌願文集》據文義校改。
〔一〇五〕「外」，《敦煌願文集》據文義校補。
〔一〇六〕「埋」，《敦煌願文集》校改作「隍」，按不改亦可通；「報」，當作「保」，《敦煌願文集》據文義校改，「報」爲「保」之借字。
〔一〇七〕「埋」，當作「煌」，《敦煌願文集》據文義校改，「埋」爲「煌」之借字。
〔一〇八〕「計」，《敦煌願文集》釋作「討」，誤。
〔一〇九〕「厲」，《敦煌願文集》校改作「癘」，按不改亦可通；「何」字疑爲衍文，據文義當删。
〔一一〇〕「人」，當作「仁」，《敦煌願文集》據文義校改，「人」爲「仁」之借字。
〔一一一〕「霜」，《敦煌願文集》校改作「雲」。
〔一一二〕「齊」，當作「濟」，《敦煌願文集》據文義校改。
〔一一三〕「中」，當作「忠」，《敦煌願文集》據文義校改，「中」爲「忠」之借字。
〔一一四〕「極」，當作「拯」，據文義改，《敦煌願文集》逕釋作「拯」。
〔一一五〕「必」，《敦煌願文集》釋作「心」，校改作「必」，按底本實爲「必」。
〔一一六〕「住」，《敦煌願文集》釋作「經」，誤。
〔一一七〕「刑」，當作「形」，《敦煌願文集》據文義校改，「刑」爲「形」之借字。
〔一一八〕「謂」，《敦煌願文集》校改作「爲」；「耶」，《敦煌願文集》釋作「也」，誤。
〔一一九〕此句疑有脱文。

〔一二〇〕「皇」，當作「篁」，《敦煌願文集》據文義校改，「皇」爲「篁」之借字。

〔一二一〕「諸」，《敦煌願文集》釋作「請」，校改作「諸」，按底本實爲「諸」。

〔一二二〕「城」，當作「誠」，據文義改，《敦煌願文集》逕釋作「誠」，「城」爲「誠」之借字。

參考文獻

《大正新脩大藏經》八五册，東京：大正一切經刊行會，一九三四年，一三〇一至一三〇三頁（録）；《敦煌寳藏》一六册，臺北：新文豐出版公司，一九八一年，四九二至四九四頁（圖）；《英藏敦煌文獻》四卷，成都：四川人民出版社，一九九一年，三二至三三頁（圖）；《敦煌願文集》，長沙：岳麓書社，一九九五年，四五一、四五二、四五四、四九七、四九八、五五三、五五五、五五八、六五九頁（録）；《吐蕃統治敦煌研究》，臺北：新文豐出版公司，一九九七年，一〇五頁。

斯二一四九背　摩訶般若波羅蜜經卷第卌六勘經題記

釋文

勘廿二，欠七紙。

説明

以上文字書寫於《摩訶般若波羅蜜經》卷第三十六卷背，應爲勘經記録，《英藏敦煌文獻》未收，現予增收。

參考文獻

《敦煌寶藏》一六册，臺北：新文豐出版公司，一九八一年，五二九頁（圖）。

斯二一五一　大般若波羅蜜多經卷第卅五題記

釋文

比丘法會寫。

說明

此件《英藏敦煌文獻》未收，現予增收。

參考文獻

Descriptive Catalogue of the Chinese Manuscripts from Tunhuang in the British Museum, The Trustees of the British Museum, London 1957. p. 117；《敦煌寶藏》一六册，臺北：新文豐出版公司，一九八一年，五五六頁（圖）；《敦煌學要籥》，臺北：新文豐出版公司，一九八二年，一一〇頁（録）；《敦煌遺書總目索引》，北京：中華書局，一九八三年，一五二頁（録）；《中國古代寫本識語集録》，東京大學東洋文化研究所，一九九〇年，三五五頁（録）；《敦煌遺書總目索引新編》，北京：中華書局，二〇〇〇年，六六頁（録）。

斯二一五四　佛説甚深大迴向經題記

釋文

大隋開皇九年四月八日，皇后爲法界衆生，敬造一切經，流通供養。

説明

此件《英藏敦煌文獻》未收，現予增收。開皇九年即公元五八九年，皇后爲獨孤氏。

參考文獻

Descriptive Catalogue of the Chinese Manuscripts from Tunhuang in the British Museum, The Trustees of the British Museum, London 1957. p. 117（録）；《鳴沙餘韻》，京都：臨川書店，一九八〇年，九九頁（圖）；《鳴沙餘韻・解説篇》，京都：臨川書店，一九八〇年，二九二頁（録）；《敦煌寶藏》一六册，臺北：新文豐出版公司，一九八一年，五八九頁（圖）；《敦煌學要籥》，臺北：新文豐出版公司，一九八二年，一一〇至一一一頁（録）；《敦煌遺書總目索引》，北京：中華書局，一九八三年，一五二頁（録）；《中國古代寫本識語集録》，東京大學東洋文化研究所，一九九〇年，一四二頁（録）；《敦煌遺書總目索引新編》，北京：中華書局，二〇〇〇年，六六頁（録）。

斯二一五六　佛藏經卷第四題記

釋文

一校竟。

説明

此件《英藏敦煌文獻》未收，現予增收。

參考文獻

《三階教之研究》，東京：岩波書店，一九二七年，附圖一四（圖）；《敦煌寶藏》一六册，臺北：新文豐出版公司，一九八一年，六一三頁（圖）；《敦煌學要籥》，臺北：新文豐出版公司，一九八二年，一一一頁（録）；《敦煌遺書總目索引》，北京：中華書局，一九八三年，一五二頁（録）；《敦煌遺書總目索引新編》，北京：中華書局，二〇〇〇年，六六頁（録）。

斯二一五七　妙法蓮華經卷第四題記

釋文

靈脩寺比丘尼善信，知身非有，淺識苦空，遂減三衣之餘，敬爲亡妣寫《法華經》一部。以此功德，願亡妣乘斯福業，上品上生，見在安樂〔一〕，普及含靈，俱同妙果。天授二年三月廿九日寫。

説明

此件《英藏敦煌文獻》未收，現予增收。其中之天、授、年、月、日等字，均用武周新字。天授二年即公元六九一年。

校記

〔一〕『見』，《敦煌學要籥》、《敦煌遺書總目索引》、《敦煌遺書總目索引新編》均釋作『現』，誤。

參考文獻

Descriptive Catalogue of the Chinese Manuscripts from Tunhuang in the British Museum, The Trustees of the British Museum, London 1957. p. 76（録）；《敦煌寶藏》一六册，臺北：新文豐出版公司，一九八一年，六一四頁（圖）；《敦煌學要籥》，臺北：新文豐出版公司，一九八二年，一一一頁（録）；《敦煌遺書總目索引》，北京：中華書局，一九八三年，一五二頁（録）；《中國古代寫本識語集録》，東京大學東洋文化研究所，一九九〇年，二三六頁（録）；《敦煌遺書總目索引新編》，北京：中華書局，二〇〇〇年，六六頁（録）。

斯二一六〇　第卌四品功德成就釋論第六十七題記

釋文

比丘德朗經。

説明

此件《英藏敦煌文獻》未收，現予增收。

參考文獻

Descriptive Catalogue of the Chinese Manuscripts from Tunhuang in the British Museum, The Trustees of the British Museum, London 1957. p. 123（録）；《敦煌寶藏》一六册，臺北：新文豐出版公司，一九八一年，六二七頁（圖）；《敦煌學要籥》，臺北：新文豐出版公司，一九八二年，一一二頁（録）；《敦煌遺書總目索引》，北京：中華書局，一九八三年，一五二頁（録）；《中國古代寫本識語集録》，東京：大藏出版株式會社，一九九〇年，九八頁（録）；《敦煌遺書總目索引新編》，北京：中華書局，二〇〇〇年，六六頁（録）。

斯二一六五　箴偈銘抄

釋文

亡名和尚絶學箴

誡之哉，誡之哉！無多慮，無多知！慮多志散，知多心亂。心亂生惱，志散妨道。勿爲(謂)由(何)傷[一]，其苦由(悠)長[二]；勿言何畏，其禍鼎沸。滴水漸(不)停[三]，四海將營(盈)[四]；纖塵不拂，五嶽將成。莫視於色，莫聽於聲。聞聲者聾，見色者盲。一文一藝，空中小蚋；一伎一能，日下孤燈。英賢才藝，是爲愚弊。捨棄浮榮，耽溺婬勵(麗)[五]。識馬易奔，心猿難製。神既勞疫(役)[六]，形必損弊。邪逕中迷，循(脩)塗永遲[七]。莫貴才能，是日昏曚。厭拙善(羨)巧[八]，其德不弘。名厚行薄，其高速崩；圖書翰卷，其用不恆；内懷嬌(驕)怠[九]，外置寃增(憎)[一〇]。或談於口，或書於手。邀入(人)令譽[一一]，亦孔之醜。畏形畏跡，踰(愈)走踰(愈)極[一二]。端坐樹音(蔭)[一三]，跡滅影沈。厭生患老，隨思所造。心相(想)若滅[一四]，長(生)死長絶[一五]。無相無形，無姓無名；無貴無賤，無辱無榮；無大無小，無重無輕。敬怡賢哲，斯道利貞！

青峰山和上誡（戒）肉偈〔一六〕

類稟萬般形，咸同一妙靈。爲迷靈作境，法界混虛名。約此興違順，由斯增（憎）愛生〔一七〕。愛極名骨肉，迷極繫冤情。遂使逢緣昧，觀涉觸事盲。不量他痛苦，只務我歡榮。解射惟思中，能彈豈慮驚。犬鷹誇駿捷，布網陸津橫。闌圈甘拘繫〔一八〕，哀音痛認（忍）聽〔一九〕。剸截誰見愍，臠割任分零。食者貪今味，追尋後豈惺。互來相惱亂，何日是休停。曩昔冤須解，延齡勿損生。勝事難逢遇，涅黎（犁）動劫烹〔二〇〕。誡令勿啖肉，免識互相諍。

先洞山和上辭親偈

不好浮榮不好儒，願樂空門捨俗徒。煩惱盡時愁火滅，恩情斷處愛河枯。六通戒定香叟引，一念無生惠力扶。爲報北堂休悵忘（望）〔二一〕，譬如身死譬如無。

祖師偈

心隨萬境轉，轉處實能幽。隨流忍得性，無喜亦無憂。

先青峰和上辭親偈

愚夫迷亂鎮隨妖，渴愛纏心不肯拋。恰似群豬戀青厠，亦如衆鳥遇稀膠。廣營資産爲親眷，罪累須當獨自招。欲得不償無物苦，速須出離得逍遥〔二二〕。

思大和上坐禪銘

的思忍，秘口言。除内結，息外緣。心欲攀，口莫語。意欲詮，口莫言。除秤棄斗，密室淨（靜）坐[二三]，成佛不久。

龍牙和上偈

掃地煎茶并把針，更無餘事可留心。山門有路人皆去，我户無門那伴尋[二四]。

又

得道蒙師止卻閑，無中有路隱人間。饒君會盡千經論，一句臨時下口難。

又

得聖超凡不作聲，卧龍長布（怖）碧潭清[二五]。人生若得常如此，大地那能留一名。

又

真覺和上云

窮釋子，口稱貧，實是僧貧道不貧。貧即身上披縷褐[二六]，道即心藏無價真（珍）[二七]。無價真（珍），用無盡，隨物應時時不吝。六度萬行體中圓，八解六通心地印。上士一決一切了，中下多聞多不信。但自懷中解垢衣，何勞向外誇精進。

又[二八]

在夢那知夢是虚，覺來方覺夢中無。迷時恰似夢中事，悟了還同睡起夫。

又〔二九〕

苦是今時學道流〔三〇〕，千千萬萬忍（認）門頭〔三一〕。恰似入京朝聖主，只到銅（潼）關便却休〔三二〕。

別〔三三〕

身生智未生，智生身已老。身恨智生遲，智恨身生早。身智不相逢，曾經幾度老。身智若相逢，便得成佛道。

別

儒童説五典，釋教立三宗。誓願行忠孝，揵遣出凡（九）濃（農）〔三四〕。長揚並五策，字與藏經同。不解生珍敬，穢用在厠中。吾（悟）滅恆沙罪〔三五〕，多生懺不容。陷身五百劫，常作厠中蟲。

別

諸幡動也室（寺）鐸鳴〔三六〕，空界唯聞浩浩聲。隊隊香雲空裏過，雙雙室（寶）蓋滿空行〔三七〕。高低迴與須彌等，廣闊周圓耀日明。這日人人皆總見，此時個個發心堅。

説明

此件首尾完整，背面接續正面書寫，據笔跡應爲一人所書。其内容爲佛家箴、偈、銘、詩等。陳祚龍、徐俊分别對其中一些作品的作者和見於他書的情况做過考察（參見陳祚龍《中華佛教文化散策初集》，三九一至三九四頁；徐俊《敦煌詩集殘卷輯考》，五三七至五四七頁）。

徐俊指出此件中之諸詩偈作者年代較晚者爲居遁（八三五—九二三）、傅楚（？—九三七），並認爲最後三首詩有兩首抄自當時流行的《廬山遠公話》（目前所知僅有斯二〇七三宋開寶五年即公元九七三年抄本）《敦煌詩集殘卷輯考》五四〇至五四一頁）。項楚則認爲是此件中的兩首詩被採入《廬山遠公話》（參看項楚《敦煌詩歌導論》，一〇七頁）。

校記

〔一〕『爲』，當作『謂』，《大正新脩大藏經》據文義校改；『由』，當作『何』，《大正新脩大藏經》據文義校改。

〔二〕『由』，當作『悠』，《大正新脩大藏經》據文義校改，『由』爲『悠』之借字。

〔三〕『漸』，當作『不』，《大正新脩大藏經》據文義校改。

〔四〕『營』，當作『盈』，《大正新脩大藏經》據文義校改，『營』爲『盈』之借字。

〔五〕『勵』，當作『麗』，《大正新脩大藏經》據文義校改，『勵』爲『麗』之借字。

〔六〕『疫』，當作『役』，據斯五六九二『亡名和尚絶學箴』改，『疫』爲『役』之借字。

〔七〕『循』，當作『脩』，據斯五六九二『亡名和尚絶學箴』改。

〔八〕『善』，當作『羡』，據斯五六九二『亡名和尚絶學箴』改。

〔九〕『嬌』，當作『驕』，據文義改，『嬌』爲『驕』之借字。

〔一〇〕『增』，當作『憎』，據斯五六九二『亡名和尚絶學箴』改，『增』爲『憎』之借字。

〔一一〕「入」，當作「人」，據斯五六九二「亡名和尚絶學箴」改。

〔一二〕「踰」，當作「愈」，據文義改，「踰」爲「愈」之借字；「極」，《敦煌方音止遇二攝混同及其校勘學意義》據音義校改作「劇」，按「極」亦通。

〔一三〕「音」，斯五六九二「亡名和尚絶學箴」作「陰」，當作「蔭」，據文義改，「音」、「陰」均爲「蔭」之借字。

〔一四〕「相」，當作「想」，據斯五六九二「亡名和尚絶學箴」改，「相」爲「想」之借字。

〔一五〕「長」，當作「生」，《大正新脩大藏經》據文義校改。

〔一六〕「和上」，底本原寫作「杜」，《敦煌詩歌導論》指出該字是「和上」二字的合體簡字，同「和尚」，以下同，不另出校；「誡」，當作「戒」，《敦煌詩集殘卷輯考》據文義校改，「誡」爲「戒」之借字。

〔一七〕「增」，當作「憎」，《敦煌詩集殘卷輯考》據文義校改，「增」爲「憎」之借字。

〔一八〕「拘」，《敦煌詩集殘卷輯考》釋作「構」，校改作「拘」，按底本實爲「拘」。

〔一九〕「認」，當作「忍」，《敦煌詩集殘卷輯考》據文義校改，「認」爲「忍」之借字。

〔二〇〕「黎」，當作「犁」，《敦煌詩集殘卷輯考》據文義校改，「黎」爲「犁」之借字。

〔二一〕「忘」，當作「望」，《敦煌詩集殘卷輯考》據文義校改，「忘」爲「望」之借字。

〔二二〕以上文字抄於原卷正面。

〔二三〕「淨」，當作「靜」，據斯四〇三七、伯二一〇四、伯二一〇五「思大和上坐禪銘」改，「淨」爲「靜」之借字。

〔二四〕「伴」，底本原寫作「畔」，又在其右側改作「伴」。

〔二五〕「布」，當作「怖」，據《禪門諸祖師偈頌》改，「布」爲「怖」之借字。

〔二六〕「披」，《敦煌歌辭總編》釋作「被」，誤。

〔二七〕「真」，當作「珍」，據伯三三六〇「真覺和尚云」改，「真」爲「珍」之借字，以下同，不另出校。

〔二八〕此偈又見於伯二一〇四、伯二一〇五、斯四〇三七《禪門諸祖師偈頌》。

〔二九〕此偈又見於《五燈會元》卷一三、《全唐詩續拾》卷三一。

〔三〇〕「苦是」，《五燈會元》作「嗟見」，均可通。

〔三一〕「忍」，當作「認」，據《五燈會元》改，「忍」爲「認」之借字。

〔三二〕「銅」，當作「潼」，據《五燈會元》改，「銅」爲「潼」之借字；「却」，《五燈會元》作「即」，均可通。

〔三三〕原卷與前詩後空約三行，始抄以下三首詩偈，前兩首又見於斯二〇七三「㠠山遠公話」，後一首《敦煌詩集殘卷輯考》認爲乃斯二〇七三「㠠山遠公話」佚去的篇末結詩。

〔三四〕「凡」，當作「九」，據斯二〇七三「㠠山遠公話」改；「濃」，當作「農」，據斯二〇七三「㠠山遠公話」改，「濃」爲「農」之借字。

〔三五〕「吾」，當作「悟」，據斯二〇七三「壚山遠公話」改，「吾」爲「悟」之借字。

〔三六〕「室」，當作「寺」，據文義改，「室」爲「寺」之借字，《敦煌詩集殘卷輯考》校改作「石」。

〔三七〕「窒」，當作「寶」，《敦煌詩集殘卷輯考》據文義校改。

參考文獻

《禪門諸祖師偈頌》（五山版）；《敦煌韻文集》，高雄：高雄佛教文化服務處，一九六五年，一五二至一五六頁（録）；《中華佛教文化史散策初集》，臺北：新文豐出版公司，一九七八年，二五三至二五四、三九一頁（録）；《敦煌學海探珠》，臺北：商務印書館，一九七九年，八四至八九、一七九、三〇一至三〇八頁（録）；《敦煌寶藏》一六册，臺北：新文豐出版公司，一九八一年，六七〇頁（圖）；《敦煌禪宗文獻の研究》，東京：大東出版社，一九八三年，二八五、三〇四至三〇五頁；《五燈會元》，北京：中華書局，一九八四年，七八五至七八六頁（録）；《敦煌歌辭總編》，上海：上海古籍出版社，一九八七年，七八二至七八六頁（録）；《敦煌文學》，蘭州：甘肅人民出版社，一九八九年，九〇至一一三頁；《英藏敦煌文獻》四卷，成都：四川人民出版社，一九九一年，三四頁（圖）；《全唐詩補編》，北京：中華書局，一九九二年，一一四一、一四七二至一四七四頁（録）；《敦煌文學概論》，蘭州：甘肅人民出版社，一九九三年，五四九頁（録）；《敦煌僧詩校輯》，蘭州：甘肅人民出版社，一九九四年，八三至八七、一〇八至一〇九頁（録）；《敦煌佛學·佛事篇》，蘭州：甘肅民族出版社，一九九五年，二六八至二七一頁（録）；《全唐詩續拾》，北京：中華書局，一九九九年，一一三五四、一一六六八至一一六七〇頁（録）；《敦煌詩集殘卷輯考》，北京：中華書局，二〇〇〇年，五四一至五四七、六四〇至六四一頁（録）；《敦煌詩歌導論》，成都：巴蜀書社，二〇〇一年，一〇七至一一五、一四三頁（録）。

斯二一七四　天復玖年（公元九〇九年）閏八月十二日神沙鄉百姓董加盈兄弟分家書

釋文

天復玖年己巳歲潤（閏）八月十二日[一]，神沙鄉百姓

賽田渠地，加和出買（賣）以（與）人[二]，懷子[三]、□和三人不關[四]，佛堂門亭支[五]。

董加盈、第（弟）懷子[六]、懷盈兄第（弟）三人，伏緣小失

父母，無主作活，家受貧寒，諸道客作，

兄第（弟）三人，久久不益[七]。今對親姻行巷，所有

些些貧資，田水家業，各自別居，分割如後[八]。

兄加盈，兼分進例，與堂壹口，椽樑具全[九]，并門。城外地，

取索底渠地參畦，共陸畝半。園舍三人亭支。

葱同渠地，取景家園邊地壹畦，共肆畝。又

玖歲櫻牸壹頭〔一〇〕，共第（弟）懷子合。

又蔥同上口渠地貳畝半，加盈、加和出買（賣）與集集〔一一〕，斷作直麥粟拾碩，布一疋，羊一口，領物人董加和、董加盈、白留子〔一二〕。

第（弟）懷子，取索底渠地大地壹半肆畝半〔一三〕，蔥同渠地中心長地兩畦伍畝。城内舍：堂南邊舍壹口，并院落地壹條，共第（弟）懷盈二〔人〕亭分〔一四〕。除却兄加盈門道，園舍三人亭支。又玖歲櫻牸牛一頭〔一五〕，共兄加盈合。白羊（楊）樹一〔一六〕、季（李）子樹一〔一七〕，懷子、懷盈二人爲主，不關加盈、加和之助〔一八〕。

第（弟）懷盈，取索底渠大地一半肆畝半，蔥同渠地東頭方地兼下頭共兩畦伍畝，園舍三人亭支。城内舍：堂南邊舍壹口，并院落壹條，除卻兄門道，共兄懷子二人亭分。又參歲黃草捌壹頭〔一九〕。

右件家業，苦無什物，今對諸親，一一具實分割，更不許爭論〔二〇〕。如若無大没

小，決杖十五下，罰黄金壹兩，充官入用，便

要後檢（驗）〔二〕。

潤（閏）八月十二日立分書。

兄董加盈（押）　　見人阿舅石神神（押）

弟（弟）董懷子（押）　　見人耆壽康常清（押）

弟（弟）董懷盈（押）　　見人兵馬使石福順

説明

此件首尾完整，内容爲天復玖年（公元九〇九年）神沙鄉百姓董加盈兄弟三人分家文書。池田温（參見《漢學研究》四卷，三七至三八頁）、唐耕耦（參見《敦煌社會經濟文獻真蹟釋録》二卷，一四八至一四九頁）、張傳璽（參見《中國歷代契約會編考釋》，四六一至四六三頁）、沙知（參見《敦煌契約文書輯校》，四四一至四四四頁）等均對此件做過録校。此件卷背有蔣孝琬所書數碼和『天復玖年閏八月董姓兄弟售去業寫立文契』，未録。

校記

〔一〕『巳』，據殘筆劃及文義補，《敦煌遺書總目索引》、《敦煌遺書總目索引新編》均釋作『丑』，誤；『歲』，《敦煌社

會經濟文獻真蹟釋録》據殘筆劃及文義補；「潤」，當作「閏」，《中國歷代契約會編考釋》據文義校改，「潤」爲「閏」之借字，以下同，不另出校。

〔二〕「買」，當作「賣」，《敦煌社會經濟文獻真蹟釋録》據文義校改；「以」，當作「與」，《中國歷代契約會編考釋》據文義校改，「以」爲「與」之借字。

〔三〕「子」，《敦煌社會經濟文獻真蹟釋録》釋作「盈」。

〔四〕「□和」，《敦煌社會經濟文獻真蹟釋録》釋作「和」，《敦煌契約文書輯校》疑作「加?和」，《中國歷代契約會編考釋》校改作「加盈、懷盈」。

〔五〕「亭支」，《中國歷代契約會編考釋》校改作「停分」。此句爲後補寫於第一行和第二行間，字體略小。

〔六〕「第」，當作「弟」，據文義改，《敦煌契約文書輯校》逕釋作「弟」，「第」爲「弟」之借字。以下同，不另出校。

〔七〕「益」，《敦煌社會經濟文獻真蹟釋録》疑作「溢」，《中國歷代契約會編考釋》釋作「謚」。

〔八〕「後」，《敦煌契約文書輯校》釋作「復」，誤。

〔九〕「椽」，《敦煌社會經濟文獻真蹟釋録》釋作「椓」，校改作「椽」。

〔一〇〕「牸」，《敦煌社會經濟文獻真蹟釋録》在其後校補「牛」字，按不補亦通。

〔一一〕「買」，當作「賣」，《中國歷代契約會編考釋》據文義校改。

〔一二〕「子」，據殘筆劃補。自「又蒠同上口渠地」至「白留子」，爲後補寫，墨跡較重。

〔一三〕第二個「半」，《敦煌契約文書輯校》釋作「羊」，誤。

〔一四〕「人」，《敦煌社會經濟文獻真蹟釋録》據文義校補。

〔一五〕「樱」，《敦煌社會經濟文獻真蹟釋録》釋作「櫂」。

〔一六〕「羊」，當作「楊」，《敦煌社會經濟文獻真蹟釋録》據文義校改，「羊」爲「楊」之借字。

〔一七〕「季」，當作「李」，《敦煌社會經濟文獻真蹟釋録》據文義校改。

〔一八〕自「白楊樹一」至「不關加盈、加和之助」，爲後補寫，墨跡較重。

〔一九〕「捌」，《中國歷代契約會編考釋》釋作「□」，校改作「馬」。

〔二〇〕「許」，《敦煌社會經濟文獻真蹟釋録》釋作「得」。

〔二一〕「檢」，當作「驗」，《敦煌社會經濟文獻真蹟釋録》據文義校改，《中國歷代契約會編考釋》逕釋作「驗」。

參考文獻

Giles, *BSOS*, *10.2*（*1940*），p. 324（録）；《敦煌資料》一輯，北京：中華書局，一九六一年，四〇五至四〇七頁（録）；《敦煌寶藏》一七册，臺北：新文豐出版公司，一九八一年，三〇至三一頁（圖）；《吐魯番、敦煌契券概觀》，載《漢學研究》四卷二期，臺北：漢學研究資料及服務中心，一九八六年，三七至三八頁（録）；《敦煌社會經濟文獻真蹟釋録》二輯，北京：全國圖書館文獻縮微複製中心，一九九〇年，一四八至一四九頁（録）；《英藏敦煌文獻》四卷，成都：四川人民出版社，一九九一年，三五頁（圖）；《敦煌研究》一九九三年三期，七五至七六頁；《敦煌學輯刊》一九九四年二期，五一至五五頁；《中國歷代契約會編考釋》（上），北京：北京大學出版社，一九九五年，四六一至四六三頁（録）；《敦煌契約文書輯校》，南京：江蘇古籍出版社，一九九八年，四四一至四四四頁（録）。

斯二二八一　妙法蓮花經卷第二題記

釋文

上元三年四月十五日，群書手楊文泰寫，
用紙二十張〔一〕，
裝潢人解集〔二〕，
初校會昌寺僧玄福，
再校會昌寺僧藏師，
三校會昌寺僧儒海，
詳閱太原寺大德神符，
詳閱太原寺大德嘉尚，
詳閱太原寺寺主慧立，
詳閱太原寺上座道成，
判官司農寺上林署令李德〔三〕，

使朝散大夫、守尚舍奉御閻玄道監。

説明

此件之『上元』爲唐高宗年號，上元三年爲公元六七六年。《英藏敦煌文獻》未收，現予增收。

校記

〔一〕『二十』，《敦煌遺書總目索引》、《敦煌遺書總目索引新編》均釋作『廿』。

〔二〕『解集』，《敦煌遺書總目索引》、《敦煌遺書總目索引新編》均釋作『解善集』，按『解集』爲『解善集』之簡稱。

〔三〕『李德』，爲『李善德』之簡稱。

參考文獻

Descriptive Catalogue of the Chinese Manuscripts from Tunhuang in the British Museum, The Trustees of the British Museum, London 1957. pp. 66–67（録）；《鳴沙餘韻》，京都：臨川書店，一九八〇年，九二頁（圖）；《鳴沙餘韻・解説》，京都：臨川書店，一九八〇年，二七六至二七七頁（録）；《敦煌寶藏》一七册，臺北：新文豐出版公司，一九八一年，七九至八〇頁（圖）；《敦煌學要籥》，臺北：新文豐出版公司，一九八二年，一一一至一一二頁（録）；《敦煌遺書總目索引》，北京：中華書局，一九八三年，一五三頁（録）；《中國古代寫本識語集録》，東京大學東洋文化研究所，一九九〇年，二二五頁（録）；《敦煌遺書總目索引新編》，北京：中華書局，二〇〇〇年，六七頁（録）；《唐代咸亨至儀鳳中的長安宫廷寫經》，載《首届長安佛教國際研討會論文集》三卷，西安：陝西師範大學出版總社有限公司，二〇一〇年，三一九至三三七頁。

斯二一九〇　金剛般若波羅蜜經題記

釋文

甘露寺比丘尼真行造。

説明

此件《英藏敦煌文獻》未收，現予增收。

參考文獻

Descriptive Catalogue of the Chinese Manuscripts from Tunhuang in the British Museum, The Trustees of the British Museum, London 1957. p. 26（録）；《敦煌寶藏》一七册，臺北：新文豐出版公司，一九八一年，一三八頁（圖）；《敦煌學要籥》，臺北：新文豐出版公司，一九八二年，一一二頁（録）；《敦煌遺書總目索引》，北京：中華書局，一九八三年，一五三頁（録）；《中國古代寫本識語集録》，東京大學東洋文化研究所，一九九〇年，二五〇頁（録）；《敦煌遺書總目索引新編》，北京：中華書局，二〇〇〇年，六七頁（録）。

斯二一九九　咸通六年（公元八六五年）十月廿三日尼靈惠唯（遺）書

釋文

尼靈惠唯（遺）書[一]

咸通六年十月廿三日，尼靈惠忽染疾病，日日漸加，恐身無常，遂告諸親，一一分析，不是昏沈之語，並是醒蘇之言[二]。靈惠只有家生婢子一，名威娘，留與姪女潘娘[三]，更無房資。靈惠遷變之日，一仰潘娘葬送營辨（辦）[四]，已後更不許諸親吝護[五]。恐後無憑，並對諸親，遂作唯（遺）書[六]，押暑（署）爲驗[七]。

弟金剛

索家小娘子

外甥尼靈皈

外甥十二娘　十二娘指印[八]

外甥索計計

姪男康毛　康毛

姪男福晟　杜〔九〕

姪男勝賢　勝賢

索郎水官〔一〇〕

左都督成真

説明

此件首尾完整，係唐懿宗咸通六年（公元八六五年）十月廿三日尼惠靈所立遺書，卷背有蔣孝琬所書數碼和『尼靈惠唯書』，未録。

校記

〔一〕『唯』，當作『遺』，《唐後期五代宋初敦煌僧尼的社會生活》據文義校改，『唯』爲『遺』之借字。以下同，不另出校。

〔二〕『醒蘇』，《敦煌簡策訂存》據文義校改作『蘇醒』，按『醒蘇』亦可通，不煩校改。

〔三〕『與』，《敦煌簡策訂存》據文義校改作『予』，按『與』亦可通，不煩校改。

〔四〕『辨』，當作『辦』，據文義改，《敦煌遺書總目索引》、《敦煌簡策訂存》、《敦煌遺書總目索引新編》逕釋作『辦』，『辨』爲『辦』之借字。

〔五〕「吝」，《敦煌遺書總目索引新編》釋作「恢」，誤。

〔六〕「遂」，《敦煌簡策訂存》釋作「送」，誤。

〔七〕「暑」，當作「署」，據文義改，《敦煌遺書總目索引》、《敦煌簡策訂存》、《敦煌遺書總目索引新編》逕釋作「署」，「暑」爲「署」之借字。

〔八〕「印」，《敦煌簡策訂存》、《敦煌社會經濟文獻真蹟釋録》均釋作「節」。

〔九〕「杜」，《敦煌遺書總目索引》釋作「柱」，《敦煌簡策訂存》、《敦煌社會經濟文獻真蹟釋録》未釋。

〔一〇〕「郎」，《敦煌簡策訂存》校改作「都」。

參考文獻

Giles, *BSOS*, *9.4* (*1937*), pp. 1029–1030（録）; *Tunhuang and Turfan Documents Concerning Social and Economic History* Ⅲ, A138–139, B. P. 73（録）;《敦煌資料》一輯，北京：中華書局，一九六一年，四〇三至四〇四頁（録）;《敦煌寶藏》一七册，臺北：新文豐出版公司，一九八一年，二一七頁（圖）;《敦煌遺書總目索引》，北京：中華書局，一九八三年，一五三頁;《敦煌簡策訂存》，臺北：商務印書館，一九八三年，一〇五至一〇六頁（録）;《中國古代籍帳研究》，北京：中華書局，一九八四年，五七二至五七三頁（録）;《隋唐五代經濟史料彙編校注》一編（上），北京：中華書局，一九八七年，一九〇至一九一頁（録）《敦煌學輯刊》一九八七年一期，九七頁;《中國五—十世紀的寺院經濟》，蘭州：甘肅人民出版社，一九八七年，一〇五頁（録）;《敦煌社會經濟文獻真蹟釋録》二輯，北京：全國圖書館文獻縮微複製中心，一九九〇年，一五三頁（録）;《英藏敦煌文獻》四卷，成都：四川人民出版社，一九九一年，三六頁（圖）;《唐後期五代宋初敦煌僧尼的社會生活》，北京：中國社會科學出版社，一九九八年，八四頁（録）;《敦煌研究》一九九八年三期，三四頁;《敦煌遺書總目索引新編》，北京：中華書局，二〇〇〇年，六七頁（録）。

斯二二〇〇　新集吉凶書儀

釋文

（前缺）

三月季春極暄〔一〕，暮春甚暄，晚春劇暄〔二〕，末春暄暖〔三〕。

夏曰朱明。律呂名〔四〕：四月仲呂，五月蕤賓〔五〕，六月林鍾〔六〕。

四月孟夏漸熱〔七〕，首夏微熱〔八〕，初夏向熱〔九〕，早夏稍熱〔一〇〕。

五月仲夏盛熱，中夏毒熱，正夏盛熱〔一一〕，夏中梅熱〔一二〕。

六月季夏極熱，夏末炎熱〔一三〕，晚夏酷熱〔一四〕，殘夏劇熱〔一五〕。

秋曰白藏〔一六〕。律呂名：七月夷則，八月南呂〔一七〕，九月無射〔一八〕。

七月孟秋猶熱，初秋餘熱〔一九〕，秋首尚熱〔二〇〕，早秋微熱〔二一〕。

八月仲秋漸涼，中秋已涼，正秋甚涼〔二二〕，青秋極涼〔二三〕。

九月季秋漸冷〔二四〕，末秋已冷，晚秋甚冷〔二五〕，秋深極冷〔二六〕。冬曰玄英。律呂名：十月應鍾，十一月黃鍾〔二七〕，十二月大呂〔二八〕。

十月孟冬漸寒，初冬微寒，首冬薄寒〔二九〕，早冬稍寒〔三〇〕。

十一月仲冬嚴寒，冬中甚寒〔三一〕，正冬沍寒〔三二〕，玄冬切寒〔三三〕。

十二月季冬極寒，末冬劇寒〔三四〕，晚冬勁寒〔三五〕，暮冬凝寒〔三六〕。

右諸家儀，四時景候，多有不同，今依次序排比〔三七〕，兼加添輕重之間〔三八〕，並可入時行用〔三九〕，儕流咫尺〔四〇〕，免尋他書耳〔四一〕。

寮屬起居啓、狀等

起居啓〔四二〕

某啓：孟春猶寒，伏惟　官位尊體動止萬福〔四三〕。即日某蒙恩蒙恩下有事任言〔四四〕，限以卑守〔四五〕，不獲拜伏〔四六〕，下情無任惶懼。謹奉　啓　起居不宣〔四七〕。謹啓。某月某日具官階姓名啓〔四八〕。

封題啓様〔四九〕

上官位　閤下〔五〇〕　某官階某乙　啓封〔五一〕
謹謹

賀正冬啓〔五二〕

某啓：元正啓祚，萬物惟新〔五三〕。冬至云晷運推移日南長至。伏惟官位膺時納祐〔五四〕，罄無不宜。某限以卑役，不獲隨例拜　賀，下情無任惶懼之至〔五五〕，謹奉啓不宣〔五六〕。謹啓〔五七〕。

賀改官啓

某啓：孟春猶寒，伏惟　官位尊體動止萬福〔五八〕，即日某蒙恩〔五九〕，伏承　天恩，特加　榮命〔六〇〕，伏惟感慰〔六一〕，某卑役有限，不獲隨例拜慶〔六二〕，下情無任抃躍〔六三〕，謹奉啓不宣。謹啓。

起居狀

孟春猶寒〔六四〕，伏惟　官位尊體動止萬福〔六五〕，即日某蒙恩，限以卑守，不獲拜伏〔六六〕，下情無任戀結之至，謹奉狀　起居不宣。謹狀〔六七〕。某月某日具官階姓名〔六八〕　狀

上　官位閤下〔六九〕　謹空須開項書〔七〇〕。

封狀樣〔七一〕 謹謹上 官位閣下 具官階某乙狀封

賀正獻物狀〔七二〕

某色目物〔七三〕 右伏以青陽乍啓，景福惟新，敢申祝壽之儀，用 賀改元之慶。前件物謹差某乙送上〔七四〕，輕觸 尊嚴，伏增戰懼。謹狀。

賀端午獻物狀〔七五〕

某色目物〔七六〕 右伏以端午良辰，禮當續 壽，顧惟遠役，拜 賀無由，前件物誠非珍異〔七七〕，輒敢獻上，用表野芹〔七八〕，塵黷尊嚴，伏增戰懼，伏惟 俯賜處分〔七九〕。謹狀。

賀冬至獻物狀

某色目物〔八〇〕 右伏以黃鍾應節〔八一〕，三冬正中〔八二〕，輒申獻續之儀，敢賀延長之福〔八三〕。前件物謹差某乙送上〔八四〕，冒犯威嚴，伏增戰懼。伏乞俯賜 處分。謹狀〔八五〕。

謝賜物狀

某色目物〔八六〕 右伏以奉委曲〔八七〕，特賜前件物色〔八八〕，捧受驚悚〔八九〕，惶駭失圖。某散劣常材〔九〇〕，謬蒙驅策，涓（涓）塵無補〔九一〕，勞效未鄣（彰）〔九二〕，風（夙）夜憂心〔九三〕，實懼罪責。如是刺史城使即云〔九四〕：濫叨城役〔九五〕，素乏公方，片善無聞，實具（懼）罪責〔九六〕。豈謂 恩光薦及〔九七〕，賞賚仍加，感荷之情，位（倍）百常品〔九八〕。限以卑守，拜謝未由，無任悚懼，感戴之至。謹差某乙奉狀陳謝。謹録狀上。開項言牒件狀如前〔九九〕。謹牒。某年某月日某乙牒〔一〇〇〕。

謝蒙問疾并賜藥物狀〔一〇一〕

具官階銜某乙　右某乙自拙將理，去某時忽染某疾。如痛疾發動〔一〇二〕，亦任言之。伏蒙　官位恩造，特賜顧問〔一〇三〕，并賜藥物等〔一〇四〕，無任感荷〔一〇五〕。某疲駑之質〔一〇六〕，寒熱所侵，仰承恩慈，稍將減退。今即漸加平復〔一〇七〕，限守邊城〔一〇八〕，拜　謝未由〔一〇九〕，伏增戀結〔一一〇〕。謹奉狀陳謝。謹録狀上。

邊城職事遇疾乞替狀〔一一一〕

具官階銜某乙〔一一二〕　右某乙伏蒙驅策〔一一三〕，鎮守邊城〔一一四〕，歲月方深〔一一五〕，涓（涓）滴無助〔一一六〕，加以年將衰暮〔一一七〕，疾病相仍〔一一八〕，綿歷筐牀〔一一九〕，呻吟永日〔一二〇〕，顧惟彫瘵〔一二一〕，力所無堪。伏緣邊城務重，煙火多虞，晝警夜巡〔一二二〕，實憂敗闕〔一二三〕。伏乞官位仁慈〔一二四〕，哀以疾苦，特賜差替，庶得專於方藥〔一二五〕，所冀骸骨獲全〔一二六〕，伏望生成之　恩〔一二七〕，終賜哀察。謹録狀上〔一二八〕，伏聽處分〔一二九〕。

蒙補職事謝語〔一三〇〕

某乙一介卑賤〔一三一〕，伏蒙　官位恩造〔一三二〕，特賜補署某職〔一三三〕，得伏事　旌麾〔一三四〕。如不是節度，即云階檐〔一三五〕。下情無任惶懼。

天使及宣慰使并勑書到賀語〔一三六〕

某官到，伏承　聖躬萬福〔一三七〕，某乙等忝事　旌麾〔一三八〕。無任抃躍。

賀使長加官語

伏承　天恩〔一三九〕，特加榮命，某乙等忝事　旌麾〔一四〇〕。無任抃躍。

賀四海朝友加官語

伏承　天恩，特加榮命。如補受職事〔一四一〕，即云伏承官位擇材〔一四二〕，遷署美職〔一四三〕。伏惟感慰。　答：天恩加官。如職事，即云官位不以某乙庸劣〔一四四〕，特授某職。不任感懼。

四海平懷參慰語并書狀

經正冬相賀語〔一四五〕

如彼此有二親云經改年。如冬云經長至。伏惟俯同　歡慶。亦云慶慰〔一四六〕。如彼此無父母即云伏惟俯同〔一四七〕，永感罔極。如彼此有父無母云惟同　偏思〔一四八〕。如彼此有母無父云惟同　偏感〔一四九〕。如前人有父母己無父母即云伏惟　慶慰，某乙不任，永感罔極。言感者思親也〔一五〇〕。如前人尊，先叙前人，後則自叙。餘皆倣此〔一五一〕，臨時裁而行之。

與四海極尊狀謂諸丈人、受業師父〔一五二〕、妻父母等〔一五三〕。

違奉已久，伏增馳結。不奉　誨示，無慰下情。孟春猶寒，伏惟　某位尊體動止萬福。即日某蒙恩〔一五四〕，限以所守，拜伏未由，無任馳結，謹奉狀不宣。某乙再拜　某位座前。此開項書之〔一五五〕。

月日〔一五六〕。

與四海稍尊狀謂前人年高於己者及姑夫、姨妻（夫）〔一五七〕、夫（妻）伯叔等〔一五八〕。

拜辭雖近，馳戀增深〔一五九〕。仲春已暄，伏惟　某位動止萬福今多云尊體〔一六〇〕，即此某蒙推免〔一六一〕。今多云即日某蒙恩。未由拜伏，但增瞻戀。謹奉狀不宣。某乙再拜〔一六二〕　月日開行〔一六三〕　某位。座前〔一六四〕。此亦開行〔一六五〕。

與四海平懷書

闊叙未久〔一六六〕，傾仰殊深。時候，伏惟　官位動止康和〔一六七〕。即此某蒙免〔一六八〕，所守有限，展奉未由，謁（渴）慕之情〔一六九〕，難以爲喻。人使之次，不絶　知聞〔一七〇〕，幸也。謹奉狀不宣。謹狀。

與四海未相識書〔一七一〕

平生雖未拜奉，謁（渴）仰早深〔一七二〕。時候，伏惟某官動止萬福。即此某蒙〔推〕免〔一七三〕，所守有限〔一七四〕，展拜未由，空增馳慕之至〔一七五〕，〔謹〕奉狀不宣〔一七六〕。謹狀。

答書　久藉　芳猷，未遂披展，忽辱　榮問，深慰勤誠。時候，伏惟　某官，動止萬福。即此某蒙推免〔一七七〕，限以官守，拜　謁未由，瞻矚之誠〔一七八〕，益增勤慕〔一七九〕。謹奉還狀不宣〔一八〇〕。謹狀〔一八一〕。

四海雜相迎書語〔一八二〕

酒熟相迎書〔一八三〕

家醞清春〔一八四〕，昨始新熟。深思　知已，仰慕同筵〔一八五〕，不恥蓬門，幸垂過訪〔一八六〕。一否（杯）解悶〔一八七〕，便請速來，即當幸也。謹奉狀不宣〔一八八〕。謹狀。

久不相見〔相〕迎書〔一八九〕

眷仰多時，無由披叙，今具空酒，輒敢諮邀〔一九〇〕，幸願同歡〔一九一〕，請垂降顧。專佇候，專佇候。不宣。謹狀。

醉後失禮謝書

昨日飲多〔一九二〕，醉甚過度，粗踈（疏）言詞〔一九三〕，都不醒覺。朝來見諸人説，方知其由，無地容身，慚悚尤積，本緣小器〔一九四〕，到（致）次（此）滿盈〔一九五〕，深及責，深及責〔一九六〕。伏望　仁明〔一九七〕，不賜罪責，續當面謝。先狀　諮申〔一九八〕，伏惟監（鑒）察〔一九九〕。不宣。謹狀〔二〇〇〕。

歲日相迎書

獻歲初開〔二〇一〕，元正啓祚。入新改故〔二〇二〕，萬物同宜〔二〇三〕。共叙芳年，咸成麗景〔二〇四〕。聊陳薄酌，用展旅情。便請此來〔二〇五〕，下情所望。謹奉狀不宣。謹狀。

社日相迎書

春秋八節，唯社最尊，略置小會〔二〇六〕，共賞旅情。謹令　諮屈，請便降臨，是所望也。謹走狀不宣。謹狀。

寒食相迎書

時候花新，春陽滿路〔二〇七〕，節冬寒食〔二〇八〕，冷飯三晨〔二〇九〕，爲古人之絶煙，除盛夏之温氣〔二一〇〕，空賫渌醑，野外散煩，伏惟同饗　先靈。狀至，〔幸〕垂降赴〔二一一〕。謹狀。

端午相迎書

喜逢嘉節〔二一二〕，端午良辰，獻續同歡〔二一三〕，傳自荆楚。但慚羈泊，何可申懷。空備團粽，幸請　光臨〔二一四〕。謹奉狀不宣。謹狀。

重陽相迎書

重陽之節，翫菊傾思，縣珠一杯〔二一五〕，倍加謁（渴）慕〔二一六〕。亦云茱萸之酒〔二一七〕，不可獨斟〔二一八〕，思憶朋寮，何以言述〔二一九〕。謹令奉屈〔二二〇〕，幸速降臨。不宣。謹狀。

冬至日相迎書〔二二一〕

長至初開〔二二二〕，三冬正中，佳節膺期，聊堪展思。竟無珍異〔二二三〕，祇待　明公〔二二四〕，空酒餛飩，幸垂　訪及。謹狀。

僧道吉書儀

俗人與僧人書〔二二五〕

頂奉雖近，馳誠寔深。春首尚寒〔二二六〕，伏惟　和尚法體勝常〔二二七〕，即此某蒙免，以和尚澄心幽寂〔二二八〕，攝姓（性）禪林〔二二九〕，感動衆心，歸依正覺。第（弟）子限以俗塵〔二三〇〕，未由頂謁〔二三一〕，勤慕之至，難以喻言。謹奉狀不宣〔二三二〕。第（弟）子姓名和南〔二三三〕。如不是門師，即不要稱第（弟）子〔二三四〕。和尚。法前亦云座前〔二三五〕。

僧人答俗人書〔二三六〕

闊敘既久〔二三七〕，馳戀仰每深〔二三八〕，忽奉　榮翰〔二三九〕，殊慰勤謁〔二四〇〕。春景暄和〔二四一〕，伏惟　某官動止康和〔二四二〕。即此某蒙免，某雖居一室，未辯三空，行業荒蕪〔二四三〕，虛勞　問及，未由披展，馳企難言。謹奉還狀不宣〔二四四〕。釋某狀上〔二四五〕。僧道書言詞輕重，與俗並同，唯只不言再拜頓首字〔二四六〕。某官〔二四七〕。閣下亦云記室，如前人稍小即言侍者執事〔二四八〕。謹空。

俗人與道士書

奉別多時，常思展　謁。首春尚寒，伏惟　尊師道體康和。即此某蒙推免〔二四九〕，以尊師逍遥紫府，側跡清虛，學好（妙）法而乘雲〔二五〇〕，念飛仙而駕鶴〔二五一〕。某限以俗塵，未由奉　謁，瞻慕之至，空結馳誠〔二五二〕。謹奉狀不宣。某狀上　尊師法前〔二五三〕。　某月

斯二二〇〇

日〔二五四〕。

道士答俗人書

辭奉稍久，傾矚良深〔二五五〕。忽辱　芳翰，殊慰乃懷。夏中甚熱，伏惟　某官動止康和。即此某蒙推免，某雖尋左契〔二五六〕，未識玄真，白石空瞻，莫知其意〔二五七〕。但懷兢勵，徒戀（變）星霜〔二五八〕，中心之情，難可言述〔二五九〕。未間款執〔二六〇〕，馳詠彌深。謹奉狀不宣。某狀上　某官閣下〔二六一〕。

第（弟）子與和尚〔二六二〕

尊師狀　違離已久，無任馳結〔二六三〕。孟春猶寒，伏惟　和尚尊師尊體動止萬福〔二六四〕。即日某蒙恩，未由頂伏，無任戀結〔二六五〕，謹奉狀不備。某乙和南稽首〔二六六〕。如道士云狀上〔二六七〕。　和尚尊師几前〔二六八〕。

和尚尊師與第（弟）子書〔二六九〕

别汝已久〔二七〇〕，眷想每深〔二七一〕。春寒，比如何〔二七二〕？此吾如常，未即集見，懸念增積，立遣此不多〔二七三〕。和尚某告　某乙省。

内外族吉書

上祖父母及父母狀外祖父母（狀）亦同〔二七四〕。

違離已久，戀結伏深，不奉告勒，無任焦灼〔二七五〕。孟春猶寒，伏惟　翁婆耶孃尊體起居萬福。即日某蒙恩，限以某事，未由拜　侍，伏增戀結。謹修狀　起居不備〔二七六〕，某再拜　翁婆耶孃几前〔二七七〕。

上伯叔姑及伯叔母狀姨舅并妻父母亦同〔二七八〕。

辭違已久，伏增馳戀〔二七九〕，不奉　誨示〔二八〇〕，無慰下情〔二八一〕。孟春猶寒，伏惟　伯叔姑尊體動止萬福〔二八二〕。即日某蒙恩，限以某事，未由拜覲，伏增馳結〔二八三〕，謹奉狀不宣。某再拜　伯叔姑姨舅座前〔二八四〕。

上兄姊姑夫姨夫狀內外表丈人及妻伯叔亦同〔二八五〕。

拜辭雖近，馳戀增深，不奉　誨示，無慰下情。孟春猶寒，伏惟　兄姊姑姨夫動止萬福今時多云尊體動止萬福〔二八六〕，即日某蒙恩〔二八七〕，限以某事，未由拜奉〔二八八〕，伏增馳戀。謹奉狀不宣。某再拜

某號座前。

與弟妹書

別汝已久〔二八九〕，憶念難言，久不得書，憂耿何極〔二九〇〕！春寒〔二九一〕，念汝佳健〔二九二〕。此吾如常，未期集見〔二九三〕，眷想盈懷〔二九四〕。立遣此不具〔二九五〕。兄某報　弟某第（弟）妹處〔二九六〕。

與子姪孫書〔二九七〕

不見汝多時，日增懸念〔二九八〕，復無近信，憂憶更深。春寒，念汝佳吉。此吾如常，未

即見汝，憶念難言。遺此不多。某告〔二九九〕　某乙省。

與姑舅兩姨第（弟）妹書〔三〇〇〕

爲别已久，馳想日深。不得音書，無以爲慰。春寒，願　所履休勝。此某遣免，未即集會，眷仰彌深，立遣書不復。内外兄姊〔三〇一〕，　某書呈舅兒云内，姑兒云外。弟某郎左右〔三〇二〕。

與女婿書〔三〇三〕

闊叙既久〔三〇四〕，眷想每深，比不得書，何以爲慰。春寒，比何似？此某如常〔三〇五〕，想見未期〔三〇六〕，增以懸念，遣此不復。某書呈　某郎左右。

夫與妻書

執别已久，思慕每深〔三〇七〕，信使不通，音書斷絶〔三〇八〕。景（春）春（景）暄和〔三〇九〕，惟　弟（第）幾娘子動止康和〔三一〇〕，兒女等各得佳健。此某蒙免，今承官役，且得平善，憂念家中，豈可言述。好須　侍〔奉〕〔三一一〕。如無父母，不要此語。男女嚴切教令〔三一二〕，不得令其猖蕩。限以所役〔三一三〕，展款未由，空積思慕。今因某乙往〔三一四〕，附狀不宣。某狀通

幾娘子左右〔三一五〕。

妻與夫書

拜别已久，馳慕增深，不奉　示問，無慰下情。時候，伏惟　某郎如有官位呼之亦得〔三一六〕，動止萬福。即此兒蒙推免〔三一七〕，家内大小並得平帖〔三一八〕，不審遠地　德理如何？願善自　保攝，事了

早歸，深所望也〔三一九〕。未由拜伏，但增馳結〔三二〇〕。謹奉狀不宣。某氏兒狀上云內狀上亦得。

已後闕半。

大中十年九月十一日未時文官（？）陰　願榮書。

説明

此件首缺尾全，首部下半截殘缺，中間有十餘行上半截殘缺，起『三月季春極暄』，訖尾題『大中十年（公元八五六年）九月十一日未時文官陰願榮書』，所存內容爲張敖撰《新集吉凶書儀》之『吉儀』的一部分，其篇題『寮屬起居啓狀等』、『四海平懷參慰語并書狀』、『四海雜相迎書語』、『僧道吉書儀』、『內外族吉書』均用朱筆書寫，每條書儀之首亦用朱筆作界隔符號。其題記前之『已後闕半』，並非書儀的內容，應是抄寫者的按語，意在提示此件的內容並不完整，或者抄寫者所依據的文本已經殘缺。

敦煌遺書中保存的《新集吉凶書儀》，對此件有校勘價值的有伯二六四六、伯二五五六、伯三二四六、伯三二四九、伯四〇一九、伯三二八四和斯四七六一等七件，有關這七件寫本的內容與抄寫特點，趙和平《敦煌寫本書儀研究》已有説明。該書以伯二六四六爲底本校録了《新集吉凶書儀》（參看《敦煌寫本書儀研究》，五一八至五六七頁）。

以上釋文是以斯二二〇〇爲底本，用伯二六四六（稱其爲甲本）、伯二五五六（稱其爲乙本）、伯三二四六（稱其爲丙本）、伯三二四九（稱其爲丁本）、伯四〇一九（稱其爲戊本）、伯三二八四（稱其爲己本）、斯四七六一（稱其爲庚本）參校。

校記

〔一〕『極暄』，據甲、乙、丙、丁本補。
〔二〕『劇暄』，據甲、乙、丁本補。
〔三〕『末春暄暖』，據甲、乙、丁、戊本補。
〔四〕『呂』，甲、丁本同，乙、丙本作『口』，誤。
〔五〕『蕤賓』，據甲、戊本補，乙本作『甤賓』，丁本作『蕤』。
〔六〕『六月林鍾』，據甲、乙、丁本補，戊本作『六月材鍾』。
〔七〕庚本始於此句。
〔八〕『首夏微』，乙、丙、丁本同，甲本作『初夏向』。
〔九〕『夏向熱』，據甲、乙、丁、戊本補。
〔一〇〕『早夏稍熱』，據甲、乙、丁、戊本補。
〔一一〕『夏盛熱』，據甲、乙、丁、戊本補。
〔一二〕『夏中梅熱』，據乙、丁、戊本補，甲本此句作『夏中悔熱』。
〔一三〕『末』，甲、丙、丁本同，乙本作『未』，誤。
〔一四〕『酷熱』，據甲、乙、丁、戊本補。
〔一五〕『殘夏劇熱』，據甲、乙、丁本補。
〔一六〕『白』，甲、乙、丙、庚本同，丁本作『自』，誤。

〔一七〕『呂』，據甲、乙、丁、戊本補。
〔一八〕『九月無射』，據甲、乙、丁、戊本補。
〔一九〕『餘』，乙、丙、丁、庚本同，甲本作『稍』。
〔二〇〕『尚熱』，據甲、乙、丁、戊本補。
〔二一〕『早秋微熱』，據甲、乙、丁本補。
〔二二〕『甚涼』，據甲、乙、丁、戊本補。
〔二三〕『青秋極涼』，據甲、乙、丁本補。
〔二四〕『漸』，乙、丙、丁、庚本同，甲本作『霜』。
〔二五〕『晚秋甚冷』，據甲、乙、丙、丁本補。
〔二六〕『秋深極冷』，據甲、乙、丁、戊本補。
〔二七〕『十一月黄鍾』，據甲、乙、丁本補。
〔二八〕『十二月大呂』，據甲、乙、丁、戊本補。
〔二九〕『首冬薄寒』，據甲、乙、丁本補。
〔三〇〕『早冬稍寒』，據甲、乙、丁、戊本補。丁本止於此句。
〔三一〕『甚』，甲、丙、庚本同，乙本作『其』，誤。
〔三二〕『正冬沍寒』，據乙、戊本補，甲本此句作『正冬淥寒』。
〔三三〕『玄冬切寒』，據甲、乙、戊本補。
〔三四〕『末』，甲、丙、庚本同，乙本作『未』，誤。
〔三五〕『晚冬勁寒』，據甲、乙、戊本補。

〔三六〕『暮冬凝寒』，據甲、乙本補。
〔三七〕『今依次序排比』，據乙本補，甲本此句作『今衣次庶排比』，丙、戊本作『今於次序排比』。
〔三八〕『兼加添輕重之間』，據甲、乙本補。
〔三九〕『並』，據甲、乙、丙、庚本補。
〔四〇〕『儕』，乙、丙、庚本同，甲本作『齊』，誤。
〔四一〕『書耳』，據甲、乙、丙、戊本補。
〔四二〕『起居啓』，據甲、乙、丙、戊、庚本補。甲本此句抄於『免尋他書耳』之後。
〔四三〕『體動止萬福』，據乙、丙、戊、庚本補，甲本此句作『體動正萬福』。
〔四四〕『即日某蒙恩蒙恩下有事任言』，據甲、乙、戊本補。
〔四五〕『限以卑守』，據乙本補，甲、戊本無。
〔四六〕『不』，據甲、乙、丙、戊、庚本補。
〔四七〕『奉』，甲、丙、庚本同，乙、戊本無。
〔四八〕第一個『某』，甲、丙、戊本同，乙本無；第二個『某』，丙、庚本同，甲、乙、戊本無；『具』，丙、戊、庚本同，乙本無，甲本作『且』，誤；『階』，甲、丙、戊、庚本同，乙本作『銜』。
〔四九〕『題』，乙、丙、戊、庚本同，甲本脱。此句後之啓樣甲本無。
〔五〇〕『閤』，丙、庚本同，戊本無，乙本作『合』，誤；『下』，乙、丙、庚本同，戊本無。
〔五一〕『封』，乙、丙、庚本同，戊本作『封封』。
〔五二〕『正』，乙、丙、戊、庚本同，甲本作『止』，誤。
〔五三〕『新』，丙、戊、庚本同，甲本作『雜』，乙本作『親』，均誤。

〔五四〕『惟官位膺時』，據甲、丙、戊、庚本補，乙本作『惟官位應時』。
〔五五〕『惶懼之至』，據甲、乙、戊本補。
〔五六〕『謹奉啓』，據甲、乙、丙、戊、庚本補。
〔五七〕『啓』，乙、丙、戊、庚本同，甲本作『狀』，誤。
〔五八〕『體動止萬福』，據乙、戊本補，甲本作『體動正萬福』。
〔五九〕『即』，據甲、乙、戊、庚本補。
〔六〇〕『特』，甲、乙、丙、庚本同，戊本作『時』，誤。
〔六一〕『感慰』，乙、戊本同，甲本作『慰感』。
〔六二〕『隨例拜慶』，據甲、乙、戊、庚本補。
〔六三〕『抃』，乙、丙、戊、庚本同，甲本作『忭』，均可通。
〔六四〕『春』，甲、乙、戊、庚本同，丙本作『奉』，誤。
〔六五〕『官位』，乙、丙、戊本同，甲本作『某官』。
〔六六〕『伏』，甲、丙、戊本同，乙、庚本作『狀』，誤。
〔六七〕『狀』，甲、乙、丙、庚本同，戊本脱。
〔六八〕第二个『某』，甲、乙、丙、戊、庚本無。
〔六九〕『官位』，丙、戊本同，甲本作『某官』。
〔七〇〕『須』，乙、丙、戊、庚本同，甲本無。
〔七一〕『封』，甲、乙、丙、庚本同，戊本作『謹』，誤。此句甲本誤植於上句『謹空』、『開項書』之間，此句後之封狀樣甲本無。

〔七二〕『獻』，甲、丙、戊、庚本同，乙本脱。
〔七三〕『某』，甲、丙、戊、庚本同，乙本作『其』。
〔七四〕『件』，乙、戊、庚本同，甲本作『伴』，丙本作『仲』，均誤；『物』，乙、丙、戊、庚本同，甲本脱；『差』，甲、乙、丙、庚本同，戊本作『著』。
〔七五〕『端午』，甲、丙、戊、庚本同，乙本作『正』，誤。
〔七六〕『某』，甲、乙、戊、庚本同，丙本作『其』。
〔七七〕『件』，乙、丙、戊、庚本同，甲本作『伴』，誤。
〔七八〕『芹』，甲、乙本同，丙本作『芥』。
〔七九〕『伏惟』，丙、庚本同，甲本無。
〔八〇〕『某』，甲、乙、戊、庚本同，丙本作『其』。
〔八一〕『伏』，甲、丙、戊本同，乙、庚本作『狀』，誤；『應』，甲、丙、戊、庚本同，乙本脱。
〔八二〕『中』，丙、庚本同，甲本脱。
〔八三〕『敢』，甲、丙、戊、庚本同，乙本作『敬』；『之』，甲、丙、戊、庚本同，乙本脱。
〔八四〕『件』，乙、丙、庚本同，甲本作『伴』，誤。
〔八五〕『謹狀』，乙、丙、庚本同，甲本無。
〔八六〕『某』，甲、乙、戊、庚本同，丙本作『其』。
〔八七〕『以』，甲、乙、丙、庚本無。
〔八八〕『件』，丙、庚本同，甲本作『伴』，誤；『色』，丙、戊、庚本同，甲本無。
〔八九〕『捧』，甲、戊本作『棒』，誤；『受』，甲、戊、庚本作『授』，誤。

〔九〇〕「劣」，乙、丙、庚本同，甲本作「蒙」，誤。

〔九一〕「湏」，乙本同，當作「涓」，據甲、丙、戊、庚本改。

〔九二〕「鄣」，當作「彰」，據甲、丙、戊、庚本改，「鄣」爲「彰」之借字。

〔九三〕「風」，丙本同，當作「夙」，據甲、戊、庚本改。

〔九四〕「城使」，甲、乙、戊、庚本同，丙本無。

〔九五〕「濫」，乙、丙本同，甲、戊本作「監」，誤。

〔九六〕「具」，甲本無，當作「懼」，據乙、丙、戊本改，「具」爲「懼」之借字。

〔九七〕「光」，底本似作「先」，在敦煌寫本中，「光」、「先」因形近常寫混，故這裏逕釋作「光」。

〔九八〕「位」，當作「倍」，據甲、乙、丙、戊、庚本改。

〔九九〕「牒」，甲、乙、丙、庚本同，戊本脱；「件」，乙、丙、戊、庚本同，甲本脱；「狀」，甲、丙、庚本同，乙本脱。

〔一〇〇〕第二個「某」，丙、庚本無。此句甲本無。

〔一〇一〕「賜」，甲、丙本同，乙、戊、庚本脱。

〔一〇二〕「痼」，乙、丙、庚本同，甲本作「固」，誤；「發」，乙、丙、庚本同，甲本作「廢」，誤。

〔一〇三〕「問」，據甲、乙、丙、戊、庚本補。

〔一〇四〕「并賜藥物等」，據乙、丙、庚本補，甲本作「并賜藥物狀」。

〔一〇五〕「任」，據甲、乙、丙、庚本補。

〔一〇六〕「疲」，乙、丙本同，甲本作「疾」，誤。

〔一〇七〕「今即漸加平復」，據甲、乙、丙本補。

〔一〇八〕『限守邊城』，據乙、丙本補，甲本作『限以邊城』。
〔一〇九〕『拜』，據甲、乙、丙、戊本補。
〔一一〇〕『伏』，乙、丙、戊本同，甲本作『使』，誤。
〔一一一〕『邊城職事遇疾乞替狀』，據乙、丙、戊、庚本補，甲本作『邊城職事遇疾乞至狀』。
〔一一二〕『銜』，丙、戊本同，甲本無。
〔一一三〕『右某乙伏蒙驅策』，據甲、乙、丙、庚本補。
〔一一四〕『鎮守邊城』，據甲、乙、丙、戊、庚本補。
〔一一五〕『歲月』，據甲、乙、丙、戊、庚本補。
〔一一六〕『涓』，當作『涓』，據甲、乙、丙、戊、庚本改。
〔一一七〕『加』，甲、丙、庚本同，乙本脱。
〔一一八〕『仍』，據甲、丙、戊、庚本補。
〔一一九〕『綿歷筐牀』，據甲、丙、戊、庚本補。
〔一二〇〕『呻吟永日』，據乙、丙、戊、庚本補，甲本作『申今永日』。
〔一二一〕『顧惟彫瘵』，據乙、丙、庚本補，甲本作『顧推彫瘵』。
〔一二二〕『晝警夜巡』，據丙、庚本補，甲本作『晝警夜巡』。
〔一二三〕『實憂敗闕』，據甲、乙、丙、庚本補。
〔一二四〕『伏乞』，據甲、乙、丙、戊、庚本補。
〔一二五〕『庶得專於方藥』，據甲、乙、丙本補。
〔一二六〕『所冀骸骨獲』，據甲、丙、戊、庚本補。

〔一二七〕「生」，丙、庚本同，甲、乙、戊本脱。

〔一二八〕「狀上」，據甲、乙、丙、戊、庚本補。

〔一二九〕「伏聽處分」，據甲、丙、庚本補，乙本作「聽處分」。

〔一三〇〕「蒙補職事謝語」，據乙、丙、戊、庚本補，甲本作「蒙補職語」。

〔一三一〕「一」，甲、乙、戊、庚本同，丙本脱。

〔一三二〕「官位恩造」，據乙、丙、戊、庚本補，甲本作「官位」。

〔一三三〕「特賜補署某職」，據乙、丙、戊、庚本補，甲本作「特賜補暑某職」。

〔一三四〕「得伏事」，據甲、乙、丙、庚本補。

〔一三五〕「階」，甲、丙、戊、庚本同，乙本作「皆」，誤。

〔一三六〕「天使及宣慰使并勅書」，據甲、乙、丙、戊、庚本補。

〔一三七〕「伏」，甲、乙、丙、庚本同，戊本作「休」，誤；「承」，甲、丙、戊、庚本同，乙本作「丞」。

〔一三八〕「旌」，據甲、乙、丙、戊、庚本補。

〔一三九〕「承」，甲、丙、戊、庚本同，乙本作「丞」。

〔一四〇〕「事」，乙、丙、戊、庚本同，甲本作「伏事」。

〔一四一〕「事」，乙、丙、戊、庚本同，甲本作「二事」。

〔一四二〕「云」，甲、乙、戊、庚本同，丙本作「亡」，誤；「材」，乙、丙、戊、庚本同，甲本作「才」。

〔一四三〕「署」，乙、丙、戊、庚本同，甲本作「置」。

〔一四四〕「以」，丙、庚本同，甲、乙、戊本作「與」，「與」爲「以」之借字；「庸劣」，乙、丙、戊、庚本同，甲本作「客蒙」，誤。

〔一四五〕此句乙、丙、戊、庚本同，甲本脱。
〔一四六〕『慶慰』，乙、丙、戊、庚本同，甲本作『慰慶』。
〔一四七〕『云』，甲、丙本同，乙、戊、庚本脱；『俯』，丙本同，甲、乙、戊、庚本脱；『同』，甲、丙、戊、庚本同，乙本脱。
〔一四八〕『父無母』，乙、丙、戊、庚本同，甲本作『無父母』；『同』，丙、庚本同，甲、乙、戊本脱。
〔一四九〕『同』，甲、乙、戊、庚本同，丙本作『俯同』。
〔一五〇〕『思』，甲、乙、戊本同，丙本作『以思』。
〔一五一〕『此』，甲、丙、戊、庚本同，乙本脱。
〔一五二〕『父』，乙、丙、戊、庚本同，甲本作『又』，誤。
〔一五三〕『等』，甲、乙、戊、庚本同，丙本作『業』，誤。
〔一五四〕『某』，乙、丙、庚本同，甲本作『某乙』。
〔一五五〕『此開項』，乙、丙、庚本同，甲本無；『書』，丙、庚本同，甲、乙本無；『之』，乙、丙、庚本同，甲本無。
〔一五六〕『月日』，乙、丙、庚本同，甲本作『某月日』。
〔一五七〕『妻』，當作『夫』，據甲、乙、丙、戊、庚本改。
〔一五八〕『夫』，當作『妻』，據甲、乙、丙、戊、庚本改。甲本此句後誤抄上文『與四海極尊狀』之内容，並重抄『與四海稍尊狀謂前人年高於己者及姑夫、姨夫、妻伯叔等』。
〔一五九〕『戀』，甲、丙、庚本同，乙本作『戀結』；『增』，甲、乙、丙、庚本作『已』。
〔一六〇〕『位』，乙、丙、戊、庚本同，甲本作『位尊體』。
〔一六一〕底本『蒙推』二字右側均有墨點，疑爲點勘符號。

〔一六二〕戊本止於此句。
〔一六三〕『月日』，乙、庚本同，甲本作『某月日』，丙本作『開行』；『開行』，甲、乙、庚本同，丙本作『月日』。
〔一六四〕『座』，甲、乙、庚本同，丙本作『坐』，均可通。
〔一六五〕『此』，丙、庚本同，甲、乙本無；『亦開行』，乙、丙、庚本同，甲本無。
〔一六六〕『闕』，甲本同，乙、丙、庚本作『闊』。
〔一六七〕『伏』，甲本同，乙、丙、庚本脱；『官位』，甲、乙、丙、庚本作『某官』。
〔一六八〕『免』，丙、庚本同，甲、乙本作『推免』。
〔一六九〕『謁』，當作『渴』，據甲、乙、丙、庚本改；『慕』，甲、丙、庚本同，乙本作『暮』，誤。
〔一七〇〕『知』，乙、丙、庚本同，甲本作『之』。
〔一七一〕『相』，乙、丙、庚本同，甲本脱；『識』，甲、乙、庚本同，丙本作『職』，誤。
〔一七二〕『謁』，當作『渴』，據甲、乙、丙、庚本改。
〔一七三〕『蒙』，乙、丙、庚本同，甲本作『蒙恩』；『推』，據甲、乙、丙、庚本補。
〔一七四〕『有』，據殘筆劃及甲、乙、丙、庚本補。
〔一七五〕『增馳』，乙、丙、庚本同，甲本作『戀結』；『慕』，甲、丙、庚本同，乙本作『暮』，『暮』爲『慕』借字。
〔一七六〕『謹』，據甲、乙、丙、庚本補。
〔一七七〕『某』，乙、丙、庚本同，甲本無。
〔一七八〕『誠』，甲、丙、庚本同，乙本作『成』，『成』爲『誠』之借字。
〔一七九〕『益』，乙、庚本同，甲、丙本作『答』，誤；『慕』，甲、丙、庚本同，乙本作『暮』，『暮』爲『慕』之借字。
〔一八〇〕『還』，乙、丙、庚本同，甲本脱。

〔一八一〕底本此句後有『酒熟相迎書』，已用朱筆塗抹，不録。
〔一八二〕『迎』，甲、丙、庚本同，乙本作『印』，誤；『語』，乙、丙、庚本同，甲本脱。
〔一八三〕『迎』，甲、丙、庚本同，乙本作『印』，誤。
〔一八四〕『醞』，丙、庚本同，甲本作『温』，誤。
〔一八五〕『慕』，甲、丙、庚本同，乙本作『暮』，『暮』爲『慕』之借字。
〔一八六〕『過訪』，乙、丙、庚本同，甲本作『訪過』。
〔一八七〕『否』，當作『杯』，據甲、乙、丙、庚本改。
〔一八八〕『謹奉狀不宣』，丙本同，甲、乙本無。
〔一八九〕『相見』，乙、丙、庚本同，甲本脱；『相』，據甲、乙、丙、庚本補；『迎』，甲、丙、庚本同，乙本作『印』，誤。
〔一九〇〕『敢』，甲、丙、庚本同，乙本作『敬』。
〔一九一〕底本『幸』後原書『垂』字，用朱筆塗抹，不録。
〔一九二〕『日』，乙、丙、庚本同，甲本作『夜』。
〔一九三〕『踈』，甲、乙、丙、庚本同，當作『疏』，據文義改，『踈』爲『疎』之訛，『疎』同『疏』。
〔一九四〕『小』，乙、丙本同，甲本作『少』。
〔一九五〕『到』，當作『致』，據甲、乙、丙本改；『次』，當作『此』，據甲、乙、丙、庚本改，『次』爲『此』之借字。
〔一九六〕『深』，乙、庚本同，甲、丙本脱。
〔一九七〕『明』，乙、丙、庚本同，甲本作『恩』。
〔一九八〕己本始於此句。
〔一九九〕『監』，甲、乙本同，當作『鑒』，據丙、己、庚本改，『監』爲『鑒』之借字。

〔二〇〇〕丙本止於此句。
〔二〇一〕「初」，乙、庚本同，甲本作「杦」，誤。
〔二〇二〕「入」，乙、己本同，甲本作「萬物入」。
〔二〇三〕甲本在「萬物」二字後有一墨點。
〔二〇四〕「咸」，庚本同，己本脱，甲本作「珍」。
〔二〇五〕「來」，乙、己本同，甲本作「卒」，誤。
〔二〇六〕「置」，乙本同，甲、己本作「暑」，誤。
〔二〇七〕「路」，乙、己本同，甲本脱。
〔二〇八〕「冬」，甲、乙、己本同，《敦煌寫本書儀研究》據伯三六九一校改作「名」。
〔二〇九〕「三」，乙、己本同，甲本作「三食」，「食」爲衍文，據文義當删。
〔二一〇〕「除」，乙、己、庚本同，甲本脱。
〔二一一〕「幸」，據甲、乙、己、庚本補；「垂」，乙、庚本同，甲本作「爲」。
〔二一二〕「嘉」，底本原用墨筆書寫一字，後用朱筆校改作「嘉」。
〔二一三〕「獻」，乙、己本同，甲本作「處」。
〔二一四〕「光」，底本似作「先」，在敦煌寫本中，「光」、「先」因形近常寫混，故這裏逕釋作「光」。
〔二一五〕「縣」，乙、己本同，甲本脱，庚本作「懸」，亦可通。
〔二一六〕「謁」，甲本同，當作「渴」，據乙、己本改。
〔二一七〕「萸」，乙、己本同，甲本作「莫」，誤。
〔二一八〕「可」，甲本作「敢」，乙、己本無。

〔二一九〕『何』，己本同，甲本作『可』，誤。
〔二二〇〕『令』，乙、己本同，甲本脱。
〔二二一〕『日』，乙、己、庚本同，甲本無。
〔二二二〕『開』，甲、乙、己本作『啓』。
〔二二三〕『竟』，乙、己本同，甲本作『意』，誤。
〔二二四〕『公』，乙、己本同，甲本脱。
〔二二五〕第二個『人』，甲、乙本同，己本脱。庚本止於此句之『俗』字。
〔二二六〕『首』，甲、己本同，乙本脱。
〔二二七〕『常』，乙、己本同，甲本作『幸』，誤。
〔二二八〕『澄』，乙、己本同，甲本作『登』，誤。
〔二二九〕『姓』，當作『性』，據甲、乙、己本改，『姓』爲『性』之借字；『林』，乙、己本同，甲本作『杖』，誤。
〔二三〇〕『第』，乙、己本同，當作『弟』，據甲本改，『第』爲『弟』之借字。
〔二三一〕『頂』，乙、己本同，甲本脱；『謁』，甲、己本同，乙本作『渴』，誤。
〔二三二〕『不宣』，乙、己本同，甲本無。
〔二三三〕『第』，當作『弟』，據甲、乙本改，『第』爲『弟』之借字；『和南』，甲本無，乙、己本作『和尚』，誤。
〔二三四〕『第』，己本同，當作『弟』，據甲、乙本改，『第』爲『弟』之借字。
〔二三五〕『亦』，乙、己本同，甲本脱。
〔二三六〕『答』，乙、己本同，甲本作『與』。
〔二三七〕『闊』，乙本同，甲、己本作『闕』。

〔二三八〕『戀』，甲、乙、己本無，係衍文，據文義當删。
〔二三九〕『翰』，己本同，甲本作『輪翰』。
〔二四〇〕『謁』，己本同，甲、乙本作『渴』，誤。
〔二四一〕『春』，甲、己本同，乙本作『奉』，誤。按底本原書作『奉』，又用墨筆校改爲『春』。
〔二四二〕『伏惟』，甲、乙本同，己本脱。
〔二四三〕『蕪』，乙、己本同，甲本作『無』，誤。
〔二四四〕『不宣』，己本同，甲本脱。
〔二四五〕『釋某狀』，己本同，甲本脱。
〔二四六〕『首』，乙、己本同，甲本脱。
〔二四七〕『某官』，乙、己本同，甲本脱。
〔二四八〕『言』，乙、己本脱，甲本作『云』。
〔二四九〕『免』，甲、乙本同，己本脱。
〔二五〇〕『好』，當作『妙』，據甲、己本改。
〔二五一〕『念』，乙本同，甲、己本作『命』。
〔二五二〕『誠』，己本同，甲本作『成』，『成』爲『誠』之借字。
〔二五三〕此句甲、己本作『某狀』，乙本作『謹狀』。
〔二五四〕此句甲、乙、己本無。
〔二五五〕底本『傾』下原書『仰』字，後用朱筆塗抹。
〔二五六〕『某』，己本同，甲本無；『左』，己本同，甲本作『右』，誤。

〔二五七〕『莫』，乙本同，甲、己本作『黄』，誤。
〔二五八〕『戀』，當作『變』，據甲、乙、己本改。
〔二五九〕『可』，甲本同，乙、己本作『耳』，誤。
〔二六〇〕『款』，甲、乙、己本同，《敦煌寫本書儀研究》釋作『欵』，『欵』爲『款』之俗寫。
〔二六一〕此句甲、乙、己本無。
〔二六二〕『第』，當作『弟』，據甲、乙、己本改，『第』爲『弟』之借字。
〔二六三〕『結』，乙、己本同，甲本作『戀』。
〔二六四〕『尊師』，甲、己本同，乙本無。
〔二六五〕『戀』，乙、己本同，甲本作『馳』。
〔二六六〕『南』，甲、乙、己本作『尚』。
〔二六七〕『道士云』，乙本同，甲本作『是云道士』。
〔二六八〕『几』，乙、己本同，甲本作『凡』，誤。
〔二六九〕『第』，當作『弟』，據甲、乙、己本改，『第』爲『弟』之借字。
〔二七〇〕『汝』，乙、己本同，甲本作『治』，誤；『已』，甲、乙、己本脱。
〔二七一〕『想』，乙、己本同，甲本作『相』，誤；『深』，乙、己本同，甲本脱。
〔二七二〕『如何』，甲、乙、己本作『何如』。
〔二七三〕『多』，乙、己本同，甲本作『多及』。
〔二七四〕『狀』，據甲、乙、己本補；『同』，底本原墨筆書作『周』，後用朱筆塗抹，並校改爲『同』。
〔二七五〕『焦』，乙、己本同，甲本作『燋』，係涉下字『灼』之類化字。

〔二七六〕「居」，乙、己本同，甲本脱。

〔二七七〕「某」，乙、己本同，甲本無。

〔二七八〕兩個「伯」，甲本同，乙、己本均作「佰」，誤；「舅」，甲本同，己本作「舊」，「舊」爲「舅」之借字；「同」，乙、己本同，甲本作「周」，誤。

〔二七九〕「戀」，甲、己本同，乙本作「戀結」。

〔二八〇〕「誨」，己本同，甲本作「海」，誤。

〔二八一〕「情」，乙、己本同，甲本作「憒」，誤。

〔二八二〕「伯」，甲本作「姑」，乙、己本作「佰」，誤；「叔」，乙、己本同，甲本作「伯」；「姑」，乙本同，甲本作「叔」，己本作「如」，誤。

〔二八三〕「伏」，乙、己本同，甲本作「覲伏」，「覲」係衍文，據文義當删。

〔二八四〕「伯」，甲本同，乙、己本作「佰」，誤；「姨」，甲、乙本同，己本脱。

〔二八五〕「姊」，乙、己本同，甲本脱；「伯」，乙、己本作「佰」，誤；「亦」，乙、己本同，甲本作「亦周」，按「周」係誤字，應不録。

〔二八六〕「時」，乙、己本同，甲本無。

〔二八七〕「某」，甲本同，乙、己本無。

〔二八八〕「拜奉」，己本同，甲本作「辭事」。

〔二八九〕「已」，乙、己本同，甲本作「與」，「與」爲「已」之借字。

〔二九〇〕「耿」，乙、己本同，甲本作「則恥」，誤。

〔二九一〕「寒」，乙、己本同，甲本作「室」，誤。

〔二九二〕「念」，甲、己本同，乙本脱；「住」，乙、己本同，甲本作「往」，誤。
〔二九三〕「未」，乙、己本同，甲本脱。
〔二九四〕「眷想」，乙、己本同，甲本作「春相」，誤。
〔二九五〕「具」，乙、己本同，甲本作「多」。
〔二九六〕「弟」，甲本同，乙、己本作「第」，「第」爲「弟」之借字；「第」，乙、己本同，當作「弟」，據甲本改，「第」爲「弟」之借字。
〔二九七〕「姪」，乙、己本同，甲本脱。
〔二九八〕「日」，乙、己本同，甲本脱。
〔二九九〕「某告」，乙、己本同，甲本脱。
〔三〇〇〕「第」，己本無，當作「弟」，據甲、乙本改，「第」爲「弟」之借字。
〔三〇一〕「姊」，乙、己本同，甲本作「師」，誤。
〔三〇二〕「弟」，甲、乙本同，己本作「第」，「第」爲「弟」之借字；「郎」，乙、己本同，甲本作「郎郎」，第二個「郎」係衍文，據文義當删。
〔三〇三〕「女」，乙、己本同，甲本脱。
〔二〇四〕「闊」，乙本同，甲、己本作「闕」。
〔三〇五〕「如」，乙本同，甲、己本脱。
〔三〇六〕「想」，甲本同，乙、己本作「相」；「見」，乙、己本同，甲本作「恩」，誤。
〔三〇七〕「每」，甲、己本同，乙本脱。
〔三〇八〕「書」，乙、己本同，甲本作「信」。

〔三〇九〕「景春」，當作「春景」，據甲、乙、己本改。

〔三一〇〕「惟」，乙、己本同，甲本作「伏惟」；「弟」，甲本同，當作「第」，據乙、己本改，「弟」爲「第」之本字。

〔三一一〕「須」，乙、己本同，甲本作「酒」，誤；「奉」，據甲、乙、己本補。

〔三一二〕「令」，乙、己本同，甲本作「示」。

〔三一三〕「所」，己本同，甲本作「卑」，乙本作「此」。

〔三一四〕「往」，甲、己本同，乙本作「住」，誤。

〔三一五〕「左」，乙、己本同，甲本作「右」，誤。底本此句前有墨筆寫「姻」字，後用朱筆圈塗，不録。

〔三一六〕「官位呼之」，己本同，甲本作「位呼之官」。

〔三一七〕「兒」，己本同，甲本作「某」。

〔三一八〕「得」，乙、己本同，甲本無。

〔三一九〕乙本止於此句。

〔三二〇〕「結」，甲、己本作「戀」。

參考文獻

《敦煌寶藏》一七册，臺北：新文豐出版公司，一九八一年，二一八至二二一頁（圖）；《英藏敦煌文獻》四卷，成都：四川人民出版社，一九九一年，三七至三九頁（圖）；《敦煌寫本書儀研究》五一八至五六七頁。

斯二二〇〇背　雜寫（鄧留住）

釋文

鄧留住。

庶（？）

説明

以上文字爲時人隨手所寫於《新集吉凶書儀》背面，筆跡與正面明顯不同。兩行間有蔣孝琬所書數碼及『各信當初謨（模）樣』，未録。

參考文獻

《敦煌寶藏》一七册，臺北：新文豐出版公司，一九八一年，二二一至二二二頁（圖）；《英藏敦煌文獻》四卷，成都：四川人民出版社，一九九一年，四〇頁（圖）。

斯二二〇二　花字（大聖彌勒之院）

釋文

大聖彌勒之院

説明

此件爲一幅大字，正面書『大聖彌勒之院』六花字，寫滿整幅。其頂部尚粘貼一褾帶，似爲卷起時捆束之用。《英藏敦煌文獻》將此件印爲兩列，并誤將『聖彌勒』三字印重。榮新江認爲此件當是『沙州某寺彌勒院之院額』（參見《敦煌學新論》，一九三頁）。此件卷背頂部用另紙託裱，其上有時人隨手所寫之『〔賢〕〔愚〕經第卷。〔如〕〔是〕我聞，一時佛在舍衛國祇樹給孤。如是我聞』等，因非社會歷史文書，未録。此外還有蔣孝琬所書之數碼和『大聖彌勒之院，陸花字』，亦未録。

參考文獻

《敦煌寶藏》一七册，臺北：新文豐出版公司，一九八一年，二三一至二三四頁（圖）；《敦煌遺書總目索引》，北京：中華書局，一九八三年，一五三頁（録）；《英藏敦煌文獻》四卷，成都：四川人民出版社，一九九一年，四〇頁（圖）；《敦煌遺書總目索引新編》，北京：中華書局，二〇〇〇年，六七頁（録）；《敦煌學新論》，蘭州：甘肅教育出版社，二〇〇二年，一九三頁（録）。

斯二二〇四　一　董永變文

釋文

（前缺）

人生在世審思量，暫時吵鬧有何方（妨）[一]？
大衆志心須淨（靜）聽[二]，先須孝順阿耶孃。
好事惡事皆抄録，善惡童子每抄將。
孝感先賢説董永，年登十五二親亡。
自歎福薄無兄弟，眼中流淚數千行。
爲緣多生無姊妹，亦無知識及親房。
家裏貧窮無錢物，所買（賣）當身殯耶孃[三]。
便有牙人來勾引，所發善願便商量。
長者還錢八十貫，董永只要百千强。

領得錢物將歸舍，諫（揀）澤（擇）好日殯耶孃〔四〕。
父母骨肉在堂内，又領（令）攀發出於堂〔五〕。
見此骨肉音哽咽〔六〕，號咷大哭是尋常。
六親今日來相送，隨東（車）直至墓邊傍〔七〕。
一切掩埋總以（已）畢〔八〕，董永哭泣阿耶孃。
直至三日復墓了，拜辭父母幾（己）田（填）常（償）〔九〕。
父母見兒拜辭次，願兒身健早歸鄉。
又辭東鄰及西舍，便進前呈（程）數里强〔一〇〕。
路逢女人來委問：『此個郎君住何方？
何姓何名衣（依）實說〔一一〕？從頭表白説一場！』
『娘子記（既）言（蒙）再三問〔一二〕，一一具説莫分張。
家緣本住朗山下，知姓稱名董永郎。
忽然慈母身得患，不經數日早身亡。
慈耶得患先身故，後乃便至阿孃亡。
殯葬之日無錢物，所賣當身殯耶孃。』
『世上莊田何不賣？擎身卻入殘（賤）人行〔一三〕。

所有莊田不將貨，棄背今辰事阿郎。』
『娘子問賄（委）是好事〔一四〕，董永爲報阿耶孃。』
『郎君如今行孝儀（義）〔一五〕，見君行孝感天堂。
數内一人歸下界，暫到濁惡至他鄉。
帝釋宮中親處分，便遣汝等共田（填）常（償）〔一六〕。
不棄人微同千載〔一七〕，便與相逐事阿郎。』
董永向前便跪拜：『少先（失）父母大恓惶〔一八〕！』
『所賣一身商量了，是何女人立門傍？』
董永對言衣（依）實説〔一九〕：『女人住在陰山鄉。』
『女人身上解何藝？』『明機妙解織文章！』
便與將絲分付了，都來只要兩間房。
阿郎把數都計算，計算錢物千疋强。
經絲一切總尉了〔二〇〕，明機妙解織文章。
從前且織一束錦，梭聲動地樂花香。
日日都來總不織，夜夜調機告吉祥。
錦上金儀對對布，兩兩鴛鴦對鳳凰。

織得錦成便截下，〔摺〕揲將來便入箱〔二一〕。
阿郎見此箱中物，念此女人織文章。
女人不見凡間有，生長多應住天堂。
但織綺羅數已畢，卻放二人歸本鄉。
二人辭了須好去，不用將心怨阿郎。
二人辭了便進路，更行十里到永莊。
卻到來時相逢處，『辭君卻至本天堂！』
娘子便即承（乘）雲去〔二二〕，臨别分付小兒郎。
但言好看小孩子，共永相别淚千行。
董仲長年到七歲，街頭由（遊）喜（戲）道邊傍〔二三〕，
小兒行留被毁罵，盡道董仲没阿孃。
遂走家中報慈父：『汝等因何没阿娘〔二四〕？』
當時賣身葬父母，感得天女共田（填）常（償）。
如今便即思憶母，眼中流淚數千行。
董永放兒覓父（母）去〔二五〕，往行直至孫賓（臏）傍〔二六〕。
夫子將身來誓（筮）掛（卦）〔二七〕：『此人多應覓阿孃。』

阿耨池邊澡浴來，先於樹下隱潛藏。
三個女人同作伴，奔波直至水邊傍。
脱卻天衣便入水，中心抱取紫衣裳。
此者便是董仲母，此時修（羞）見小兒郎〔二八〕。
『我兒幽（幼）小爭知處〔二九〕，孫賓（臏）必有好陰陽。
阿孃擬收孩兒養，我兒不儀（宜）住此方〔三〇〕。
將取金瓶歸下界，捻取金瓶孫賓（臏）傍。』
天火忽然前頭現，先生失卻走忙忙〔三一〕。
將爲當時總燒卻，檢尋卻得六十張。
因此不知天上事，總爲董〔仲〕覓阿孃〔三二〕。

説明

此卷正面先寫『董永變文』，隨後寫『太子讚』、『十無常』、『父母恩重讚』、『十勸鉢禪關』，背面抄寫佛經《大集經》卌六卷部分文字。此件首缺尾全，原無標題，《敦煌變文集》依故事内容擬題，起『人生在世審思量』，訖『總爲董〔仲〕覓阿孃』，共九三七字。王重民認爲文義多有前後不相銜接處，疑原本有白有唱，此則只存唱詞，而未録説白（參見王重民等《敦煌變文集》，一一三頁）。

以上釋文以斯二二〇四爲底本，參考諸家録文釋録。

校記

〔一〕『時吵』，《敦煌變文集》據殘筆劃補；『方』，當作『妨』，《敦煌變文集》據文義校改，『方』爲『妨』之借字。

〔二〕『淨』，當作『靜』，據文義改，『淨』爲『靜』之借字。

〔三〕『買』，當作『賣』，《敦煌變文集》據文義校改。

〔四〕『諫澤』，當作『揀擇』，《敦煌變文集》據文義校改，『諫澤』爲『揀擇』之借字。

〔五〕『領』，當作『令』，《敦煌變文校注》據文義校改，『領』爲『令』之借字；『攀』，《敦煌變文校注》釋作『舉』。

〔六〕『音』，《敦煌變文校注》釋作『聲』。

〔七〕『東』，當作『車』，《敦煌變文校注》據文義校改。

〔八〕『以』，當作『已』，《敦煌變文集》據文義校改，『以』爲『已』之借字。

〔九〕『幾』，當作『己』，《敦煌變文校注》據文義校改，『幾』爲『己』之借字；『田常』，當作『填償』，《敦煌變文校注》據文義校改，『田常』爲『填償』之借字，以下同，不另出校。

〔一〇〕『呈』，當作『程』，《敦煌變文集》據文義校改，『呈』爲『程』之借字。

〔一一〕『衣』，當作『依』，《敦煌變文集》據文義校改，『衣』爲『依』之借字。

〔一二〕『記』，當作『既』，《敦煌變文集》據文義校改，『記』爲『既』之借字；『言』，當作『蒙』，《敦煌變文校注》據文義校改。

〔一三〕『殘』，當作『賤』，《敦煌變文集》據文義校改。

〔一四〕『賄』，當作『委』，《敦煌變文校注》指出『問賄』疑當讀作『問委』，同『委問』，此據改。

〔一五〕「儀」，當作「義」，《敦煌變文校注》指出「儀」爲「義」之假借字，此據改。
〔一六〕「汝」，《敦煌變文校注》校改作「奴」。
〔一七〕「人」，《敦煌變文校注》疑作「卑」。
〔一八〕「先」，當作「失」，《敦煌變文集》據文義校改；「恓」，《敦煌變文校注》釋作「悽」，認爲「恓」爲「悽」之俗字。
〔一九〕「衣」，當作「依」，《敦煌變文集》據文義校改，「衣」爲「依」之借字。
〔二〇〕「尉」，潘重規認爲即「熨」，項楚校作「付」，《敦煌變文校注》疑「尉」當讀作「交」。
〔二一〕「摺」，《敦煌變文校注》據文義校補。
〔二二〕「承」，當作「乘」，《敦煌變文校注》據文義校改，「承」爲「乘」之借字。
〔二三〕「由喜」，當作「遊戲」，《敦煌變文集》據文義校改，「由喜」爲「遊戲」之借字；「傍」，《敦煌變文集》、《敦煌變文校注》釋作「旁」，雖義可通而字誤。
〔二四〕「汝」，《敦煌變文校注》校改作「奴」。
〔二五〕「父」，當作「母」，《敦煌變文集》據文義校改。
〔二六〕「賓」，當作「臏」，《敦煌變文集》據文義校改，「賓」爲「臏」之借字。以下同，不另出校。
〔二七〕「誓掛」，當作「筮卦」，《敦煌變文集》據文義校改，「誓掛」爲「筮卦」之借字。
〔二八〕「修」，當作「羞」，《敦煌變文集》據文義校改，「修」爲「羞」之借字。
〔二九〕「幽」，當作「幼」，《敦煌變文集》據文義校改，「幽」爲「幼」之借字。
〔三〇〕「儀」，當作「宜」，《敦煌變文集》據文義校改，「儀」爲「宜」之借字。
〔三一〕「卻」，《敦煌變文校注》校改作「腳」。

〔三二〕『仲』，《敦煌變文集》據文義校補。

參考文獻

《敦煌古籍敘録》，北京：中華書局，一九七九年，三五八頁；《敦煌文學》，上海古籍出版社，一九八〇年，三〇七、三一三至三一四頁（録）；《敦煌寶藏》一七册，臺北：新文豐出版社，一九八一年，二四六至二四七頁（圖）；Mair, *Chinoperl Papers*, No. 10（1981）, p. 51（録）；《敦煌變文集》（上），北京：人民出版社，一九八四年，一〇九至一一三頁（録）；《敦煌古籍敘録新編》十八册，臺北：新文豐出版公司，一九八六年，一至一三頁；《敦煌文學作品選》，北京：中華書局，一九八七年，二四頁（録）；《敦煌講唱文學作品選注》，蘭州：甘肅人民出版社，一九八七年，二九至三六頁（録）；《文學遺産》一九八八年三期，二六頁；《敦煌變文選注》，成都：巴蜀書社，一九八九年，二二七至二三七頁（録）；《英藏敦煌文獻》四卷，成都：四川人民出版社，一九九一年，四一頁（圖）；《敦煌文學概論》，蘭州：甘肅人民出版社，一九九三年，二八九至二九〇頁（録）；《敦煌話本詞文俗賦導論》，臺北：新文豐出版公司，一九九三年，八九至九四、一一〇至一一一頁（録）；《敦煌變文集新書》（下），臺北：文津出版社，一九九四年，九二五至九三〇頁（録）；《敦煌變文校注》，北京：中華書局，一九九七年，一七四至一七九頁（録）；《敦煌俗文學研究》，蘭州：甘肅教育出版社，二〇〇二年，一一二頁（録）。

斯二二〇四　二　太子讚

釋文

太子讚。釋迦牟尼佛和。

聽説牟尼佛初學修道時，歸宮啓告父王知，道我證無爲。太子初學道，曾作忍辱賢（仙）〔一〕，五百外道廣遮闌（攔）〔二〕，修道經幾年。金錢不自用〔三〕，買花獻佛前，瓶内涌出五枝蓮〔四〕，賢（仙）人生喜歡。阿鑒（監）從城出〔五〕，賢（仙）人速近前，買花設誓捨金錢，願得宿因緣。將花供養佛，兩枝在肘邊，光明毫相照諸天，法雨潤心田〔六〕。好道變泥水，如來涌泥泉〔七〕，付（布）法（髮）掩泥不將難〔八〕，受記結因緣。太子生七日，摩耶卻歸天，姨母收養經七年，六藝有三端。恩養親生子，七歲成文章，六藝周備體無常，生死難低（抵）當〔九〕。婚取年十八〔一〇〕，嬪后與耶殊〔一一〕，更加婇女二千餘，美貌世間無。太子無心戀，笙歌不樂歡〔一二〕，惟（雖）留娛樂意忡忡〔一三〕，只欲遊四門。東門見老病，南門見患人，西門見死醜形容〔一四〕，北門見真僧。袈裟常掛體，瓶鉢鎮隨身，常念彌陀轉法輪，救度世間人。作凡來下界〔一五〕，太子乘朱宗（騌）〔一六〕，宮人美女一叢叢，太子出凡籠〔一七〕。耶殊焚香火〔一八〕，太子設誓言，三世共汝結因緣，皆（偕）我入雪山〔一九〕。不念買花日，奉獻釋迦佛〔二〇〕，買花設誓捨金錢，言約過百年。作女如花檫，百國大王求，誓共太子守千秋，同姓亦同丘〔二一〕。雪山成正覺，交（教）我没衣（依）頭〔二二〕，看花腸斷淚交流，榮花（華）一世休〔二三〕。車匿別太子，來時行蔥（匆）蔥（匆）〔二四〕，耶殊雙手抱朱宗（騌）〔二五〕，聖凡何處居〔二六〕？東（車）匿報耶殊〔二七〕，太子雪山居，路遠人希煙火無〔二八〕，修道甚清虚。寂淨（靜）清（青）山好〔二九〕，猛狩（獸）共同緣〔三〇〕，碐層石閣與天遭（連）〔三一〕，藤羅（蘿）遶四邊〔三二〕。孤山高萬仞，雪領（嶺）不曾霄（消）〔三三〕，寒多樹葉土（玉）成條〔三四〕，太子樂逍遥。雪山嵯峨峻，崚嶒〔□〕〔□〕〔□〕〔三五〕，石壁忡（重）忡（重）近天河〔三六〕，嶮峻没人過。千年舊雪在，溪谷又冰多，果木碐層掛綺羅〔三七〕，石壁嶮嵯峨。雪領（嶺）南面峻〔三八〕，太子坐盤陀，六賊番（翻）作六波羅〔三九〕，修道苦行多。只見飛蟲過，夜叉萬餘多，石壁斑點綿（錦）紋窠〔四〇〕，樹動吹法蠡（螺）〔四一〕。嶺上煙雲起，散（傘）蓋覆山坡〔四二〕，彩畫石壁那人何〔四三〕，太子出娑婆。唯留三乘教，悟者向心求，但行如是捨凡流，成佛是因由。

説明

此件首尾完整，首題『太子讚』，起『聽説牟尼佛初學修道時』，訖『成佛是因由』，共三十三行。其中之『釋迦牟尼佛和』是標明誦讀時在段落間衆人以『釋迦牟尼佛』作合聲。

現知敦煌文獻中保存的與此件内容和結構基本相同的寫本尚有斯一二六，首缺尾全，起『金錢不自用』，訖『成佛是因由』，部分文字有出入。

以上釋文是以斯二二〇四爲底本，用斯一二六（稱爲甲本）參校。本書第一卷在釋録斯一二六號文書時，曾以此件參校，兩件之異文均已見於斯一二六號文書之校記，故此件只校錯誤，不再出校斯一二六之異文。

校記

〔一〕『賢』，當作『仙』，《敦煌歌辭總編》據文義校改，『賢』爲『仙』之借字。以下同，不另出校。

〔二〕『闌』，當作『攔』，《敦煌歌辭總編》據文義校改，『闌』爲『攔』之借字。

〔三〕甲本始於此句。

〔四〕『内』，《敦煌歌辭總編》校改作『中』。

〔五〕『鑒』，甲本同，當作『監』，本書第一卷據文義校改，『鑒』爲『監』之借字，《敦煌歌辭總編》校改作『藍』。

〔六〕『潤』，甲本作『閏』，本書第一卷釋作『潤』。

〔七〕『涌』，甲本同，本書第一卷釋作『讃』；『泥』，甲本同，《敦煌歌辭總編》校改作『清』。

〔八〕『付』，甲本同，當作『布』，本書第一卷據文義校改，『付』爲『布』之借字；『法』，甲本同，當作『髮』，據文義改，『法』爲『髮』之借字，本書第一卷校改作『髮』，誤。

〔九〕『低』，甲本作『知』，當作『抵』，《敦煌歌辭總編》據文義校改，『低』爲『抵』之借字。

〔一〇〕『取』，甲本作『娶』，均可通。

〔一一〕「殊」，甲本同，本書第一卷校改作「輪」，按譯名輪、殊均可通，《敦煌歌辭總編》逕釋作「輪」。
〔一二〕「歡」，甲本同，《敦煌歌辭總編》釋作「觀」，誤。
〔一三〕「惟」，甲本作「唯」，當作「雖」，《〈敦煌歌辭總編〉匡補》據文義校改。
〔一四〕「形」，甲本同，本書第一卷釋作「刑」，校改作「形」，誤。
〔一五〕「凡」，《敦煌歌辭總編》校改作「瓶」。
〔一六〕「宗」，當作「騌」，據甲本改，《敦煌歌辭總編》校改作「鬃」，「宗」爲「騌」之借字。
〔一七〕「凡」，甲本同，《敦煌歌辭總編》校改作「樊」，按「凡籠」同「樊籠」，不煩校改。
〔一八〕「殊」，甲本作「輪」，均可通。
〔一九〕「皆」，甲本同，當作「偕」，本書第一卷據文義校改，「皆」爲「偕」之借字，《敦煌歌辭總編》釋作「背」，誤。
〔二〇〕「迦」，甲本作「加」，本書第一卷逕釋作「迦」，誤。
〔二一〕「姓」，甲本同，《敦煌歌辭總編》釋作「衾」。
〔二二〕「交」，甲本同，當作「教」，《敦煌歌辭總編》據文義校改，「交」爲「教」之借字；「衣」，甲本同，當作「依」，《敦煌歌辭總編》據文義校改，「衣」爲「依」之借字。
〔二三〕「花」，甲本同，當作「華」，《敦煌歌辭總編》據文義校改，「花」爲「華」之借字。
〔二四〕「葱」，甲本同，當作「匆」，本書第一卷據文義校改，「葱」爲「匆」之借字，《敦煌歌辭總編》釋作「忽」。
〔二五〕「殊」，甲本同，本書第一卷校改作「輪」，按譯名輪、殊均可通，《敦煌歌辭總編》逕釋作「輪」；「宗」，甲本同，當作「騌」，本書第一卷據文義改，《敦煌歌辭總編》釋作「鬃」，「宗」爲「騌」之借字。
〔二六〕「居」，甲本同，《敦煌歌辭總編》校改作「容」。
〔二七〕「東」，當作「車」，據甲本改；「殊」，甲本同，《敦煌歌辭總編》、本書第一卷校改作「輪」，按譯名輪、殊均可通。

〔二八〕「希」，甲本同，《敦煌歌辭總編》校改作「稀」，按不改亦可通。

〔二九〕「淨」，當作「靜」，據甲本改，「淨」爲「靜」之借字；「清」，甲本同，當作「青」，《敦煌歌辭總編》據文義校改，「清」爲「青」之借字。

〔三〇〕「狩」，甲本同，當作「獸」，《敦煌歌辭總編》據文義校改，「狩」爲「獸」之借字。

〔三一〕「碐層」，甲本同，《敦煌歌辭總編》校改作「崚嶒」，按不改亦可通；「遭」，甲本同，當作「連」，《敦煌歌辭總編》據文義校改。

〔三二〕「羅」，甲本同，當作「蘿」，《敦煌歌辭總編》據文義校改，「羅」爲「蘿」之借字，本書第一卷逕釋作「蘿」；「遶」，甲本同，《敦煌歌辭總編》校改作「繞」，本書第一卷釋作「繞」。

〔三三〕「領」，甲本同，當作「嶺」，《敦煌歌辭總編》據文義校改，「領」爲「嶺」之借字；「不曾」，甲本同，《敦煌歌辭總編》校改作「入層」；「霄」，甲本同，當作「消」，本書第一卷據文義校改，「霄」爲「消」之借字。

〔三四〕「土」，甲本同，當作「玉」，《〈敦煌歌辭總編〉匡補》據文義校改。

〔三五〕「□□□」，《敦煌歌辭總編》據文例校補。

〔三六〕「忡」，甲本同，當作「重」，《敦煌歌辭總編》據文義校改，「忡」爲「重」之借字。

〔三七〕「果」，甲本同，《敦煌歌辭總編》校改作「草」；「碐層」，甲本同，《敦煌歌辭總編》釋作「崚嶒」，本書第一卷釋作「碐曾」；「綺羅」，甲本同，《敦煌歌辭總編》校改作「緑蘿」。

〔三八〕「領」，甲本作「山」，當作「嶺」，《敦煌歌辭總編》據文義校改，「領」爲「嶺」之借字，按「山」亦可通。

〔三九〕「番」，甲本同，當作「翻」，《敦煌歌辭總編》據文義校改，「番」爲「翻」之借字。

〔四〇〕「綿」，甲本同，當作「錦」，《〈敦煌歌辭總編〉匡補》據文義校改，《敦煌歌辭總編》校改作「繡」。

〔四一〕「蝝」，甲本同，當作「螺」，《敦煌歌辭總編》據文義校改，本書第一卷釋作「蠡」。

〔四二〕『散』，甲本同，當作『傘』，本書第一卷據文義校改，『散』爲『傘』之借字。

〔四三〕『那』，甲本同，《敦煌歌辭總編》校改作『奈』。

參考文獻

《敦煌韻文集》，高雄：佛教文化服務處，一九六五年，六三至六五頁（録）；《敦煌寶藏》一七册，臺北：新文豐出版公司，一九八一年，二四七至二四八頁（圖）；Mair，*Chinoperl Papers*，No. 10（1981），p. 51（録）；《敦煌歌辭總編》（中），上海：上海古籍出版社，一九八七年，八〇〇至八二三頁（録）；《英藏敦煌文獻》四卷，成都：四川人民出版社，一九九一年，四一至四二頁（圖）；《敦煌佛學·佛事篇》，蘭州：甘肅民族出版社，一九九五年，二二三至二二四頁（録）；《〈敦煌歌辭總編〉匡補》，成都：巴蜀書社，二〇〇〇年，一一一至一一八頁（録）。

斯二二〇四　三　十無常

釋文

十無常

堪嗟歎！堪嗟歎！願生九品坐蓮臺，禮如來。和。每思人世流光速，時矩（短）促〔一〕。人生日月闇催將〔二〕，轉忙忙〔三〕，容顏不覺闇裏換，已改變。直饒便是轉輪王，不免也無常。

傷嗟生死轉（輪）迴路〔四〕，不覺悟。巡（循）還（環）來往己（幾）時休〔五〕，受飄流。縱居人世心無善〔六〕，難勸諫。愚癡不信有天堂，不免也無常。

人間四相行徒見，貴與賤，文才武藝兩般榮，奪人情。愚癡恣縱身爲樂，心喜作。昔時樊噲及張良，不免也無常。

少年英雄爭人我，能繫裏。相呼相換（喚）動笙歌〔七〕，笑仙俄（娥）〔八〕。酒席誇打巢云令〔九〕，行算（弄）影〔一〇〕。及時大是好兒郎，不免也無常。

奪人眼目扶（芙）容（蓉）貌〔一一〕，當年少。牒羅官子呂（縷）金花〔一二〕，掃煙霞。風流雅醋能行步，浮山女〔一三〕。千金一笑玩春光，不免也無常。

愚人不信身虚患（幻）[一四]，得久遠。英雄將爲没人過[一五]，駛（騁）僂羅[一六]。縱然勸得交歸仰[一七]，招毁謗。直須追到閻羅王[一八]，不免也無常。

勸君切莫爲怨惡[一九]，用意錯。些些少少住心頭，免得結怨讎。愚情恣縱身無用，如似夢。直饒彭祖壽延長，不免也無常。

經縈（營）財寶人生分[二〇]，須平穩。縈花（華）富貴足資財[二一]，宿將來。聞身强健行檀施，作福利。莫大（待）合眼被分張[二二]，不免也無常。

人居濁世逢劫懷（壞）[二三]，惡世界。星霜閻改以（已）多時[二四]，作微塵。生居濁世人之苦，須怕怖。僥（饒）君鐵櫃裹隱潛藏[二五]，不免也無常。

分明招引經云教，淨土好。論情只是勝娑婆，有彌陀。直須早作行呈（程）路[二六]，休擬（疑）悮[二七]。常知佛國壽延長，决定没無常。

説明

此件首尾完整，首題『十無常』，起『堪嗟歎』，訖『决定没無常』，共二十五行。

現知敦煌文獻中保存的與此件内容和結構基本相同的寫本尚有斯一二二六，首尾完整，首題『十無常』，起『堪嗟歎』，訖『决定也無常』，部分文字有出入。

以上釋文是以斯二二〇四爲底本，用斯一二二六（稱爲甲本）參校。本書第一卷在釋録斯一二二六號文書時，曾以此件參校，兩件之異文均已見於斯一二二六號文書之校記，故此件只校錯誤，不再出校斯一二二六之異文。

校記

〔一〕「矩」，甲本同，當作「短」，本書第一卷據文義校改，《敦煌歌辭總編》逕釋作「短」。

〔二〕「闇」，甲本同，《敦煌歌辭總編》校改作「暗」。以下同，不另出校。

〔三〕「忙忙」，甲本同，《敦煌歌辭總編》校改作「茫茫」。

〔四〕「轉」，甲本同，當作「輪」，《敦煌歌辭總編》據文義校改。

〔五〕「巡還」，甲本同，當作「循環」，本書第一卷據文義校改，「巡還」爲「循環」之借字，《敦煌歌辭總編》校改作「巡環」；「已」，甲本同，當作「幾」，《敦煌歌辭總編》據文義校改，「已」爲「幾」之借字。

〔六〕「居」，甲本同，《敦煌歌辭總編》釋作「君」，誤。

〔七〕「换」，甲本同，當作「喚」，《敦煌歌辭總編》據文義校改，「换」爲「喚」之借字。

〔八〕「俄」，當作「娥」，據甲本改，「俄」爲「娥」之借字。

〔九〕「巢」，甲本同，《〈敦煌歌辭總編〉匡補》校改作「梢」。

〔一〇〕「算」，甲本同，當作「弄」，《敦煌歌辭總編》據文義校改。

〔一一〕「扶容」，甲本同，當作「芙蓉」，《敦煌歌辭總編》據文義校改，「扶容」爲「芙蓉」之借字。

〔一二〕「牒」，甲本同，《敦煌歌辭總編》校改作「涼」；「官」，甲本同，《敦煌歌辭總編》校改作「冠」；「呂」，甲本同，當作「鏤」，《敦煌歌辭總編》據文義校改，「呂」爲「鏤」之借字。

〔一三〕「浮」，甲本同，《敦煌歌辭總編》校改作「巫」。
〔一四〕「患」，甲本同，當作「幻」，《敦煌歌辭總編》據文義校改，「患」爲「幻」之借字。
〔一五〕「爲」，甲本同，《敦煌歌辭總編》校改作「謂」。
〔一六〕「駛」，甲本同，當作「騁」，本書第一卷據文義改，「駛」爲「騁」之借字，《敦煌歌辭總編》校作「使」；「羅」，甲本同，《敦煌歌辭總編》校改作「儸」，按「僂羅」亦通，不煩校改。
〔一七〕「交」，甲本同，《敦煌歌辭總編》校改作「教」。
〔一八〕「直」，甲本作「真」，誤，本書第一卷逕釋作「直」。
〔一九〕「怨」，甲本同，《敦煌歌辭總編》校改作「冤」。以下同，不另出校。
〔二〇〕「榮」，甲本同，當作「營」，《敦煌歌辭總編》據文義校改，「榮」爲「營」之借字。
〔二一〕「花」，甲本同，當作「華」，《敦煌歌辭總編》據文義校改，「花」爲「華」之借字。
〔二二〕「大」，甲本同，當作「待」，《敦煌歌辭總編》據文義校改，「大」爲「待」之借字。
〔二三〕「懷」，甲本同，當作「壞」，《敦煌歌辭總編》據文義校改，「懷」爲「壞」之借字，本書第一卷逕釋作「壞」。
〔二四〕「以」，甲本同，當作「已」，本書第一卷據文義校改，「以」爲「已」之借字，《敦煌歌辭總編》校改作「幾」。
〔二五〕「僥」，甲本同，當作「饒」，《敦煌歌辭總編》據文義校改，「僥」爲「饒」之借字；「隱」，甲本同，《敦煌歌辭總編》釋作「穩」，誤。本書第一卷指出此句按格律當衍一字。
〔二六〕「呈」，甲本作「逞」，當作「程」，《敦煌歌辭總編》據文義校改，「呈」爲「程」之借字。
〔二七〕「擬」，甲本同，當作「疑」，本書第一卷據文義校改，「擬」爲「疑」之借字，《敦煌歌辭總編》校改作「遺」；「悞」，甲本同，《敦煌歌辭總編》校改作「誤」，按「悞」同「誤」，不煩校改。

參考文獻

《敦煌韻文集》，高雄：佛教文化服務處，一九六五年，五七至五九頁（録）；《敦煌寶藏》一七册，臺北：新文豐出版公司，一九八一年，二四八至二四九頁（圖）；《敦煌簡策訂存》，臺北：商務印書館，一九八三年，一九二至一九五頁（録）；《王梵志詩研究》（上），臺北：學生書局，一九八六年，二九五至二九六頁（録）；《世界宗教研究》一九八六年三期，五九至六六頁；《敦煌歌辭總編》（中），上海古籍出版社，一九八七年，一〇八一至一〇八三頁（録）；《英藏敦煌文獻》四卷，成都：四川人民出版社，一九九一年，四二頁（圖）；《敦煌佛學·佛事篇》，蘭州：甘肅民族出版社，一九九五年，二一六至二一七頁（録）；《〈敦煌歌辭總編〉匡補》，成都：巴蜀書社，二〇〇〇年，一八二至一八六頁（録）。

斯二二〇四　四　父母恩重讚

釋文

父母恩重讚。菩薩子和。

父母恩重十種緣，弟（第）一懷躭受苦難〔一〕，不知是男及是女〔二〕，慈悲恩愛與天遭（連）〔三〕。

弟（第）二臨産是心逡（酸）〔四〕，命如草上霜（露）珠懸〔五〕，兩人爭命各怕死，恐怕無常落九泉。

弟（第）三母子是安然〔六〕，乘（承）妄（望）孝順養賤（殘）年〔七〕，親情遠近皆歡喜，魂（渾）家懷抱競來看〔八〕。

弟（第）四血入腹中煎，一日二升不婁餐〔九〕，一年計乳七石二，母身不覺自焦乾。

弟（第）五漸漸長成人，愁飢愁渴又愁寒〔一〇〕，乾處常迴兒女臥〔一一〕，濕處母身自家眠。

弟（第）六乳哺恩最難，如錫（餳）如蜜與兒餐〔一二〕，母喫家常如蜜味，恐怕兒嫌腥不餐。

弟（第）七洗濁（濯）不淨衣〔一三〕，腥〔騷〕臭穢母向前〔一四〕，除洗不淨無遍數，上（尚）恐諸人有譼（譏）言〔一五〕。

弟（第）八爲造（避）惡業緣〔一六〕，躭輕負重陌（驀）關山〔一七〕，若是長男造惡業，要共小女結成緣。

弟（第）九遠行煩惱緣，一迴見（兒）出母於先〔一八〕，父母心中百計交（較）〔一九〕，眼中流淚似如泉。

弟（第）十鄰（憐）愍無二般〔二〇〕，從頭咬取止（指）頭看〔二一〕；十指咬著無不痛，交（教）孃爭忍兩般憐〔二二〕；憂愁煩惱道場邊，逢人即道損容顏；母且懷躭十個月〔二三〕，常怕起卧不安然；而（兒）行千里母行千〔二四〕，而（兒）行萬里母於先〔二五〕；一朝母子再相見，由（猶）如破鏡卻團圓〔二六〕；燒香禮拜歸佛道，願值彌勒下生年；各自虔心禮賢聖，此是行孝本根原〔二七〕。

說明

此件首尾完整，首題『父母恩重讚』，起『父母恩重十種緣』，訖『此是行孝本根原』，共二十一行。其中之『菩薩子和』是標明誦讀時在段落間衆人以『菩薩子』作合聲。

現知敦煌文獻中保存的與此件内容和結構基本相同的寫本尚有斯一一二六，首全尾缺，首題『父母恩重讚』，起『父母恩重十種緣』，訖『乾處』，部分文字有出入。

以上釋文是以斯二二〇四爲底本，用斯一二二六（稱爲甲本）參校。本書第一卷在釋録斯一二二六號文書時，曾以此件參校，兩件之異文均已見於斯一二二六號文書之校記，故此件只校錯誤，不再出校斯一二二六之異文。

校記

〔一〕『弟』，甲本同，當作『第』，本書第一卷據文義改，『弟』爲『第』之本字，《敦煌歌辭總編》逕釋作『第』，以下同，不另出校；『懷躭』，甲本同，《敦煌歌辭總編》釋作『懷躬』，本書第一卷校作『懷擔』，『懷躭』即『懷胎』，不煩校改。

〔二〕『及』，甲本同，《敦煌歌辭總編》校改作『還』。

〔三〕『遭』，甲本同，當作『連』，《敦煌歌辭總編》據文義校改。

〔四〕『是』，甲本同，《敦煌歌辭總編》校改作『足』；『逡』，甲本同，當作『酸』，《敦煌歌辭總編》據文義校改，『逡』爲『酸』之借字。

〔五〕『霜』，甲本同，當作『露』，《敦煌歌辭總編》據文義校改；『懸』，甲本作『縣』，本書第一卷校改作『懸』，按『縣』爲『懸』之本字，不煩校改。

〔六〕『是』，甲本同，《敦煌歌辭總編》釋作『足』。

〔七〕『乘妄』，甲本同，當作『承望』，本書第一卷據文義校改，『乘妄』爲『承望』之借字，《敦煌歌辭總編》校改作『莫忘』；『賤』，甲本同，當作『殘』，《敦煌歌辭總編》據文義校改。

〔八〕「魂」，甲本同，當作「渾」，本書第一卷據文義校改，「魂」爲「渾」之借字，《敦煌歌辭總編》校改作「冤」。

〔九〕「婁」，甲本同，《敦煌歌辭總編》校改作「屢」。

〔一〇〕「又」，甲本作「及」，均可通。

〔一一〕甲本止於此句之「乾處」二字。

〔一二〕「錫」，當作「餳」，《敦煌歌辭總編》據文義校改。

〔一三〕「濁」，當作「濯」，《敦煌歌辭總編》據文義校改，「濁」爲「濯」之借字；「衣」，《敦煌歌辭總編》校改作「衫」。

〔一四〕「騷」，據文義補，《敦煌歌辭總編》釋作「搔」，校改作「騷」，按底本「搔」字實有刪除符。

〔一五〕「上」，當作「尚」，《敦煌歌辭總編》據文義校改，「上」爲「尚」之借字；「譝」，當作「讒」，《敦煌歌辭總編》據文義校改。

〔一六〕「造」，當作「避」，《敦煌歌辭總編》據文義校改。

〔一七〕「躭輕」，《敦煌歌辭總編》校改作「躬親」；「陌」，當作「驀」，《敦煌歌辭總編》據文義校改，「陌」爲「驀」之借字。

〔一八〕「迴」，《敦煌歌辭總編》校改作「回」；「見」，當作「兒」，據文義改。

〔一九〕「交」，當作「較」，《敦煌歌辭總編》據文義校改，「交」爲「較」之借字。

〔二〇〕「鄰」，當作「憐」，《敦煌歌辭總編》據文義校改，「鄰」爲「憐」之借字；「愍」，《敦煌歌辭總編》校改作「憫」。

〔二一〕「止」，當作「指」，《敦煌歌辭總編》據文義校改，「止」爲「指」之借字。

〔二二〕「交」，當作「教」，《敦煌歌辭總編》據文義校改，「交」爲「教」之借字。

〔二三〕『母且』，《敦煌歌辭總編》釋作『且母』，按此處實有倒乙符號；『躭』，《敦煌歌辭總編》校改作『躬』。

〔二四〕『而』，當作『兒』，《敦煌歌辭總編》據文義校改，『而』爲『兒』之借字。

〔二五〕『而』，當作『兒』，《敦煌歌辭總編》據文義改，『而』爲『兒』之借字。

〔二六〕『由』，當作『猶』，《敦煌歌辭總編》據文義校改，『由』爲『猶』之借字。

〔二七〕『原』，《敦煌歌辭總編》校改作『源』。

參考文獻

《敦煌韻文集》，高雄：佛教文化服務處，一九六五年，一一三至一一四頁（録）；《木鐸》一九八〇年九期，四一五至四二三頁；《敦煌寶藏》一七册，臺北：新文豐出版公司，一九八一年，二四九頁（圖）；Mair, *Chinoperl Papers*, No. 10（1981）, p. 51（録）；《敦煌歌辭總編》（中），上海：上海古籍出版社，一九八七年，七六六至七七二頁（録）；《英藏敦煌文獻》四卷，成都：四川人民出版社，一九九一年，四三頁（圖）；《敦煌文獻與文學》，臺北：新文豐出版公司，一九九三年，一至一四頁（録）；《敦煌佛學·佛事篇》，蘭州：甘肅民族出版社，一九九五年，二一二至二一三頁（録）；《〈敦煌歌辭總編〉匡補》，成都：巴蜀書社，二〇〇〇年，七四至七七頁（録）。

斯二二〇四　五　十勸鉢禪關

釋文

十勸鉢禪關。彌陀佛和。

弟（第）一勸汝學參禪〔一〕，心須堅。禪門裏〔二〕，性甚玄，悟者少，迷多般。欲得學人悟本姓（性）〔三〕，出輪迴〔四〕，不在内外不中間，禪無住相遍三千〔五〕。弟（第）二勸汝平善男，勤勤參。衆生世上有二三，一世了，莫貪婪。多見衆生我著相〔六〕，物上貪。似與明珠不肯捻，拋卻走，一場憨。

（後缺）

説明

此件首全尾缺，首題『十勸鉢禪關』，起『弟（第）一勸汝學參禪』，訖『一場憨』，共五行。此件當爲十首，存二首，缺八首。其中之『彌陀佛和』是標明誦讀時在段落間衆人以『彌陀佛』作和聲。

以上釋文以斯二二〇四爲底本，參考諸家録文釋録。

校記

〔一〕『弟』，當作『第』，據文義改，『弟』爲『第』之本字，《敦煌歌辭總編》逕釋作『第』。以下同，不另出校。

〔二〕『裹』，《敦煌歌辭總編》釋作『禪理』，誤。

〔三〕『姓』，當作『性』，據文義改，『姓』爲『性』之借字，《敦煌歌辭總編》逕釋作『性』。

〔四〕『輪迴』，《敦煌歌辭總編》校改作『巡環』。

〔五〕『禪』，《敦煌歌辭總編》漏録。

〔六〕『我著』，《〈敦煌歌辭總編〉匡補》認爲當作『著我』。

參考文獻

《敦煌韻文集》，高雄：佛教文化服務處，一九六五年，五九至六〇頁（録）；《敦煌寶藏》一七册，臺北：新文豐出版公司，一九八一年，二四九頁（圖）；Mair，*Chinoperl Papers*，No. 10（1981），p. 51（録）；《敦煌歌辭總編》，上海古籍出版社，一九八七年，一〇〇四至一〇〇六頁（録）；《英藏敦煌文獻》四卷，成都：四川人民出版社，一九九一年，四三頁（圖）；《〈敦煌歌辭總編〉匡補》，成都：巴蜀書社，二〇〇〇年，一三一至一三二頁（録）。

斯二二一三　法海與都統和尚論議文稿

釋文

（前缺）

日流□□被塵漚玉豪□滯。伏惟我當□□泰陽之氣，茲天帝之威□
□四海振沐清之向。伏惟我尚□□，應繇（瑤）臺翠氣[一]；河源味水，部千
載騰波。統六軍以長征，率十道而開搉。加以信珠九（久）淨[二]，心鏡先明，崇釋教，每
歲開經，年年談論。

法海聞弘闡幽宗，莫先於談論；津涼（梁）品物[三]，實賴於宣揚。時則有啓鑒湣曚，
驚駭聾俗者，則有　都統和尚之爲（謂）也[四]。伏惟尚（和）和（尚）證達磨之真
性[五]，體唯識之色空；外談一如，内融不二。但法海觸徒未曉，庶事容微，仰金口而魂
驚，福惠缺然，業行無趣。退不能安禪藪澤，嚴七淨以修心；進不能高論王庭，揚四弈
（裔）而光國[六]。忽奉經（？）策，難以固辭，不揣小才[七]，輒以談論。仰惟西座法

師，弁（辯）海江深〔八〕，法山峻峙難恆（衡）〔九〕。然智炬或曜涽衢，久藉得（德）音〔一〇〕，常思展豁，幸垂清弁（辯）〔一一〕，略爲光揚。幸甚！幸甚！今者皇帝壽昌，内之日理，應談論激揚，豈敢新而擅〔一二〕，章疏山積，文義萬差，略義少多，願垂收採。謹依《維摩經》中立不思議解脱義，又依下文立煩惱生死涅槃性平等義，又依百法論中立十七地義〔一三〕，又依下文立三性三無性義，一經一論，立義四端。幸請法師希垂呵嘖！而上諸並是釋教大綱，法門機要，三千七寶，未足爲珍，四句經稱之無價，不棄愚昧，略垂徵詰。

説明

此件首缺，起『日流□』，訖『略垂徵詰』，文字較爲潦草，有不少行間補字及朱筆校改文字，另有朱筆作分段符號或界隔符號，係法海在某都統和尚講經前的詰問致詞文稿。

校記

〔一〕『繇』，當作『瑤』，據文義改，『繇』爲『瑤』之借字。
〔二〕『九』，當作『久』，據斯三四三《齋儀》改，『九』爲『久』之借字。
〔三〕『涼』，當作『梁』，據文義改，『涼』爲『梁』之借字。
〔四〕『爲』，當作『謂』，據文義改，『爲』爲『謂』之借字。
〔五〕『尚和』，當作『和尚』，據文義改。

〔六〕『弈』，當作『裔』，據文義改，『弈』爲『裔』之借字。
〔七〕底本此句之『拱小』兩字間旁書一『英』字。
〔八〕『弁』，當作『辯』，據文義改，『弁』爲『辯』之借字。此句疑有脱文。
〔九〕『恆』，當作『衡』，據文義改，『恆』爲『衡』之借字。
〔一〇〕『得』，當作『德』，據文義改，『得』爲『德』之借字。
〔一一〕『弁』，當作『辯』，據文義改，『弁』爲『辯』之借字。
〔一二〕此句疑有脱文。
〔一三〕『立』，底本原書『之』字，後用朱筆塗抹，在其右側朱筆書『立』字。

參考文獻

黄永武主編《敦煌寶藏》一七册，臺北：新文豐出版公司，一九八一年，二八五頁（圖）；《英藏敦煌文獻》四卷，成都：四川人民出版社，一九九一年，四四頁（圖）。

斯二一一三背　齋文抄

釋文

故能崇釋教以定八維，扇玄風而清海内。屢闡三乘，頻施法乘（音）也〔一〕。

説明

以上文字寫於《法海與都統和尚論議文稿》背面，僅抄寫一行，筆跡與正面不同。其前抄有佛教典籍和蔣孝琬所書數碼與『寄和尚信』，均未録。

校記

〔一〕『乘』，當作『音』，據文義改。

參考文獻

黄永武主編《敦煌寶藏》一七册，臺北：新文豐出版公司，一九八一年，二八六頁（圖）；《英藏敦煌文獻》四卷，成都：四川人民出版社，一九九一年，四五頁（圖）。

斯二二一四　官府雜帳（名籍、黄麻、地畝、地子等）

釋文

（前缺）

黄麻官計十一馱半二斗，外支設司一馱。

（中空兩行）

見在涼州行：　高賢賢　李保藏　劉佛奴　郝殑殑　張進通已上[一]　橋元［　］父[二]　安粉粉

　任骨侖　曹安子　張師奴　令狐弁弁　康［　］□獵[三]　唐孝義　張里六　秦骨侖　張

奴奴　李國子　張寺加　賀醜醜　米山山　陰貴晊　李宜來　石再興　張訥兒　陳咄咄

（中空數行）

　十月十八日黄麻叁斗，廿二日黄麻兩馱[四]，廿三日已前零納黄麻壹馱半[五]，廿四日黄麻壹馱[六]，廿六日納黄麻壹馱[七]，廿七日黄麻壹馱，廿八日納黄麻壹馱，廿九日黄麻半馱。閏十月三日黄麻壹馱，九日黄麻兩馱，十一日黄麻肆斗[八]。官計十一馱半定[九]。廿四日黄麻貳斗。十一月十六日外支黄麻壹馱，分付長史。
薛賢賢五畝〔一〇〕　張郎郎八十畝納在本户腳下。
張匿（？）颾卅畝納粟一石四斗五升〔一一〕。郝章仵卅畝再照納麥壹石三斗〔一二〕，粟壹碩柒斗〔一三〕，足。
孟什德卅畝在當户腳下納了。孟安安卅畝納粟壹碩六斗，在當户腳下。
唐孝敦廿畝白遊弈粟兩石。曹三郎廿七畝王虞侯納粟一石四斗。
索力力廿畝，索諸兒種納粟壹石玖斗〔一四〕。
計二傾（頃）七十二畝〔一五〕。
官地灌進上口張文勝十畝。
上口北府陰信君地卌九畝〔一六〕。陰懷志廿五畝張法律種。吴里三六十畝。
計一傾（頃）卅四畝。
東河陰禄（？）兒卌畝〔一七〕。張加晟六十畝。王吉奴六十畝。
李白虎（？）卅畝。張文休五十畝。計二傾（頃）卌畝。
（以下爲背面）
十月廿八日貸便粟四馱，入地子數内四人〔一八〕。
（中空數行）

付信（？）通通〔一九〕、郝苟苟粟兩石二斗。
（中空數行）
呂判官呂安吉地子三馱〔二〇〕，貸便半馱。氾倉曹地子一馱，貸便一馱。
高師兩馱。呂判官〔二一〕、田悉歹歹地子一馱，貸便一馱。

説明

此件首缺尾全，正背連續抄寫，起『黄麻官計十一馱半二斗』，訖『呂判官、田悉歹歹地子一馱，貸便一馱』，存人名籍、黄麻數、地畝數及地子數等。在背面第二行與第三行文字中間有蔣孝琬所書數碼及『黄麻地畝數目』，未録。卷中『張寺加』又見於吐蕃管轄敦煌時期的伯二一六二背《左三將納丑年突田歷》，然職官名稱多屬歸義軍政權，劉進寶據此認爲此件之年代當在張氏歸義軍早期（參看《從敦煌文書談晚唐五代的地子》，《歷史研究》一九九六年三期，一七四頁）。

校記

〔一〕『已上』，《敦煌社會經濟文獻真蹟釋録》漏録。
〔二〕『元』，《敦煌社會經濟文獻真蹟釋録》未能釋讀。此句《敦煌社會經濟文獻真蹟釋録》釋作『橋□□父』。
〔三〕此句《敦煌社會經濟文獻真蹟釋録》釋作『康□獵』。
〔四〕『廿』，《敦煌社會經濟文獻真蹟釋録》釋作『二十』。

〔五〕「廿」，《敦煌社會經濟文獻真蹟釋録》釋作「二十」；「納」，《敦煌社會經濟文獻真蹟釋録》釋作「河」，誤。
〔六〕「廿」，《敦煌社會經濟文獻真蹟釋録》釋作「二」，誤。
〔七〕「廿」，《敦煌社會經濟文獻真蹟釋録》釋作「二十」。以下同，不另出校。
〔八〕「斗」，《敦煌社會經濟文獻真蹟釋録》釋作「駄」，誤。
〔九〕「定」，《敦煌社會經濟文獻真蹟釋録》漏録。
〔一〇〕「薛」，《敦煌社會經濟文獻真蹟釋録》釋作「蘇」，誤。
〔一一〕「匿」，《敦煌社會經濟文獻真蹟釋録》釋作「⿺風蓋」。
〔一二〕「卅」，《敦煌社會經濟文獻真蹟釋録》釋作「三十」，以下同，不另出校；「再照」，《敦煌社會經濟文獻真蹟釋録》漏録。
〔一三〕「粟」，《敦煌社會經濟文獻真蹟釋録》釋作「納粟」，按底本實無「納」。
〔一四〕「諸」，《敦煌社會經濟文獻真蹟釋録》釋作「豬」。
〔一五〕「傾」，當作「頃」，據文義改，《敦煌社會經濟文獻真蹟釋録》逕釋作「頃」，「傾」爲「頃」之借字。以下同，不另出校。
〔一六〕「卌」，《敦煌社會經濟文獻真蹟釋録》釋作「四十」。以下同，不另出校。
〔一七〕「禄」，《敦煌社會經濟文獻真蹟釋録》釋作「録」，誤。
〔一八〕「四人」，《敦煌社會經濟文獻真蹟釋録》漏録。
〔一九〕第二個「通」，《敦煌社會經濟文獻真蹟釋録》未能釋讀。
〔二〇〕第一個「呂」，《敦煌社會經濟文獻真蹟釋録》釋作「石」，誤；第二個「呂」，《敦煌社會經濟文獻真蹟釋録》釋作「吳」，誤。

〔二一〕『呂』，《敦煌社會經濟文獻真蹟釋録》釋作『吳』，誤。

參考文獻

《敦煌寶藏》一七册，臺北：新文豐出版公司，一九八一年，二八六至二八七頁（圖）；《敦煌社會經濟文獻真蹟釋録》二輯，北京：全國圖書館縮微複製中心，一九九〇年，四二一至四二二頁（録）；《英藏敦煌文獻》四卷，成都：四川人民出版社，一九九一年，四五至四六頁（圖）；《歷史研究》一九九六年三期，一七四頁。

斯二二一五　妙法蓮華經卷第二題記

釋文

咸亨元年十二月，弟子汜懷信敬爲亡妻趙〔一〕、亡姪阿奴寫。董弘機受〔二〕。

校記

〔一〕『趙』，《敦煌學要籥》在此字後補『氏』字。

〔二〕『董弘機受』，《敦煌學要籥》、《敦煌遺書總目索引》、《敦煌遺書總目索引新編》漏録。

説明

此件《英藏敦煌文獻》未收，現予增收。『咸亨元年』即公元六七〇年。其中『董弘機受』四字爲淡墨所書，且筆跡不同，應爲另人所寫。卷背有蔣孝琬所書數碼及『《妙法蓮華經》卷第二，咸亨元年十二月汜懷信寫』，未録。

參考文獻

Descriptive Catalogue of the Chinese Manuscripts from Tunhuang in the British Museum, The Trustees of the British Museum, London 1957. p. 67（録）；《敦煌寶藏》一七册，臺北：新文豐出版公司，一九八一年，二九七頁（圖）；《敦煌學要籥》，臺北：新文豐出版公司，一九八二年，一一二頁（録）；《敦煌遺書總目索引》，北京：中華書局，一九八三年，一五三頁（録）；《中國古代寫本識語集録》，東京大學東洋文化研究所，一九九〇年，二一一頁（録）；《敦煌遺書總目索引新編》，北京：中華書局，二〇〇〇年，六八頁（録）；《姜亮夫全集》（十一），昆明：雲南人民出版社，二〇〇二年，二三八頁（録）。

斯二二一六　大般涅槃經卷第廿一題記

釋文

大統七年六月廿八日，聶僧奴敬寫供養。

說明

此件《敦煌寶藏》漏印，《英藏敦煌文獻》未收，現予增收。『大統七年』即公元五四一年。卷背有蔣孝琬所書『《大般涅般經》第廿一，大統七年六月廿八聶僧奴敬寫』，未録。

參考文獻

Descriptive Catalogue of the Chinese Manuscripts from Tunhuang in the British Museum, The Trustees of the British Museum, London 1957. p. 48（録）；《敦煌學要籥》，臺北：新文豐出版公司，一九八二年，一二二頁（録）；《敦煌遺書總目索引》，北京：中華書局，一九八三年，一五三頁；《中國古代寫本識語集録》，東京大學東洋文化研究所，一九九〇年，一二一頁（録）；《魏晉南北朝敦煌文獻編年》，臺北：新文豐出版公司，一九九七年，二一三頁；《敦煌遺書總目索引新編》，北京：中華書局，二〇〇〇年，六八頁（録）；《姜亮夫全集》（十一），昆明：雲南人民出版社，二〇〇二年，一四〇頁（録）。

斯二二二二　周公解夢書（天文章第一——言語章第十七）

釋文

（前缺）

堯夢見身〔上〕毛生〔一〕，七十日得天子〔二〕。湯夢見飛上樓四望〔三〕，六十日得天子〔四〕。武王夢見燈（登）樹落〔五〕，八十日有應。漢高祖夢見赤龍〔六〕，左臂住雲〔七〕，舟蛇繞腰〔八〕，百日得天子〔九〕。光武夢〔見〕乘龍上天〔一〇〕，日月使之〔一一〕，五年得天子〔一二〕。孝武帝夢見乘龍上天〔一三〕，身被羽夜（衣）〔一四〕，百八十日得天子〔一五〕。□吴武列（烈）皇〔母〕〔夢〕明（腸）〔繞〕吴昌門〔一六〕，生武〔烈〕王（皇）帝〔一七〕。

天事章第一〔一八〕

夢見天開者〔一九〕，喜事。夢見聞雷驚，富貴遠〔二〇〕。夢見震雷〔二一〕，憂移徙〔二二〕。

夢見大破赤開〔二三〕，必憂早行。夢見日月，有大赦者〔二四〕，吉〔二五〕。夢見日月照人者〔二六〕，富貴〔二七〕。夢見拜日月者，富貴。夢見流星，住宅不安〔二八〕。夢見雷落者〔二九〕，憂遠行〔三〇〕，亦癈〔三一〕。夢見上天，入官得禄，大吉。夢見天地合者〔三二〕，所求皆得〔三三〕。夢見笑日月〔三四〕，大吉利。夢見服日月者，富貴，吉利。夢見星辰〔三五〕，大吉利〔三六〕。夢見日初出〔三七〕，富貴。

地理章第二

夢見地動，憂移徙。夢見天上黑氣下地行〔三八〕，病〔三九〕。夢見道路平直〔四〇〕，大吉。夢見土身入〔四一〕，安穩。夢見土在人腹上〔四二〕，憂子孫〔四三〕。夢見土污衣〔四四〕，即辱事。夢見運土堂中，大吉利。夢見堂中地陷〔四五〕，憂官〔四六〕。夢見陷廁惡衣〔四七〕，伫財。夢見地陷，憂母死。夢見病〔人〕落地〔四八〕，必死〔四九〕。夢見上高堂〔五〇〕，貴〔五一〕。夢見地臥〔五二〕，大吉。

雜事章第三

夢見牙齒落失〔五三〕，兒子富貴〔五四〕。夢見露齒〔五五〕，多訟。夢見死群者〔五六〕，得官。

夢見髮亂，百事不通〔五七〕。夢見父母亡〔五八〕，富貴。夢見得人拜，貴人，吉。夢見叩頭向人，百事通〔五九〕。夢見披髮〔六〇〕，爲人所謀。夢見彈琴〔六一〕，有聲。夢見箭未射〔六二〕，伫財。夢見身者〔六三〕，大吉。夢見身居高山，富貴。夢見食生肉〔六四〕、熟肉，吉。夢見梳頭〔六五〕，百事通〔六六〕。夢見頭白〔六七〕，益年受（壽）〔六八〕。夢見身死者，長命。夢見被賊者，爲人所求。夢見怕怖，憂官事。夢見足下農上〔六九〕，大吉，富貴。夢見身蟲，病除，吉。夢見宁蟲者，吉。夢見身入棺，遷進，吉。夢見頭髮長，長命。

哀樂章第四

夢見歌舞者，大吉。夢見上牀坐，吉。夢見弓失（矢）〔七〇〕，得人力。夢見水上歌舞者〔七一〕，大吉。夢見運出行〔七二〕，家事不安。夢見打鼓，有〔喜〕〔七三〕。夢見弓失（矢）〔七四〕，得人力。夢見哭泣，有喜事〔七五〕。夢見病人歌叫者，凶〔七六〕。夢見牽弓失（矢）射〔七七〕，求皆得。夢見著新衣者，宜官。

器服章第五

夢見死者戈（擱）一堂〔七八〕，得財。夢見食犬肉，諍訟。夢見妻飲酒肉，吉。夢見拔刀行者〔七九〕，有利益。夢見飲滿（酒）肉〔八〇〕，天雨。夢見自〔八一〕，勢利。夢見繩索，長命。夢見著孝衣，有官。夢見照鏡，鏡明吉〔八二〕，暗凶。夢見向鏡笑，爲人欺。夢見夫妻相拜，應別離。夢見把笏，得奴信。夢見哭泣〔八三〕，有慶賀事。夢見刀劍，得錢財。夢見自笏，貴族求婚。夢見起高樓，位至三公。夢見身死，長命。夢見著皂衣，訟得理。夢見妻帶刀〔八四〕，有子。夢見機，長命。夢見大醉，憂病。夢見牛肉，吉；豬〔八五〕，憂病。

財物章第六

夢見得布絹〔八六〕，百事進益〔八七〕。夢見羅納（紈）〔八八〕，憂官事。夢見坐席，客欲來。夢見與他錢〔八九〕，吉達。夢見與他錢〔九〇〕，被他嗔〔九一〕，吉。夢見得針〔九二〕，大吉。夢見得釵、規，事不成。夢見被褥，得錢財。夢見線（？），有婚事。夢見坐薦〔九三〕，出門，凶。夢見金玉，大富貴。夢見絲綿，得財〔九四〕。

化傷章第七

夢見髮落，憂愁。夢見得病，有喜。夢見腰血出，遷進，吉。夢見隱處生瘡，富貴。夢見吐痛（出）〔九五〕，出（病）除〔九六〕，差。夢見污衫衣，得財。夢見與〔人〕鬥諍〔九七〕，得財。夢見踝（裸）身無衣〔九八〕，大吉，夢見被煞，名泣（位）通〔九九〕。夢見被傷見血，吉。夢見著枷鎖〔一〇〇〕，得陪〔一〇一〕，吉。夢見被殺，得他力。夢見被繫縛，大吉。夢見〔一〇二〕。

舍宅章第八

夢見乘船渡水，得財。夢〔見〕益田宅〔一〇三〕，有喜事。夢見乘船水漲，大吉。夢見乘車行，得官職。夢見乘車上城，富貴。夢見將病人車內，身死。夢見門户開，婦人與他人通。夢見新架屋，益口。夢見上廁，臨官禄。夢見起大屋，富貴。夢見上屋望者，大吉。夢見苫屋，大吉。夢見屋角，大吉。夢見謝竈，過除〔一〇四〕。夢見宅新，有貴子。夢見屋中牛馬，凶。夢見門户，大吉。

市章第九

夢見戈高樓貴上〔一〇五〕。夢見鵂上叫〔一〇六〕，訴得理。夢見耕田，翻事重。夢見身入市，富貴。夢見渡憍（橋）梁〔一〇七〕，大吉。夢見作驢道，仕牽遠。夢見市中坐，得官。夢見先祖入市〔一〇八〕，生貴子。夢見春夏寒冷，大吉。夢見穀麥堆，得財。

四時章第十

夢見使人入田宅，富貴。夢見拔草，憂官事。

塚墓章第十一

夢見作塚椁，大吉。夢見墓中棺出，故事。夢見棺木，得官，吉。夢見棺中死人，得財。夢見墓門開，大吉。夢見桑木在堂上〔一〇九〕，憂官事。夢見棺塚明，吉；暗，凶〔一一〇〕。

林木章第十二

夢見柴木石（在）堂〔一一一〕，官事。夢見喫食六畜，多死。夢見倚樹立者，吉。夢見坐高樓〔一一二〕、山巖石，所求皆得。夢見墓林茂盛，富貴。夢見門中生果樹，富貴。夢見上（上）樹〔一一三〕，長命。夢見伐樹，所求皆得。夢見大樹落陰益（蓋）屋〔一一四〕，大富〔一一五〕。

夢見門中竹木魚狗，吉。夢見果樹及舍，吉利。夢見林中，大吉利。夢見西向立者，吉。夢見棗樹繁〔一一六〕，亦口舌。

水章第十三

夢見居水上及〔水〕中坐〔一一七〕，並吉。夢見水門者，得官。夢見婦溺水中，生貴子。夢見水謁（竭）〔一一八〕，有憂。夢見作井者，富貴。夢見井沸溢，富貴。夢見犬宂，大吉。夢見落井，憂官及病。夢見井有魚，有物。夢見水，入官或入位至〔一一九〕。夢見中庭者，見喜事。夢見大風壞屋，遷徙事。夢見井昵，家有衰〔一二〇〕。夢見雹（竈）下水流〔一二一〕，得財。夢見把火夜行，必光顯。夢見赤水者，有官事。夢見將火照人，奸事路（露）〔一二二〕。

禽獸章第十四

夢見燕子，有十口舌〔一二三〕。夢見鼠嚙人衣，所求皆得。夢見虎食者，大吉。夢見鹿（？）并菟〔一二四〕，得印綬，吉。夢見飛飛鳥入人懷〔一二五〕，遠行。夢見飛鳥〔一二六〕，欲遠。夢見騎虎，憂官事。夢見雀者，有喜事。夢見鳥懷，智惠起〔一二七〕。夢見食雞（？）子〔一二八〕，得財。夢見得雞（？）子，大吉。夢見雀〔一二九〕，祿位並得授，喜。

雜（六）事（畜）章第十五〔一三〇〕

夢見群牛，有事散。夢見牛，所求皆得。夢見被馬交（咬）〔一三一〕，有祿，貴。夢見煞牛，得財，大吉。夢見牛出門，奸事散。夢見牽牛，有禮事。夢見乘驢，被人誤。夢見乘使，吉；純，凶〔一三二〕。夢見投支〔一三三〕，必急客來〔一三四〕。夢見乘白馬，有喪事。夢見騎羊，得好婦〔一三五〕。夢見煞犬，所〔求〕皆得〔一三六〕，通達。夢見牛肉在堂，得財。夢見豬有（肉）〔一三七〕，憂官事。夢見牛馬，必風雨。夢見六畜共人語，得行有六（吉）〔一三八〕。夢見犬齒，先入（人）求食〔一三九〕。夢見犬子，有喜事。

龜鱉章第十六

夢見龜鱉，得人所愛。夢見蛇，得移徙事。夢見蛇群，大吉利。夢見蛇入懷，有貴〔子〕〔一四〇〕。夢見龜〔蛇〕相向者〔一四一〕，夆財〔一四二〕。夢見蛇入門屋中，財物〔一四三〕。夢見青蛇，憂事發。夢見蛇遮人妻，吉。夢見得魚，百事知（如）意〔一四四〕。夢見赤蛇者，憂病。

言語章第十七

夢（下缺）

説明

此件首尾均缺，起『堯夢見身〔上〕毛生』，訖『言語章第十七夢』，所存内容爲《周公解夢書》之天事章第一、地理章第二、雜事章第三、哀樂章第四、器服章第五、財物章第六、化傷章第七、舍宅章第八、市章第九、四時章第十、塚墓章第十一、林木章第十二、水章第十三、禽獸章第十四、雜（六）事（畜）章第十五、龜鱉章第十六、言語章第十七等前十七章的占辭。敦煌遺書中的同類文書尚有伯三二八一背+伯三六八五背，伯三二八一背首全尾缺，起首題『周公解夢書一卷』，訖『化傷章第七』；伯三六八五背首尾均缺，起『舍宅章第八』之『見益田宅，有喜事』，訖『水章第十三』之『家有喪』句之『家』字。伯三二八一背與伯三六八五背雖不能直接綴合，但屬同一件文書，係一卷之裂（參看鄭炳林《敦煌寫本解夢書校録研究》，二二四頁）。

以上釋文以斯二二二二爲底本，用對此件有校勘價值的伯三二八一背+伯三六八五背（稱其爲甲本）參校。

校記

〔一〕『堯夢』，據甲本補；『上』，據甲本補。

〔二〕『七』，甲本作『六』。甲本此句後作『舜夢見眉長髮白，六十日得天子』。

〔三〕『湯』，據甲本補。

〔四〕『十』，據甲本補；『天子』，據甲本補。甲本此句後作『文王夢見日月照身，六十日爲四』。

〔五〕『武王夢見』，據甲本補；『燈』，當作『登』，據甲本改，『燈』爲『登』之借字。

〔六〕『高祖夢見赤龍』，據甲本補。

〔七〕『左臂住雲』，據甲本補。

〔八〕『舟蛇繞腰』，據甲本補。

〔九〕『百日』，據甲本補。

〔一〇〕『見』，據甲本補；『龍上天』，據甲本補。

〔一一〕「日月使之」，據甲本補。

〔一二〕「五年得天子」，據甲本補。

〔一三〕「孝武帝夢見」，據甲本補。

〔一四〕「被」，甲本作「披」，《敦煌寫本解夢書校録研究》釋作「披」，雖義可通而字誤；「夜」，甲本同，當作「衣」，據文義改。

〔一五〕「日得天子」，據甲本補。甲本此句後作「列皇后夢見日入懷中，生生長仙恒王」。

〔一六〕「列」，甲本同，當作「烈」，據文義改，《敦煌寫本解夢書校録研究》逕釋作「烈」，「列」爲「烈」之借字；「母夢」，據《三國志》裴松之注引《吳書》之「及母懷妊堅，夢腸出繞吳昌門」句補；「明」，甲本作「服」，當作「腸」，據《三國志》裴松之注引《吳書》之「夢腸出繞吳昌門」句改；「繞」，據《三國志》裴松之注引《吳書》之「夢腸出繞吳昌門」句補。

〔一七〕「烈」，據文義補；「王」，甲本同，當作「皇」，《敦煌寫本解夢書校録研究》據文義校改；「帝」，據甲本補。

〔一八〕「天事章第一」，據甲本補。

〔一九〕「夢見天開者」，據甲本補。

〔二〇〕「遠」，據甲本補。此句疑有脱文。

〔二一〕「夢見震雷」，據甲本補。

〔二二〕「憂移徙」，據甲本補。

〔二三〕「夢見大破赤」，據甲本補。

〔二四〕「有」，據甲本補；「大」，據文義補，甲本作「木」；「赦者」，據甲本補。

〔二五〕「吉」，據甲本補。

〔二六〕「夢見日月照人者」，據甲本補。
〔二七〕「富貴」，據甲本補。
〔二八〕「住宅不安」，據甲本補。
〔二九〕「夢見雷落者」，據甲本補。
〔三〇〕「憂遠」，據甲本補。
〔三一〕「癈」，甲本同，《敦煌寫本解夢書校録研究》釋作「癥」，校改作「病」，誤。
〔三二〕「天地合者」，據甲本補。
〔三三〕「所求皆得」，據甲本補。
〔三四〕「夢見笑日」，據甲本補。
〔三五〕「見星辰」，據甲本補。
〔三六〕「大吉利」，據甲本補。
〔三七〕「夢見日初出」，據甲本補。
〔三八〕「夢見天上黑氣下地行」，據甲本補。
〔三九〕「病」，據甲本補。
〔四〇〕「夢」，據甲本補；「直」，甲本作「真」，誤。
〔四一〕「土身入」，甲本同，《敦煌寫本解夢書校録研究》校改作「身入土」。
〔四二〕「見」，甲本脱；「在人腹上」，據甲本補。
〔四三〕「憂子孫」，據甲本補。
〔四四〕「夢見土污」，據甲本補。

〔四五〕「見堂中地陷」，據甲本補。
〔四六〕「憂官」，據甲本補。
〔四七〕「夢見陷」，據甲本補；「惡」，《敦煌寫本解夢書校録研究》校改作「污」。
〔四八〕「人」，據甲本補；「地」，據甲本補。
〔四九〕「必死」，據甲本補。
〔五〇〕「夢見上高堂」，據甲本補，「堂」，《敦煌寫本解夢書校録研究》釋作「處」，誤。
〔五一〕「貴」，據甲本補，《敦煌寫本解夢書校録研究》校補作「富貴」。
〔五二〕「夢」，據甲本補；「見」，據文義補。
〔五三〕「失」，據甲本補。
〔五四〕「兒子」，據甲本補。
〔五五〕「露」，甲本作「路」，「路」爲「露」之借字。
〔五六〕「死」，甲本同，《敦煌寫本解夢書校録研究》釋作「兀」。
〔五七〕「事」，據甲本補。
〔五八〕「父母亡」，甲本作「亡父母」。
〔五九〕「通」，據甲本補。
〔六〇〕「夢見」，據甲本補。
〔六一〕「琴」，甲本脱。
〔六二〕「箭」，甲本脱。
〔六三〕「身」，據甲本補。

〔六四〕「食」，甲本脱。《敦煌寫本解夢書校録研究》在此句後校補「凶」字。

〔六五〕此句甲本作「夢見梳頭者」。

〔六六〕「百」，據殘筆劃及文義補。此句甲本作「通」。

〔六七〕「頭白」，甲本脱。

〔六八〕「受」，甲本同，當作「壽」，《中國古代的夢書》據文義校改，「受」爲「壽」之借字。

〔六九〕「農上」，甲本同，《中國古代的夢書》校改作「膿出」。

〔七〇〕「失」，當作「矢」，據甲本改，《敦煌寫本解夢書校録研究》逕釋作「矢」，「失」爲「矢」之借字。

〔七一〕「舞」，甲本無。

〔七二〕「行」，甲本無。甲本此句及下句「家事不安」抄於「夢見病人歌叫者，凶。夢見」之後。

〔七三〕「喜」，據甲本補。

〔七四〕「失」，當作「矢」，據文義改，《敦煌寫本解夢書校録研究》逕釋作「矢」，「失」爲「矢」之借字。此句及下句「得人力」，據文義爲衍文，當删。

〔七五〕「夢見哭泣，有喜事」，甲本抄於「夢見水上歌者，大吉」之後。

〔七六〕甲本此句後抄有「夢見」，據文義係衍文，當删。

〔七七〕「弓」，甲本脱；「失」，當作「矢」，據甲本改，《敦煌寫本解夢書校録研究》逕釋作「矢」，「失」爲「矢」之借字。甲本此句抄於「夢見打鼓，有喜」之後。

〔七八〕「死」，甲本作「死人」；「戈」，甲本同，當作「擱」，據文義改，「戈」爲「擱」之借字；「一」，據甲本及文義係衍文，當删。

〔七九〕「者」，甲本無。

〔八〇〕「滿」，當作「酒」，據甲本改，《敦煌寫本解夢書校録研究》逕釋作「酒」。

〔八一〕「自」，甲本同，據《説文解字》「自」爲「鼻」之古字。

〔八二〕「鏡」，甲本無。

〔八三〕「哭」，甲本作「哀」。

〔八四〕「刀」，甲本作「刀子」，《敦煌寫本解夢書校録研究》釋作「刀子」，按底本實無「子」字。

〔八五〕「豬」，《敦煌寫本解夢書校録研究》校補作「豬肉」。

〔八六〕底本「得」字之後書「有」，然缺「有」字最後一筆，當爲抄者發現將「布」誤寫成「有」後停筆所致，故不録。

〔八七〕「進」，《敦煌寫本解夢書校録研究》校改作「盡」，按不改亦可通。

〔八八〕「納」，當作「納」，《敦煌寫本解夢書校録研究》據文義校改。

〔八九〕「他」，《中國古代的夢書》校補作「他人」。

〔九〇〕「他」，《中國古代的夢書》校補作「他人」。

〔九一〕「他」，《中國古代的夢書》校補作「他人」。

〔九二〕「得」，甲本作「財」，誤。

〔九三〕「薦」，《敦煌寫本解夢書校録研究》校改作「韉」。

〔九四〕「夢見坐薦」至「得財」，甲本無。

〔九五〕「痛」，當作「出」，《敦煌寫本解夢書校録研究》據文義校改。

〔九六〕「出」，當作「病」，《敦煌寫本解夢書校録研究》據文義校改。

〔九七〕「人」，《敦煌寫本解夢書校録研究》據文義校補。

〔九八〕『踝』，當作『裸』，《敦煌寫本解夢書校録研究》據文義校改。

〔九九〕『泣』，當作『位』，《敦煌寫本解夢書校録研究》據文義校改。

〔一〇〇〕『鎖』，《敦煌寫本解夢書校録研究》校改作『鐐』。

〔一〇一〕『陪』，《敦煌寫本解夢書校録研究》釋作『陰』，校改作『蔭』，誤。

〔一〇二〕『夢見』，疑爲衍文，據文義當删。

〔一〇三〕『見』，據甲本補。

〔一〇四〕『過』，《敦煌寫本解夢書校録研究》釋作『遇』，誤。

〔一〇五〕『戈』，甲本同，《中國古代的夢書》校改作『閣』。

〔一〇六〕『樢』，甲本同，《中國古代的夢書》釋作『樓』，《敦煌寫本解夢書校録研究》釋作『橋』。

〔一〇七〕『憍』，當作『橋』，據甲本改，《敦煌寫本解夢書校録研究》逕釋作『橋』。

〔一〇八〕『先』，《敦煌寫本解夢書校録研究》釋作『光』，校改作『先』。底本『光』後原書『禃』，應是『祖』的訛字，因後面直接寫正字『祖』，故不録。

〔一〇九〕『堂』，甲本作『當』，误。

〔一一〇〕『明，吉；暗，凶』，甲本同，《敦煌寫本解夢書校録研究》釋作『暗凶明吉』，按底本在『暗凶』、『明吉』間實有倒乙符號。

〔一一一〕『石』，甲本同，當作『在』，《敦煌寫本解夢書校録研究》據伯三九〇八之『夢見柴木在堂，有大凶』句改。

〔一一二〕『坐』，甲本無。

〔一一三〕『土』，甲本同，當作『上』，《敦煌寫本解夢書校録研究》據文義校改。

〔一一四〕『夢見大樹落陰』，甲本作『夢見大□□□□求皆得』；『益』，當作『蓋』，據甲本改，《敦煌寫本解夢書校録研究》逕釋作「蓋」。
〔一一五〕「富」，甲本作「官」。
〔一一六〕「樹」，甲本脱。
〔一一七〕「水上」，甲本作「水上坐」；「水」，據甲本補。
〔一一八〕「謁」，當作「竭」，據甲本改，《敦煌寫本解夢書校録研究》逕釋作「竭」。
〔一一九〕「或」，甲本同，《中國古代的夢書》校改作「寓」。
〔一二〇〕甲本止於此句之「家」。
〔一二一〕「黿」，當作「竈」，據文義改，《敦煌寫本解夢書校録研究》逕釋作「竈」。
〔一二二〕「路」，當作「露」，《敦煌寫本解夢書校録研究》據文義校改，「路」爲「露」之借字。
〔一二三〕「十」，疑爲衍文，據文義當删。
〔一二四〕「菟」，《中國古代的夢書》校改作「兔」，按「菟」通「兔」，不煩校改。
〔一二五〕第二個「飛」，據文義爲衍文，當删。
〔一二六〕「鳥」，《敦煌寫本解夢書校録研究》釋作「鳥鳥」，按底本第一個「鳥」字已塗抹，應不録。
〔一二七〕「惠」，《敦煌寫本解夢書校録研究》校改作「慧」，按不改亦可通。
〔一二八〕「雞」，《敦煌寫本解夢書校録研究》釋作「鷄」。以下同，不另出校。
〔一二九〕《中國古代的夢書》在此句後校補「與鹿」。
〔一三〇〕「雜事」，當作「六畜」，《敦煌寫本解夢書校録研究》據文義校改。
〔一三一〕「交」，當作「咬」，《中國古代的夢書》據文義校改。
〔一三二〕「夢見乘使，吉；純，凶」，此句疑有脱、誤。

〔一三三〕『投支』，《敦煌寫本解夢書校録研究》校改作『捉犬』。

〔一三四〕『必』，《敦煌寫本解夢書校録研究》校補作『必有』。

〔一三五〕『得』，《敦煌寫本解夢書校録研究》釋作『有』，誤。

〔一三六〕『求』，《敦煌寫本解夢書校録研究》據文義校補。

〔一三七〕『有』，當作『肉』，《中國古代的夢書》據文義校改。

〔一三八〕『六』，當作『吉』，《中國古代的夢書》據文義校改。

〔一三九〕『先』，《敦煌寫本解夢書校録研究》釋作『光』，校改作『先』；『入』，當作『人』，《敦煌寫本解夢書校録研究》據斯六二〇之『夢見犬噉者，先人索食』句校改。

〔一四〇〕『子』，《中國古代的夢書》據文義校補。

〔一四一〕『蛇』，《敦煌寫本解夢書校録研究》據斯六二〇之『夢見黿蛇相向，逢劫殺』句校補。

〔一四二〕『夆』，《中國古代的夢書》校改作『逢』，按『夆』通『逢』，不改亦可通。

〔一四三〕此句疑有脱文。

〔一四四〕『知』，當作『如』，據文義改，《敦煌寫本解夢書校録研究》逕釋作『如』。

參考文獻

《敦煌寶藏》一七册，臺北：新文豐出版公司，一九八一年，三四〇至三四一頁（圖）；《中國古代的夢書》，北京：中華書局，一九九〇年，二九至三七頁（録）；《英藏敦煌文獻》四卷，成都：四川人民出版社，一九九一年，四七至四八頁（圖）；《敦煌寫本解夢書校録研究》二〇三至二一八頁（録）。

斯二二二二背　解夢書一卷

釋文

凡《解夢書》一卷〔一〕。

夢見氾飲酒〔二〕，〔天〕歡（欲）雨下〔三〕。夢見日初出，名位至。夢見日月照，富貴〔四〕。夢見策（乘）龍上〔天〕〔五〕，大吉。夢見拜日月，富貴〔六〕。夢見星，夏（憂）事〔七〕。夢見星路（落）〔八〕，夏（憂）官事及病。夢見天黑氣貫地〔九〕，時氣役（疫）病〔一〇〕。夢見土在腹上，夏（憂）子孫。夢見大石〔一一〕，大吉。夢見身入土〔一二〕，上，大吉〔一三〕。夢見泥污衣，恥辰（辱）〔一四〕。夢見山〔上〕〔有〕蒼（倉）屋〔一五〕，大吉〔一六〕。夢見運土宅內者〔一七〕，大吉〔一八〕。夢見堂陷，夏（憂）官〔一九〕。夢見病兒洛（落）地〔二〇〕，凶。〔夢〕〔見〕〔陷〕〔廁〕〔中〕〔二一〕，〔糞〕〔汁〕〔衣〕〔二二〕，〔富〕〔二三〕。夢見從（地）種（動）〔二四〕，〔移〕〔徙〕〔二五〕。夢見土，病隥（除）〔二六〕。夢見耕地〔二七〕，大吉〔二八〕。

人間事章

夢見市上煞人，大吉。夢見人露遠（齒）笑〔二九〕，諍訟。夢見牙齒洛（落）〔三〇〕，大夏

（憂）〔官〕〔事〕〔三一〕。夢〔見〕齒白〔三二〕，官貴〔三三〕。夢見兄弟相打，和合，〔吉〕〔三四〕。夢見身有羽翼，得官。夢見官，大吉。夢見飛翔，得長官〔三五〕。夢見拜貴人，吉利。夢見父母亡，大吉。夢見叩頭向人，貨遠〔三六〕。夢見社頭者，爲人謀。夢見身居高山，大吉〔三七〕。夢見兒女政服〔三八〕，悲泣。夢見共人共食〔三九〕，大吉。夢見梳頭，百事散。夢見失靴履，夏（憂）奴婢走。夢見拜官史（吏）〔四〇〕，有慶賀事。夢見得熟害（肉）〔四一〕，大吉。夢見食〔生〕害（肉）〔四二〕，夏（憂）槃（縣）官事〔四三〕。夢見李入門，大吉。夢人（見）得人拜〔四四〕，大吉。夢見女〔人〕住（狂）〔四五〕，夏（憂）病〔四六〕。夢見靴、梳，得横財。夢見披頭〔四七〕，賊人謀。夢見髮亂，凶〔四八〕。夢見史（吏）將入獄〔四九〕，得財。夢見君君子〔五〇〕，生貴子。夢見妻懷孕，與私人〔五一〕。夢見宴會，人謀〔五二〕。夢見僧尼，所作不成。

（以下原缺文）

說明

此件抄於《周公解夢書》背面，首尾完整，起首題『凡《解夢書》一卷』，訖『所作不成』，僅存『人間事章』之篇題，筆跡與正面相同，當爲同一人所抄。敦煌遺書中與此件内容相同的文書尚有伯二八二九、Дх.一三三二七+Дх.二八四四A。伯二八二九首全尾缺，下端亦多有殘缺，抄於《婦人背圖》之後，起首題『《解夢書》』，訖『夢見宴會，人謀』。Дх.一三三二七和Дх.二八四四A兩件殘片可以綴合，其中

Дx. 一三二七爲 Дx. 二八四四 A 前十行文字之下端部分；綴合後的文書首尾均缺，起首題『《解夢書》一卷』，訖『夢見共妻飲□夢見』。

以上釋文以斯二二二二背爲底本，用對此件有校勘價值的伯二八二九（稱其爲甲本）、Дx. 一三二七+Дx. 二八四四 A（稱其爲乙本）參校。

校記

〔一〕『凡』，甲本無；『一卷』，乙本同，甲本無。乙本此句後有一『決』字，《敦煌寫本解夢書校録研究》釋作『漢』。乙本始於此句之『《解夢書》一卷』。

〔二〕『氾』，甲本無。

〔三〕『天』，據甲本補；『歡』，當作『欲』，據甲本改。

〔四〕『富』，乙本同，《敦煌寫本解夢書校録研究》釋作『官』，校改作『富』。

〔五〕『策』，當作『乘』，據文義改，乙本作『釆』，誤，《中國古代的夢書》逕釋作『乘』；『天』，《中國古代的夢書》據文義校補。

〔六〕『富』，甲本同，《敦煌寫本解夢書校録研究》釋作『官』，校改作『富』。

〔七〕『夏』，當作『憂』，據甲、乙本改，《敦煌寫本解夢書校録研究》逕釋作『憂』，以下同，不另出校；『事』，甲本作『官事』。

〔八〕『路』，當作『落』，據甲本改。

〔九〕『天』，乙本同，《敦煌寫本解夢書校録研究》校補作『天上』。

〔一〇〕「役」，甲、乙本同，當作「疫」，《中國古代的夢書》據文義校改。

〔一一〕「石」，甲、乙本作「盤石」。

〔一二〕「入」，乙本同，《中國古代的夢書》校改作「在」。

〔一三〕「大吉」，乙本作「安穩」。

〔一四〕「辰」，乙本同，當作「辱」，據甲本改。

〔一五〕「上」，據甲、乙本補；「有」，據甲本補；「蒼」，當作「倉」，據甲、乙本改，「蒼」爲「倉」之借字。

〔一六〕「吉」，甲、乙本作「貴」。

〔一七〕「者」，乙本無。

〔一八〕「大」，乙本無。乙本此句後有「大富」。

〔一九〕「官」，甲、乙本作「喪」。

〔二〇〕「洛」，當作「落」，據甲、乙本改，「洛」爲「落」之借字。

〔二一〕「夢見陷廁中」，據甲、乙本補。

〔二二〕「糞汁衣」，據甲、乙本補。

〔二三〕「富」，據甲、乙本補。

〔二四〕「從」，乙本作「移」，當作「地」，據甲本改；「種」，乙本作「地」，當作「動」，據甲本改。乙本此句前有「夢見登山望平地□」。

〔二五〕「移徙」，據甲本補。乙本此句作「動徙」。

〔二六〕「隥」，當作「除」，據甲、乙本改，《敦煌寫本解夢書校録研究》釋作「墱」，誤。

〔二七〕「地」，乙本同，甲本作「田」。

〔二八〕『吉』，甲、乙本作『富』。
〔二九〕『遠』，當作『齒』，據甲、乙本改。
〔三〇〕『牙』，乙本同，甲本作『身』，誤；『洛』，乙本同，當作『落』，據甲本改，『洛』爲『落』之借字。
〔三一〕『官事』，據甲、乙本補。
〔三二〕『見』，據乙本補。
〔三三〕『官』，乙本作『富』，《敦煌寫本解夢書校録研究》釋作『官』，校改作『富』。
〔三四〕『吉』，據甲本補。
〔三五〕甲本此句前有『夢見□□□□□□大吉』。
〔三六〕『貨』，乙本作『皆』；『遠』，甲、乙本作『達』。
〔三七〕『吉』，乙本作『富』。
〔三八〕『政』，乙本同，《敦煌寫本解夢書校録研究》校改作『改』；『服』，乙本同，《敦煌寫本解夢書校録研究》釋作『眼』，校改作『服』。
〔三九〕第一個『共』，甲本作『與』。甲本此句抄於『□百事散』之後。
〔四〇〕『史』，當作『吏』，《中國古代的夢書》據文義校改。
〔四一〕『害』，當作『肉』，據甲本改，《敦煌寫本解夢書校録研究》逕釋作『肉』。以下同，不另出校。
〔四二〕『生』，據甲、乙本補。
〔四三〕『槃』，乙本同，甲本無，當作『縣』，《敦煌寫本解夢書校録研究》據文義校改。
〔四四〕『人』，當作『見』，《敦煌寫本解夢書校録研究》據文義校改。

〔四五〕『人』，據甲本補；『住』，當作『狂』，據甲本改。
〔四六〕甲、乙本此句後有『夢見抱兒，男吉女凶』。
〔四七〕『披』，《敦煌寫本解夢書校録研究》釋作『拔』，校改作『披』。
〔四八〕甲本此句後有『夢見不亂，吉』。
〔四九〕『史』，乙本同，當作『吏』，《敦煌寫本解夢書校録研究》據文義校改。
〔五〇〕第二個『君』，據文義係衍文，當删。
〔五一〕『私』，甲本同，《敦煌寫本解夢書校録研究》釋作『移』，誤。
〔五二〕甲本止於此句。

參考文獻

《敦煌寶藏》一七册，臺北：新文豐出版公司，一九八一年，三四一頁（圖）；《中國古代的夢書》，北京：中華書局，一九九〇年，二七至二八頁（録）；《英藏敦煌文獻》四卷，成都：四川人民出版社，一九九一年，四八頁（圖）；《敦煌寫本解夢書校録研究》，北京：民族出版社，二〇〇四年，二四四至二四七頁（録）。

斯二三二八　一　亥年六月十一日修城役丁夫名簿

釋文

六月十一修城所　　絲綿

右一　十二日　宋日晟　王不顔[一]　楊謙謹　郭意奴　索再榮

右二　十一日　雷善兒　馬再榮　唐國晟[二]　王禾國　令狐豬子

右三　十一日　安佛奴　王金奴　康通信　郝朝興　龐保

右四　十一日　張英子[三]　張晟子　郭養養　張履六　康友子

右五　九日　杜霽（？）[四]　十一日　田廣逸[五]　杜福子　氾清清　張國朝

右六　十一日　曹保德　索老老　康再興　索石住　侯達子

右七　十一日　張加珍　劉蒲子　劉君君　杜進　白清清

右八　十二日　張答哈　張進進　安善奴　張執藥　張國奴

右九　十一日　翟勝子　張良勝　李達子　董石奴　趙像奴

右十　十一日　李順通　米毛毛[六]　鄭興光　似興晟　梁有達

右已上夫丁[七]，並於西面修城，具件如前，並各五日。

□部落　十一日　李清清　石秀秀　郭滿子　石專專　朱朝子　李再清　王流德　王國子八人。

亥年六月十五日畢功[八]。

（中缺）

左七　趙安子　張庭俊　翟買買[九]　陰洛洛[一〇]　張顔子　李六六。各五日。欠一人。

郭和

左八　傅太平　閻加興　張黑奴　劉再興　韓朝再　郭和和。各五日[一一]。欠一人。

左九　陰驗驗[一二]　鄧王子　姚弁　索國清　親不菜　郭再清　任尕郎[一三]。各五日。

登

左十　米和和　索小郎　劉清清[一四]　米奴子　安保真　毛養養　氾和和。已上各五日。

（後缺）

說明

此卷已斷爲四段，現被粘接爲一紙，但四段之間不能綴合，第一段和第二段筆跡相同，内容亦屬同類，當爲同一文書，《英藏敦煌文獻》擬名作『亥年六月十一日修城役丁夫名簿』；第一段行間夾寫有倒書『辰年巳年麥布酒破歷』；第三段僅前兩行爲漢文，内容爲『解女貸黃麻抄』，其後有二十三行吐蕃文；第四段則爲二十三行吐蕃文。此卷背面有『麥粟布破歷』和吐蕃文字。

此件爲第一段和第二段『亥年六月十一日修城役丁夫名簿』釋文，第一段行間夾寫之倒書『辰年巳年麥布酒破歷』，另出釋文。此件用地支紀年，又有『絲綿』、『部落』等吐蕃管轄敦煌時期的特有用語，應爲吐蕃時期文書。

校記

〔一〕『額』，《敦煌社會經濟文獻真蹟釋録》釋作『歾』。

〔二〕『國』，《敦煌社會經濟文獻真蹟釋録》釋作『固』。

〔三〕『英』，《敦煌社會經濟文獻真蹟釋録》釋作『延』。

〔四〕『杜』，《敦煌社會經濟文獻真蹟釋録》釋作『社』；『霽』，《敦煌社會經濟文獻真蹟釋録》釋作『齋』，《吐蕃時期沙州社會經濟研究》釋作『惠』。

〔五〕『逸』，《敦煌社會經濟文獻真蹟釋録》未能釋讀，《吐蕃時期沙州社會經濟研究》釋作『皃』。

〔六〕『毛毛』，《吐蕃時期沙州社會經濟研究》、《敦煌社會經濟文獻真蹟釋録》均釋作『屯屯』。

〔七〕『已』，《敦煌社會經濟文獻真蹟釋録》釋作『以』，誤。

〔八〕『功』，《敦煌社會經濟文獻真蹟釋録》釋作『城』，誤。此句以下爲第二殘片内容。

〔九〕第二個『買』，《敦煌社會經濟文獻真蹟釋録》釋作『奴』，誤。

〔一〇〕『洛洛』，《敦煌社會經濟文獻真蹟釋録》釋作『洺洺』，誤。

〔一一〕『各五日』，據文義補。

〔一二〕『驗驗』，《敦煌社會經濟文獻真蹟釋録》釋作『騜騜』。

〔一三〕『尕』，《敦煌社會經濟文獻真蹟釋録》未能釋讀，《吐蕃時期沙州社會經濟研究》釋作『小』。

〔一四〕『清清』，右側倒書一『問？』字。

參考文獻

《吐蕃支配期の敦煌》，《東方學報》三一册，一九六一年三月，二四九至二五〇頁（録）；《敦煌寶藏》一七册，臺北：新文豐出版公司，一九八一年，三八〇至三八一頁（圖）；《吐蕃時期沙州社會經濟研究》，載《敦煌吐魯番出土經濟文書研究》，厦門大學出版社，一九八六年，三八八至三九〇頁（録）；《唐五代敦煌寺户制度》，北京：中華書局，一九八七年，五二頁（録）；《敦煌社會經濟文獻真蹟釋録》二輯，北京：全國圖書館文獻縮微複製中心，一九九〇年，四〇三至四〇四頁（録）；《英藏敦煌文獻》四卷，成都：四川人民出版社，一九九一年，四九至五〇頁（圖）；《敦煌吐魯番文書與絲綢之路》，北京：文物出版社，一九九四年，一九六、二二三頁（録）；《五—十世紀敦煌的家庭與家族關係》，長沙：岳麓書社，一九九七年，一四三頁；《吐蕃統治敦煌研究》，臺北：新文豐出版社公司，一九九七年，二七九頁；《唐後期五代宋初敦煌僧尼的社會生活》，北京：中國社會科學出版社，一九九八年，二一〇頁；《敦煌的借貸：中國中古時代的物質生活與社會》，北京：中華書局，二〇〇三年，一五四頁。

斯二二二八　二　辰年巳年麥布酒入破歷

釋文

（前缺）

巳[上]計布九疋〔一〕，並付與胡胡充縣欠[用]〔二〕。[　　]斷麥五碩五斗，至秋還。其布納
官用〔三〕。又張老於尼僧邊買布一疋卌二尺〔四〕，至斷麥五碩五斗〔五〕，兩家合買，其布納官
用。各半。弔田秀婦平意布三丈三尺，其布於寺家貸。又於寺家取布兩疋。辰年十月折麥納
官用。又於寺家取布一疋，智遠（？）受戒時告裙衫用〔六〕。
巳年四月五日〔七〕，共曹住送路空設熱布一疋〔八〕，墨兩庭（挺）〔九〕，已上合當家送□子
一〔一〇〕。又於索家貸緋紬一疋〔一一〕，其紬四月廿日卻對面分付〔一二〕，惠照上座於車園〔一三〕。
五月十四日，於索日榮邊買小釵子一三斗〔一四〕，其釵子斷麥十碩〔一五〕，並漢斗。於陰興興邊
付本身麥三馱，又對僧義（？）岸付麥一石八斗〔一六〕，又對僧道義〔付〕麥三石〔一七〕，並
漢斗。施本身麥六漢斗，云付磑課用〔一八〕。嵜師〔一九〕。後五月，付宋澄清酒半瓮。廿二日，[付]王
瓢（？）子麥半馱〔二〇〕。廿五日，又付宋澄清麥六漢斗，又酒半瓮，付盧（？）朗布□

尺〔二一〕，麥三馱〔二二〕，再晟母領（？）〔二三〕。

説明

此件首缺，抄寫於『亥年六月十一日修城役丁夫名簿』行間空白處，倒書，亦用地支紀年，亦應爲吐蕃時期文書。《敦煌社會經濟文獻真蹟釋録》擬名作『辰年巳年麥布酒付歷』，《英藏敦煌文獻》擬名作『布紬破歷、麥酒破歷』。考此件之内容，雖以『破』爲主，但亦有『入』（買入），故定名爲『辰年巳年麥布酒入破歷』。

校記

〔一〕『已』，《敦煌社會經濟文獻真蹟釋録》釋作『日』；『上』，據殘筆劃及文義補，《敦煌社會經濟文獻真蹟釋録》未能釋讀；『計』，《敦煌社會經濟文獻真蹟釋録》釋作『發』。

〔二〕『縣』，《敦煌社會經濟文獻真蹟釋録》釋作『懸』；『用』，《敦煌社會經濟文獻真蹟釋録》據文義校補。

〔三〕『布納』，底本原作『納布』，在『納布』間有兩墨點，疑爲倒乙符號。

〔四〕『僧』，《敦煌社會經濟文獻真蹟釋録》漏録。

〔五〕『斷』，《敦煌社會經濟文獻真蹟釋録》釋作『折』，誤；第一個『五』，《敦煌社會經濟文獻真蹟釋録》釋作『壹』，誤。

〔六〕『遠』，《敦煌社會經濟文獻真蹟釋録》釋作『秀』，誤。

〔七〕『五』，《敦煌社會經濟文獻真蹟釋録》釋作『九』，誤。

〔八〕「住」，《敦煌社會經濟文獻真蹟釋録》釋作「延」，誤；「路」，《敦煌社會經濟文獻真蹟釋録》釋作「斷」，誤。
〔九〕「庭」，當作「挺」，據文義改，《敦煌社會經濟文獻真蹟釋録》逕釋作「挺」，「庭」爲「挺」之借字。
〔一〇〕「合」，《敦煌社會經濟文獻真蹟釋録》漏録；「□」，《敦煌社會經濟文獻真蹟釋録》釋作「納」；「子」，《敦煌社會經濟文獻真蹟釋録》未能釋讀；「二」，《敦煌社會經濟文獻真蹟釋録》未能釋讀。
〔一一〕「於」，《敦煌社會經濟文獻真蹟釋録》漏録；「緋」，《敦煌社會經濟文獻真蹟釋録》釋作「粉」。
〔一二〕「廿」，《敦煌社會經濟文獻真蹟釋録》釋作「十」，誤。
〔一三〕「車園」，《敦煌社會經濟文獻真蹟釋録》未能釋讀。
〔一四〕「索」，《敦煌社會經濟文獻真蹟釋録》釋作「李」；「斗」，《敦煌社會經濟文獻真蹟釋録》釋作「廾」。
〔一五〕「斷」，《敦煌社會經濟文獻真蹟釋録》釋作「折」，誤。
〔一六〕「義」，《敦煌社會經濟文獻真蹟釋録》釋作「員」，誤。
〔一七〕「道」，《敦煌社會經濟文獻真蹟釋録》釋作「覺」，誤；「付」，《敦煌社會經濟文獻真蹟釋録》據文義校補。
〔一八〕「云」，《敦煌社會經濟文獻真蹟釋録》未能釋讀。
〔一九〕「苛師」，《敦煌社會經濟文獻真蹟釋録》漏録。
〔二〇〕「付」，據殘筆劃及文義補；「瓢子」，《敦煌社會經濟文獻真蹟釋録》未能釋讀。
〔二一〕「盧朗」，《敦煌社會經濟文獻真蹟釋録》未能釋讀；「尺」，《敦煌社會經濟文獻真蹟釋録》未能釋讀。
〔二二〕「麥三馱」，《敦煌社會經濟文獻真蹟釋録》漏録。
〔二三〕「再晟母領」，《敦煌社會經濟文獻真蹟釋録》漏録。

參考文獻

《敦煌寶藏》一七册，臺北：新文豐出版公司，一九八一年，三八〇至三八一頁（圖）；《敦煌社會經濟文獻真蹟釋録》三輯，北京：全國圖書館文獻縮微複製中心，一九九〇年，一四九頁（録）；《英藏敦煌文獻》四卷，成都：四川人民出版社，一九九一年，四九頁（圖）。

斯二三二八　三　某年四月廿六日解女貸黄麻抄

釋文

四月廿六日，解女於大雲寺貸黄麻五斗，於黑子邊貸黄麻六斗，於田家貸黄麻一石三斗，又於姑姑邊取黄麻六斗。

説明

此件首缺，僅存文字兩行，後空數行接書吐蕃文字。《敦煌社會經濟文獻真蹟釋録》擬名作『年代未詳（公元九世紀前期）解女於大雲寺等貸黄麻歷』，《英藏敦煌文獻》擬名作『某年四月廿六日解女貸黄麻歷』，兹從之。

參考文獻

《敦煌寶藏》一七册，臺北：新文豐出版公司，一九八一年，三八一頁（圖）；《敦煌社會經濟文獻真蹟釋録》二輯，北京：全國圖書館文獻縮微複製中心，一九九〇年，二〇三頁（録）；《英藏敦煌文獻》四卷，成都：四川人民出版社，一九九一年，五〇頁（圖）；《十世紀敦煌的借貸人》，載《法國漢學》三輯，北京：中華書局，一九九八年，七五頁。

斯二二二八背　一　某年破麥抄

釋文

（前缺）

六月五日，劉二貸麥五漢斗，買褐衫用。又七月十二日，付青麥一石三斗〔一〕，並漢斗。

十四日，又付劉大小麥一馱二斗，買靴用〔二〕。

説明

此卷斷爲兩段，分別用軟、硬筆寫於斯二二二八第三、四段背面，字跡大都比較模糊。第一段抄寫内容龐雜，既有某年破麥抄，亦有天干地支建除十二客及吐蕃文等雜寫，其抄寫時間當爲吐蕃時期。第二段之内容主要是麥粟布豆破歷及算會抄，文字亦大部漫漶不清。

此件寫於第一段，首缺尾全，僅存字兩行，爲某年破麥抄。

校記

〔一〕『付』，《敦煌社會經濟文獻真蹟釋録》漏録。

〔二〕『靴』，《敦煌社會經濟文獻真蹟釋録》釋作『斜褐』，誤。

參考文獻

《敦煌寶藏》一七册，臺北：新文豐出版公司，一九八一年，三八二頁（圖）；《敦煌社會經濟文獻真蹟釋録》二輯，北京：全國圖書館文獻縮微複製中心，一九九〇年，二〇三頁（録）；《英藏敦煌文獻》四卷，成都：四川人民出版社，一九九一年，五一頁（圖）。

斯二二二八背　二　雜寫

釋文

然外丁可壹也，　　　□□廿四著麻到四胡付，□□米老造四□油參（？）□五斗二升。

説明

此件爲硬筆所書，字跡模糊，似爲時人隨手所寫。

參考文獻

《敦煌寶藏》一七册，臺北：新文豐出版公司，一九八一年，三八二頁（圖）；《英藏敦煌文獻》四卷，成都：四川人民出版社，一九九一年，五一頁（圖）。

斯二二二八背　三　天干地支建除十二客等抄

釋文

子丑寅卯辰巳午未申酉戌亥。

建除[滿平]定執破危成收開閉〔一〕。

甲乙丙丁戊己□炙療□普（？）〔二〕□義卻負負天。

（後缺）

説明

此件爲天干地支建除十二客等文字抄，中間夾雜有三行吐蕃文字，抄寫時間應爲吐蕃管轄敦煌時期。

校記

〔一〕『滿平』，據文義補。

〔二〕此後有三行吐蕃文字。

參考文獻

《敦煌寶藏》一七册，臺北：新文豐出版公司，一九八一年，三八二頁（圖）；《英藏敦煌文獻》四卷，成都：四川人民出版社，一九九一年，五一頁（圖）。

斯二二二八背　四　某年麥粟布豆破歷

釋文

（前缺）

故劉賢子東□諸新，於張天處納麥五斗。［　］十三日，張天子宋惠奴於□三民（？）。又蘭（？）粟三番斗九升，其粟三番斗五升，納准粟□□晟子七升（？）。廿五日（？），著驢便麥一斗，付翟米老。又緣先瓜州送糧折麥，安頓著麥七升，付安善子，又於安國寺著一升。

六月五日，貸三尺布，故（？）安頓麥二斗六升。又同日，師兄貸豆五斗，云和將用。又□二貸麥九斗，□□□買□衫（？）用，用人□□。

七月十二〔日〕[二]，付天前到三斤。十六［　］四□□□斗□□天［　］共里

［　］子［　］廿［　］

八月三日，□□了□□麥［　］八月五日，官著解經方□□四，其未付張天顏，

□十六日，於□八尺。廿一日，於東頭都僧謁送等用。

説明

此件首缺尾全，内容爲某年麥粟布豆破歷，底本字跡模糊難辨。

校記

〔一〕『日』，據文義補。

參考文獻

《敦煌寶藏》一七册，臺北：新文豐出版公司，一九八一年，三八二至三八三頁（圖）；《英藏敦煌文獻》四卷，成都：四川人民出版社，一九九一年，五二頁（圖）。

斯二二二八背　五　午年七月一日晟子等算會抄

釋文

午年七月一日，共晟子對面算會〔一〕，晟子卻負麥七斗七升〔二〕。

（以下原缺文）

説明

此件首尾完整，存文字一行半，内容爲吐蕃時期午年算會抄。

校記

〔一〕「晟」，《敦煌遺書總目索引》校改作「城」，按「晟」亦通，不煩校改；「對面」，《敦煌遺書總目索引》漏録。

〔二〕「子」，《敦煌遺書總目索引》、《敦煌遺書總目索引新編》均釋作「工」，誤。

參考文獻

《敦煌寶藏》一七册，臺北：新文豐出版公司，一九八一年，三八三頁（圖）；《敦煌遺書總目索引》，北京：中華書局，一九八三年，一五四頁（録）；《英藏敦煌文獻》四卷，成都：四川人民出版社，一九九一年，五二頁（圖）；《敦煌遺書總目索引新編》，北京：中華書局，二〇〇〇年，六八頁（録）。

斯二二三一　大般涅槃經卷第卅九題記

釋文

令狐光和得故破涅槃脩持〔一〕，算得一部〔二〕，讀誦爲一切衆生。耳聞聲者〔三〕，永不落三徒（途）八難〔四〕，願見阿彌陀佛。貞觀元年二月八日修成訖〔五〕。

説明

此件《英藏敦煌文獻》未收，現予增收。貞觀元年即公元六二七年。

校記

〔一〕『得』，《敦煌遺書總目索引新編》未能釋讀。

〔二〕『算得』，《敦煌遺書總目索引新編》未能釋讀。

〔三〕『聲』，《敦煌遺書總目索引新編》釋作『教』。

〔四〕『徒』，當作『途』，《敦煌遺書總目索引新編》據文義校改，《中國古代寫本識語集録》逕釋作『途』，『徒』爲『途』之借字。

〔五〕『訖』，《敦煌遺書總目索引新編》釋作『乞』，校改作『訖』。

參考文獻

Descriptive Catalogue of the Chinese Manuscripts from Tunhuang in the British Museum, The Trustees of the British Museum, London 1957. p. 52（録）；《敦煌寶藏》一七册，臺北：新文豐出版公司，一九八一年，四一三頁（圖）；《中國古代寫本識語集録》，東京大學東洋文化研究所，一九九〇年，一八〇至一八一頁（録）；《敦煌遺書總目索引新編》，北京：中華書局，二〇〇〇年，六八頁（録）。

斯二二三三　大乘無量壽經題記

釋文

裴文達〔一〕。

説明

此件《英藏敦煌文獻》未收，現予增收。

校記

〔一〕『文達』，《敦煌遺書總目索引新編》未能釋讀。

參考文獻

Descriptive Catalogue of the Chinese Manuscripts from Tunhuang in the British Museum, The Trustees of the British Museum, London 1957, p. 146（録）；《敦煌寶藏》一七册，臺北：新文豐出版公司，一九八一年，四一九頁（圖）；《敦煌遺書總目索

引新編》，北京：中華書局，二〇〇〇年，六八頁（録）。

斯二二四一　一　顯德伍年（公元九五八年）殘牒

釋文

瓜州水官王安德、何願成〔一〕、張□□〔二〕

牒　顯德伍年三月　日兵馬使劉駯□□〔三〕

件狀如前〔四〕，謹

說明

此件包括三個殘片，三片並不連接，不能確定是否是一件文書。其中『顯德伍年』即公元九五八年。

校記

〔一〕『成』，《敦煌社會經濟文獻真蹟釋録》、《敦煌遺書總目索引新編》未能釋讀。

〔二〕『張』，據殘筆劃補。

〔三〕『駯』，《敦煌社會經濟文獻真蹟釋録》、《敦煌遺書總目索引新編》未能釋讀。

〔四〕『如』，《敦煌遺書總目索引新編》釋作『如狀』，按原卷實無『狀』字。

參考文獻

《敦煌寶藏》一七册，臺北：新文豐出版公司，一九八一年，四六二頁（圖）；《敦煌社會經濟文獻真蹟釋録》五輯，北京：全國圖書館文獻縮微複製中心，一九九〇年，二三頁（録）；《英藏敦煌文獻》四卷，成都：四川人民出版社，一九九一年，五三頁（圖）；《敦煌遺書總目索引新編》，北京：中華書局，二〇〇〇年，六九頁（録）。

斯二二四一　二　公主君者者上北宅夫人狀

釋文

孟冬漸寒，伏惟
北宅　夫人　司空小娘子尊體起居
萬福。即日君者者人馬平善〔一〕，與（已）達金帳〔二〕，
不用優（憂）心〔三〕，即當妙矣。切囑
夫人與君者者沿路作福，祆寺燃燈，他
劫不望〔四〕。又囑
司空更兼兵士，遠送前呈（程）〔五〕，善諮
令公賜與羊酒優勞。合有信儀，在於
沿路，不及晨送。謹奉狀
起居不宜（宣）〔六〕，謹狀。
　　十月十九日公主君者者　狀上。

北宅　夫人妝前。

説明

此件首尾完整，第三、五行下部稍殘。池田温認爲此件寫於十世紀（參見《唐研究論文選集》，四至五頁），李正宇認爲寫於乾祐二年（公元九四九年）之後（參見《敦煌學大辭典》『公主君者者致北宅夫人書』條，三七五頁）。此件中之公主，池田温認爲是回紇公主，李正宇認爲當是『元忠甥女』，而譚蟬雪則認爲此公主乃達怛國公主（參見《1994年敦煌學國際研討會文集·宗教文史卷》（下），一〇〇至一一四頁）。

校記

〔一〕『平』，《敦煌遺書總目索引新編》漏録。

〔二〕『與』，當作『已』，《敦煌學大辭典》據文義校改，『與』爲『已』之借字；『金帳』，《敦煌學大辭典》據殘筆劃及文義校補。

〔三〕『優』，當作『憂』，《敦煌遺書總目索引》據文義校改，『優』爲『憂』之借字。

〔四〕『他』，《敦煌遺書總目索引》釋作『倘』，《敦煌學大辭典》疑作『值』。

〔五〕『呈』，當作『程』，《敦煌學大辭典》據文義校改，『呈』爲『程』之借字。

〔六〕『宜』，當作『宣』，《敦煌學大辭典》據文義校改，《敦煌遺書總目索引》、《敦煌社會經濟文獻真蹟釋録》、《敦煌遺書總目索引新編》逕釋作『宣』。

參考文獻

Gair, *BSOS*, 11.1（1943）, p. 155（録）；《敦煌寶藏》一七册，臺北：新文豐出版公司，一九八一年，四六二頁（圖）；《敦煌遺書總目索引》，北京：中華書局，一九八三年，一五四頁（録）；《敦煌學論集》，蘭州：甘肅人民出版社，一九八五年，五四頁（録）；《敦煌吐魯番文獻研究論集》（三），北京大學出版社，一九八六年，四一七頁；《敦煌學輯刊》一九八八年一、二期，七二頁；《敦煌社會經濟文獻真蹟釋録》五輯，北京：全國圖書館文獻縮微複製中心，一九九〇年，二三頁（録）；《英藏敦煌文獻》四卷，成都：四川人民出版社，一九九一年，五三頁（圖）；《敦煌吐魯番文書與絲綢之路》，北京：文物出版社，一九九四年，二五八至二五九頁（録）；《敦煌學大辭典》，上海辭書出版社，一九九八年，三七五頁（録）；《1994年敦煌學國際研討會文集·宗教文史卷》（下），蘭州：甘肅民族出版社，二〇〇〇年，一〇〇至一一四頁；《敦煌遺書總目索引新編》，北京：中華書局，二〇〇〇年，六九頁（録）。

斯二三四二　某年七月三日張昌進身亡轉帖

釋文

親情社　轉帖

右緣張昌進身亡，准例合有弔酒一瓮〔一〕，人各粟一斗〔二〕，褐布色物二丈。帖至，立便於凶家取齊。捉二人後到，罰酒一角；全不來，罰酒半瓮。其帖立遞速分付，不得停滯；如滯帖者，准條科罰。帖周却赴（付）本司〔三〕，用憑告罰。

七月三日録事令狐押牙帖

大丈人　再昌　員松　唐郎〔四〕　左押牙　朱押牙

大康郎　定建　索郎　康郎男　孔郎

曹郎　左郎月直〔五〕　陰郎張

説明

此件首尾完整，内容是親情社通知社人参加該社成員張昌進喪事活動的轉帖，有的社人名右側有墨點，似爲收到轉帖的標記。

校記

〔一〕『一』，《敦煌社邑文書輯校》釋作『壹』，誤。
〔二〕『一』，《敦煌社邑文書輯校》釋作『壹』，誤。
〔三〕『赴』，當作『付』，《敦煌社邑文書輯校》據文義校改，『赴』爲『付』之借字。
〔四〕『唐』，《敦煌社會經濟文獻真蹟釋録》、《五—十世紀敦煌的家庭與家族關係》均釋作『康』，誤。
〔五〕『直』，《敦煌社會經濟文獻真蹟釋録》、《五—十世紀敦煌的家庭與家族關係》均釋作『真』，誤。

參考文獻

Mair, *Chinoperl Papers*, *No. 10*（1981）, p. 51（録）；《敦煌寶藏》一七册，臺北：新文豐出版公司，一九八一年，四六三頁（圖）；《敦煌社會經濟文獻真蹟釋録》一輯，北京：全國圖書館文獻縮微複製中心，一九九〇年，三五二頁（録）；《英藏敦煌文獻》四卷，成都：四川人民出版社，一九九一年，五三頁（圖）；《敦煌社邑文書輯校》，南京：江蘇古籍出版社，一九九七年，一二三至一二四頁（録）；《五—十世紀敦煌的家庭與家族關係》，長沙：岳麓書社，一九九七年，一七一頁（録）。

斯二二四四　　癸酉年十月十二日僧寺帖

釋文

（前缺）

十二日未時中分，一尺木（？）一尺九寸影，於拾僧中得受具足戒。弟（第）四[一]，念三

依（衣）鉢[二]，具依受持所有杖依當説淨。弟（第）五，念不別衆食。弟（第）六，念

〔我〕〔今〕有病當療治[三]，無病隨衆行道。

□大德　牒。癸酉年十月十二日下帖。

説明

此件首缺尾全，存六行，首部有朱印一方，尾部有朱印兩方。前五行實爲《六念文》之後半部分（參看斯五六二二、斯五六三四、斯五八〇五、斯五九三八、斯六三〇五等號之《六念文》），最後一行爲『□大德　牒　癸酉年十月十二日下帖』，筆體與前五行相似。《英藏敦煌文獻》擬名作『癸酉年十月十二日僧寺帖』。此件之性質，尚待研究。因『牒』或『帖』的主要内容爲《六念文》，使人費解。頗疑此件

非實用文書，乃雜寫之類，在抄録《六念文》之後，又隨手寫下了最後一行文字，但又無法解釋其上的三方朱印，姑暫從《英藏敦煌文獻》定名。

校記

〔一〕『弟』，當作『第』，據斯五六三四改，『弟』爲『第』之本字，以下同，不另出校。

〔二〕『依』，當作『衣』，據斯五六二二、五六三四改，『依』爲『衣』之借字。

〔三〕『我今』，據斯五六二二、五六三四、五八〇五、五九三八、六三〇五補。

參考文獻

《敦煌寶藏》一七册，臺北：新文豐出版公司，一九八一年，四六八頁（圖）；《英藏敦煌文獻》四卷，成都：四川人民出版社，一九九一年，五四頁（圖）；《北京圖書館館刊》一九九九年二期，七五頁。

斯二二四五　大方廣佛華嚴經卷第九題記

釋文

比丘曇威供養。

説明

此件《英藏敦煌文獻》未收，現予增收。

參考文獻

Descriptive Catalogue of the Chinese Manuscripts from Tunhuang in the British Museum, The Trustees of the British Museum, London 1957. p. 41（録）；《敦煌寶藏》一七册，臺北：新文豐出版公司，一九八一年，四七八頁（圖）；《敦煌學要籥》，臺北：新文豐出版公司，一九八二年，一一二頁（録）；《敦煌遺書總目索引》，北京：中華書局，一九八三年，一五四頁（録）；《中國古代寫本識語集録》，東京大學東洋文化研究，一九九〇年，一五六頁（録）；《敦煌遺書總目索引新編》，北京：中華書局，二〇〇〇年，六九頁（録）。

斯二二六三　葬録

釋文

（前缺）

土若欲改□□卑次弟（第）〔一〕，

違之，凶。其置尊〔二〕□

　　若欲取土，於卅步外，隨歲、月德及空吉地。宮姪（姓）取土〔三〕，宜丙、庚、丁、未、申、酉地，吉。宮姓造冢，絶手於亥。商姓取土，宜壬、亥、辰、戌、子地，吉。商姓造冢，絶手於申。角姓取土，宜丙、壬、亥、子、午地，吉。角姓造冢，絶手於寅。徵姓取

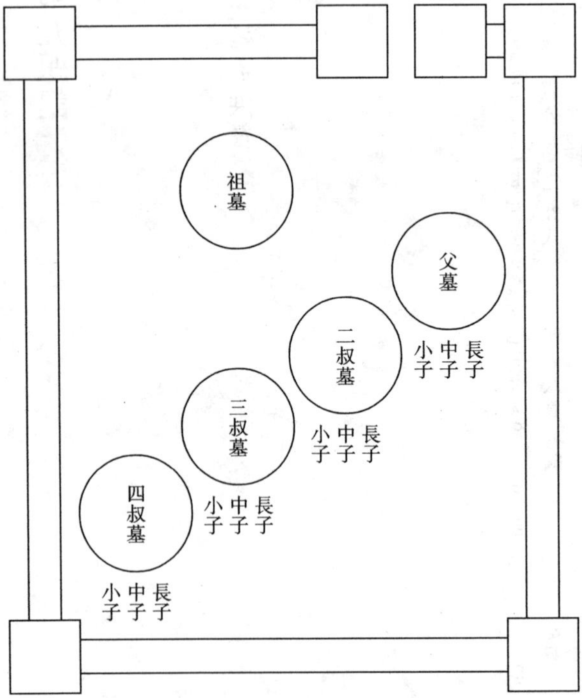

土，宜甲、寅、卯、丑、未地，吉。徵姪（姓）造冢〔四〕，絕手於巳。羽姓取土，宜甲、庚、寅、卯、申、酉地，吉。羽姓造冢，絕手於亥。五姓續葬，依本墓尊卑便利即葬，不得重斬草作新冢，大凶。何以故〔五〕？前券舊定〔六〕，不宜更置。若墓田突隘，吉地盡，更逐便利造新冢者，得置鐵券斬草〔七〕。

置墓山（道）道（山）門起墳碑獸等法〔八〕。凡墓田置山門，皆當午地開爲上。地軸者，鬼神之道路南方陽爲上，故午地吉。取姓便利開山門者，鬼神不得道路，不利生人，凶。大墓山門，長四步半，高一丈三尺，下門（闊）七尺〔九〕，上闊四尺，闕堠高九尺〔一〇〕。次墓山門，高一丈，下闊六尺，上闊四尺，闕堠高七尺。下墓山門，高七尺，下闊五尺，上闊三尺，角堠高五尺。

起墳高下法。帝王起墳高一百廿尺。親王三公高七十尺，法七星。公侯〔一一〕、卿相、刺吏（史）高五十尺〔一二〕，法五方東西南北各九步，放九州〔一三〕；高卅五尺，合玉堂；高卅三尺，合章光東西南北各八步，放八風。令長高一丈九尺，合鳳皇〔一四〕；一丈七尺，合騏驎〔一五〕；一丈五尺，合玉堂。遮（庶）人高一丈三尺〔一六〕，合章光；九尺合鳳皇。

置人獸法。石碑去門十步。石羊去碑七步。石柱去石羊七步。石人去柱七步。自餘諸獸依十二辰位消息置之，其墓田畝數大小，步數安之。

椁大小法〔一七〕。五品以上高八尺，蓋長一丈二尺，身長一丈，闊六尺。六品以下高七

尺，蓋長一□

（後缺）

說明

此卷雙面書寫，正、背面筆跡不同，非一人所抄。此件即正面，首尾均缺，起「土若欲改」，訖「蓋長一」，存「葬圖」及「置墓山（道）道（山）門起墳碑獸等法」、「起墳高下法」、「置人獸法」、「椁大小法」。據此卷背面序言之「葬録卷上并序」，疑此件即是「葬録卷上」之正文。

校記

〔一〕「弟」，當作「第」，據文義改，《敦煌寫本宅經葬書校注》逕釋作「第」，「弟」爲「第」之本字。

〔二〕「置尊」，《敦煌寫本宅經葬書校注》未能釋讀。《敦煌寫本宅經葬書校注》在此句後釋「祖墓圖」，按底本實無「祖墓圖」三字，此句後之圖式在《重校正地理新書》中稱作「昭穆葬圖」。

〔三〕「姪」，當作「姓」，據伯四九三〇及文義改，《敦煌寫本宅經葬書校注》逕釋作「姓」。

〔四〕「姪」，當作「姓」，據文義改，《敦煌寫本宅經葬書校注》逕釋作「姓」。

〔五〕「故」，《敦煌寫本宅經葬書校注》釋作「没」。

〔六〕「券」，《敦煌寫本宅經葬書校注》釋作「冢」，誤。

〔七〕「置」，《敦煌寫本宅經葬書校注》釋作「墓」，誤；「券」，《敦煌寫本宅經葬書校注》釋作「冢」，誤。

〔八〕『山道』，當作『道山』，《敦煌寫本宅經葬書校注》據文義校改；『等』，《敦煌寫本宅經葬書校注》釋作『之』，誤。

〔九〕『門』，當作『闔』，《敦煌寫本宅經葬書校注》據文義校改。

〔一〇〕『堆』，《敦煌寫本宅經葬書校注》釋作『堆』，以下同，不另出校。

〔一一〕『侯』，《敦煌寫本宅經葬書校注》釋作『使』，校改作『侯』，按底本實爲『侯』。

〔一二〕『吏』，當作『史』，據文義改，《敦煌寫本宅經葬書校注》逕釋作『史』。

〔一三〕『放』，《敦煌寫本宅經葬書校注》校改作『仿』，按不改亦可通。以下同，不另出校。

〔一四〕『皇』，《敦煌寫本宅經葬書校注》釋作『凰』，雖義可通而字誤。以下同，不另出校。

〔一五〕『騏驎』，《敦煌寫本宅經葬書校注》釋作『麒麟』，雖義可通而字誤。

〔一六〕『遮』，當作『庶』，《敦煌寫本宅經葬書校注》據文義校改。

〔一七〕『椁』，《敦煌寫本宅經葬書校注》釋作『睦』，誤。

參考文獻

《敦煌寶藏》一七册，臺北：新文豐出版公司，一九八一年，六〇五頁（圖）；《英藏敦煌文獻》四卷，成都：四川人民出版社，一九九一年，五四頁（圖）；《敦煌占卜文書與唐五代占卜研究》，北京：學苑出版社，二〇〇一年，八四至八五頁；《敦煌寫本宅經葬書校注》，北京：民族出版社，二〇〇七年，二九六至二九七頁（録）。

斯二二六三背　葬録卷上并序

釋文

夫論陰陽之道，由（猶）如江海〔一〕，非聖不裁〔二〕。時遇亂世，根淺性微。俗化所易，王教風移。其君欲與貪狼爲政〔三〕，其臣欲與巧（望）冒（胄）求尊〔四〕。人心變改，邪魅得便。政法不從，非道爲美。得事者不〔任〕師軌〔五〕，互求同類〔六〕，壇（擅）作異謀〔七〕，貨路（賂）求名〔八〕，破滅真宗〔九〕，商（傷）害能德〔一〇〕。能德既無，恣行非法〔一一〕。非法既盛，邪道日興。但忠賢生居所陋〔一二〕，長在危時，學業微淺，不遇明師〔一三〕，年至從心，命如縣絲〔一四〕。忽遇我歸義軍節度使　藍（覽）觀前事〔一五〕，意有慨焉。某今集諸家諸善〔一六〕，册（删）除淫穢〔一七〕，亦有往年層（曾）學〔一八〕，昔歲不問〔一九〕，所録者多取漢丞相方朔之要言，所闕者與事理如唱之七十二條，勒成一部，上、中、下，與爲三卷〔二〇〕。事無不盡，理無不窮〔二一〕。後諸達解者，但依行用，得真無假。於時大唐乾寧三年五月　日下記。

（中空一行）

今遇我歸義軍節度使南陽張　公，諱承奉，有大威慧，真俗雙行，道俗虔虔，出言無非，三邊晏淨（靜）〔二二〕，萬性（姓）仰覆（服）〔二三〕，實邦（？）家之寶〔二四〕，棟梁之才。

葬録卷上并序

歸義軍節度押衙兼參謀守州學博仕（士）將仕郎張忠賢集〔二五〕

蓋聞陰陽之道，遊（猶）如江海〔二六〕，非聖不裁。生逢亂世，仍遇僥（堯）時〔二七〕。俗化所易，王教風移〔二八〕。道德不用，仁義無絁（施）〔二九〕。或有學者，不任師軌，不睹政文，壇（擅）作異謀〔三〇〕，目求名利〔三一〕，或亂人心〔三二〕，貨路（賂）爲先〔三三〕，若有能者，命縣若絲〔三四〕。

忽遇明主〔三五〕，我[歸義軍]節度使南陽張　公〔三六〕，諱承奉，即開國[公]〔三七〕[　]志過單敢而遂通〔三八〕，三邊塵[淨]〔三九〕，萬性（姓）安家〔四〇〕，[實]〔四一〕[　]觀前事[　]

（後缺）

說明

此件首全尾缺，起『夫論陰陽之道』，訖『觀前事』，存《葬録》卷上之序言兩通。榮新江認爲前一通是完整的序言文稿，後一通是對序文的修訂補充（參看《歸義軍史研究》，二〇七頁）。據題記『於時大唐乾寧三年五月　日下記』，可知此件抄於公元八九六年。

校記

〔一〕『由』，當作『猶』，《歸義軍史研究》據文義校改，『由』爲『猶』之借字。
〔二〕『裁』，《歸義軍史研究》校改作『載』。
〔三〕『狼』，《敦煌寫本宅經葬書校注》校改作『婪』。
〔四〕『巧』，當作『望』，據文義改，《敦煌寫本宅經葬書校注》釋作『從』，誤；『冒』，當作『胄』，據文義改，《敦煌遺書總目索引新編》釋作『凶』，《敦煌寫本宅經葬書校注》釋作『胸』，校改作『凶』。
〔五〕『任』，據文義補。
〔六〕『互』，《敦煌寫本宅經葬書校注》釋作『車』，誤。
〔七〕『壇』，當作『擅』，據文義改，《歸義軍史研究》、《敦煌遺書總目索引新編》、《敦煌寫本宅經葬書校注》逕釋作『擅』。
〔八〕『路』，當作『賂』，《敦煌遺書總目索引新編》據文義校改，《歸義軍史研究》逕釋作『賂』。
〔九〕『宗』，《敦煌寫本宅經葬書校注》釋作『親』，誤。
〔一〇〕『商』，當作『傷』，《敦煌寫本宅經葬書校注》據文義校改，《敦煌遺書總目索引新編》逕釋作『傷』，『商』爲『傷』之借字，《歸義軍史研究》釋作『離』，誤。
〔一一〕『恣』，《敦煌遺書總目索引新編》釋作『咨』，誤。
〔一二〕『忠賢』，《敦煌寫本宅經葬書校注》釋作『賢忠』，誤。

〔一三〕『明』，《敦煌寫本宅經葬書校注》釋作『舊』，誤。
〔一四〕『縣』，《歸義軍史研究》、《敦煌遺書總目索引新編》釋作『懸』，雖義可通而字誤，《敦煌寫本宅經葬書校注》釋作『縣』，校改作『懸』，『縣』爲『懸』之本字，不煩校改。
〔一五〕『藍』，當作『覽』，《敦煌寫本宅經葬書校注》據文義校改，『藍』爲『覽』之借字，《歸義軍史研究》釋作『鑒』，誤。此句及下句『意有慨焉』，《敦煌寫本宅經葬書校注》置於『命如縣絲』後，按《敦煌寫本宅經葬書校注》改變原文次序没有依據。
〔一六〕『某』，《敦煌寫本宅經葬書校注》漏録；第二個『諸』，《敦煌寫本宅經葬書校注》漏録；『善』，《歸義軍史研究》釋作『著』，誤。
〔一七〕『册』，當作『删』，《敦煌遺書總目索引新編》據文義校改，《歸義軍史研究》逕釋作『删』；『淫』，《敦煌寫本宅經葬書校注》釋作『浮』，誤。
〔一八〕『層』，當作『曾』，《敦煌寫本宅經葬書校注》據文義校改，《敦煌遺書總目索引新編》逕釋作『曾』，『層』爲『曾』之借字。
〔一九〕『不』，《敦煌寫本宅經葬書校注》釋作『所』，誤。
〔二〇〕『爲』，《敦煌寫本宅經葬書校注》未能釋讀，《敦煌遺書總目索引新編》校改作『以』；『卷』，《歸義軍史研究》未能釋讀，《敦煌遺書總目索引新編》漏録。
〔二一〕『窮』，《敦煌遺書總目索引新編》釋作『盡』，誤。
〔二二〕『邊』，《敦煌寫本宅經葬書校注》釋作『遺』，誤；『淨』，當作『靜』，《歸義軍史研究》據文義校改，『淨』爲『靜』之借字。
〔二三〕『性』，當作『姓』，《中國古代寫本識語集録》據文義校改，『性』爲『姓』之借字；『覆』，當作『服』，《敦煌寫本宅經葬書校注》據文義校改，『覆』爲『服』之借字。

〔二四〕『邦』，《歸義軍史研究》釋作『張』，《敦煌寫本宅經葬書校注》釋作『尋』，誤；『家』，《敦煌寫本宅經葬書校注》釋作『冢』，誤。

〔二五〕第一個『仕』，當作『士』，《敦煌寫本宅經葬書校注》據文義校改，『仕』爲『士』之借字，《中國古代寫本識語集録》、《敦煌遺書總目索引新編》逕釋作『士』；第二個『仕』，《敦煌寫本宅經葬書校注》校改作『士』，不必；『忠』，《中國古代寫本識語集録》、《敦煌寫本宅經葬書校注》釋作『思』，誤。

〔二六〕『遊』，當作『猶』，《敦煌寫本宅經葬書校注》據文義校改，『遊』爲『猶』之借字。

〔二七〕『僥』，當作『堯』，《敦煌寫本宅經葬書校注》據文義校改。

〔二八〕底本此句後原書『某君則與貪狼　爲滅其神，臣則與望冒巧使永榮』，後用墨筆塗去，不録。

〔二九〕『絁』，當作『施』，據文義改，《敦煌寫本宅經葬書校注》釋作『絶』，誤。

〔三〇〕『壇』，當作『擅』，據文義改，《敦煌寫本宅經葬書校注》逕釋作『擅』。

〔三一〕『目』，《敦煌寫本宅經葬書校注》校改作『慕』。

〔三二〕『或』，《敦煌寫本宅經葬書校注》校改作『惑』，按『或』有『惑』義，不煩校改。

〔三三〕『路』，當作『賂』，《敦煌寫本宅經葬書校注》據文義校改，『路』爲『賂』之借字。

〔三四〕『命』，《敦煌寫本宅經葬書校注》釋作『今』，誤；『縣』，《敦煌寫本宅經葬書校注》釋作『既』，誤；『絲』，《敦煌寫本宅經葬書校注》校改作『斯』。

〔三五〕『明』，《敦煌寫本宅經葬書校注》釋作『舊』，誤。

〔三六〕『歸義軍』，據文義補。

〔三七〕『即』，《敦煌寫本宅經葬書校注》釋作『即日』，按底本實無『日』字；『公』，據文義及殘筆劃補。

〔三八〕『過』，《敦煌寫本宅經葬書校注》釋作『遇』，誤。

〔三九〕『邊』，《敦煌寫本宅經葬書校注》釋作『遭』，誤；『塵』，《敦煌寫本宅經葬書校注》釋作『晏』，按底本原書『晏』，後在其右側書『塵』，『晏』當爲誤字，不録；『淨』，據殘筆劃及文義補。

〔四〇〕『性』，當作『姓』，《敦煌寫本宅經葬書校注》據文義校改，『性』爲『姓』之借字。

〔四一〕『實』，據殘筆劃及文義補。

參考文獻

《敦煌寶藏》一七册，臺北：新文豐出版公司，一九八一年，六〇六頁（圖）；《中國古代寫本識語集録》，東京大學東洋文化研究所，一九九〇年，四三八頁（録）；《英藏敦煌文獻》四卷，成都：四川人民出版社，一九九一年，五五頁（圖）；《歸義軍史研究——唐宋時代敦煌歷史考索》，上海古籍出版社，一九九六年，二〇八頁（録）；《敦煌遺書總目索引新編》，北京：中華書局，二〇〇〇年，六九頁（録）；《敦煌寫本宅經葬書校注》，北京：民族出版社，二〇〇七年，三一八至三一九頁（録）。

斯二二六七　老子道德經

釋文

（前缺）

復歸於無極〔一〕。知其榮，守其辱，爲天下谷。爲天下谷，常德乃足，復歸於樸。樸散爲器，聖人用爲官長。是以大制無割七十六字。

將欲取天下而爲之，吾見其不得已。天下神器，不可爲。爲者敗之，執者失之。夫物或行或隨，或嘘或吹，或彊或羸，或接或墮。是以聖人去甚，去奢，去泰五十七字。

以道佐人主者，不以兵彊天下，其事好還。師之所處，荆蕀生。故善者果而已，不以取彊。果而勿驕，果而勿矜，果而勿伐，果而不得已，是果而勿彊。物壯則老，謂之非道，非道早也六十七字。

夫佳兵者，不祥之器，物或惡之，故有道不處。君子居則貴左，用兵則貴右。兵者不祥〔之〕器〔二〕，非君子之器，不得已而用之。恬惔爲上，故不美，若美，必樂之，是樂煞人。

夫樂煞者，不可得意於天下。故吉事尚左，喪事尚右。是以偏將軍居左，上將軍居右。言以喪禮處之，煞人衆多，以悲哀泣之；戰勝，以喪禮處之一百一十四字。

道常無名。樸雖小，天下不敢臣。王侯若能守，萬物將自賓。天地相合，以降甘露，民莫之令而自均。始制有名。名亦既有，夫亦將知止。知止不殆。譬道在天下，猶川谷與江海六十六（五）字〔三〕。

知人者智，自知者明。勝人有力，自勝者彊。知足者富，彊行有志。不失其所者久，死而不亡者壽卌（卅）六字〔四〕。

大道氾，其可左右。萬物恃以生而不辭，成功不名有。衣被萬物不爲主，可名於小；萬物歸之不爲主，可名於大。是以聖人終不爲大，故能成其大五十五字。

執大象，天下往。往而不害，安平太。樂與珥，過客止。道出言，惔（淡）無味〔五〕。視不足見，聽不足聞，用不可既卌七字。

將欲翕之，必固張之；將欲弱之，必固彊之；將欲癈之，必固興之；將欲奪之，必固與之，是謂微明。柔弱勝剛彊。魚不可脱於淵，國有利器，不可以視人五十六字。

道常無爲而無不〔爲〕〔六〕。王侯若能守，萬物將自化。化如（而）欲作〔七〕，吾將鎮之以無名之樸。無名之樸，亦將不欲。無欲以靜，天地自正卌七字。

道經上〔八〕

老子德經下

上德不德，是以有德。下德不失德，是以無德。上德無爲而無以爲，下德爲之而有以爲。上仁爲之而無以爲，上義爲之而有以爲。上禮爲之而莫之應，則攘臂而仍之。故失道而後德，失德而後仁，失仁而後義，失義而後禮。夫禮者，忠信之薄，而亂之首。前識者，道之華，而愚之始。是以大丈夫處其厚不處其薄，居其實不居其華。故去彼取此一百卅九字。

昔之得一者：天得一以清，地得一以寧，神得一以靈，谷得一以盈，萬物得一以生，侯王得一以爲天下正。其致之，天無以清，將恐裂；地無以寧，將恐發；神無以靈，將恐歇；谷無以盈，將恐竭；萬物無以生，將恐滅；侯王無以貴，將恐蹷。故貴以賤爲本，高以下爲基。是以王侯自謂孤、寡、不轂（穀）〔九〕，以（此）其以賤爲本耶〔一〇〕？非。故致數與（譽）無譽〔一一〕。不欲祿祿如玉，落落如石一百卌二字。

反者道之動，弱者道之用。天地之物生於有，有生於無廿一字。

上士聞道，勤能行；中士聞道，若存若亡；下士聞道，大笑之。不笑不足以爲道。是以《建言》有之：明道若昧，進道若退，夷道若類；上德若俗，大白若辱；廣德若不足，建德若偷，質真若渝；大方無隅，大器晚成；大音希聲，大象無形。道隱無名。夫唯道，善貸且成九十五字。

道生一，一生二，二生三，三生萬物。萬物負陰而抱陽，沖氣以爲和。人之所惡，唯孤、寡、不穀，而王公以自名。故物或損之而益，益之而損。之（人）人（之）所教〔一二〕，亦我義教之：彊梁者不得其死，吾〔將〕以爲學父七十三字〔一三〕。

天下之至柔，馳騁天下之至堅。無〔有〕入無閒〔一四〕。是以和（知）無爲有益〔一五〕。不言之教，無爲之益，天下希及之卅七字。

名與身熟（孰）親〔一六〕？身與貨熟（孰）多〔一七〕？得與亡熟（孰）病〔一八〕？是故甚愛必大費，多藏必厚亡。故知足不辱，知止不殆，可以長久卌字。

大成若缺，其用不弊。大滿若沖，其用不窮。大直若屈，大巧若拙，大辯若訥。躁勝寒，靜勝熱，清靜爲天下政卌字〔一九〕。

天下有道，卻走馬以糞；天下無道，戎馬生於郊。罪莫大於可欲，禍莫大於不知足，咎莫大甚於欲得〔二〇〕。知足之足，常足卌三字。

不出户，知天下；不窺牖，知天道。其出彌遠，其知彌少。是以聖人不行而知，不見而名，不爲而成卅六字。

爲學日益，爲〔道〕日損〔二一〕，損之又損之，以至於無爲。無爲無不爲。取天下常以無事，及其有事，不足以取天下卌字。

聖人無心，以百姓心爲心。善者吾善之，不善者吾亦善之，得善。信者吾信之，不信者吾亦信之，得信。聖人在天下，惵惵爲天下混心。而百姓皆注其耳目，聖人皆恔（孩）之六十三字〔二二〕。

出生入死。生之徒什有三，死之徒什有三；人之生，動之死地，什有三。夫何故？以其生生之厚。蓋聞善攝生者，陸行不愚（遇）兕虎〔二三〕，入軍不被甲兵。兕無所駐其角，虎無所錯其瓜（爪）〔二四〕，兵無所容其刃。夫何故？以其無死地七十九字。

道生之，德畜之，物形之，熟成之。是以萬物尊道貴德。道尊德貴，夫莫之爵而常自然。故道生之畜之，長之育之，成之熟之，養之覆之。生而不有，爲而〔不〕恃〔二五〕，長而不宰，是謂玄德六十六字。

天下有始，以爲天下母。既得其母，以知其子。既知其子，復守其母。没身不殆。塞其兑，閉其門，終身不勤。開其兑，濟其事，終身不救。見小曰明，用柔曰彊。用其光，復歸其明；無遺身殃，是謂襲常七十二字。

使我瓜（介）然有知〔二六〕，行於大道，唯施甚畏。大道甚夷，民甚好徑。朝甚除，田甚苗（蕪）〔二七〕，倉甚虚。服文綵，帶利劍，厭飲食，資貨有餘，是謂盜誇。盜誇非道五十二字！

善建不拔，善抱不脱，子孫祭祀不醊（輟）〔二八〕。脩之身，其德能真；脩之家，其德能有餘；脩之鄉，其德能長；脩之國，其德能豐；脩之天下，其德能普。故以身觀身，以家觀家，以鄉觀鄉，以國觀國，以天下觀天下。吾何以知天下之然？以此八十四字。

含德之厚，比於赤子。毒蟲不螫，鸜鳥猛狩（獸）不猼（搏）[二九]。骨弱筋柔而握固，未知牝牡之合而酸（峻）作[三〇]，精之至；終日號而不嗄，和之至。知和曰常，知常曰明；益生曰祥[三一]，心使氣曰彊。物壯則老，謂之非道，非道早已七十五字。

知者不言，言者不知。塞其兑，閉其門；挫其鋭，解其忿；和其光，同其塵；是謂玄同。故不可得親，不可得疏；不可得利，不可得害；不可德（得）貴[三二]，不可得賤。故爲天下貴六十字。

以政之（治）國[三三]，以奇用兵，以無事取天下。吾何以知天下之然？以此。天下多忌諱，而民彌貧。民多利器，國家滋昏；民多〔知〕巧[三四]，奇物滋起；法物滋彰，盗賊多有。故聖人云：『我無爲，民自化；我無事，民自富；我好静，民自政；我無欲[三五]，民自樸[三六]。』

（後缺）

說明

此件首尾均缺，係無注本老子《道德經》上、下卷。上卷首題缺，尾題『道經上』，存經文三八行，起二八章『無極知其榮守其辱』，訖三七章末。下卷首題『老子德經下』，存經文八五行，起三八章，訖五七章『我好靜民自政我無欲』。每章末小字注明字數。

敦煌文獻中保存的老子《道德經》寫本較多，其中《老子五千文》又有兩種文本：一種是有字數注記，一種無字數注記，此件屬有字數注記的抄本。現知與此件性質相同者有三〇件（號），其中内容有重合者十件：散六六八A（存經文三九行，起二七章『以聖人常善救人』，訖三六章『將欲噏之必固張之』）；斯七九八A＋北敦一五六九八＋伯四七八一＋斯七九八B（存經文一三二行，起四章『解其忿』，訖三七章末）；斯六四五三（首缺尾全，共存經文三一〇行，起八章『上善若水』，訖八一章，有題記）；伯二二五五（存經文一八八行，起一三章『愛以身爲天下』，訖八一章，有題記）；北敦一四六三三（北新〇八三三）（首尾均缺，存經文一五六行，起一二章首句『五色令人目盲』，訖四八章末句『不足以取天下』）；散五八三（存一三至四八章）；日本書道博物館藏本（首尾均缺，存經文五三行，起三九章『得一者天得一以清』，訖五二章『塞其兑閉其門』）。其中斯六四五三、伯二二五五之内容完全涵蓋了此件之内容，對此件最具校勘價值。程南洲在對倫敦所藏敦煌老子寫本殘卷進行校證時曾以此件爲參校本（乙本）（參見《倫敦所藏敦煌老子寫本殘卷研究》，一八至二一二頁）。王卡認爲此件與斯六〇二原係同一抄本，疑此件與伯二三二九係同一抄本（參見《敦煌道教文獻研究——綜述·目録·索引》，一六五頁）。

以上釋文是以斯二二六七爲底本，因本書第四卷在對斯七八三、斯七九二、斯七九八進行釋録時均曾以此件爲參校本，故第二十八章至三十七章之文字已分别見於斯七八三、斯七九二和斯七九八之釋文，而各校本之異同已見於以上三件之校記，故二十八章僅以斯七九二參校（稱其爲甲本）、第二十九至三十七章僅以斯七八三參校（稱其爲乙本）、第三十八章至五十七章則以對此件最具校勘價值的斯六四五三（稱其爲丙本）、伯二二五五（稱其爲丁本）參校。

校記

〔一〕「復歸於」，據甲本補。

〔二〕「之」，據乙本補。

〔三〕第二個「六」，當作「五」，據斯七九八《老子道經上卷》及底本實存字數改。

〔四〕「卌」，當作「卅」，據斯七九八《老子道經上卷》及底本實存字數改。

〔五〕「惔」，當作「淡」，據乙本改，「惔」爲「淡」之借字。

〔六〕「爲」，據乙本補。

〔七〕「如」，當作「而」，據乙本改，「如」爲「而」之借字。

〔八〕「道經上」，丙、丁本作「老子道經上」。

〔九〕「轂」，丙、丁本同，當作「穀」，據伯二五九四《道德真經李榮注》及文義改，「轂」爲「穀」之借字。

〔一〇〕「以」，當作「此」，據丙、丁本改。

〔一一〕「與」，丙、丁本同，當作「譽」，據伯二五九四《道德真經李榮注》及文義改，「與」爲「譽」之借字。

〔一二〕「之」，當作「人」，據丙、丁本改；「人」，當作「之」，據丙、丁本改。

〔一三〕「將」，據丙、丁本補。

〔一四〕『有』，據丙、丁本補。
〔一五〕『和』，當作『知』，據丙、丁本改。
〔一六〕『熟』，丙、丁本同，當作『孰』，據伯二八六四《道德真經李榮注》及文義改，『熟』爲『孰』之借字。
〔一七〕『熟』，丙、丁本同，當作『孰』，據伯二八六四《道德真經李榮注》及文義改，『熟』爲『孰』之借字。
〔一八〕『熟』，丙、丁本同，當作『孰』，據伯二八六四《道德真經李榮注》及文義改，『熟』爲『孰』之借字。
〔一九〕底本此句後有草書『勝善根力』四字，當爲雜寫，與此件内容無關，不録。
〔二〇〕『大』，丙本同，丁本無，據文義及本章字數疑底本之『甚』字爲衍文，丙本『得』字右旁有一廢字符。
〔二一〕『道』，據丙、丁本補。
〔二二〕『恔』，丙、丁本同，當作『孩』，據《老子校釋》及文義改，『恔』爲『孩』之借字。
〔二三〕『愚』，丙本同，當作『遇』，據丁本改，『愚』爲『遇』之借字。
〔二四〕『瓜』，丙、丁本同，當作『爪』，據《老子校釋》及文義改。
〔二五〕『不』，據丙、丁本補。
〔二六〕『瓜』，丙本同，當作『介』，據丁本改。
〔二七〕『苗』，丙、丁本同，當作『蕪』，據《老子校釋》及文義改。
〔二八〕『醊』，丙、丁本同，當作『輟』，據《老子校釋》及文義改。
〔二九〕『狩』，丙、丁本同，當作『獸』，據《老子校釋》及文義改，『狩』爲『獸』之借字；『搏』，丙、丁本同，當作
『搏』，據《老子校釋》及文義改，『搏』爲『搏』之借字。
〔三〇〕『酸』，丙、丁本同，當作『峻』，據斯一八九《老子道德經》改。
〔三一〕『祥』，丙、丁本作『詳』。

〔三二〕「德」，當作「得」，據丙、丁本改，「德」爲「得」之借字。

〔三三〕「之」，丙、丁本同，當作「治」，據《老子校釋》及文義改，「之」爲「治」之借字。

〔三四〕「知」，據丙、丁本補。

〔三五〕「欲」，據丙、丁本及殘筆劃補。

〔三六〕「民自樸」，據丙、丁本補。

參考文獻

《敦煌道經·目録編》，日本冈山：福武書店，一九七八年，一九二至一九三頁；《敦煌寶藏》一七册，臺北：新文豐出版公司，一九八一年，六二一至六二四頁（圖）；《老子校釋》，北京：中華書局，一九八四年，一一三至二三四頁；《倫敦所藏敦煌老子寫殘卷研究》，臺北：文津出版社，一九八五年，七九至一五九頁（録）；《英藏敦煌文獻》四卷，成都：四川人民出版社，一九九一年，五五至五七頁（圖）；《敦煌道藏》三册，北京：全國圖書館文獻縮微複製中心，一九九九年，一二一一至一二一七頁（圖）；《敦煌道教文獻研究——綜述·目録·索引》，北京：中國社會科學出版社，二〇〇四年，一六五頁；《敦煌本〈老子〉研究》，北京：中華書局，二〇〇七年。

斯二二七七　無事將投入網羅詩

釋文

無事將投入網羅〔一〕，求飛數步計如何。願逢〔二〕（以下原缺文）

説明

此件抄七言詩兩行，抄於《觀世音經》後。

校記

〔一〕『網羅』，《敦煌遺書總目索引新編》釋作『羅網』，誤。
〔二〕『願逢』，《敦煌遺書總目索引》漏録。

參考文獻

《敦煌寶藏》一八册，臺北：新文豐出版公司，一九八一年，三頁（圖）；《敦煌遺書總目索引》，北京：中華書局，一九八三年，一五五頁（録）；《英藏敦煌文獻》四卷，成都：四川人民出版社，一九九一年，五八頁（圖）；《敦煌詩集殘卷輯考》，北京：中華書局，二〇〇〇年，八六八頁（録）；《敦煌遺書總目索引新編》，北京：中華書局，二〇〇〇年，七〇頁（録）。

斯二二七八　佛説寶雨經卷第九題記

釋文

大周長壽二年歲次癸巳九月丁亥朔三日己丑〔一〕，佛授記寺譯。
大白馬寺大德沙門懷義監譯，
南印度沙門達摩流支宣釋梵本，
中印度王使沙門梵摩兼宣梵本，
京濟法寺沙門戰陀譯語，
佛授記寺沙門慧智證譯語，
佛授記寺沙門道昌證梵文，
天宫寺沙門達摩難陀證梵文〔二〕，
大周東寺都維那清源縣開國公沙門處一筆受，
佛授記寺都維那昌平縣開國公沙門德感筆受，
佛授記寺沙門思玄綴文，

長壽寺寺主沙門智瀲綴文〔三〕，
佛授記寺都維那贊皇縣開國公沙門知靜證義，
大周東寺都維那豫章縣開國公沙門惠儼證義，
天宮寺上座沙門知道證義，
大周東寺上座江陵縣開國公沙門法明證義，
長壽寺上座沙門知機證義，
大奉先寺上座當陽縣開國公沙門慧稜證義〔四〕，
佛授記寺沙門神英證義，
佛授記寺寺主渤海縣開國公沙門行感證義，
京西明寺沙門圓測證義，
婆羅門僧般若證譯（義）〔五〕，
婆羅門臣李無諂譯語，
婆羅門臣度破具寫梵本，
鴻州慶山縣人臣叱干智藏寫梵本〔六〕，
婆羅門臣迦葉烏擔寫梵本，
婆羅門臣剎利烏臺寫梵本，

尚方監匠臣李審恭裝，

專當典并寫麟臺楷令史臣徐元處〔七〕，

專當使文林郎守左衛翊二府兵曹參軍臣傅守真〔八〕，

勑檢校翻經使典司賓寺府趙思泰，

勑檢校翻經使司賓寺録事攝丞孫永辟〔九〕。

證聖元年歲次癸（乙）未四月戊寅朔八日

乙酉〔一〇〕，知功德僧道利檢校寫〔一一〕。

同知僧法琳勘校〔一二〕

説明

此件《英藏敦煌文獻》未收，現予增收。大周長壽二年即公元六九三年。其中之『年』、『月』、『日』、『授』、『天』、『臣』、『證』、『聖』等字均用武周新字。最後三行爲另筆所書，字體較大。此件後空白處有『十六』二字，因非題記組成部分，未録。

校記

〔一〕『己』，《三階教之研究》釋作『巳』，誤。

〔二〕「文」，《三階教之研究》釋作「本」，誤。

〔三〕第二個「寺」，《三階教之研究》漏録。

〔四〕「慧」，《三階教之研究》釋作「惠」，誤。

〔五〕「譯」，當作「義」，據文義改，「譯」爲「義」之借字，《三階教之研究》逕釋作「義」，誤。

〔六〕「干」，《三階教之研究》釋作「于」。

〔七〕「楷」，《三階教之研究》釋作「楷書」，誤；「元」，《中國古代寫本識語集録》釋作「无」。

〔八〕「貞」，當作「真」，《中國古代寫本識語集録》據文義校改，「貞」爲「真」之借字。

〔九〕「永」，《三階教之研究》釋作「承」，誤。

〔一〇〕「癸」，當作「乙」，《中國古代寫本識語集録》據文義校改；「戊」，《三階教之研究》釋作「戌」，誤。

〔一一〕「檢」，《三階教之研究》釋作「於」，誤。

〔一二〕「校」，《中國古代寫本識語集録》釋作「授」，誤。

參考文獻

《三階教之研究》，東京：岩波書店，一九二七年，附圖一三（圖），七四八至七五〇頁（録）；*Descriptive Catalogue of the Chinese Manuscripts from Tunhuang in the British Museum*, The Trustees of the British Museum, London 1957. p. 95（録）；《鳴沙餘韻》，京都：臨川書店，一九八〇年，九三頁（圖）；《鳴沙餘韻·解説篇》，京都：臨川書店，一九八〇年，二七八至二八〇頁（録）；《敦煌寶藏》一八册，臺北：新文豐出版公司，一九八一年，一二至一三頁（圖）；《敦煌學要籥》，臺北：新文豐出版公司，一九八二年，一一二至一一四頁（録）；《敦煌遺書總目索引》，北京：中華書局，一九八三年，一五五頁；《中國古代寫本識語集録》，東京大學東洋文化研究所，一九九〇年，二四〇至二四一頁（録）；

《敦煌遺書總目索引新編》，北京：中華書局，二〇〇〇年，七〇頁。

斯二二八二　維摩詰經卷中題記

釋文

僧道斌寫。

説明

此件《英藏敦煌文獻》未收，現予增收。

參考文獻

Descriptive Catalogue of the Chinese Manuscripts from Tunhuang in the British Museum, The Trustees of the British Museum, London, 1957. p. 92（録）；《敦煌寶藏》一八册，臺北：新文豐出版公司，一九八一年，五四頁（圖）；《中國古代寫本識語集録》，東京大學東洋文化研究所，一九九〇年，三七八頁（録）。

斯二三九一　佛説佛名經卷十二勘經題記

釋文

卯年五月廿六日，解生與璨律師對勘定〔一〕。

説明

此件《英藏敦煌文獻》未收，現予增收。

校記

〔一〕『璨』，《中國古代寫本識語集録》釋作『璪』。

參考文獻

Descriptive Catalogue of the Chinese Manuscripts from Tunhuang in the British Museum, The Trustees of the British Museum, London 1957. p. 140；《敦煌寶藏》一八册，臺北：新文豐出版公司，一九八一年，一〇〇頁（圖）；《中國古代寫本識語集録》，東京大學東洋文化研究所，一九九〇年，三八五頁（録）。

斯二二九五　老子變化經

釋文

（前缺）

立〔乎〕大始〔之〕端〔一〕，行乎大〔素〕之原〔二〕，浮敖（遊）幽虛空之中〔三〕，出入窈冥之先門〔四〕，親（觀）於皆（混）誌（沌）之未別（判）〔五〕，和（視）清濁之外（未）〔分〕〔六〕，〔盼〕仿佛之與（興）功（光）〔七〕，古（窺）荒（恍）忽之廓然〔八〕。閱托（響）而（罔）之容像〔九〕，〔睹〕同（鴻）門（洞）之先（無）邊〔一〇〕，匝步宙天門〔一一〕。其生無蚤〔一二〕，獨立閒（而）無倫〔一三〕，行乎古昔，在天地之前。乍匿還歸，存亡則爲先，成則爲人。恍忽天濁〔一四〕，化變其神。託形李母，胎中易身〔一五〕，優命腹中，七十二年。中見楚國李〔一六〕，口序與肩〔一七〕，顏有參午（伍）大理〔一八〕，日角月玄，鼻有雙柱，耳有三門，足〔蹈〕二年（午）〔一九〕，手把天關。其性無欲，其行無爲，翊天輔佐三皇〔二〇〕，倚徙觀之〔二一〕，匿見無常，本皆由此，彌歷久長。國將衰，王道崩毀，則去楚國，北之崑崙，以乘白鹿，訖今不還。此皆自然之至精，道之根霁〔二二〕，爲〔萬〕乘之父母〔二三〕，爲天地之本根，爲生梯端，爲神明之帝君，爲陰陽之祖首，爲萬物之魂魄。條惕（暢）虚無〔二四〕，造化應因，挨帝八極，載地懸天，遊騁日月，迴走星辰，呵投六甲，〔總〕此乾坤〔二五〕，紀易四時，推移寒温。手把仙錫，玉簡今（金）字〔二六〕，稱以銀人，善初鳳頭絁，聖父制物，屋命直父〔二七〕，爲之生焉。

老子能明能冥，能亡能存，能大能小，能屈能申〔二八〕，能高能下，能縱能横，能反能覆，無所不施，無所不能。在火不燋，在水不寒，逢惡不疾，觸禍不患，厭之〔無〕茬〔二九〕，傷之無槼，長生不死，須滅身形。偶而不雙，隻而不倚，附面不離，莫於其無爲也〔三〇〕，莫能不隨世〔三一〕。此老子之行也，嚴誡眇矣，誠難知矣。

老子元生九重之外形，變化自然。於知吾九人〔三二〕，何憂仙？夫爲生道甚易，難子學吾生道，無如中止卅日，共月道畢滄。

第一姓李名老，字元陽；
第二姓李名耼，字伯陽；
第三姓李名中，字伯光；
第四姓李名石，字子光；
第五姓李名召，字子文；

第六姓李名宅，字子長；
第七姓李名元，字子始；
第八姓李名願，字子生；
第九姓李名德，字伯文。
老子合元，沍元混成，隨世沉浮，退則養精，進則帝王師。
皇苞羲時號曰温蒻子〔三三〕。
皇神農時號曰春成子，一名陳豫。
皇祝融時號曰廣成子。
帝顓頊時號曰赤精子。
帝嚳（嚳）時號曰真子〔三四〕，一名鈱。
黄帝時號曰天老。
帝堯時號曰茂成子。
帝舜時號曰廓叔子，化形。舜立壇，春秋祭祀之。
夏禹時老子出，號曰李耳，一名禹師。
殷湯時號曰斯宫。
周父（文）皇（王）時號曰先王國柱下吏〔三五〕。

武王時號曰衛成子。

成王時號曰成子如故。

元康五年〔三六〕，老子化入婦女腹中，七十二年乃生，託母姓李名聃字伯陽。爲柱下吏七百年，還變楚國，而平王喬蹇不從諫〔三七〕，道德不流，則去楚而西度咸（函）谷關〔三八〕，以《五千文》上下二篇授關長尹喜。

秦時號曰蹇叔子。

大（入）胡時號曰浮慶（屠）君〔三九〕。

漢時號曰王方平。

陽加元年始見城都，爲鶣爵鳴山。

建康元年化於白禄山，託葬澗。

大初元年復出白禄廟中〔四〇〕，治崔，號曰仲伊。

建和二年於崩山卒，出城都左里城門〔四一〕，壞身形爲真人。漢知之，改爲照陽門；楚國知之，生司馬照。

永壽元年復還白禄山，號曰僕人。大賢問，閉口不言。變化卅年，建廟白鹿爲天傳〔四二〕。

老子曰：吾敖以清〔四三〕，吾事以明，吾政以成。吾變易身形，託死更生；周流四海，時出黃庭；經歷渡〔□〕〔四四〕，踐履三皇；戴冒三臺〔四五〕，被服無形；愚者不知，死復更生。儽至爲身，僮兒爲群；外爲亡僕，內自爲真；自屋俱濕〔四六〕，自有精神。晝夜念我，吾不忽云〔四七〕；味夢想吾，我自見信。吾發動官漢，令自易身；愚者踊躍，智者受訓。天地事絶，吾自移運，當世之時，簡滓（擇）良民〔四八〕，不須自去，端質守身，吾自知之，翁養文鱗。欲知吾處，讀《五千文》，〔誦〕過萬邊（遍）〔四九〕，首自知身，急來詣我，吾與精神。子當念父，父當念子，怡忽相忘，去之萬里。所治解臺〔五〇〕，神不爲使，疾來遂我，吾絶剛（綱）紀〔五一〕。青白爲表，黃黑爲裏，赤爲生我〔五二〕，從一而始，中有黃氣可絶酒。教子爲道，先當脩己〔五三〕，怗（恬）泊靜寂〔五四〕，檢其滿乎，無爲無欲不憂患，谷道來附身可度矣〔五五〕。精思放我，神爲走使，吾衡剛茅更勝負。生氣在左，原氣在右，中有黃氣，元陽爲上，通無極九宮僮子，精之思之，可以成己。一鼌道成，教告諸子：吾六度大白橫流，疾來逐我，南獄（嶽）相求〔五六〕，可以度厄。恐子稽留〔五七〕，立春癸巳，放縱罪囚，吾轂驚起，民人有憂，疾病欲至，餓者縱橫。吾轉運衝托漢事〔五八〕，吾民聞之自有志，乞鄙自涑無姓字〔五九〕。因漢自職，萬民見〔□〕〔六〇〕；端直實心，乃知吾事。今知聖者習吾意，邪心艮忓〔六一〕，謂我何人？吾以度數，出有時節而化。知吾者少，非吾者多。

大業八年八月十四日經生王儔寫

用　紙　四　張

玄都玄壇道士　覆校

裝　潢　人

秘　書　省　寫

説明

此件首缺尾全，首部前五行天頭部分稍有殘損。正面内容爲《老子變化經》，有尾題及題記。背面抄有《心海集》之『菩提篇』、『至道篇』和『修道篇』等。此經之抄寫時間爲隋大業八年（公元六一二年），題記記録了寫經生、覆校人、裝潢人以及校寫機構等，表明此件是由官方道場抄寫的經書，頗爲珍貴。

此件經文的内容即宣揚老子歷代變化身形名號，降爲帝王之師的過程。對於此經成書年代的考訂，國内外學界主要有漢末成書説、六朝加筆説等不同的觀點。劉屹根據經中老子具有絶對之先的地位和平王時老子出關説，認爲此經成書於南北朝末至隋代（參見《敦煌本〈老子變化經〉研究之二——成書年代考訂》，《敦煌研究》二〇〇一年四期，一三八至一四四頁）。

校記

〔一〕「立」，《敦煌本〈老子變化經〉研究之二——成書年代考訂》（以下簡稱《敦煌本〈老子變化經〉研究之二》）據《混元皇帝聖紀》校改作「長」；「乎」，據《混元皇帝聖紀》補，《敦煌本〈老子變化經〉研究之二》校補作「於」；「大」，《敦煌本〈老子變化經〉研究之二》釋作「太」，按「大」、「太」古通用；「之」，《敦煌本〈老子變化經〉研究之二》據《混元皇帝聖紀》校補。

〔二〕「大」，《敦煌本〈老子變化經〉研究之二》釋作「太」，按「大」、「太」古通用；「素」，《敦煌本〈老子變化經〉研究之二》據《混元皇帝聖紀》校補。

〔三〕「熬」，當作「遊」，據《混元皇帝聖紀》改；「虛」，《敦煌本〈老子變化經〉研究之二》釋作「靈」，校改作「虛」，《中華道藏》釋作「靈」；「空」，據文義當在「之」字之後；「中」，《敦煌本〈老子變化經〉研究之二》據文義校補。

〔四〕「出」，《敦煌本〈老子變化經〉研究之二》據《混元皇帝聖紀》校補。

〔五〕「親」，當作「觀」，《敦煌本〈老子變化經〉研究之二》據《混元皇帝聖紀》校改；「於」，《中華道藏》釋作「子」，誤；「皆誌」，當作「混沌」，《敦煌本〈老子變化經〉研究之二》據《混元皇帝聖紀》校改；「別」，當作「判」，《敦煌本〈老子變化經〉研究之二》據《混元皇帝聖紀》校改。

〔六〕「和」，當作「視」，《敦煌本〈老子變化經〉研究之二》據《混元皇帝聖紀》校改；「外」，當作「未」，據《混元皇帝聖紀》改，《敦煌本〈老子變化經〉研究之二》漏録；「分」，《敦煌本〈老子變化經〉研究之二》據《混元皇帝聖紀》校補。

〔七〕「盼」，《敦煌本〈老子變化經〉研究之二》據《混元皇帝聖紀》校補；「與」，當作「興」，《敦煌本〈老子變化經〉研究之二》據《混元皇帝聖紀》校改；「功」，當作「光」，《敦煌本〈老子變化經〉研究之二》據《混元皇帝聖紀》校改。

〔八〕『古』，當作『窺』，《敦煌本〈老子變化經〉研究之二》據《混元皇帝聖紀》校改；『荒』，當作『恍』，《敦煌本〈老子變化經〉研究之二》據《混元皇帝聖紀》校改，『荒』爲『恍』之借字；『忽』，《敦煌本〈老子變化經〉研究之二》據《混元皇帝聖紀》校改作『惚』，按不改亦可通。

〔九〕『托』，當作『響』，據《混元皇帝聖紀》改；『而』，當作『罔』，據《混元皇帝聖紀》改；『容』，《敦煌本〈老子變化經〉研究之二》校改作『像』；『像』，據《混元皇帝聖紀》及殘筆劃補，《中華道藏》釋作『徐』。

〔一〇〕『睹』，據《混元皇帝聖紀》補；『同』，當作『鴻』，據《混元皇帝聖紀》改；『門』，當作『洞』，據《混元皇帝聖紀》改；『先』，當作『無』，《敦煌本〈老子變化經〉研究之二》據《混元皇帝聖紀》校改；『邊』，《中華道藏》釋作『遍』，誤。

〔一一〕此句《混元皇帝聖紀》作『步宇宙之曠野』。自『行乎大之原浮』至『匝步宙天門』句，《中華道藏》未作句讀，并認爲文義不可通讀，疑原文有訛誤。

〔一二〕『蚤』，《敦煌本〈老子變化經〉研究之二》據文義校改作『早』，按不改亦可通。

〔一三〕『間』，當作『而』，據《混元皇帝聖紀》改，《敦煌本〈老子變化經〉研究之二》釋作『面』，校改作『而』，《中華道藏》逕釋作『而』；『倫』，《中華道藏》釋作『淪』，誤。

〔一四〕『忽』，《敦煌本〈老子變化經〉研究之一——漢末成書説質疑》（以下簡稱《敦煌本〈老子變化經〉研究之一》）釋作『惚』，雖義可通而字誤。

〔一五〕『中』，《敦煌本〈老子變化經〉研究之一》釋作『珠』，誤。

〔一六〕『見』，《敦煌本〈老子變化經〉研究之一》校改作『現』，按不改亦可通。

〔一七〕『口』，《中華道藏》未能釋讀。

〔一八〕「顔」，《敦煌本〈老子變化經〉研究之一》、《中華道藏》均釋作「頰」，誤；「午」，當作「伍」，據斯一八五七《老子化胡經》改，「午」爲「伍」之借字。

〔一九〕「蹈」，《中華道藏》據文義校補，《敦煌本〈老子變化經〉研究之一》逕釋作「蹈」；「年」，當作「午」，據文義改，《敦煌本〈老子變化經〉研究之一》逕釋作「午」，《中華道藏》認爲當作「午」或「五」。

〔二〇〕「翊」，《敦煌本〈老子變化經〉研究之一》釋作「翌」。

〔二一〕「徙」，《敦煌本〈老子變化經〉研究之一》釋作「從」。

〔二二〕「⿱雨析」，此字字書未見，《敦煌本〈老子變化經〉研究之一》疑爲「蒂」之誤。

〔二三〕「萬」，《敦煌本〈老子變化經〉研究之一》據文義校補。

〔二四〕「愓」，當作「暢」，《敦煌本〈老子變化經〉研究之一》據文義校改，《中華道藏》逕釋作「暢」；「虚」，《敦煌本〈老子變化經〉研究之一》、《中華道藏》釋作「靈」。

〔二五〕「總」，《中華道藏》據文義校補。

〔二六〕「今」，當作「金」，《敦煌本〈老子變化經〉研究之一》據文義校改，「今」爲「金」之借字。

〔二七〕「直」，《敦煌本〈老子變化經〉研究之一》疑當校改作「宜」。

〔二八〕「申」，《敦煌本〈老子變化經〉研究之一》校改作「伸」，按不改亦可通。

〔二九〕「無」，《中華道藏》據文義校補；「苲」，《敦煌本〈老子變化經〉研究之一》釋作「笮」。

〔三〇〕「於」，《中華道藏》釋作「子」，誤。

〔三一〕「世」，《敦煌本〈老子變化經〉研究之一》疑當校改作「之」。

〔三二〕「於」，《中華道藏》釋作「子」，誤。

〔三三〕「爽」，《敦煌本〈老子變化經〉研究之一》釋作「莢」，誤。

〔三四〕『礐』，當作『礐』，《中華道藏》據文義校改，《敦煌本〈老子變化經〉研究之一》逕釋作『礐』。
〔三五〕『父皇』，當作『文王』，《中華道藏》據文義校改。
〔三六〕『元康』，《中華道藏》校改作『康王』。
〔三七〕『喬』，《中華道藏》校改作『憍』。
〔三八〕『咸』，當作『函』，《敦煌本〈老子變化經〉研究之一》據文義校改。
〔三九〕『大』，當作『入』，《敦煌本〈老子變化經〉研究之一》據文義校改；『慶』，當作『居』，《敦煌本〈老子變化經〉研究之一》據文義校改。
〔四〇〕『大』，《敦煌本〈老子變化經〉研究之一》校改作『本』。
〔四一〕第一個『城』，《中華道藏》校改作『成』。
〔四二〕『傳』，《敦煌本〈老子變化經〉研究之一》疑當校改作『傅』。
〔四三〕『敖』，《敦煌本〈老子變化經〉研究之一》釋作『處』。
〔四四〕『□』，《敦煌本〈老子變化經〉研究之一》據文義校補。
〔四五〕『冒』，《敦煌本〈老子變化經〉研究之一》釋作『冒』。
〔四六〕『屋』，《敦煌本〈老子變化經〉研究之一》校改作『握』。
〔四七〕『云』，《敦煌本〈老子變化經〉研究之一》疑當校改作『去』。
〔四八〕『滓』，當作『擇』，《敦煌本〈老子變化經〉研究之一》據文義校改。
〔四九〕『誦』，《中華道藏》據文義校補；『邊』，當作『遍』，據文義改，《敦煌本〈老子變化經〉研究之一》、《中華道藏》逕釋作『遍』，『邊』爲『遍』之借字。
〔五〇〕『解臺』，《敦煌本〈老子變化經〉研究之一》校改作『懈怠』。

〔五一〕『剛』，當作『綱』，據文義改，『剛』爲『綱』之借字。

〔五二〕『赤』，《中華道藏》釋作『示』，誤。

〔五三〕『脩』，《敦煌本〈老子變化經〉研究之一》釋作『修』，雖義可通而字誤。

〔五四〕『怗』，當作『恬』，據文義改，《敦煌本〈老子變化經〉研究之一》釋作『帖』，疑當校改作『恬』，《中華道藏》逕釋作『恬』；『寂』，《敦煌本〈老子變化經〉研究之一》校改作『寧』，《中華道藏》釋作『穿』，校改作『寂』，按底本實爲『寂』。

〔五五〕『谷』，《敦煌本〈老子變化經〉研究之一》校改作『苦』。

〔五六〕『獄』，當作『嶽』，《敦煌本〈老子變化經〉研究之一》據文義校改，《中華道藏》逕釋作『嶽』。

〔五七〕『恐』，《中華道藏》釋作『思』，誤。

〔五八〕『托』，《敦煌本〈老子變化經〉研究之一》疑當校改作『撞』。

〔五九〕『乞』，《敦煌本〈老子變化經〉研究之一》疑當校改作『棄』，《中華道藏》釋作『凡』，誤。

〔六〇〕『□』，原卷『見』字後留有一字空白，《中華道藏》據文義校補。

〔六一〕『邪』，《敦煌本〈老子變化經〉研究之一》釋作『耶』，并將此字斷入上句，《中華道藏》釋作『耶』。

參考文獻

《敦煌寶藏》一八册，臺北：新文豐出版公司，一九八一年，一一三至一一六頁（圖）；《英藏敦煌文獻》四卷，成都：四川人民出版社，一九九一年，五八至六〇頁（圖）；《敦煌本〈老子變化經〉研究之一——漢末成書説質疑》，《慶祝吳其昱先生八秩華誕敦煌學特刊》，臺北：文津出版社，二〇〇〇年，二八一至三〇六頁（録）；《敦煌研究》二〇〇一年四期，一三八至一四四頁（録）；《中華道藏》八册，北京：華夏出版社，二〇〇四年，一八一至一八二頁（録）；《中華道藏》二九册，七八六至七九〇頁；《敦煌道教文獻研究——綜述・目録・索引》，北京：中國社會科學出版社，二〇〇四年，一八七頁；《敬天與崇道——中古經教道教形成的思想史背景》，北京：中華書局，二〇〇五年，三六八頁。

斯二二九五背　心海集（菩提篇　至道篇　修道篇）

釋文

菩提無相貌，語説作津梁〔一〕。言談相運渡，安置涅盤（槃）堂〔二〕。
菩提無相貌，緋白黑青黄。無形善問答，解語没家鄉。
菩提無相貌，言説口中停。賞善罰愆過〔三〕，逐語應時成。
菩提無相貌，應度即爲形。利他常濟物，塵劫不休停。
言語常居口，非從外處來。談論一切事，解盡即菩提。
所言皆盡理，語説不偏邪。菩提秖個是，更没涅盤（槃）家〔四〕。
論説心開闔〔五〕，無端萬路門。菩提秖個是，更没十方尊。
謙恭常敬愛，卑下履無端。菩提秖個是，元本没泥洹〔六〕。
慈悲徹骨髓，誓盡苦輪之。菩提秖個是，無佛世尊師。
一人不離苦，誓不出泥犁。菩提秖個是，無别有如來。
無上菩提道，身中寶體香。不知心裏在，别覓漫棲遑〔七〕。

究竟菩提道，尋思非短長。悟人心裹證，迷子歷諸方。
一一分明説，實語報君知。菩提方寸裹，那忽漫驅馳。
菩提道路長，萬行以爲糧。飢食拔苦食〔八〕，渴飲大悲漿。
美口甘甜物，馨香百味之。菩提萬品食，消渴復消飢〔九〕。

心海集至道篇五言三十首

至道無方物，清虚若響音。響無來往處，住處語言心。
談話言詮物，評章響裹音。無形不可見，語裹説身心。
辯説靈通物，談揚語裹心。語心如谷響，無處吐言音。
盤問言談物，推尋響裹音。推尋尋覓得，覓得語中心。
解了言忠心〔一〇〕，清虚不可尋。如響無方所，長生貫古今。
語裹精微語，心中洞徹心。圓明貫一切〔一一〕，尊極不可尋。
尊極何方所，無處迥依然。虔誠捧不得，猶若水中天。
皎潔圓明物，無依不變移。太空爲伴偶，終始不相離。
至極無端物，賢良師軌他。三界咸遵奉〔一二〕，非獨此娑婆。
至極精微物，無形語裹尋。巧言方便説，證説合方圓。
空裹空中説，無中無裹言。無言説空語，空語離中邊。

修道要津門，無過不見身。初心未悟者，向説反生瞋〔一三〕。
雖是隨時語，情遥意義深。迷人輕若土，悟者重如金。
解悟若金山，當道不邪偏。愚人踏上過，智者遠來鐫。
至道無價寶，踏行不顧看。貴極人不識，擎用愽（摶）泥團〔一四〕。
大物難擎舉，言深解者稀。聾俗間（聞）至道〔一五〕，無個不生疑。
直路行蹤少，邪途腳跡多。道深人智淺，信謗任從他〔一六〕。
辯説無端語，幽深不可尋。迷途雖不解，還稱悟人心。
呼者遥聞響，不知何處停。響今相報道，我住喚來聲。
渡水看波月，不審在何方。月言非別處〔一七〕，我住眼中光。
洞澈分明物〔一八〕，無依貫古今。猶如鏡裏像，現見没身心。
究竟無所有，根源聖不知。頭尾無憑據，中道欲何之。
無始今朝是，究竟即時時。元來祇没在，迷子漫云爲。
至道如波月，無處不遷移。貫窮終始劫，猶如即目時〔一九〕。
大道分明見，猶若水中天。計時合漉得，良爲離中邊。
含識類乾城，元無似月形。色空非起滅〔二〇〕，真妄欲何停。
焰海津船子，乾城守護兒。實無看似有，凡聖亦如之。

焰海無乾日，乾城没倒期。本無今不有，迷子莫生疑。

五蘊皆空幻，身心一切無。妄情習氣轉，塵劫繞三塗。

修道説法戒禪之三　是不思議

□□□□□□□〔二一〕，□□□□□□□〔二二〕。相貌觀瞻皆似善，祇恐心惡没慈悲〔二三〕。

修道不作諸愆過，奉事忠良敬有情。行住調心除想念，自然合道證圓成。

修道持誦念阿彌〔二四〕，不如銷鍊欲貪癡〔二五〕。鑵作苦海橋船筏〔二六〕，還將運渡有情之。

修道尋讀諸經史，不及鐫心證悟之。解了身心元不有，明知本自没貪癡。

修道求佛覓菩提，菩提猶如脚底泥。泥灰萬類往來皆踐踏〔二七〕，踐踏成道號如來。

修道若能鍊貪癡，全勝禪戒誦持之。銷鎔煩惱無明盡，還同往昔釋伽（迦）師〔二八〕。

修道須識正邪師，明閑善惡兩家之（知）〔二九〕。簡卻高心人我病〔三〇〕，唯留卑下大慈悲。

修道百種不須爲，但知調鍊欲貪癡。三毒銷盡名爲佛，何關禪戒（□）持之〔三一〕。

修道儜軟没貪瞋〔三二〕，謙敬卑微不染塵。奉上有情嫌不用〔三三〕，不識抛却十方尊。

修道迴向事含靈，三祇勤苦不求名〔三四〕。匡諫有情登彼岸，梁津水盡欲何停。

修道良伴精勤是，同行尋覓不思議。忽悟無端自在説，方知元没指南師。

說明

此件首尾完整，抄寫於《老子變化經》卷背，包括《心海集》之『菩提篇』、『至道篇』、『修道篇』三個部分的内容。其中『菩提篇』原題已佚，存十五首；『至道篇』，原題『心海集至道篇五言三十首』，存二十九首；『修道篇』，原題『修道説法戒禪之三』，存十首又二句。《心海集》的内容爲闡發禪學義蘊及修禪要道，摻揉了佛教各宗派的思想。

現知敦煌文獻中保存的《心海集》尚有斯三〇一六背，該件抄寫於《太上元陽經》卷第十卷背，保存有『迷執篇』（存三首）、『解悟篇』（存五十一首）、『勤苦篇』（存七首）、『至道篇』（存十一首）、『菩提篇』（存二十四首），但其中并無一首與此件相同。關於此件的抄寫年代，徐俊根據敦煌地區道觀及道教的存亡消長，認爲《心海集》抄寫在德宗建中二年（公元七八一年）吐蕃佔領敦煌之後（參見《敦煌詩集殘卷輯考》，五九二頁）。

校記

〔一〕『語』，《敦煌石窟僧詩校釋》釋作『話』，誤。

〔二〕『盤』，當作『槃』，《敦煌詩集殘卷輯考》據文義校改，《敦煌石窟僧詩校釋》逕釋作『槃』。

〔三〕『賞』，《敦煌石窟僧詩校釋》釋作『償』，誤。

〔四〕『盤』，當作『槃』，《敦煌詩集殘卷輯考》據文義校改，《敦煌石窟僧詩校釋》逕釋作『槃』。

〔五〕『闔』，《敦煌石窟僧詩校釋》釋作『合』。
〔六〕『元』，《敦煌石窟僧詩校釋》釋作『原』，誤，以下同，不另出校；『本』，《敦煌石窟僧詩校釋》釋作『來』，誤。
〔七〕『棲遑』，《敦煌詩集殘卷輯考》校改作『恓惶』，按不改亦可通。
〔八〕『飢』，《敦煌石窟僧詩校釋》釋作『饑』；『食』，《敦煌石窟僧詩校釋》釋作『果』，誤。
〔九〕『飢』，《敦煌石窟僧詩校釋》釋作『饑』。
〔一〇〕『忠』，《敦煌石窟僧詩校釋》校改作『中』。
〔一一〕『貫』，《敦煌石窟僧詩校釋》釋作『贅』，校改作『貫』，按原卷實爲『貫』字。
〔一二〕『遵』，《敦煌詩集殘卷輯考》、《敦煌石窟僧詩校釋》均釋作『尊』，雖義可通而字誤。
〔一三〕『瞋』，《敦煌詩集殘卷輯考》校改作『嗔』，按不改亦可通，《敦煌石窟僧詩校釋》釋作『嗔』，誤。
〔一四〕『慱』，當作『摶』，《敦煌詩集殘卷輯考》據文義校改，《敦煌石窟僧詩校釋》逕釋作『摶』。
〔一五〕『間』，當作『聞』，據文義改，《敦煌詩集殘卷輯考》、《敦煌石窟僧詩校釋》逕釋作『聞』。
〔一六〕『謗』，《敦煌詩集殘卷輯考》釋作『傍』，誤。
〔一七〕『言』，《敦煌石窟僧詩校釋》校改作『焰』。
〔一八〕『澈』，《敦煌石窟僧詩校釋》釋作『徹』，誤。
〔一九〕『目』，《敦煌石窟僧詩校釋》釋作『日』，誤。
〔二〇〕『滅』，《敦煌詩集殘卷輯考》釋作『減』，誤。
〔二一〕此句底本脱，《敦煌詩集殘卷輯考》據文例校補。
〔二二〕此句底本脱，《敦煌詩集殘卷輯考》據文例校補。
〔二三〕『惡没』，《敦煌詩集殘卷輯考》釋作『没惡』，按原卷『没』字右下方有倒乙符號。

〔二四〕『阿彌』，《敦煌石窟僧詩校釋》釋作『阿彌陀』，校改作『彌陀』，按底本『阿』以小字補寫於『念』與『彌』右側的空白處，『陀』字右側有刪除符號。

〔二五〕『鍊』，《敦煌石窟僧詩校釋》釋作『煉』，按『鍊』字可通，以下同，不另出校。

〔二六〕『鑵』，《敦煌石窟僧詩校釋》釋作『鑊』，誤。

〔二七〕『往來』，《敦煌詩集殘卷輯考》、《敦煌石窟僧詩校釋》均釋作『皆往來』，按底本第一個『皆』字右側有刪除符號，應不録；另，《敦煌詩集殘卷輯考》、《敦煌石窟僧詩校釋》認爲『往來』係衍文，當刪。

〔二八〕『伽』，當作『迦』，據文義改，《敦煌石窟僧詩校釋》逕釋作『迦』，『伽』爲『迦』之借字。

〔二九〕『閑』，《敦煌石窟僧詩校釋》釋作『閉』，校改作『闇』；『之』，當作『知』，據文義改，『之』爲『知』之借字。

〔三〇〕『簡』，《敦煌詩集殘卷輯考》釋作『蕳』，校改作『簡』，按敦煌寫本中常常『艹』、『竹』不分，不煩改。

〔三一〕『□』，《敦煌石窟僧詩校釋》校補作『恒』。

〔三二〕『儜軟』，《敦煌石窟僧詩校釋》校改作『寧願』；『瞋』，《敦煌詩集殘卷輯考》校改作『嗔』，按不改亦可通。

〔三三〕『嫌』，《敦煌石窟僧詩校釋》釋作『閑』，誤。

〔三四〕『祇』，《敦煌石窟僧詩校釋》釋作『祗』。

參考文獻

《敦煌寶藏》一八册，臺北：新文豐出版公司，一九八一年，一一七頁（圖）；《英藏敦煌文獻》四卷，成都：四川人民出版社，一九九一年，六〇至六一頁（圖）；《敦煌佛學·佛事篇》，蘭州：甘肅民族出版社，一九九五年，二七五至二七六頁（録）；《敦煌詩集殘卷輯考》，北京：中華書局，二〇〇〇年，五九二、六〇〇至六〇四頁（録）；《敦煌石窟僧詩校釋》，香港：和平圖書出版有限公司，二〇〇二年，一六四至一六六頁（録）。

斯二三〇〇背　雜寫（丹情臣等學法）

釋文

丹情，臣等學法□□□仰之絡□。

説明

此件書於《維摩詰所説經》卷上紙背，《英藏敦煌文獻》未收，現予增收。

參考文獻

《敦煌寶藏》一八册，臺北：新文豐出版公司，一九八一年，一五九頁（圖）。

斯二三〇五　大佛頂萬行首楞嚴經卷第六題記

釋文

……□□□……靈藏。

……願至大悟〔一〕……

説明

此件《英藏敦煌文獻》未收，現予增收。

校記

〔一〕『願至大悟』，《中國古代寫本識語集録》漏録。

參考文獻

Descriptive Catalogue of the Chinese Manuscripts from Tunhuang in the British Museum, London: The Trustees of the British Museum, London 1957. p. 111（録）；《敦煌寶藏》一八册，臺北：新文豐出版公司，一九八一年，一九八頁（圖）；《中國古代寫本識語集録》，東京大學東洋文化研究所，一九九〇年，三八三頁（録）。

斯二三一六　金剛峻經金剛頂一切如來深妙秘密金剛界大三昧耶修行四十二種壇法經作用威儀法則、大毗盧遮那佛金剛心地法門密法戒壇法儀則

釋文

（前缺）

部第二[十]六[一]

爾時佛住王舍城耆闍崛山中，共會諸天菩薩萬二千人俱，説十六大士十地滿足之壇法[二]。

諸大菩薩起立，合掌白佛言：世尊，我聞世尊所説十六大士滿足之壇法。願佛慈悲，爲我宣説，令我得聞。我能受持，不敢妄（忘）失[三]，後代留（流）傳[四]，度化衆生。

佛告金剛藏菩薩，讚言：善哉！善哉！吾今爲汝，分别解説。此十六大士，是過去諸佛，皆因此十六大士付讚，得成無上菩提。此十六大士是過去恆河沙諸佛祖師[五]，地（遞）

代相傳付屬〔六〕，乃至如今，十六大士常在世聞（間）〔七〕，助讚諸佛。

後代修行菩薩，當結十六大士十地滿足之壇，至心受持十六大士之名。第一金剛薩埵菩薩，弟（第）二金剛王菩薩〔八〕，弟（第）三金剛愛菩薩〔九〕，弟（第）四金剛善哉菩薩〔一〇〕，弟（第）五金剛寶菩薩〔一一〕，弟（第）六金剛光菩薩〔一二〕，弟（第）七金剛幢菩薩〔一三〕，弟（第）八金剛笑菩薩〔一四〕，弟（第）九金剛法菩薩〔一五〕，弟（第）十金剛利菩薩〔一六〕，弟（第）十一金剛因菩薩〔一七〕，弟（第）十二金剛語菩薩〔一八〕，弟（第）十三金剛業菩薩〔一九〕，弟（第）十四金剛護菩薩〔二〇〕，弟（第）十五金剛藥叉菩薩〔二一〕，弟（第）十六金剛拳菩薩〔二二〕。

若是國王、王子、大臣、官長、婆羅門、居士等，比丘、比（丘）尼〔二三〕、優婆塞、優婆夷，若修無上證（正）等菩提〔二四〕，仍須間（揀）清浄之處〔二五〕，如法安致（置）此十六大士滿足之壇〔二六〕。

安此壇時，其壇四方，闊十二肘，高二肘。用淨土、七寶香泥、七寶金剛界、七寶末塗〔二七〕。外一增（層）方〔二八〕，安八金剛。每門安輪一所，劍兩口，箭十二隻，飯八分并道具。内兩增（層）圓，金剛界中有大海水。内裏面三方金剛界，安十六大士。中心安八葉蓮，上安五佛。每門安瓶三所，輪一所，劍兩口并道具。四角安總持。用五色綫結成〔二九〕。

請三藏法主，洗浴令淨，著新淨衣〔三〇〕，身披七寶袈裟〔三一〕，七寶座具，方乃入壇〔三二〕，迎請聖衆。仁（人）王帝主〔三三〕，手執香爐，六時行道，禮佛懺悔，烧香發願，至心受持《深妙秘密金剛界大三昧耶總持大教王成佛經》并十六大士名自陀羅尼印契〔三四〕，晝夜六時，如川流之水，不得斷絕。

求師授於灌頂〔三五〕，先受四十八戒，後受羯磨〔三六〕，灌頂受記。

開此壇時〔三七〕，用行道僧一十六人遶壇〔三八〕。

四面安龍天八部，腳踏七寶蓮花。受法灌頂，座七寶蓮臺〔三九〕，頂戴五佛之冠〔四〇〕，腳踏七寶〔蓮〕花〔四一〕，手執如意之輪，求師受（授）於證（正）法〔四二〕。

用散花菩薩一十六人，食三白之食，如法供養，不得嗔怒，歡喜奉行，正居十地滿足之位。

佛説十六大士十地滿足之壇處　部第二十八（七）〔四三〕

金剛峻經金剛頂一切如來深妙秘密金剛界大三昧耶修行四十二種壇法經作用威儀法則〔四四〕、大毗盧遮那佛金剛心地法門必法戒壇法儀則卷第二竟〔四五〕。

（後缺）

説明

此件首尾均缺，起『部二十六』，訖『金剛心地法門必法戒壇法儀則卷第二』，《敦煌遺書總目索引》

擬名爲《金剛心地法門必法戒壇法儀則卷第一、第二》，《敦煌寶藏》從之。《敦煌遺書總目索引新編》據其尾題擬名爲《金剛心地法門必法戒壇法儀則卷第二》。實際此號包括互不銜接的兩個部分，第一部分也就是《敦煌寶藏》前五張圖版，其内容實爲《金光明經卷第二》。第二部分是此件，即《敦煌寶藏》的後三張圖版，經侯沖研究爲《金剛峻經金剛頂一切如來深妙秘密金剛界大三昧耶修行四十二種壇法經作用威儀法則、大毗盧遮那佛金剛心地法門必法戒壇法儀則》卷二的後半部分，因其具有佛教行事文性質，現予增收。

據侯沖研究，敦煌文獻中保存的與此件内容和結構相同的寫本尚有八件，分屬三個不同的寫本：第一是伯三九一三，第二是北敦一五一四七和甘博〇一五，第三是北敦〇二三〇一背、斯二三一六+北敦〇二四三一背、北敦〇六三二九背、斯二一四四背。他認爲與斯二三一六同組的五件文書屬於同一寫本，而斯二三一六背和北敦〇二四三一背可以綴接（參見侯沖《金剛峻經金剛頂一切如來深妙秘密金剛界大三昧耶修行四十二種壇法經作用威儀法則、大毗盧遮那佛金剛心地法門密法戒壇法儀則》，《藏外佛教文獻》十一輯，一七至一九頁）。經核查，此件所在的斯二三一六只有正面，背面没有内容。而北敦〇二四三一正面爲《金剛般若波羅密經》，背面是《金剛峻經金剛頂一切如來深妙秘密金剛界大三昧耶修行四十二種壇法經作用威儀法則、大毗盧遮那佛金剛心地法門密法戒壇法儀則》。更重要的是，斯二三一六尾部殘缺，北敦〇二四三一首部並未殘缺，『壇法儀則』的前面尚留有數行空白。所以，斯二三一六和北敦〇二四三一雖然内容是接續的，筆跡也相似，但不能直接綴合，兩者是否同一寫本，尚待進一步研究。

關於此件及同組文獻之時代，侯沖認爲在晚唐或五代間。這組文獻是現存較早的水陸法會科儀資料之一，對了解中唐至宋代的瑜伽教以及佛教水陸法會儀則的發展演變均有重要價值（參看侯沖上引文）。

以上釋文以斯二三一六爲底本，用伯三九一三（稱其爲甲本）參校。

校記

〔一〕「十」，據殘筆劃及甲本補；「六」，甲本作「五」。

〔二〕「壇」，甲本作「檀」，「檀」爲「壇」之借字。

〔三〕「妄」，甲本同，當作「忘」，據文義改，「妄」爲「忘」之借字。

〔四〕「留」，當作「流」，據甲本改，「留」爲「流」之借字。

〔五〕「恆」，甲本脱，底本原書作「洹」，當爲涉下「河」字之類化。

〔六〕「地」，甲本同，當作「遞」，據文義改，「地」爲「遞」之借字；「屬」，甲本作「右」，誤。

〔七〕「聞」，當作「間」，據甲本改。

〔八〕「弟」，甲本同，當作「第」，據文義改，「弟」爲「第」之本字。

〔九〕「弟」，當作「第」，據甲本改，「弟」爲「第」之本字。

〔一〇〕「弟」，當作「第」，據甲本改，「弟」爲「第」之本字。

〔一一〕「弟」，當作「第」，據甲本改，「弟」爲「第」之本字。

〔一二〕「弟」，當作「第」，據甲本改，「弟」爲「第」之本字。

〔一三〕「弟」，甲本同，當作「第」，據文義改，「弟」爲「第」之本字。

〔一四〕「弟」，甲本同，當作「第」，據文義改，「弟」爲「第」之本字。

〔一五〕「弟」，甲本同，當作「第」，據文義改，「弟」爲「第」之本字。
〔一六〕「弟」，甲本同，當作「第」，據文義改，「弟」爲「第」之本字。
〔一七〕「弟」，當作「第」，據甲本改，「弟」爲「第」之本字。
〔一八〕「弟」，當作「第」，據甲本改，「弟」爲「第」之本字。
〔一九〕「弟」，甲本同，當作「第」，據文義改，「弟」爲「第」之本字。
〔二〇〕「弟」，甲本同，當作「第」，據文義改，「弟」爲「第」之本字。
〔二一〕「弟」，甲本同，當作「第」，據文義改，「弟」爲「第」之本字。
〔二二〕「弟」，甲本同，當作「第」，據文義改，「弟」爲「第」之本字。
〔二三〕「丘」，據甲本補。
〔二四〕「證」，甲本同，當作「正」，據文義改，「證」爲「正」之借字。
〔二五〕「間」，甲本同，當作「撿」，據文義改，「間」爲「撿」之借字。
〔二六〕「致」，甲本同，當作「置」，據文義改，「致」爲「置」之借字。
〔二七〕「塗」，甲本作「途」，「途」爲「塗」之借字。
〔二八〕「增」，甲本同，當作「層」，據文義改，「增」爲「層」之借字。以下同，不另出校。
〔二九〕「綫」，甲本作「綵」。
〔三〇〕「新」，甲本作「身」，「身」爲「新」之借字。
〔三一〕「披」，甲本作「被」，均可通。
〔三二〕「入」，甲本脱；「壇」，甲本作「檀」，「檀」爲「壇」之借字。
〔三三〕「仁」，甲本同，當作「人」，據文義改，「仁」爲「人」之借字。

〔三四〕「密」，甲本作「蜜」，均可通。

〔三五〕「授」，甲本作「受」，「受」爲「授」之借字。

〔三六〕「羯」，甲本作「偈」，「偈」爲「羯」之借字；「磨」，甲本作「麽」，「麽」爲「磨」之借字。

〔三七〕「開」，甲本作「聞」，誤。

〔三八〕「遶」，甲本作「遠」，誤。

〔三九〕「蓮」，甲本作「連」，「連」爲「蓮」之借字。

〔四〇〕「戴」，甲本作「帶」，「帶」爲「戴」之借字；「冠」，甲本作「官」，「官」爲「冠」之借字。

〔四一〕「蓮」，據甲本補。

〔四二〕「受」，甲本同，當作「授」，據文義改，「受」爲「授」之借字；「證」，甲本同，當作「正」，據文義改，「證」爲「正」之借字。

〔四三〕「八」，甲本作「六」，當作「七」，據文義改。

〔四四〕「密」，甲本作「蜜」，均可通。

〔四五〕「戒壇」，甲本作「界檀」，「界檀」爲「戒壇」之借字；「二」，甲本作「三」；「竟」，甲本無。

參考文獻

《敦煌寶藏》一八册，臺北：新文豐出版公司，一九八一年，二八九至二九三頁；《藏外佛教文獻》十一輯，北京：中國人民大學出版社，二〇〇八年，一七至一九頁。

斯二三二〇背　一　新菩薩經一卷

釋文

新菩薩經一卷

勑　賈耽，頒下諸〔州〕〔一〕，衆生每日念阿彌陀佛一千口，斷惡行善。今年大熟，無人收刈。有數種病〔死〕〔二〕：第一虐病死，第二天行病死，第三卒死，第四腫病死，第五産生〔病〕死〔三〕，第六患腹〔病〕死〔四〕，第七血癰病死，第八風黄病死，第九水李（痢）病死〔五〕，第十患眼〔病〕死〔六〕。今勸諸衆生，寫此一本，免一身；寫兩本，免一門；寫三本，免一村。若不信者，即滅門。門上傍（牓）之〔七〕，得過此難。但看七八月三家使一牛，五男同一婦，僧尼巡門，勸寫此經。其經西涼州正月二日盛（城）中〔八〕，時雷鳴雨聲，有一石下，大如斗，遂作兩片，即見此經，報諸衆生，今載饒患。

新菩薩經一卷

説明

此卷首尾完整，連續抄寫兩通『新菩薩經一卷』，各件首尾均有原題，其内容是以預言災害將至的形式，勸世俗百姓抄寫此經弭災，故收入本書。敦煌文獻中保存的《勸善經》（又名《新菩薩經》）抄本甚多，本書第四卷、第五卷、第七卷已收録斯九一二、斯一一八五背和斯一五九二等《勸善經》。

以上釋文是以斯二三二〇背爲底本，因各校本之異同已見於斯九一二《勸善經一卷》校記，故此件僅用本書第七卷所收斯一五九二爲校本（稱其爲甲本）校補缺文和校改錯誤，各本其他異文不再一一出校。

校記

〔一〕『州』，據甲本補。
〔二〕『死』，據甲本補。
〔三〕『病』，據甲本補。
〔四〕『病』，據甲本補。
〔五〕『李』，當作『痢』，據斯九一二《勸善經一卷》改，『李』爲『痢』之借字。
〔六〕『病』，據甲本補。
〔七〕『傍』，當作『牓』，據甲本改，『傍』爲『牓』之借字。
〔八〕『盛』，當作『城』，据甲本改，『盛』爲『城』之借字。

參考文獻

《敦煌寶藏》一八册，臺北：新文豐出版公司，一九八一年，三〇三頁（圖）；《英藏敦煌社會歷史文獻釋録》四卷，北京：社會科學文獻出版社，二〇〇六年，三八一至三九〇頁（録）；《英藏敦煌社會歷史文獻釋録》五卷，北京：社會科學文獻出版社，二〇〇六年，二八三至二八五頁（録）。

斯二三二〇背　二　新菩薩經一卷

釋文

新菩薩經一卷

勅　賈耽，頒下諸〔州〕〔一〕，衆生每日念阿彌陀佛一千口，斷惡行善。今年大熟，無人收刈。有數種病〔死〕〔二〕：第一虐病死，第二天行病死，第三卒死，第四腫病死，第五産生〔病〕死〔三〕，第六患腹〔病〕死〔四〕，第七血癰病死，第八風黃病死，第九水李（痢）病死〔五〕，第十患眼〔病〕死〔六〕。今勸諸衆生，寫一本，免一身；寫兩本，免一門；寫三本，免一村。若不信者，即滅門。門上傍（牓）之〔七〕，得過此難。但看七八月三家使一牛，五男同一婦，僧尼巡門，勸寫此經。其經西涼州正月二日盛（城）中〔八〕，時雷鳴雨聲，有一石下，大如斗，遂作兩片，即見此經，報諸衆生，今載饒患。

新菩薩經一卷

說明

此件所抄『新菩薩經一卷』與上件内容幾無差異，唯一的不同就是『寫一本，免一身』處，上件作

『寫此一本，免一身』。

以上釋文是以斯二三二〇背爲底本，因各校本之異同已見於斯九一二《勸善經一卷》校記，故此件僅用本書第七卷所收斯一五九二爲校本（稱其爲甲本）校補缺文和校改錯誤，各本其他異文不再一一出校。

校記

〔一〕『州』，據甲本補。
〔二〕『死』，據甲本補。
〔三〕『病』，據甲本補。
〔四〕『病』，據甲本補。
〔五〕『李』，當作『痢』，據斯九一二《勸善經一卷》改，『李』爲『痢』之借字。
〔六〕『病』，據甲本補。
〔七〕『傍』，當作『膀』，據甲本改，『傍』爲『膀』之借字。
〔八〕『盛』，當作『城』，据甲本改，『盛』爲『城』之借字。

參考文獻

《敦煌寶藏》一八册，臺北：新文豐出版公司，一九八一年，三〇三頁（圖）；《英藏敦煌社會歷史文獻釋録》四卷，北京：社會科學文獻出版社，二〇〇六年，三八一至三九〇頁（録）；《英藏敦煌社會歷史文獻釋録》五卷，北京：社會科學文獻出版社，二〇〇六年，二八三至二八五頁（録）。

斯二三二五背　某寺諸色入破歷算會

釋文

（前缺）

拾柒碩，諸家利上入。
黄麻陸碩，利上入。
油兩碩伍斗，樑顆（課）入[一]。
油柒斗，破黄麻押入。
麥伍拾陸碩，磑顆（課）入。
粟伍拾陸碩，磑顆（課）〔入〕[二]。
䴷緤壹疋，長貳丈肆尺，賈都頭施入。
細緤壹疋，長貳丈陸尺，米都頭施入。
布捌拾尺，官齋儭〔入〕[三]。
布肆拾尺，經儭入。

鷄赤白大綾壹疋，長伍拾尺，於大衆將物换入。

肆伯叁拾肆碩壹斗柒勝（升）半〔四〕，麥、粟、黄麻、油、麵、豆、綾、絹、緤、布，隨年破除。

壹伯叁拾壹碩伍斗麥。

壹伯叁拾伍碩捌斗粟。

壹拾貳碩肆斗黄麻。

叁碩肆斗叁勝（升）半油。

柒拾柒碩貳斗肆勝（升）麵。

叁拾伍碩肆斗豆。

叁拾叁尺小綾子。

叁拾玖尺生絹。

壹丈捌尺青絹。

貳拾陸尺細緤。

貳丈肆尺麤緤。

壹拾肆尺〔五〕

説明

此件首缺尾殘，内容爲『某寺諸色入破歷算會』。所存前十一行爲第二柱新附入明細帳，十二至二十三行爲第三柱隨年破除總數及分類數；隨年破除即今年破除；綾絹緤布大概以每尺折合一斗計算（參見《敦煌寺院會計文書研究》，四五頁）。

此件另有淡墨大字『堅信』二字，與『某寺諸色入破歷計會』無關，應爲後人隨意所書，未録。

校記

〔一〕『顆』，當作『課』，據文義改，『顆』爲『課』之借字，以下同，不另出校。

〔二〕『入』，《敦煌寺院會計文書研究》據文義校補。

〔三〕『入』，《敦煌寺院會計文書研究》據文義校補。

〔四〕『勝』，當作『升』，據文義改，『勝』爲『升』之借字，以下同，不另出校。

〔五〕『壹』，據殘筆劃及文義補，《敦煌寺院會計文書研究》釋作『布壹』，按底本實無『布』字；『拾肆尺』，據殘筆劃及文義補。

參考文獻

《敦煌寶藏》一八册，臺北：新文豐出版公司，一九八一年，三一二頁（圖）；《英藏敦煌文獻》四卷，成都：四川人民出版社，一九九一年，六二頁（圖）；《敦煌研究》一九八九年四期，一〇二頁；《敦煌寺院會計文書研究》，四四至四五頁（録）。

斯二三五二　太子成道經

釋文

我本師釋迦牟尼求菩提緣〔一〕，於過去無量世時，百千萬劫〔二〕，多生波羅柰國〔三〕。廣發四弘誓願〔四〕，爲求無上菩提〔五〕，不惜身命，常以己身〔及〕一切萬物給施衆生〔六〕。慈力王時，見五夜叉爲啖人血肉〔七〕，飢火所逼。其王哀愍，以身布施〔八〕，餧五夜叉〔九〕。歌利王〔時〕〔一〇〕，割截身體，節節支解。尸毗王時〔一一〕，割顧（股）救其鳩鴿〔一二〕。月光王時，一一樹下，施頭千遍，求其智慧〔一三〕。寶燈王〔時〕〔一四〕，剜身千龕〔一五〕，供養十方諸佛，身上燃燈千盞〔一六〕。薩唾（埵）王子時〔一七〕，捨身千遍〔一八〕，悉濟其餓虎〔一九〕。悉達太子之時〔二〇〕，廣開大藏，布施一切飢餓貧乏之人〔二一〕，令得飽滿。兼所有國城、妻子、象馬七珍等，施以（與）一切衆生〔二二〕。或時爲王〔二三〕，或時〔爲〕太子〔二四〕，波羅柰國〔二五〕，是五天之城〔二六〕，捨身捨命〔二七〕，給施衆生〔二八〕，不作爲難。非但一生如是，百千萬億劫精練身心〔二九〕，發其大願，種種苦行〔三〇〕，令其心願滿足。故於三無數劫中〔三一〕，精修萬行〔三二〕，只爲功充果滿〔三三〕，上生兜率陀天宮之中〔三四〕。由前正願，而得成佛〔三五〕，以法化諸天衆〔三六〕。兜率陀天，是補佛之處〔三七〕。其波羅柰國者〔三八〕，是三千大千世界之中心〔三九〕，百億日月之察〔四〇〕。一切人賢，多生此中〔四一〕。過去迦葉佛與釋迦牟尼佛受（授）記〔四二〕，其釋迦牟尼佛與彌勒佛受（授）記〔四三〕：『汝於來世〔四四〕，當得作佛。』何故？餘天不補〔四五〕，其佛定補在兜率陀天何故〔四六〕，已上泰寂〔四七〕，已下泰鬧〔四八〕。此兜率陀天是平等之處〔四九〕。過去、未來、現在〔五〇〕，三世諸佛〔五一〕，皆補在此天。未來彌勒尊佛，今在兜率陀天上〔五二〕，爲諸衆生説法〔五三〕，化度後代衆生有緣〔五四〕，人受（壽）八萬四千歲〔五五〕。壞佉王之時〔五六〕，其四衆（種）之兵〔五七〕，乘有自然之寶〔五八〕，從兜率陀天降下閻浮提，生大聖（姓）婆羅門家〔五九〕，亦修苦行，從凡而成佛道。何名兜率〔陀〕天〔六〇〕？兜名小（少）欲〔六一〕；率名知足〔六二〕，小（少）欲號曰兜率陀天也〔六三〕。三無數劫中積修萬行〔六四〕，〔捨〕施頭目髓腦實甚難〔六五〕。兜率陀天補佛之處〔六六〕，即今説法化諸天〔六七〕。此是亦（一）生相也〔六八〕。

〔吟〕〔六九〕：

上從兜率降人間，託蔭王宮爲生相。
九龍齊温香和水，淨（爭）浴蓮花葉上身〔七〇〕。
聖主摩耶往後園，彩女頻（嬪）妃奏樂喧〔七一〕。
魚透碧波堪上（賞）岸（玩）〔七二〕，無憂花色最宜觀〔七三〕。

無憂花樹葉敷榮〔七四〕，夫人緩步彼中行〔七五〕。
舉手或攀枝餘（與）葉〔七六〕，釋迦聖主袖中生〔七七〕。
釋迦慈父降生來，還中右脅出身胎〔七八〕。
九龍吐水早是貰〔七九〕，千輪足下瑞連（蓮）開〔八〇〕。
阿斯陀仙啓大王，此令瑞應極禎祥〔八一〕。
不是尋常等閑事，必作菩提大法王。
前生以（與）殿下結良緣〔八二〕，賤妾如今豈敢專〔八三〕？
是日耶殊再三請，太子當時脱指環。
長生不戀世榮華，厭患王宮爲太子。
捨卻輪王七寶位，夜半逾成（城）願出家〔八四〕。
六時苦行在山中〔八五〕，鳥獸同居爲伴侣。
日食麻麥求勝行，雪山修道證菩提。
見人爲惡處强攢頭，聞道講經佯不聽〔八六〕。
今生小善總不曾作〔八七〕，來世覓人〔身〕大教難〔八八〕。
火宅忙忙何日休，五欲終朝（招）生死苦〔八九〕。
不似聽經求解脱〔九〇〕，學佛修行能不能〔九一〕？

能者嚴心合掌著〔九二〕，經題名目唱將來〔九三〕。

是時淨飯大王爲宮中無太子〔九四〕，優（憂）悶尋常不樂〔九五〕。或於一日作一夢〔九六〕，夢〔見〕雙陸憑（頻）殊（輸）〔者〕〔九七〕，即問大臣〔九八〕：『是何意志（旨）〔九九〕？』大臣答曰：『憆（陛）下夢見雙陸憑（頻）殊（輸）者〔一〇〇〕，爲宮中無太子〔一〇一〕，所以憑（頻）殊（輸）〔一〇二〕。』大王問大臣〔一〇三〕：『如何求得太子〔一〇四〕？』大臣奏大王曰〔一〇五〕：『城南滿江樹下〔一〇六〕，有一天祀神，善能求恩訖（乞）福〔一〇七〕，往求太子，必合容許。』是時大王排批鸞駕〔一〇八〕，親自便往天祀神邊〔一〇九〕。甚生隊杖（仗）〔一一〇〕：白月纔沉形〔一一一〕，紅日初生。擬（儀）杖（仗）才行形〔一一二〕，天下晏靜〔一一三〕。爛滿錦衣花璨璨〔一一四〕，無邊神女貌螢（瑩）螢（瑩）〔一一五〕。是時大王便到天祀神邊〔一一六〕，索酒親自發願〔一一七〕。

吟〔一一八〕：

撥棹乘船過大江〔一一九〕，神前傾酒三五巵。
傾伓（杯）不爲諸餘事〔一二〇〕，男女相兼乞一雙〔一二一〕。

天（夫）人道〔一二二〕：『大王何必多貪？求男是男，求女是女。〔男〕〔女〕一雙〔一二三〕，難爲求覓〔一二四〕。』夫人索酒〔一二五〕，親自發願澆來〔一二六〕。甚道：『若是得男，神頭上傘蓋左轉一匝〔一二七〕；〔若〕〔是〕得女〔一二八〕，神道頭上傘蓋左（右）轉一匝〔一二九〕。』

便乃澆酒云〔一三〇〕：

撥棹乘船過大池〔一三一〕，盡情歌舞樂神祈〔一三二〕。

歌舞不緣別餘事〔一三三〕，伏願大王乞個兒〔一三四〕。

其神頭上傘蓋即便左轉〔一三五〕。大王共夫人發願已訖〔一三六〕，迴鸞駕卻入宮中〔一三七〕。或於一日，便上綵雲樓上〔一三八〕，謀（迷）悶之次〔一三九〕，便乃睡著〔一四〇〕，作一貰夢〔一四一〕。忽然驚覺，遍體汗流。遂奏大王〔一四二〕，具説上事〔一四三〕：『賤妾綵雲樓上作一聖夢〔一四四〕，夢見從天降下日輪〔一四五〕，日輪之內〔一四六〕，乃見一孩兒〔一四七〕，十相具足〔一四八〕，甚是端嚴。兼乘六牙白象〔一四九〕，從妾頂門而入〔一五〇〕，右脅而住之〔一五一〕。其夢如何〔一五二〕？不敢不奏〔一五三〕。』大王遂問旨臣〔一五四〕，〔旨〕〔臣〕答曰〔一五五〕：『助大王喜，合生貴子。』大王問（聞）説〔一五六〕，歡喜非常。

吟〔一五七〕：

始從兜率降人間，託廕王宮爲生相〔一五八〕。

九龍齊温香和水〔一五九〕，爭浴蓮花葉上身〔一六〇〕。

不經旬日之間〔一六一〕，便即夫人有胤（孕）〔一六二〕。雖然懷胤（孕）十月〔一六三〕，卻乃愁憂〔一六四〕。遂奏大王〔一六五〕：『如何計教〔一六六〕，得免其憂〔一六七〕？』大王便詔夫人〔一六八〕：『後園之內，有一靈樹〔一六九〕，號曰無憂〔一七〇〕。』遂遣夫人〔一七一〕，令往觀看〔一七二〕，得免其憂〔一七三〕。遂遣排批〔一七四〕，後園觀看。甚生隊仗：〔是〕〔日〕〔也〕〔一七五〕，敷千重之錦繡，〔張〕萬道之花筵〔一七六〕。夫人據行〔一七七〕，頻（嬪）妃從後〔一七八〕。

吟：

　聖主摩耶往後園〔一七九〕，綵女頻（嬪）妃奏樂喧〔一八〇〕。

　魚透碧波撖（堪）賞玩〔一八一〕，無憂花色最宜觀〔一八二〕。

喜樂之次，腹中不安〔一八三〕，欲似臨産〔一八四〕。乃〔遣〕姨母波闍波提抱腰〔一八五〕，夫人手攀樹枝，綵女將金盤承接太子〔一八六〕。

吟：

　無憂華樹葉敷榮〔一八七〕，夫人彼中緩步行〔一八八〕。

　舉手或攀諸（枝）餘（與）葉〔一八九〕，釋迦聖主神（袖）中生〔一九〇〕。

是時夫人誕生太子已了〔一九一〕，無人扶接。其此太子〔一九二〕，東西南北，各行七步〔一九三〕，蓮花捧足〔一九四〕。一手指天〔一九五〕，一手指地〔一九六〕，口云：『天上天下，唯我獨尊〔一九七〕！』

吟〔一九八〕：

　釋迦慈父降來（生）生（來）〔一九九〕，還從右脅出身胎。

　九龍吐水早是貴（蕢）〔二〇〇〕，千輪足下有瑞蓮開〔二〇一〕。

大王〔聞〕〔之〕〔二〇二〕，非常驚愕：『我是金輪王孫〔二〇三〕，王四天下〔二〇四〕，銀輪王王三天下〔二〇五〕，銅輪王王二天下〔二〇六〕，鐵輪王王一天下〔二〇七〕，粟散天子王一國〔二〇八〕。此子口云「天上天下，爲（唯）我獨尊」者〔二〇九〕，何已？斯事〔心〕〔中〕〔不〕〔決〕〔二一〇〕，必取（須）召取相師〔二一一〕，則知委由〔二一二〕。』遂乃出勑〔二一三〕，召爲相師〔二一四〕。忽有一仙人向前揭勑〔二一五〕，口云：『我擅能上相〔二一六〕。』大王聞說，即詔相師〔二一七〕。阿斯陀仙人蒙詔〔二一八〕，即至殿前。大王告其仙人：『朕生一子〔二一九〕，以（與）世間人有殊〔二二〇〕，不委是凡是聖〔二二一〕？伏願仙人者與朕相之〔二二二〕。』大王遣宫人抱其太子〔二二三〕，度與仙人〔二二四〕。仙人抱得太子〔二二五〕，悲泣流淚。大王見仙人雨淚〔二二六〕，即便問之仙人答曰〔二二七〕：『朕生貴子〔二二八〕，歡喜非常。既言歡喜〔二二九〕，仙人因何悲泣雨淚〔二三〇〕？』『大王莫怪，此孩子不詔（紹）世間〔二三一〕。證得無上菩提之時〔二三二〕，我緣不遇〔二三三〕，所以悲泣。』仙人相太子已了〔二三四〕，便奏大王〔二三五〕。仙人答曰〔二三六〕：吟〔二三七〕：

阿斯陀仙啓大王，太子瑞夜（應）極禎祥〔二三八〕。
不是尋常等閑事〔二三九〕，必作無上大法王〔二四〇〕。

是時相太子已訖〔二四一〕，〔仙〕〔人〕〔迴〕〔歸〕〔二四二〕。〔其〕〔太〕〔子〕漸漸長大〔二四三〕，習學人間伎藝〔二四四〕，總乃得成〔二四五〕。或於一日，太子愁憂不樂〔二四六〕，專心學善，不戀人間。大王問（聞）知〔二四七〕，亦生憂悶〔二四八〕。大臣云：『主憂則臣辱，主辱則臣死，臣啓大王，臣〔有〕計〔二四九〕。』『卿有何計教〔二五〇〕？』『但遣〔取〕一伴戀之人〔二五一〕，〔必〕〔合〕〔解〕〔憂〕〔二五二〕。』『何者爲半（伴）戀之人〔二五三〕？』『取一新婦，便是伴戀〔之〕〔人〕〔二五四〕。』大王〔遂〕〔則〕排備〔二五五〕，便〔與〕取新婦〔二五六〕。太子聞説〔二五七〕，遂奏大王〔二五八〕：『若〔與〕兒取其新婦〔二五九〕，令巧匠造一金指環〔二六〇〕，〔兒〕手上帶之〔二六一〕。父母及兒三人諸（知）〔二六二〕，餘人不知。若與兒有緣，知兒手上金指環者〔二六三〕，則爲夫婦。』大王聞太子奏對〔二六四〕，遂遣國門高縛綵樓〔二六五〕。召其合國人民，有在室女者〔二六六〕，盡令於綵雲樓下齊集〔二六七〕，當令太子，自練（揀）婚對〔二六八〕。太子於綵樓上便私發願〔二六九〕：『若是前生眷屬者〔二七〇〕，知我手上有金指環知（之）者〔二七一〕，即爲夫婦〔二七二〕。』即時有釋種婆羅門名摩訶那摩〔二七三〕，女〔名〕耶輸陀羅〔二七四〕，望綵樓上便思（私）發〔願〕言〔二七五〕：

吟〔二七六〕：

前生與殿下結良緣〔二七七〕，賤妾如今豈敢專〔二七八〕？
是日耶輸再三請〔二七九〕，太子當時脱指環。

餘殘諸女，盡皆分散，各自還家，只殘耶輸陀羅一身〔二八〇〕。太子遂問〔二八一〕：『夫人三從有則〔二八二〕，在家從父，出嫁從夫，及至夫亡〔二八三〕，任從長子〔二八四〕。但某乙有一交言語〔二八五〕，説與夫人〔二八六〕，從你不從〔二八七〕？』耶輸答曰：『爭敢不從〔二八八〕！』『若〔是〕

夫人行道〔二八九〕，太子座禪〔二九〇〕；太子行道〔二九一〕，夫人坐禪〔二九二〕。』

後於一時，與父王父王俱游至王田所〔二九三〕。政（正）見時人耕種收刈〔二九四〕，極甚勞力。復見壞蟲〔二九五〕，鳴（烏）鵲啄深（噉）〔二九六〕，噉（深）生慈愍〔二九七〕。有（在）於閻浮提樹下〔二九八〕，寂然而座〔二九九〕，思念欲界苦惱〔三〇〇〕。大王遂問太子：『有何不樂？』殿下奏大王曰〔三〇一〕：『宫中謀（迷）悶〔三〇二〕，所以不樂。擬往觀看，不敢不奏。』大王聞知〔三〇三〕，遂遣車匿被朱騌白馬〔三〇四〕，遣太子觀看。到於東門，忽見一人，肓（荒）忙急走〔三〇五〕。殿下見之〔三〇六〕，非常驚怪〔三〇七〕。便見（遣）車匿問之〔三〇八〕：『有何速事？』『我缘家中有一産婦〔三〇九〕，欲生其子，痛苦非常〔三一〇〕，所以奔走。』殿下問言：『即一人有忙諸（之）〔事〕〔三一一〕，餘人總有？』『不是世人〔三一二〕，殿下亦然。』太子聞説，愁憂不樂〔三一三〕，便卻還宫。父王聞道太子還宫〔三一四〕，遂遣美人觀其太子顔狀〔三一五〕，必合歡喜。宫人奏大王曰〔三一六〕：『太子還宫，更加愁悶。』父王聞説〔三一七〕，亦與愁憂〔三一八〕。更添音樂〔三一九〕，百般悦樂〔太〕〔子〕〔三二〇〕。太子聞樂〔三二一〕，轉更愁憂〔三二二〕。處分車匿，來晨被與（於）朱騌〔白〕馬〔三二三〕，亦往觀看。遂出南門。忽爾行次〔三二四〕，見一老人，髮白面皺〔三二五〕，形容燋顇〔三二六〕。遂遣車匿，問其老人：『曲脊主（拄）杖〔三二七〕，君是何人〔三二八〕？』老人答曰：『我是老人。』太子問曰：『何名老人〔三二九〕？』老人答曰〔三三〇〕：『眼闇都缘不辯色〔三三一〕，耳聾高語不聞聲〔三三二〕。欲行三里二里時〔三三三〕，〔雖〕（須）〔是〕

四迴五迴頭歌〔三三四〕。』

吟〔三三五〕：

小（少）年莫笑老人頻〔三三六〕，老人不奪少年春〔三三七〕。

此老老人不將去〔三三八〕，此老還留與後人〔三三九〕。

太子遂問〔三四〇〕：『即此老人一個老〔三四一〕，爲復盡皆如此？』『殿下大曬尊高〔三四二〕，老相亦復如是〔三四三〕。』太子聞已〔三四四〕，愁憂不樂，卻歸宮中〔三四五〕。父王聞道太子還宮〔三四六〕，遂遣宮人存問〔三四七〕。太子蒙問，展轉愁憂〔三四八〕。大王聞知〔三四九〕，名（亦）皆加愁不樂〔三五〇〕。遂加音樂，歡悅太子〔三五一〕，太子愁憂不止〔三五二〕。〔又〕〔至〕〔明〕〔辰〕〔三五三〕，遂遣車匿被於朱騌白馬〔三五四〕，遂遣（向）西門於前遊觀〔三五五〕。觀看之次〔三五六〕，忽見一人，劣瘦置（至）其（甚）〔三五七〕，藥椀在於頭邊。遂遣車匿問之〔三五八〕：『公是何人？』『我是病兒。』『何名病兒〔三五九〕？』『地水火風，四大〔成〕〔身〕〔三六〇〕。一大不調〔三六一〕，則百脈病起〔三六二〕。此名病兒。』『則公一個病〔三六三〕，但是之（諸）人亦復如然〔三六四〕？』『殿下尊高，並亦如是〔三六五〕！』

〔吟〕〔三六六〕：

拔劍平四海，橫戈敵萬夫。

一朝牀上卧〔三六七〕，還要兩人扶〔三六八〕。

太子聞知〔三六九〕，亦加不悦，便乃還宫〔三七〇〕。大王聞知〔三七一〕，遂唤太子：『吾從養汝，只是懷憂〔三七二〕。昨日遊行觀看〔三七三〕，見於何物？』太子奏大王曰〔三七四〕：『西門觀看〔三七五〕，不見別餘，見一病兒，倍加劣瘦〔三七六〕。遂遣車匿問之〔三七七〕：「則君一人如此，諸餘亦然〔三七八〕？」「殿下倍（位）即尊高〔三七九〕，病相亦皆如是。」遂乃愁憂，大王何必怪之〔三八〇〕？』遂遣宫人引於太子〔三八一〕。〔太〕〔子〕愁憂不散〔三八二〕，於前來日遊於（行）散悶〔三八三〕，巡於北門。觀看之次，忽見一人卧於荒郊〔三八四〕，胮脹爛壞〔三八五〕。四畔有人，高聲哭叫。殿下遂唤車匿問之〔三八六〕：『此是何人〔三八七〕？』喪王（主）答曰〔三八八〕：『此是死人。』『〔何〕〔名〕〔死〕〔人〕〔三八九〕？即此一個人死〔三九〇〕？諸人亦然？』

〔吟〕〔三九一〕：

殿下！

國王之位大尊高，煞鬼臨頭無處逃〔三九二〕。

死相〔之〕身皆若此〔三九三〕，還漂苦海浪滔滔。

太子聞説死相〔三九四〕，更乃愁憂，便卻還宫〔三九五〕。大王聞太子還宫〔三九六〕，遂交（教）親唤殿下〔三九七〕。〔太〕〔子〕蒙詔〔三九八〕，遂見大王〔三九九〕，〔大〕〔王〕問其太子〔四〇〇〕：

爲脱（説）人間恩憂（愛）〔四〇一〕，某不過父子之情〔四〇二〕。

爲説此世因緣〔四〇三〕，莫若親生男女。

假使百蟲七鳥，〔驅〕〔驅〕〔猶〕〔爲〕〔子〕〔身〕〔四〇四〕。

〔墮〕〔落〕〔五〕〔道〕〔三〕〔塗〕〔四〇五〕，〔皆〕〔是〕〔爲〕〔男〕〔爲〕〔女〕〔四〇六〕。

金銀珍寶無數〔四〇七〕，要者任意不難〔四〇八〕。

若能取我眼精，心裏也能潘得〔四〇九〕。

取我懷中憐愛子，千生萬劫實難潘〔四一〇〕。

須（雖）然有你（爾）名（多）恩愛〔四一一〕，作福（罪）還須自家當〔四一二〕。

父王作罪父王當，太子他家不受殃。

阿娘作罪阿娘受〔四一三〕，女且無因體（替）阿娘〔四一四〕。

自身作罪自知非〔四一五〕，莫怨他家妻子（與）兒〔四一六〕。

自作業時應自受，他家不肯與你入阿鼻〔四一七〕。

父與母子妻及兒〔四一八〕，欲擬相留且暫時。

爭我此時緣業斷〔四一九〕，死王嗔努（怒）怕來遲〔四二〇〕。

煞鬼不怕你兄弟多〔四二一〕，任君眷屬總儻儸〔四二二〕。

黑繩繫項牽將去〔四二三〕，地獄裏還交（教）度柰河〔四二四〕。

遮莫你儻儸上憐（陵）天〔四二五〕，南州北郡置莊田〔四二六〕。

未待（待）此人（身）裁與謝〔四二七〕，商量男女擬分錢〔四二八〕。

大兒右（有）道取東畔〔四二九〕，小者莫（直）疑（擬）取西邊〔四三〇〕。
惡業是門徒自造著〔四三一〕，別人不肯與你入黄泉〔四三二〕。

見説如是罪事，更乃愁憂。遂遣車匿被於朱騌〔四三三〕，往出城去〔四三四〕。觀看之次，在於路上，或見一人〔四三五〕，削髮染衣，威儀祥（序）〔四三六〕，真似象王〔四三七〕。太子忽見，遂遣車匿向前問之〔四三八〕：『君是何人〔四三九〕？』『我是師僧。』『何名師僧？』『諸漏已盡〔四四〇〕，無復煩惱。衣生架上〔四四一〕，飯生盂中〔四四二〕，此是師僧。』太子聞説，非常喜悦〔四四三〕，急便下馬〔四四四〕，頂禮三寶，〔便〕〔問〕〔三〕〔寶〕〔四四五〕：『汝是誰知（之）弟子〔四四六〕？』『我師是：三界大師、四生慈父釋迦牟尼佛是我〔之〕師〔四四七〕。』太子聞説，便問三寶〔四四八〕：『如〔何〕修行〔四四九〕，得證此身？』『悍勞忍苦〔四五〇〕，六時行道，饒益衆生〔四五一〕，乃獲此身。』太子聞説，當便歡喜頂禮〔四五二〕，卻歸宮中。父王聞道太子入〔四五三〕，遣人觀占（瞻）太子喜已（與）不喜〔四五四〕？宮人卻奏大王〔四五五〕：『太子今日〔四五六〕，非常喜悦〔四五七〕。』太子還宮，共妻耶輸陀羅倍加精進〔四五八〕。六時行道，無時有闕〔四五九〕。二月八日，夜半子時，四天王喚於太子〔四六〇〕：『出家時至！』太子聞喚，便遣車匿被於朱騌〔四六一〕，便擬往於雪山〔四六二〕。向後有事未了〔四六三〕，我身覓其解脱〔四六四〕。向後宮人採（綵）女〔四六五〕，苦砌嚎咷〔四六六〕。遂喚夫人向前，有其付囑〔四六七〕：『別無留念〔四六八〕，留〔一〕辨（瓣）美香〔四六九〕。若有災難之時，但燒此香，望雪山會上，啓告於我〔四七〇〕。』是時〔太〕〔子〕〔四七一〕，四天王捧馬足〔四七二〕，便即違（逾）城〔四七三〕。以手即著玉鞭〔四七四〕，指其耶輸腹有胤（孕）〔四七五〕。某佛未出家時〔四七六〕，所生八王子，見一大聖出家〔四七七〕，亦〔須〕隨修梵行〔四七八〕。臨去之時〔四七九〕，宮人睡著〔四八〇〕，綵〔女〕婚（昏）迷〔四八一〕。太子擬去，思〔忖〕再三〔四八二〕，恐爲宮人受其苦楚，遂乃城上留其馬蹤。太子共四天門王便往雪山修道〔四八三〕。

已經十月，耶輸降下一男。父王聞之，拍案大努（怒）〔四八四〕：『我兒雪山修道，不經一年已來，新婦因何生其孩子？』遂遣武士〔四八五〕，殿前穿一方丈火坑〔四八六〕，滿坑著火，令推新婦并及孩子入於火坑〔四八七〕。大王發願：『實是朕之孩（孫）子〔四八八〕，令火坑變作清涼池〔四八九〕。』大王發願已訖，便令武士推去新婦兼及孩兒〔四九〇〕。臨推入火坑之時，〔新〕〔婦〕索香爐發願〔四九一〕，甚道〔四九二〕：

却喚危中也大危〔四九三〕，雪山會上亦合知〔四九四〕。
賤妾者一身猶乍可〔四九五〕，莫交（教）孤負一孩兒〔四九六〕。

發願已訖，武士推新婦并及孩兒〔四九七〕，便令入火〔四九八〕。推入火已〔四九九〕，其火坑世尊汝（以）慈光照〔五〇〇〕，變作清涼之池〔五〇一〕。池内有兩棵（朵）蓮花〔五〇二〕，母子各座一朵〔五〇三〕。武士遂奏大王〔五〇四〕：『其新婦推入火坑〔五〇五〕，並燒不煞〔五〇六〕』。父王聞之，便知是我孩（孫）子〔五〇七〕。則唤新婦近前〔五〇八〕，即知新婦無虚〔五〇九〕。新婦〔便〕辭父王〔五一〇〕，亦擬雪山修道〔五一一〕。新婦既去者〔五一二〕，父王亦不敢連（留）留（連）〔五一三〕。

大王遂乃處分新婦〔五一四〕，甚道：

吟〔五一五〕：

夫人已解别陽臺〔五一六〕，此是如蓮火裏開〔五一七〕。

曉鏡罷看桃李面〔五一八〕，鉗（紺）雲休插鳳凰釵〔五一九〕。

無明海水從資（兹）竭〔五二〇〕，煩惱叢林任意墔（摧）〔五二一〕。

努力向鷲峰從聖道〔五二二〕，新婦莫慵讒（饞）不擎郤迴來〔五二三〕。

處分新婦已訖，新婦便辭大王，往至雪山〔五二四〕，亦隨〔修〕道〔五二五〕。一呼『善來』〔五二六〕，變成男子，隨佛出家，證得阿羅漢〔五二七〕。其子號曰羅睺羅密行〔五二八〕。『爲我能知知〔五二九〕，現爲我長子〔五三〇〕。我今成佛道，受法爲法子〔五三一〕。』

《太子成道經》一卷〔五三二〕。

此内及外，更有諸妙理，不及具細。誰人樂者，尋成佛因由，則〔知〕微細〔五三三〕，〔極〕甚精妙也〔五三四〕。

説明

此卷正面爲粘接在一起的兩通《大乘無量壽經》，但兩通並非順序粘接，而是以第二通的尾部粘接第一通的尾部，所以目前的狀態是第二通爲倒書。第一通《大乘無量壽經》右下角殘缺，尾部完整；第二通《大乘無量壽經》首尾完整。

此件抄寫於《大乘無量壽經》背面和正面的空白處。背面右上角殘缺，此件先從背面抄起，但起首留有數行空白。從『我本師釋迦摩尼求菩提緣』抄至『便遣車匿被於朱騣，便擬』，隨後在正面兩經粘貼的空白處接抄『往於雪山』至『武士遂奏大王：「其新婦」』，後又轉到背面起首原留的空白處接抄『推入火坑，並燒不煞』至『其子』，最後在正面文書天頭横書接抄『號曰羅睺羅密行』至『受法爲法子』。尾題『太子成道經一卷』，並有相關題記。

王慶菽已指出此件之故事係根據《佛本行集經》演繹（《敦煌变文集》，三〇〇至三〇一頁），《英藏敦煌文獻》命名爲《注記（太子成道經）》，此據原題擬名。現知敦煌文獻中保存的與此件内容和結構基本相同的寫本尚有七件。除此件與伯二九九九+伯二九九九V/1-3號首尾完整外，其他均有缺失，各件之文字亦有出入，並有同音字相互替代的現象。其中斯五四八背首缺尾全，起『悉達太子時』，訖『極甚精妙也』，此後又抄寫題記兩行；斯二六八二背首全尾部未抄全，起『我大師釋迦如來求菩提緣』，訖『受法爲法子』，此後又抄寫六行文字；伯二九九九+伯二九九九V/1-3首尾完整，起『我本師釋迦牟尼求菩提緣』，訖『甚精妙也』；伯二九二四背首尾均缺，起『尸毗王時』，訖『殿下奏大王曰宫』，首行之前有題『太子讚』及一行文字；伯二二九九首尾均缺，起『爾時淨飯大王』，訖『遂遣車匿問』，首行之前及文中有數處小標題；斯四六二六首全尾缺，起『我本師釋迦牟尼求菩提緣』，訖『經題名目唱將來』；北敦〇六七八〇首尾均缺，上下均殘，起『子□貧乏之』，訖『現爲我□』，此後又抄寫大段歌吟及《悉達太子讚》一首。

以上釋文是以斯二三五二爲底本，用斯五四八背（稱其爲甲本）、斯二六八二背（稱其爲乙本）、伯二九九九＋伯二九九九 V1-3（稱其爲丙本）、伯二九二四背（稱其爲丁本）、伯二二九九（稱其爲戊本）、斯四六二六（稱其爲己本）、北敦〇六七八〇（稱其爲庚本）參校。

校記

〔一〕『本』，丙、己本同，乙本作『大』；『牟尼』，丙、己本同，乙本作『如來』。乙、丙、己本始於此句。
〔二〕『劫』，乙、丙本同，己本作『却』，誤。
〔三〕『柰』，丙、己本同，乙本作『奈』，《敦煌變文集》、《敦煌變文校注》將丙本釋作『奈』。
〔四〕『廣』，丙、己本同，乙本作『爲』。
〔五〕『爲』，丙、己本同，乙本作『直』。
〔六〕『及』，丙、己本亦脱，據乙本補。
〔七〕『人』，丙、己本同，乙本脱。
〔八〕『以』，丙、己本同，乙本作『與』。
〔九〕『餧』，乙、丙、己本同，《敦煌變文校注》釋作『餵』，誤。
〔一〇〕『時』，丙、己本亦脱，據乙本補。

〔一一〕丁本與底本相同文字始於此句，此前首題『太子讚』，另有一行文字『迦維衛國淨飯王，悉達太子厭無常。誓取無上菩提果，夜半[踰]』。

〔一二〕『顧』，丙、己本同，當作『股』，據乙、丁本改，『顧』爲『股』之借字，《敦煌變文校注》認爲己本作『股』，誤。丁本從『尸毗王時』至『剜身千龕』重複抄寫。

〔一三〕『智慧』，丙、己本同，乙本作『智惠』，丁本作『知惠』，均可通。

〔一四〕『寶』，乙、丙、己本同，丁本作『報』；『時』，丙、己本亦脱，據乙、丁本補。

〔一五〕『龕』，乙、丁、己本同，丙本作『合龍』，實爲『龕』字。

〔一六〕『上』，丙、丁、己本同，乙本脱；『燃』，丙、己本同，乙、丁本作『然』，均可通；『千』，乙、丁、己本同，丙本脱。

〔一七〕『唾』，乙本作『捶』，當作『埵』，據丙、丁、己本改。庚本始於此句之『子』字。

〔一八〕『千』，乙、丁、己本同，丙本脱。

〔一九〕『悉濟其餓虎』，丙、己本同，乙、丁本脱。

〔二〇〕『達』，甲、丙、己本同，乙、丁本作『達挐』。甲本始於此句之『悉』字。

〔二一〕『施』，乙、丙、己本同，丁本作『時』，『時』爲『施』之借字。

〔二二〕『以』，甲、丙、丁、己本同，當作『與』，據乙本改，『以』爲『與』之借字。

〔二三〕『或時爲王』，甲、乙、丙、己、庚本同，丁本脱。

〔二四〕『爲』，甲、丙、丁、己、庚本亦脱，據乙本補。

〔二五〕『波』，甲、丙、丁、己、庚本同，乙本作『於波』；『柰』，丙、丁、己、庚本同，乙本作『奈』，《敦煌變文集》、《敦煌變文校注》將丙本釋作『奈』。

〔二六〕『是』，丙、已本同，甲、乙、丁、庚本無；『城』，丙、已本同，甲、乙、丁、庚本作『境』，《敦煌變文校注》認爲『城』亦作『境』。
〔二七〕『命』，甲、乙、丙、已本同，丁本脱。
〔二八〕『給施衆生』，甲、丙、已、庚本同，乙本脱。此句及下句丁本作『不作給難爲施衆生』。
〔二九〕『百』，甲、乙、丙、已、庚本同，丁本無；『億』，甲、丙、丁、已、庚本同，乙本無。
〔三〇〕『種種苦行』，甲、丙、丁、已、庚同，乙本作『種種苦行，死不滅持』。
〔三一〕『三』，甲、丙、丁、已、庚本同，乙本無。
〔三二〕『精修萬行』，丙、已本作『精修苦行』，甲本作『積萬行』，乙、丁本作『積修萬行』，《敦煌變文集》認爲乙、丁本作『精修萬行』，乙本於此句下多『死不滅持』四字，誤。
〔三三〕『果』，乙、丙、丁、已、庚本同，甲本作『過』，『過』爲『果』之借字。
〔三四〕此句甲、丙、丁、已、庚本同，乙本此句後有『其欲界如是。其六天者：一四天王天，二刀利天，三夜魔天，四兜率陀天，五樂變化天，六他化自在天。如來世尊補在第四天中云云。』
〔三五〕『成』，丙、丁、已、庚本同，甲本作『城』，『城』爲『成』之借字。從此前句『由前正願』至『經題名目唱將來』，乙本無。
〔三六〕『化』，甲、丙、已本同，丁本作『花』，誤。
〔三七〕『之』，丙、已本同，甲、丁、庚本無。
〔三八〕『柰』，甲、丙、丁、已、庚本同，《敦煌變文集》、《敦煌變文校注》將丙本釋作『奈』。
〔三九〕『之』，甲、丙、已、庚本同，丁本無。
〔四〇〕『察』，丙、已本同，甲、丁、庚本作『宰』。

〔四一〕「此」，甲、丙、己、庚本同，丁本脱。

〔四二〕「受」，甲、丙、丁、己、庚本同，當作「授」，《敦煌變文校注》據文義校改，「受」爲「授」之借字。

〔四三〕「尼佛」，丙、丁、己、庚本同，甲本作「尼」；第二個「佛」，甲、丙、丁、己本同，庚本脱；「受」，甲、丙、丁、己、庚本同，當作「授」，《敦煌變文校注》據文義校改，「受」爲「授」之借字。

〔四四〕「汝」，甲、丙、己、庚本同，丁本作「如」，誤。

〔四五〕「餘」，甲、丙、己本同，丁本作「念」，庚本作「爾」，《敦煌變文校注》將丙本釋作「余」，校作「餘」。

〔四六〕「補」，丙、己本同，甲、丁、庚本無；「何故」，丙、己本同，應係衍文，據甲、丁、庚本當删。

〔四七〕「泰寂」，丙、己本同，甲、丁、庚本作「之天則極泰」。

〔四八〕「泰鬧」，丙、己本同，甲、庚本作「天則極闐」，丁本作「之天則極闐」，《敦煌變文校注》認爲「闐」、「鬧」義同。

〔四九〕「平」，甲、丙、己本同，丁本脱。

〔五〇〕「現」，丙、己本同，甲、丁、庚本作「見」，均可通。

〔五一〕「三世諸」，丙、己本同，甲、庚本作「諸」，丁本作「之」。

〔五二〕「陀」，甲、丙、丁、己本同，《敦煌變文校注》認爲丙本無並據丁本補，誤。

〔五三〕「諸衆生」，丙、己本同，甲、庚本作「諸天衆」，丁本作「之天衆」。

〔五四〕「代」，丙、己本同，甲、丁本作「柰」，庚本作「乃」，誤。

〔五五〕「受」，丙、己本同，當作「壽」，據甲、丁、庚本改，「受」爲「壽」之借字；「四」，甲、丙、己、庚本同，丁本脱。

〔五六〕「壤佉王」，丙、己本同，甲本作「輪王攘汥」，丁本作「輪王儴汥」，《敦煌變文校注》認爲「壤」、「攘」等字因譯名而不拘，『汥』當音『伎』，係『佉』之俗音字。

〔五七〕『其』，丙、丁本同，甲、己、庚本作『具』，《敦煌變文集》、《敦煌變文校注》將丙本釋作『具』；『衆』，丙、丁、己本同，當作『種』，據甲、庚本改，『衆』爲『種』之借字。

〔五八〕『乘』，甲、丙、丁、己、庚本同，《敦煌變文校注》疑爲衍文；『然』，丙、丁、己、庚本同，甲本作『燃』，『燃』爲『然』之借字。

〔五九〕『聖』，丙、己本同，當作『姓』，據甲、丁、庚本改，『聖』爲『姓』之借字。

〔六〇〕『陀』，據甲、丙、丁、己、庚本補。

〔六一〕『小』，甲、己本同，當作『少』，據丙、丁本改。

〔六二〕『率』，甲、丙、己本同，丁本作『兜』，誤；『知』，甲、丙、己、庚本同，丁本作『之』，『之』爲『知』之借字。

〔六三〕『小』，丙、己本同，當作『少』，據甲、丁、庚本改；『陀』，甲、丙、丁、己本同，庚本無；『也』，甲、丁、己、庚本同，丙本無。《敦煌變文校注》於句首補『知足』二字。

〔六四〕『中積』，丙、己本同，丁本作『積』，甲、庚本無。

〔六五〕『捨』，丙、己本亦脱，據甲、丁、庚本補，《敦煌變文集》、《敦煌變文校注》稱據庚本將該字補於『施』下，按庚本『捨』字實在『施』字上；『髓腦』，丙、己本同，據甲、丁、庚本當刪。

〔六六〕『佛』，甲、丙、丁、己本同，庚本脱；『之』，丙、己本同，甲、丁、庚本無。

〔六七〕『諸』，甲、丙、己、庚本同，丁本作『之』，『之』爲『諸』之借字。

〔六八〕『亦』，甲、丙、丁、己、庚本同，當作『一』，《敦煌變文校注》據文義校改，『亦』爲『一』之借字。甲本此句後書寫『上上從』三字，庚本此句後多『死不滅持』四字，隨後衍抄『願滿足』至『如來世尊補在弟（第）四天中。上生相』。

〔六九〕『吟』，據丙本補，甲、丁、己、庚本無。以下吟詞從『上從兜率降人間』至『經題名目唱將來』，丁本無，庚本此處接抄『喜樂之次』至『爲我獨尊』。

〔七〇〕『淨』，丙、己本同，當作『爭』，據甲、庚本改；『花』，甲、己、庚本同，丙本作『華』，『花』同『華』，《敦煌變文集》、《敦煌變文校注》將丙本釋作『花』，誤。

〔七一〕『頻』，甲、丙、己、庚本同，當作『嬪』，《敦煌變文集》據文義校改，『頻』爲『嬪』之借字。

〔七二〕『上岸』，甲、丙、己、庚本同，當作『賞玩』，袁賓據文義校改，『上岸』爲『賞玩』之借字。

〔七三〕『憂』，丙、己本同，甲、庚本作『優』，『優』爲『憂』之借字；『色』，甲本同，丙、己、庚本作『樹』，《敦煌變文校注》認爲庚本作『色』，誤。

〔七四〕『憂』，丙、己本同，甲、庚本作『優』，『優』爲『憂』之借字。

〔七五〕『彼』，甲、丙、己本同，庚本作『波』，誤。

〔七六〕『或』，丙、己本同，甲、庚本作『已』；『枝』，甲、丙、己、庚本同，《敦煌變文校注》校改作『諸』；『餘』，甲、丙、己、庚本同，當作『與』，梁粱據文義校改，『餘』爲『與』之借字。

〔七七〕『袖』，甲、庚本作『向袖』，丙、己本作『神』，誤，《敦煌變文集》、《敦煌變文校注》將丙本釋作『袖』，誤。

〔七八〕『中』，丙、己本同，甲、庚本作『從』；『右』，丙、己、庚本同，甲本作『有』，誤。

〔七九〕『貰』，丙、己本同，甲本作『叉』，庚本作『衩』，蔣紹愚認爲『貰』通『差』，『怪也』之意，蔣禮鴻認爲『叉』、『衩』爲『差』之同詞異寫，《敦煌變文校注》指出《悉達太子修道因緣》此處作『訍』，蓋『訍』與『衩』同源。

〔八〇〕『下』，丙、己本同，甲、庚本作『下有』；『連』，甲、丙、己本同，當作『蓮』，據庚本改，『連』爲『蓮』之借字，《敦煌變文集》、《敦煌變文校注》將丙本逕釋作『蓮』，誤。

〔八一〕『令』，甲、丙、己、庚本同，《敦煌變文校注》將丙本釋作『合』，並認爲此處作『合』爲是。

〔八二〕『以』，甲、丙、己、庚本同，當作『與』，《敦煌變文校注》據文義校改，『以』爲『與』之借字。

〔八三〕『今』，丙、己、庚本同，甲本作『金』，『金』爲『今』之借字；『專』，甲、庚本同，丙、己本作『傳』，誤。

〔八四〕『逾』，丙、己、庚本同，甲本作『踰』，均可通；『成』，當作『城』，據甲、丙、己、庚本改，『成』爲『城』之借字。

〔八五〕『時』，丙、己本同，甲、庚本作『年』，《敦煌變文校注》認爲『年』爲是。

〔八六〕『佯』，甲本同，丙、己本作『祥』，誤；『聽』，丙、己本同，甲、庚本作『睬』。

〔八七〕『小』，甲、丙、己本同，庚本作『少』。

〔八八〕『身』，丙、己本無，據甲、庚本補。

〔八九〕『終』，甲、庚本同，丙、己本作『中』，誤；『朝』，甲、丙、己、庚本同，當作『招』，《敦煌變文校注》據文義校改，『朝』爲『招』之借字；『生』，甲、丙、己、庚本同，《敦煌變文校注》釋作『身』，誤。

〔九〇〕『解』，丙、己、庚本同，甲本作『下』，誤。

〔九一〕『行』，丙、己本同，甲、庚本作『道』。

〔九二〕『能者嚴心合掌著』，甲、丙、己本同，庚本無。

〔九三〕『唱將來』，甲、丙、己本同，庚本無。己本止於此句。

〔九四〕『是』，甲、乙、丙本同，丁、戊本作『爾』；『無』，甲、乙、丙、丁、庚本同，戊本作『無其』。戊本始於此句，且前有小標題『弟（第）二下降閻浮柘胎相』。

〔九五〕『優』，甲、乙、丙、庚本同，當作『憂』，據丁、戊本改，『優』爲『憂』之借字；『尋常不樂』，丙、丁本同，甲、庚本作『不樂尋常』，乙本作『不樂尋』，戊本作『不樂，暴切尋常』。

〔九六〕第一個『一』，乙、丙、丁、庚本同，甲本作『壹』；第二個『一』，甲、乙、丙本同，丁、庚本作『其』。此句戊本作『忽於一夜便作一夢』。

〔九七〕『夢』，甲、乙、丁、戊、庚本同，丙本無；『見』，據甲、乙、丁、戊本補，丙本無；『陸』，丙、戊本同，甲、乙、丁、庚本作『六』，『陸』同『六』；『憑殊』，丙、丁、庚本同，甲本作『憑輪』，當作『頻輪』，據乙、戊本改，『憑殊』爲『頻輪』之借字；『者』，據丙本補，甲、乙、丁、戊、庚本無。

〔九八〕『即』，甲、乙、丁、庚本同，丙本無。此句戊本作『明旦召諸大臣，説此夢瑞』。

〔九九〕『志』，丙本同，當作『旨』，據甲、乙、丁、戊、庚本改，『志』爲『旨』之借字。

〔一〇〇〕『性』，丙本同，甲、丁、庚本作『挫』，當作『陛』，據乙、戊本改，《敦煌變文集》、《敦煌變文校注》將丙本逕釋作『陛』，誤；『陸』，丙、戊、乙本同，甲、丁、庚本作『六』，『陸』同『六』；『憑殊』，丙本同，甲、庚本作『憑輪』，當作『頻輪』，據乙、戊本改，『憑殊』爲『頻輪』之借字。

〔一〇一〕『無』，甲、乙、丙、丁、庚本同，戊本作『無紹』。

〔一〇二〕『憑殊』，丙、丁本同，乙本脱，甲、庚本作『憑輪』，當作『頻輪』，據戊本改，『憑殊』爲『頻輪』之借字。

〔一〇三〕第一個『大』，甲、乙、丙、戊、庚本同，丁本作『遂則大』；『臣』，甲、乙、丙、戊、庚本同，丁本作『臣曰』。

〔一〇四〕『如何』，甲、乙、丙、戊、庚本同，丁本脱。

〔一〇五〕『奏』，乙、丙、丁、戊本同，甲、庚本作『走』，『走』爲『奏』之借字。

〔一〇六〕『滿江樹下』，丙本同，甲、乙、戊、庚本無，丁本作『滿江遂』。戊本『城南滿江樹下』至『必合容許』作『城南有一天祀神，若有人志心祈告，無願不遂。大王往此祀中啓告，必合得其太子』。

〔一〇七〕「訖」，甲、丙本同，當作「乞」，據乙、丁、庚本改，「訖」爲「乞」之借字。
〔一〇八〕「時」，甲、乙、丙、戊、庚本同，丁本脱；「批」，甲、乙、丙本同，戊本作「備」，《敦煌變文校注》將丙本校改作「比」；「駕」，甲、乙、丙、戊、庚本同，丁本作「迦」，「迦」爲「駕」之借字。丁本此句作「是大棑王枇鸞迦」。
〔一〇九〕「自便往」，甲、丙、戊本同，乙、丁本作「便」，庚本作「便往」。
〔一一〇〕「杖」，甲、丙、庚本同，當作「仗」，據乙、丁、戊本改，「杖」爲「仗」之借字，《敦煌變文集》、《敦煌變文校注》將丙本逕釋作「仗」，誤。
〔一一一〕「白月纔沉形」，丙本同，甲本作「白月才沉形」，乙本作「日月纔沉形」，丁本作「白月在前行」，戊本作「白月西沉」，庚本作「白月在沉形」，《敦煌變文校注》認爲「形」字當删。
〔一一二〕「擬」，甲、乙、丙、戊、庚本同，丁本作「禦」，當作「儀」，《敦煌變文校注》據《悉達太子修道因緣》改，「擬」爲「儀」之借字；「杖」，甲、丙、丁、庚本同，當作「仗」，據乙、戊本改，「杖」爲「仗」之借字；「才」，甲、丙、戊本同，乙本作「横」，丁本作「才横」；「形」，甲、丙本同，乙、丁、戊本無，《敦煌變文校注》認爲「形」係衍文。
〔一一三〕「晏」，乙、丙、庚本同，甲、丁、戊本作「宴」，「宴」爲「晏」之借字。
〔一一四〕「錦」，甲、乙、丙、戊、庚本同，丁本作「繡」，均可通；「衣」，乙、丙、丁、戊、庚本同，甲本作「逑」，或爲涉下文「邊」的類化字；「璨璨」，甲、乙、丙、戊本同，丁、庚本作「璨」。
〔一一五〕「螢螢」，甲、乙、丙、丁、戊、庚本同，當作「瑩瑩」，梁粱據文義校改，「螢螢」爲「瑩瑩」之借字。
〔一一六〕「是」，甲、乙、丙、戊、庚本同，丁本作「即」，均可通；「便到」，甲、乙、丙、庚本同，丁本作「到」，戊本作「倒」，誤。

〔一一七〕『親』，甲、乙、丁、戊、庚本同，丙本脱。
〔一一八〕『吟』，甲、丙、庚本同，乙本作『吟云云』，戊本作『吟聲作頌』，丁本作『甚道：次求男女一雙。若得男，頭上傘蓋左旋一匝；若得女，頭上傘蓋右旋一匝』。
〔一一九〕『棹』，甲、丙、戊、庚本同，乙本作『倬』，丁本作『⿰舟卓』，《敦煌變文校注》認爲乙本左半從『才』，故應即『棹』。
〔一二〇〕『伓』，甲、丙、丁、庚本同，乙本作『酥』，戊本作『坏』，當作『杯』，《敦煌變文校注》據文義校改；『爲』，甲、乙、丙、戊、庚本同，丁本作『用』。
〔一二一〕『男』，乙、丙、丁、庚本同，甲、戊本作『大王男』，誤；『一』，甲、乙、丙、戊、庚本同，丁本作『壹』。
〔一二二〕『天』，丙本同，當作『夫』，據甲、乙、戊、庚本改，《敦煌變文集》、《敦煌變文校注》將丙本逕釋作『夫』；『人』，甲、丙、戊、庚本同，乙本作『女』，誤。從『天（夫）人道』至『難爲求覓』，丁本作『爭交他神容許』。
〔一二三〕『男女』，丙本亦脱，據甲、乙、戊、庚本補；『一』，乙、丙、戊、庚本同，甲本作『壹』。
〔一二四〕『難爲求覓』，甲、丙、戊、庚本同，乙本作『爭交容許』，《敦煌變文集》認爲戊本亦作『爭交容許』，誤。
〔一二五〕『索』，乙、丙、丁、戊、庚本同，甲本作『素』，誤。
〔一二六〕『來』，甲、丙、庚本同，乙本作『末』，誤；戊本無，丁本作『爲緣宮中無太子，直往神前求一男。澆酒』。
〔一二七〕『一』，丙、庚本同，丁本作『壹』，甲、乙、戊本脱；『匝』，甲、丙、丁、庚本同，乙、戊本脱。
〔一二八〕『若是』，據甲、乙、戊、庚本補，丙本無。丁本無『（若）（是）得女，神道頭上傘蓋左（右）轉一匝』。
〔一二九〕『神』，丙、戊本同，甲、乙、丁、庚本無；『道』，丙本同，應係衍文，據甲、乙、丁、戊、庚本當刪；『左』，丙本同，當作『右』，據甲、乙、戊、庚本改，《敦煌變文集》、《敦煌變文校注》將丙本逕釋作『右』，誤；「一匝」，甲、丙、庚本同，乙、戊本脱。

〔一三〇〕「乃」，甲、乙、丙、戊、庚本同，丁本作「及」，誤；「云」，甲、丙、丁本同，乙本作「云云」，戊本作「啓云」，《敦煌變文校注》認爲甲本作「云云」。

〔一三一〕「棹」，乙、丙、戊、庚本同，甲、丁本作「䑲」。

〔一三二〕「祈」，丙本同，甲、乙、丁、庚本作「祇」，戊本作「祇」。

〔一三三〕「餘」，甲、乙、丙、戊、庚本同，丁本作「念」，誤。

〔一三四〕「乞」，丙、戊、庚本同，甲本作「訖」，誤，乙、丁本作「乞一」。

〔一三五〕「便」，甲、丁本同，丙本無。乙、戊、庚本此句無。

〔一三六〕「共」，甲、乙、丙、戊、庚本同，丁本無；「已」，甲、乙、丙、戊、庚本同，丁本作「以」，「以」爲「已」之借字；「訖」，甲、丙、丁、戊、庚本同，乙本作「了」。

〔一三七〕「迴」，甲、乙、丙、戊、庚本同，丁本作「迴」，誤；「鸞」，甲、丙、丁、庚本同，乙本作「鑾」，戊本無。

〔一三八〕「便」，甲、乙、丙、戊、庚本同，丁本作「使」，誤；「雲樓上」，甲、丙、丁本同，乙本作「雲樓頭」，戊本作「綵樓」，庚本作「深樓」。

〔一三九〕「謀」，甲、乙、丙、丁、戊、庚本同，當作「迷」，郭在貽據文義校改，「謀」爲「迷」之借字。

〔一四〇〕「乃」，甲、乙、丙、戊、庚本同，丁本作「及」，誤。

〔一四一〕「作」，甲、乙、丙、戊、庚本同，丁本作「作其」；「貫」，丙本同，甲、乙本作「叉」，丁、庚本作「衩」，戊本作「寶」。

〔一四二〕「奏」，乙、丙、丁、戊本同，甲本作「泰」，誤。

〔一四三〕「上事」，丙本同，甲、乙、戊、庚本作「其事」，丁本作「夢」。

〔一四四〕『綵』，甲、乙、丙、丁、戊本同，庚本作『採』，『採』爲『綵』之借字；『雲樓上』，丙、庚本同，甲本作『雲樓之上』，乙、戊本作『樓之上』，丁本作『雲樓上之』。
〔一四五〕『天』，乙、丙、戊、庚本同，甲、丁本脱。
〔一四六〕『日輪』，丙本同，甲、庚本作『輪』，乙、丁、戊本脱。
〔一四七〕『乃』，甲、乙、丙、戊本同，丁本作『及』，誤；『見』，丙本同，甲、乙、丁、戊本作『有』；『一』，甲、乙、丙、戊本同，丁本脱。
〔一四八〕『具』，甲、乙、丙、戊、庚本同，丁本脱。
〔一四九〕『白』，甲、乙、丙、丁、庚本同，戊本無。
〔一五〇〕『妾』，甲、乙、丙、丁、戊本同，庚本作『接』，誤；『項』，甲、乙、丁、戊本同，丙、庚本作『頂』，誤。
〔一五一〕『右脅而住之』，丙本同，甲本作『左脅下安之』，乙、戊、庚本作『在右脅下安之』，丁本作『右脅下安之』，《敦煌變文校注》認爲底本無『之』字，誤。
〔一五二〕『如何』，乙、丙、戊、庚本同，甲、丁本作『何如』。
〔一五三〕第二個『不』，甲、乙、丁、戊、庚本同，丙本脱；『奏』，乙、丙、丁、戊本同，庚本作『走』，『走』爲『奏』之借字，甲本作『泰』，誤。
〔一五四〕『問』，丙本同，甲、乙、戊、庚本作『乃問其』，丁本作『及問其』，《敦煌變文校注》認爲丁本亦作『乃問其』，誤。
〔一五五〕『旨臣』，據甲、丁、戊、庚本補。
〔一五六〕『問』，丙、戊本同，當作『聞』，據甲、乙、丁、庚本改，『問』爲『聞』之借字；『説』，甲、乙、丁、戊、庚本同，丙本脱。

〔一五七〕「吟」，甲、丙、丁本同，乙、戊、庚本無「吟」及以下四句吟詞，戊本此字前有「弟（第）三王宫誕質相」七字。

〔一五八〕「爲」，丙本同，甲、丁本作「是」，《敦煌變文校注》認爲底本作「是」，誤。

〔一五九〕「温香和水」，丙本同，甲本作「吹香火水」，丁本作「吐香和水」。「和」，《敦煌變文集》認爲丙本原作「如」並校改作「和」，丙本實爲「和」，《敦煌變文校注》認爲戊本亦作「和」，戊本實無此句。

〔一六〇〕「浴」，甲、丙本同，丁本作「欲」，「欲」爲「浴」之借字；「上」，甲、丁本同，丙本作「王」，誤。

〔一六一〕「旬」，甲、乙、丁、戊、庚本同，丙本作「句」，誤，《敦煌變文集》、《敦煌變文校注》將丙本逕釋作「旬」；「日」，甲、乙、丙本同，丁、戊、庚本作「月」。

〔一六二〕「即」，丙本同，甲、乙、丁、戊、庚本作「則」；「胤」，甲、乙、丙、丁、庚本同，當作「孕」，據戊本改，「胤」爲「孕」之借字。

〔一六三〕「雖然」，乙、丙本同，甲、丁、戊、庚本作「然雖」；「胤」，丙本同，甲、乙、丁、戊、庚本作「任」，當作「孕」，《敦煌變文集》據文義校改，「胤」、「任」均爲「孕」之借字；「十月」，甲、丙、丁本同，乙、戊、庚本脱。

〔一六四〕「乃」，甲、乙、丙、戊、庚本同，丁本作「及」，誤；「愁憂」，甲、丙、丁、戊本同，乙本作「優愁」，庚本作「愁優」。

〔一六五〕「奏」，乙、丙、丁、戊本同，庚本作「走」，「走」爲「奏」之借字，甲本作「泰」，誤。

〔一六六〕「計」，甲、乙、丙、丁、戊本同，庚本作「容許教」，誤。

〔一六七〕「免」，乙、丙本同，甲、丁、戊、庚本作「勉」，「勉」爲「免」之借字；「憂」，甲、乙、丙、丁、戊本同，庚本作「優」，「優」爲「憂」之借字。

〔一六八〕「詔」，丙本同，甲、丁、戊、庚本作「語」。「便詔夫人」，乙本作「咨夫人曰」。

〔一六九〕「一」，乙、丙、丁、戊、庚本同，甲本脱。

〔一七〇〕「憂」，甲、乙、丙、丁、戊本同，庚本作「優」，「優」爲「憂」之借字。

〔一七一〕「遣」，甲、丙、丁本同，戊、庚本作「遶」。乙本此句作「夫人遂遶」。

〔一七二〕「令」，甲、乙、丙、戊、庚本同，丁本無，《敦煌變文集》認爲丙本原作「合」，據其他本校改作「令」。

〔一七三〕「免」，乙、丙、丁本同，甲、戊、庚本作「勉」，「勉」爲「免」之借字；「憂」，甲、乙、丙、丁、戊本同，庚本作「愁」。

〔一七四〕「批」，甲、乙、丙、丁、戊、庚本同，《敦煌變文校注》校改作「比」。

〔一七五〕「是日也」，據甲、丁、戊、庚本補，乙本作「是日」，丙本無。

〔一七六〕「張」，甲、丙、丁、戊、庚本亦脱，據乙本補；「筵」，甲、乙、丙、丁本同，戊本作「延」，「延」爲「筵」之借字。

〔一七七〕「行」，甲、乙、丙、丁、庚本同，戊本脱。

〔一七八〕「頻」，甲、乙、丙、丁、庚本同，當作「嬪」，《敦煌變文校注》據文義校改，「頻」爲「嬪」之借字。「頻妃從後」，甲、乙、丙、丁本同，戊本作「妃從後，便合太常作其吟詠」。

〔一七九〕「往」，甲、乙、丙、戊、庚本同，丁本作「王」，誤；「園」，甲、乙、丙、戊、庚本同，丁本脱。

〔一八〇〕「綵」，甲、丙、丁本同，乙本作「婇」，戊、庚本作「採」，誤；「頻」，甲、乙、丙、丁、庚本同，當作「嬪」，據戊本改，「頻」爲「嬪」之借字；「奏」，乙、丙、丁、戊、庚本同，甲本作「泰」，誤。

〔一八一〕「[土敢]」，丙本同，庚本作「勘」，當作「堪」，據甲、乙、丁、戊本改，《敦煌變文集》、《敦煌變文校注》將丙本釋作「堪」；「賞」，甲、丙、丁、戊本同，乙本作「上」，庚本作「償」，「償」爲「賞」之借字。

〔一八二〕「憂」，甲、乙、丙、丁本同，戊、庚本作「優」，「優」爲「憂」之借字；「色」，甲、乙、丙、丁、戊本同，庚本作「樹」。

〔一八三〕「中」，甲、丙、庚本同，丁本脱。乙本從「喜樂之次」至「吟」無，戊本從「喜樂之次」至「承接太子」一段作「巡至無優樹下，夫人舉手欲攀樹枝，枝條垂下，把得靈枝一機，從右脅而誕，不（又）奏吟詠」，庚本此句前有「便」字，此段置於「上從兜率降人間」吟詞之前。

〔一八四〕「臨」，甲、丁、庚本同，丙本脱。

〔一八五〕「遣」，丙本亦脱，據甲、丁、庚本補；「腰」，丙、丁、庚本同，甲本作「賈」，誤。

〔一八六〕「綵」，甲、丁、庚本作「採」，丙本作「禄」，誤。庚本於「承接太子」下有「此是王宮誕質相也」數字。

〔一八七〕「憂」，甲、乙、丙、丁本同，戊、庚本作「優」，「優」爲「憂」之借字；「華」，丙本同，甲、乙、丁、戊、庚本作「花」，「華」同「花」。

〔一八八〕「彼中緩步」，甲、丙、丁、庚本同，乙、戊本作「緩步彼中」。

〔一八九〕「諸」，丙本同，當作「枝」，據甲、乙、丁、戊、庚本改，「諸」爲「枝」之借字；「餘」，甲、乙、丙、戊、庚本同，丁本作「念」，當作「與」，據文義改，「餘」爲「與」之借字。

〔一九〇〕「神」，丙本同，甲、丁本作「向袖」，當作「袖」，據乙、戊、庚本改，《敦煌變文集》、《敦煌變文校注》將丙本逕釋作「袖」。從「袖中生」至「吟」，戊本作「當時百遼（僚）侍女圍繞匼匝，有一无（天）神自捧金盤承此太子，端然正立，欲求香湯與太子沐浴，便現九龍吐水，與太子沐浴，又奏偈曰」。

〔一九一〕「夫人」，甲、乙、丙、丁、庚本同，戊本作「大王」，誤；「已了」，甲、乙、丙、戊、庚本同，丁本脱。從「是時夫人誕生太子已了」至「唯我獨尊」，乙、戊、庚本置於下段吟詞之後。

〔一九二〕「其此太子」，丙本同，丙本原於行末與行首各書一「太」字，此應爲敦煌文書中常見的提行添字做法，後一

「太」字可不録，甲、乙、丁、戊、庚本脱。

〔一九三〕「步」，甲、丙、丁、戊、庚本同，乙本作「步了」。

〔一九四〕「捧足」，甲、乙、丙、丁本同，戊本脱。

〔一九五〕「一」，乙、丙、丁、戊、庚本同，甲本作「壹」；「指」，丙、戊、庚本同，甲、乙、丁本作「旨」，「旨」爲「指」之借字。

〔一九六〕「一」，乙、丙、丁、戊、庚本同，甲本作「壹」；「指」，丙、戊、庚本同，甲、乙、丁本作「旨」，「旨」爲「指」之借字。

〔一九七〕「唯」，乙、丙、丁、庚本同，甲本作「謂」，戊本作「爲」，「謂」、「爲」均爲「唯」之借字。丁本無下文「吟」及四句吟詞。

〔一九八〕「吟」，丙本同，甲、乙、丁、庚本脱。

〔一九九〕「來生」，丙本同，當作「生來」，據甲、丁、戊、庚本改。

〔二〇〇〕「吐」，丙本同，甲、丁、戊、庚本作「灑」；「早」，甲、丙、戊、庚本同，丁本脱；「貴」，甲本作「扠」，丁、庚本作「衩」，戊本作「竇」，當作「貫」，據丙本改。

〔二〇一〕「有」，甲、丙、丁、戊本同，據乙本當刪。

〔二〇二〕「聞之」，丙本亦脱，據甲、丁本補，乙、戊、庚本作「聞知」。

〔二〇三〕「輪」，甲、乙、丙、丁、戊本同，庚本作「龍」；「孫」，甲、丙本同，乙、丁、戊、庚本無。

〔二〇四〕「王」，甲、丙本同，乙、丁、戊、庚本作「往」，「往」爲「王」之借字。

〔二〇五〕「銀」，甲、乙、丙、丁、庚本同，戊本作「若是銀」；第二個「王」，甲、丙本同，乙、丁、戊、庚本作「往」，「往」爲「王」之借字。

〔二〇六〕第二個『王』，甲、丙本同，戊本脱，乙、丁、庚本作『往』，『往』爲『王』之借字。
〔二〇七〕第二個『王』，甲、丙本同，乙、丁、戊本作『往』，『往』爲『王』之借字。
〔二〇八〕『王』，甲、丙本同，乙、丁、戊、庚本作『往』，『往』爲『王』之借字；『一』，甲、乙、丙、戊、庚本同，丁本脱。
〔二〇九〕『爲』，丙、丁本同，當作『唯』，據甲、乙、戊、庚本改，『爲』爲『唯』之借字；『者』，甲、乙、丙、丁、庚本同，戊本作『寺』。
〔二一〇〕『心中不決』，據戊本補。
〔二一一〕『必取召』，丙本同，戊本作『須召』，乙本作『須』，庚本作『爭須召』，當作『必須召』，據甲、丁本改，戊、乙本亦可通。
〔二一二〕『由』，乙、丙、丁、戊、庚本同，甲本作『油』，『油』爲『由』之借字。
〔二一三〕『遂乃出勑』，丙本同，甲本作『遂及出勑』，丁本作『乃出勑』，乙、庚本作『遂遣牓示』，戊本作『遂遣出牓示』，《敦煌變文校注》認爲戊本作『遂遣牓示』，誤。
〔二一四〕『召』，甲、丙、丁、戊、庚本同，乙本作『名』，誤。
〔二一五〕『人』，丙本同，甲、乙、丁、戊、庚本脱；『揭』，甲、乙、丁、戊、庚本同，丙本作『楊』，誤；『勑』，甲、丙、丁本同，乙、戊、庚本作『牓』。
〔二一六〕『我』，甲、乙、丙、丁、庚本同，戊本作『吾』；『擅』，甲、丙本同，乙、庚本作『善』，丁本作『但』，戊本無；『上』，甲、乙、丁、戊、庚本作『解』，丙本作『上上』。
〔二一七〕『詔』，丙本同，甲、乙、丁、戊、庚本作『召』，『召』爲『詔』之借字。
〔二一八〕『阿斯陀』，甲、丙、丁、庚本同，乙本作『陀斯』，戊本作『阿私』；『詔』，甲、丙、戊、庚本同，乙、丁本作『召』，『召』爲『詔』之借字。

〔二一九〕『一子』，甲、乙、丁、戊本同，丙本作『一字』，庚本作『太子』。

〔二二〇〕『以』，甲、乙、丙、丁、戊、庚本同，當作『與』，《敦煌變文集》據文義校改，『以』爲『與』之借字；『人』，甲、丙、丁、戊、庚本同，乙本脱，《敦煌變文集》認爲丙本無『人』字，並據其他本補，誤。

〔二二一〕『是凡』，甲、乙、丙、戊、庚本同，丁本脱。

〔二二二〕『人』，丙本同，甲、乙、丁、戊本無；『與』，甲、乙、丁本同，丙本脱，戊本作『以』，『以』爲『與』之借字。

〔二二三〕『其』，丙本同，甲、乙、丁、戊、庚本無。

〔二二四〕『與』，甲、乙、丙、戊本同，丁本作『與以』，庚本作『以』，『以』爲『與』之借字。

〔二二五〕『仙人』，甲、乙、丙、戊本同，丁本脱。

〔二二六〕『王』，甲、乙、丙、戊本同，丁本脱；『淚』，甲、乙、丙、丁本同，戊本作『流』。庚本無此句。

〔二二七〕『人』，甲、丙、丁本同，乙、戊本作『者』，庚本作『人者』；『答』，丙本同，據甲、乙、丁、戊、庚本應爲衍文，當删；『曰』，丙本同，甲、乙、丁、戊、庚本脱。

〔二二八〕『貴』，甲、乙、丁、戊、庚本同，丙本作『貰』。

〔二二九〕『既言歡喜』，丙本同，甲、乙、丁、戊、庚本脱。

〔二三〇〕『人』，甲、丙、丁本同，乙、戊、庚本作『者』；『泣』，甲、乙、丁、戊、庚本同，丙本作『位』，《敦煌變文集》、《敦煌變文校注》將丙本逕釋作『泣』，誤；『雨』，丙本同，甲、乙、丁、戊、庚本作『流』，《敦煌變文集》認爲底本亦作『流』，誤。

〔二三一〕『此』，甲、乙、丁、戊、庚本同，丙本無；『孩子』，甲、乙、丙、丁本同，戊本作『太子』，庚本作『孩兒』；『不』，丙本同，甲、乙、丁、戊、庚本脱；『詔』，丙本同，甲、乙、丁、戊、庚本脱，當作『紹』，《敦煌變文校注》據文義校改；『世間』，丙本同，甲、乙、丁、戊、庚本脱。

〔二三二〕『得』，丙本同，甲、乙、丁、戊、庚本脱；『菩提』，甲、乙、丙、丁、庚本同，戊本脱。

〔二三三〕『緣不遇』，丙本同，甲、丁本作『緣不遇逢』，乙、戊本作『不逢遇』，庚本作『不遇逢』。

〔二三四〕『已』，甲、丙本同，乙、丁、戊本無。

〔二三五〕『奏』，乙、丙、丁、戊本同，庚本作『走』，『走』爲『奏』之借字，甲本作『泰』，誤。

〔二三六〕『答曰』，甲、丙、丁、戊、庚本同，乙本作『詠云，云云』。

〔二三七〕『吟』，丙、庚本同，甲、丁本作『吟詠詞』，戊本作『吟詠』，乙本無。

〔二三八〕『夜』，丙本同，當作『應』，據甲、乙、丁、戊、庚本改；『禎』，甲、丙、丁、戊、庚本同，乙本作『貞』，均可通。

〔二三九〕『是』，甲、乙、丙、戊本同，丁本作『事』，誤；『常』，甲、乙、丁、戊、庚本同，丙本脱。

〔二四〇〕『無上』，丙本同，甲、乙、丁、戊、庚本作『菩提』。

〔二四一〕『已』，甲、丙、丁、戊、庚本同，乙本無；『訖』，甲、乙、丙、戊、庚本同，丁本作『乞』，『乞』爲『訖』之借字。

〔二四二〕『仙人迴歸』，甲、乙、丙、丁、庚本亦脱，據戊本補。

〔二四三〕『其太子』，甲、乙、丙、丁、庚本亦脱，據戊本補；『漸漸』，甲、丙、丁、戊、庚本同，乙本作『漸』。戊本於『其太子』與『漸漸長大』之間標有小題『弟（第）四納妃相』五字。

〔二四四〕『伎』，乙、丙、戊、庚本同，甲、丁本作『遽』，《敦煌變文校注》認爲『遽』爲『伎』之借音字。

〔二四五〕『總』，甲、乙、丙、戊、庚本同，丁本無。

〔二四六〕「憂」，甲、乙、丙、丁、戊本同，庚本作「優」，「優」爲「憂」之借字；「不樂」，甲、丙、丁、庚本同，乙、戊本無。

〔二四七〕「問」，丙本同，當作「聞」，據甲、乙、丁、戊、庚本改，「問」爲「聞」之借字。

〔二四八〕「亦」，甲、乙、丙、戊、庚本同，丁本作「赤」，誤。

〔二四九〕「有」，丙本亦脱，據甲、乙、丁、庚本補；「計」，甲、乙、丙、丁、戊本同，庚本脱。

〔二五〇〕「卿有何計教」，甲、乙、丙、丁、庚本同，戊本作「大王又問臣有何計，諸臣奏曰」，且前文「臣啓大王，臣有計」二句無，《敦煌變文校注》認爲底本「卿」字作「臣」，誤。

〔二五一〕「遣」，甲、乙、丙、丁、庚本同，戊本脱；「取」，丙本亦脱，據甲、乙、丁、戊、庚本補；「伴」，乙、丙本同，甲、丁、戊、庚本作「半」，「半」爲「伴」之借字，《敦煌變文校注》認爲底本作「半」，誤；「人」，乙、丙、丁、戊、庚本同，甲本脱。

〔二五二〕「必合解」，甲、乙、丙、丁、庚本亦脱，據戊本補；「憂」，甲、乙、丙、丁、庚本亦脱，據文義補，戊本作「優」，「優」爲「憂」之借字，《敦煌變文集》據戊本補「憂」字，誤。

〔二五三〕「半」，甲、乙、戊、庚本同，當作「伴」，據丙本改，「半」爲「伴」之借字。丁本脱此句。

〔二五四〕「便」，甲、乙、丁、戊、庚本同，丙本作「使」，《敦煌變文集》、《敦煌變文校注》將丙本釋作「便」，誤；「伴」，丙、丁本同，甲、乙、庚本作「半」，戊本作「絆」，「半」、「絆」均爲「伴」之借字；「之人」，甲、丙、丁、庚本亦脱，據乙、戊本補。

〔二五五〕「遂」，甲、丙、丁本亦脱，據乙、戊本補，庚本作「道」，誤；「則」，甲、丙、丁本亦脱，據乙、戊、庚本補；「備」，丙本同，甲、乙、丁、戊、庚本作「批」，均可通。

〔二五六〕「便」，丙本同，甲、乙、丁、戊、庚本無，《敦煌變文校注》認爲底本無「便」字，誤；「與」，丙本亦脱，據甲、乙、丁、戊、庚本補。

〔二五七〕『説』，甲、乙、丙、丁、庚本同，戊本作『語』，均可通。

〔二五八〕『奏』，甲、乙、丙、丁、戊本同，庚本作『走』，『走』爲『奏』之借字。

〔二五九〕『與』，甲、丙本亦脱，據乙、丁、戊本補，《敦煌變文校注》認爲庚本亦有『與』字，按庚本此處殘缺，不能確定有其字。

〔二六〇〕『匠』，甲、乙、丁、戊、庚本同，丙本脱；『一金』，甲、丙、丁、戊本同，乙本作『一夫人』，庚本作『金』。

〔二六一〕『兒』，乙、丙、戊、庚本亦脱，據甲、丁本補。

〔二六二〕『及』，甲、乙、丙、戊、庚本同，丁本作『乃』，誤；『諸』，丙本同，當作『知』，據甲、乙、丁、戊、庚本改，『諸』爲『知』之借字。

〔二六三〕『兒』，甲、乙、丙、戊、庚本同，丁本作『如』，『如』爲『兒』之借字；『上』，甲、乙、丙、戊、庚本同，丁本脱。

〔二六四〕『聞』，甲、乙、丙、戊、庚本同，丁本作『問』，『問』爲『聞』之借字。

〔二六五〕『遺』，甲、乙、丙、戊、庚本同，丁本作『遺』，誤；『綵』，甲、乙、丙、丁、戊本同，庚本作『採』，『採』爲『綵』之借字。

〔二六六〕『在』，甲、丙、丁、戊、庚本同，乙本脱。

〔二六七〕『令』，甲、丙、丁、戊、庚本同，乙本脱，《敦煌變文集》認爲丙本作『合』，據底本、甲、戊、庚本校作『令』；『雲』，丙本同，甲、乙、丁、戊本脱。

〔二六八〕『自』，甲、乙、丙、丁、庚本同，戊本脱；『練』，丙本同，當作『揀』，據甲、乙、戊、庚本改，丁本作『諫』，誤。

〔二六九〕『於』，乙、丙、丁、戊、庚本同，甲本作『依』，『依』爲『於』之借字；『綵』，甲、乙、丙、丁、戊本同，庚本作『採』，『採』爲『綵』之借字；『上』，甲、乙、丙、庚本同，丁、戊本脱；『私』，丙本同，甲、乙、丁、戊、庚本作『思』，『思』爲『私』之借字。

〔二七〇〕『者』，丙本同，甲、乙、丁、戊、庚本無。

〔二七一〕『上有金』，丙本同，甲本作『上金』，乙、戊、庚本作『上』，丁本作『金』；『知』，丙本同，當作『之』，據甲、乙、丁、戊、庚本改，『知』爲『之』之借字。

〔二七二〕『婦』，甲、乙、丙、戊、庚本同，丁本作『父』，『父』爲『婦』之借字。

〔二七三〕『即』，甲、丙、丁本同，乙、戊、庚本作『是』；『婆』，甲、乙、丙、戊、庚本同，丁本作『波』，『波』爲『婆』之借字；『名』，甲、乙、丙、丁、庚本同，戊、庚本作『一名』。

〔二七四〕『名』，丙本亦脱，據甲、乙、丁、戊、庚本補。

〔二七五〕『望』，甲、乙、丙、戊本同，丁、庚本脱；『上』，丙本同，甲、乙、丁、戊、庚本無；『思』，丙本同，甲、乙、戊、庚本脱，當作『私』，據丁本改，『思』爲『私』之借字；『願』，據乙本補，甲、丙、丁、戊、庚本脱。

〔二七六〕『吟』，甲、丙、丁、戊、庚本同，乙本作『吟云云』，《敦煌變文校注》認爲乙本『云云』省略吟詞四句，按乙本實有吟詞。

〔二七七〕『結』，甲、乙、丁、戊、庚本同，丙本作『法』，誤。

〔二七八〕『妾』，甲、乙、丙、戊、庚本同，丁本脱；『敢』，甲、乙、丙、戊、庚本同，丁本脱。

〔二七九〕『輸』，甲、乙、丙、丁、庚本同，戊本作『殊』，均可通。

〔二八〇〕『輸』，甲、乙、丙、丁、庚本同，戊本作『殊』，均可通；『羅』，甲、乙、丙、丁本同，戊、庚本脱。

〔二八一〕『問』，乙、丙、戊本同，甲本作『聞』，『聞』爲『問』之借字，丁本脱。

〔二八二〕『夫人三從有則』，甲、乙、丙、庚本同，丁本作『夫人三從則』，戊本作『其女：夫人能行三從，我納爲妻，不能行者，迴歸亦得。耶殊陀羅問太子云：何名三從？婦女有則』。

〔二八三〕『及』，甲、丙、丁、戊、庚本同，乙本作『又』。

〔二八四〕『任從長子』，甲、乙、丙、丁、庚本同，戊本作『任從長子，此是三從。耶殊答云：邪（雅）合本情。既而從我』。

〔二八五〕『一交』，丙、丁、戊本同，甲、乙本作『交』，《敦煌變文校注》認爲戊本作『交』，誤，並疑『交』爲『勾』之借音字，『勾』同『句』。

〔二八六〕『夫』，甲、乙、丙、丁、庚本同，戊本作『大』，誤。

〔二八七〕『從你』，甲、乙、丙、丁、戊、庚本同，《敦煌變文校注》認爲丙本作『你從』，誤。

〔二八八〕『爭』，甲、乙、丁、戊、庚本同，丙本作『羊』，《敦煌變文校注》認爲丙本爲『爭』之俗字之訛。

〔二八九〕『是』，據甲、乙、丁、戊、庚本補。

〔二九〇〕『座』，甲、乙、丙、丁、戊、庚本同，《敦煌變文校注》校作『坐』，按『座』通『坐』，不煩校改。

〔二九一〕『太子行道』，甲、乙、丙、戊、庚本同，丁本脱。

〔二九二〕『坐』，丙本同，甲、乙、丁、戊、庚本作『座』，均可通。此句後戊本有小題『弟（第）五逾城出家相』。

〔二九三〕第二個『父王』，丙本同，應係衍文，據甲、乙、丁、戊、庚本當删；『至』，甲、丙、丁、戊、庚本同，乙本脱；『田』，甲、乙、丁、戊、庚本同，丙本作『国』，《敦煌變文校注》指出丙本『国』字係『田』字形訛。

〔二九四〕『政』，甲、丙、丁、戊本同，乙本作『王』，當作『正』，《敦煌變文集》據文義校改，『政』爲『正』之借字；『時人』，甲、丙、丁、戊、庚本同，乙本脱；『耕』，乙、丙、戊、庚本同，甲、丁本作『犂』。

〔二九五〕「蟲」，甲、乙、丙、丁本同，戊本作「裏田」，庚本作「田裏」。
〔二九六〕「鳴」，甲、丙、丁本同，當作「烏」，據乙、戊、庚本改；「深」，丙、丁本同，當作「噉」，據甲、乙、戊、庚本改，《敦煌變文集》、《敦煌變文校注》將丙本逕釋作「噉」，誤。
〔二九七〕「噉」，丙本同，丁本脱，當作「深」，據甲、乙、戊、庚本改，《敦煌變文集》、《敦煌變文校注》將丙本逕釋作「深」，誤。
〔二九八〕「有」，丙本同，當作「在」，據甲、乙、丁、戊、庚本改，《敦煌變文校注》認爲「有」爲「在」之形訛；「提」，甲、丙、丁本同，乙、戊、庚本脱。
〔二九九〕「而」，甲、乙、丙、丁、戊本同，庚本作「如」，「如」爲「而」之借字；「座」，丙、丁、戊本同，甲、乙、庚本作「坐」，《敦煌變文校注》將丙本校作「坐」，按「座」通「坐」，不煩校改。
〔三〇〇〕「念」，甲、乙、丙、丁、戊本同，庚本作「染」，誤。
〔三〇一〕「奏」，甲、乙、丙、丁、戊本同，庚本作「走」，「走」爲「奏」之借字。
〔三〇二〕「謀」，甲、乙、丙、戊、庚本同，當作「迷」，《敦煌變文校注》據文義校改，「謀」爲「迷」之借字。丁本止於此句之「宫」字。
〔三〇三〕「聞知」，甲、戊、庚本作「知」，乙本無，丙本作「問」，《敦煌變文集》、《敦煌變文校注》認爲丙本有「知」字，誤。
〔三〇四〕「遂」，甲、乙、丙、庚本同，戊本作「大王遂」；「被」，甲、乙、丙、戊、庚本同，《敦煌變文校注》校改作「鞁」；「朱」，底本原寫作「駯」，係涉下文的類化字；「騌」，乙、丙本同，甲本作「綜」，戊、庚本作「宗」，「綜」、「宗」均爲「騌」之借字。
〔三〇五〕「盲」，甲、丙本同，乙、戊、庚本作「忙」，當作「荒」，《敦煌變文校注》據文義校改，「盲」爲「荒」之借字。

〔三〇六〕『之』，丙、戊、庚本同，甲、乙本作『知』，『知』爲『之』之借字。

〔三〇七〕『怪』，甲、丙、戊、庚本同，乙本作『愕』。

〔三〇八〕『見』，當作『遣』，據甲、乙、丙、戊、庚本改，『見』爲『遣』之借字；『之』，丙、戊本同，甲、乙、庚本作『知』，『知』爲『之』之借字。

〔三〇九〕『産』，丙、戊本同，甲、乙、庚本作『生』，《敦煌變文校注》認爲戊本作『生』，誤；『婦』，甲、乙、丙、戊本同，庚本作『母』。戊本此句後有『生父』二字。

〔三一〇〕『常』，甲、乙、丙、庚本同，戊本脱。

〔三一一〕『忙』，甲、乙、丙、庚本同，戊本無；『諸』，丙本同，當作『之』，據甲、乙、戊、庚本改，『諸』爲『之』之借字；『事』，據甲、乙、戊、庚本補，丙本無。《敦煌變文校注》將『諸』字斷入下句，在『忙』後補『之事』二字。戊本此句前多『生者何由？此人答曰：無何，忽出號之爲生』十六字。

〔三一二〕『不是』，丙本同，甲本作『不是餘』，乙、庚本作『不餘』，戊本作『非不餘』，《敦煌變文校注》將丙本釋作『不餘』，又將『餘』校改作『唯』；『人』，甲、乙、丙、庚本同，戊本作『間』。

〔三一三〕『憂』，甲、乙、丙、戊本同，庚本作『優』，『優』爲『憂』之借字。

〔三一四〕『聞』，甲、丙、戊、庚本同，乙本脱。

〔三一五〕『觀』，甲、丙、戊、庚本同，乙本作『歡』，誤；『子』，甲、乙、丙、庚本同，戊本脱。

〔三一六〕『奏』，甲、乙、丙、戊本同，庚本作『走』，『走』爲『奏』之借字。

〔三一七〕『聞』，甲、乙、戊、庚本同，丙本作『門』，誤，《敦煌變文集》、《敦煌變文校注》將丙本逕釋作『聞』。

〔三一八〕『愁憂』，丙本同，甲、戊本作『憂愁』，乙本作『憂』，庚本作『優愁』。

〔三一九〕「更」，甲、乙、丙、庚本同，戊本作「人」，誤。

〔三二〇〕「百」，底本「百」字上有一筆劃，疑爲誤書，後寫正字「百」；「太子」，丙本亦脱，據甲、乙、戊、庚本補。

〔三二一〕「太子」，甲、乙、戊、庚本同，丙本脱。

〔三二二〕「愁憂」，乙、丙本同，甲、戊本作「憂愁」，庚本作「優愁」。

〔三二三〕「被」，甲、乙、丙、戊、庚本同，《敦煌變文校注》校改作「鞁」；「與」，甲、乙、丙、戊本同，庚本無，當作「於」，《敦煌變文校注》據文義校改，「與」爲「於」之借字；「騌」，丙本同，甲本作「綜」，乙、戊、庚本作「宗」，「綜」、「宗」均爲「騌」之借字；「白」，丙本亦脱，據乙、戊、庚本補，甲本作「自」，《敦煌變文校注》認爲甲本作「白」，誤。

〔三二四〕「爾」，甲、乙、丙本同，戊本脱。庚本此句作「忽」一字。

〔三二五〕「髮白」，甲、乙、丙本同，戊、庚本作「白髮」。

〔三二六〕「形」，甲、乙、丙、庚本同，戊本作「刑」，「刑」爲「形」之借字；「燋」，甲、乙、丙本同，戊、庚本無；「顇」，底本原寫作「焳」，係涉上文「燋」而類化，甲、丙本同，乙本作「炶」，戊本作「顇」的俗字「頚」，庚本作「焠」，《敦煌變文校注》指出「燋顇」同「憔悴」。

〔三二七〕「主」，甲、丙本同，乙、庚本作「柱」，當作「拄」，據戊本改，「主」爲「拄」之借字，《敦煌變文集》將丙本據乙、庚本校作「柱」，《敦煌變文校注》認爲戊本亦作「柱」。

〔三二八〕「人」，甲、乙、戊、庚本同，丙本脱。

〔三二九〕「人」，甲、乙、丙、庚本同，戊本脱。

〔三三〇〕「老人」，甲、丙、戊本同，乙、庚本無。

〔三三一〕「辯」，甲、丙本同，乙、庚本作「弁」，戊本作「便」，「弁」、「便」均爲「辯」之借字，《敦煌變文校注》將丙本校作「辨」，按「辯」有「判別」之意，不煩校改。

〔三三二〕「不」，甲、乙、丙、戊本同，庚本作「下」，誤。

〔三三三〕「欲」，甲、乙、丙、庚本同，戊本作「欲顧」。

〔三三四〕「雖」，丙本亦脱，據甲、乙、戊、庚本補，當作「須」，《敦煌變文校注》據文義校改；「是」，丙本亦脱，據甲、乙、戊、庚本補。「頭」，丙本同，應係衍文，據甲、乙、戊、庚本當刪。戊本此句下有「既稱道老，何故衣裳弊破？老人答曰貧」。

〔三三五〕「吟」，甲本同，乙本無「吟」字及其後之吟詞，丙本作「今」，誤，戊、庚本無。

〔三三六〕「小」，甲、丙本同，當作「少」，據戊、庚本改，《敦煌變文集》、《敦煌變文校注》將丙本逕釋作「少」，誤；「頻」，甲、丙、庚本同，戊本無。

〔三三七〕「不」，丙、戊、庚本同，甲本脱；「少」，戊、庚本同，甲、丙本作「小」，《敦煌變文集》、《敦煌變文校注》將丙本釋作「少」，誤。

〔三三八〕「此老老人不將去」，甲、丙、庚本同，戊本作「老人老亦不將起（去）」。

〔三三九〕「留」，甲、丙、庚本同，戊本作「流」，「流」爲「留」之借字。

〔三四〇〕「問」，甲、丙、戊、庚本同，乙本作「聞」，「聞」爲「問」之借字。

〔三四一〕「此」，甲、丙本同，戊、庚本作「是」；「人」，甲、丙、戊本同，庚本無；「一」，甲、乙、戊、庚本同，丙本無。乙本此句作「即是老一個」。

〔三四二〕「殿」，甲、丙、戊、庚本同，乙本作「陛」，誤；「尊」，甲、丙、戊本同，乙、庚本作「遵」，「遵」爲「尊」之借字；「高」，甲、丙、戊、庚本同，乙本脱，且無下文「老相亦復如是。太子聞已，愁憂不樂，郤歸宮中。父王聞道」。

〔三四三〕「相」，甲、丙、庚本同，戊本作「到至時」。
〔三四四〕「已」，甲、丙、戊本同，庚本作「與」，「與」爲「已」之借字。
〔三四五〕「歸」，丙、庚本同，甲、戊本作「歸迴入」；「宫中」，甲、丙、戊本同，庚本作「本宫」。
〔三四六〕「道」，甲、丙本同，戊、庚本無。
〔三四七〕「問」，丙本同，甲、乙、戊、庚本作「問太子」。
〔三四八〕「轉」，甲、乙、丙、戊本同，庚本作「愁」，誤。
〔三四九〕「知」，甲、乙、丙本同，戊本作「已如（知）」，庚本作「如」。
〔三五〇〕「名」，丙本同，當作「亦」，據甲、乙、戊、庚本改，《敦煌變文集》、《敦煌變文校注》將丙本逕釋作「亦」；「加愁」，丙本同，乙本無。戊本此句作「亦加不樂」，甲、庚本作「亦皆加不樂」。
〔三五一〕「悦」，丙本同，甲本作「喜」，乙、戊、庚本作「樂」。
〔三五二〕「止」，乙、丙、戊本同，甲、庚本作「至」，「至」爲「止」之借字。
〔三五三〕「又至明辰」，據戊本補。
〔三五四〕「被」，甲、乙、丙、戊、庚本同，《敦煌變文校注》校改作「鞁」；「於」，丙、戊本同，甲本脱，乙、庚本作「依」，「依」爲「於」之借字；「朱」，底本原寫作「駯」，係涉下文的類化字；「騌」，丙本同，甲本作「綜」，乙、戊、庚本作「宗」，「綜」、「宗」均爲「騌」之借字；「白馬」，乙、丙、戊本同，甲、庚本脱。
〔三五五〕「遣」，甲、丙本同，當作「向」，據乙、戊、庚本改；「於」，甲、乙、丙、戊、庚本同，《敦煌變文校注》校改作「依」；「觀」，甲、丙、戊本同，乙、庚本作「管」，誤。
〔三五六〕「觀」，甲、乙、丙、戊本同，庚本作「管」，「管」爲「觀」之借字。
〔三五七〕「置」，丙本同，當作「至」，據甲、乙、戊本改，「置」爲「至」之借字；「其」，丙本同，當作「甚」，據甲、乙、戊本改。

〔三五八〕『之』，甲、丙、戊、庚本同，乙本作『知』，『知』爲『之』之借字。

〔三五九〕『名』，甲、乙、戊本同，丙本作『於』，誤。

〔三六〇〕『成身』，甲、乙、丙、庚本亦脱，據戊本補。

〔三六一〕『調』，甲、乙、丙、戊本同，庚本作『條』，『條』爲『調』之借字。

〔三六二〕『則』，甲、乙、丙、戊本同，庚本無；『脈』，甲、乙、戊、庚本同，丙本作『欲』，誤。

〔三六三〕『病』，乙、丙、戊本同，甲本脱。

〔三六四〕『之』，丙本同，當作『諸』，據甲、乙、戊、庚本改，『之』爲『諸』之借字。

〔三六五〕『並』，甲、乙、丙、庚本同，戊本作『病苦』。

〔三六六〕『吟』，據文義補，甲、丙、庚本無，乙本無『吟』及四句吟詞，戊本作『爾時病人便説斷子』。

〔三六七〕『上卧』，丙本同，甲、戊、庚本作『枕上』，《敦煌變文校注》認爲乙本亦作『枕上』，並有此前之『牀』字，按乙本實無此句吟詞。

〔三六八〕『人』，甲、戊、庚本同，丙本無。此句戊本作『動轉要人扶』，庚本作『動轉要兩人扶』。

〔三六九〕『聞知』，甲、乙、戊本同，丙本作『聞之知』，庚本作『知聞』。

〔三七〇〕『便』，甲、乙、戊、庚本同，丙本作『但』。

〔三七一〕『知』，丙本同，甲、乙、戊、庚本作『來』。《敦煌變文校注》認爲甲、乙本此句作『王聞來』三字，按甲、乙本實作『大王聞來』。

〔三七二〕『憂』，丙本同，甲本作『憂愁』，乙、戊、庚本作『愁』。

〔三七三〕『遊行觀看』，丙本同，甲本作『遊觀看』，乙、庚本作『管遊』，戊本作『觀遊』，《敦煌變文校注》認爲戊本作『遊觀』，誤。

〔三七四〕『奏』，甲、乙、丙、戊本同，庚本作『走』，『走』爲『奏』之借字。

〔三七五〕『觀』，甲、丙、戊本同，乙、庚本作『管』，『管』爲『觀』之借字。

〔三七六〕『倍』，乙、丙、戊本同，甲本作『位』，誤；『瘦』，甲、乙、丙本同，戊本作『病』。

〔三七七〕『之』，丙本同，甲、乙本作『知』，『知』爲『之』之借字。戊本止於此句之『問』字。

〔三七八〕『餘』，丙本同，甲、乙、庚本作『人』。

〔三七九〕『倍』，丙本同，乙本作『付位』，當作『位』，據甲、庚本改。

〔三八〇〕『之』，甲、丙、庚本同，乙本作『知』，『知』爲『之』之借字。

〔三八一〕『人』，甲、乙、丙本同，庚本脱；『於』，丙本同，甲、乙、庚本作『依』，『依』爲『於』之借字。

〔三八二〕『太子』，據甲、乙、庚本補，丙本無。

〔三八三〕第一個『於』，甲、乙、丙、庚本同，《敦煌變文校注》校改作『依』；第二個『於』，丙本同，當作『行』，據甲、乙本改。

〔三八四〕『一人』，甲、丙本同，乙、庚本脱。

〔三八五〕『胮』，乙、丙本同，甲、庚本作『膖』；『壞』，甲、乙、丙本同，庚本作『懷』，『懷』爲『壞』之借字。甲本『壞』下有『在於荒交』，乙本『壞』下有『在於荒郊』四字，庚本下有『在於□□』四字，《敦煌變文集》認爲甲、庚本『壞』下有『在於荒郊』四字，按甲本最後一字實作『交』，庚本最後兩字殘缺，不能確爲『荒郊』。

〔三八六〕『喚』，甲、丙本同，乙本作『問』，庚本作『遣』；『問』，甲、丙、庚本同，乙本脱；『之』，甲、丙本同，乙、庚本作『知』，『知』爲『之』之借字。

〔三八七〕『何人』，甲、乙、丙本同，庚本脱。
〔三八八〕『王』，丙本同，當作『主』，據甲、乙、庚本改，《敦煌變文集》、《敦煌變文校注》將丙本逕釋作『主』。
〔三八九〕『何名死人』，甲、丙本亦脱，據乙、庚本補。
〔三九〇〕『一個人』，丙本同，甲本作『一個人有』，乙、庚本作『人一個』。
〔三九一〕『吟』，據文義補，甲、乙、丙、庚本無。
〔三九二〕『煞』，甲、乙、丙、庚本同，《敦煌變文校注》釋作『殺』，雖義通而字誤；『頭』，甲、丙、庚本同，乙本作『額』。
〔三九三〕『之』，丙本亦脱，據甲、乙、庚本補，《敦煌變文集》、《敦煌變文校注》將丙本逕釋作『之』，誤；『身』，甲、丙、庚本同，乙本作『人』。
〔三九四〕『聞』，丙本同，甲、庚本作『見』。乙本此句作『太子見死相之人』。
〔三九五〕『卻』，甲、乙、庚本同，丙本作『刼』，誤，《敦煌變文集》、《敦煌變文校注》將丙本逕釋作『卻』。
〔三九六〕『聞』，丙本同，甲、乙、庚本作『聞道』；『宫』，甲、丙、庚本同，乙本無。
〔三九七〕『交』，甲、乙、丙、庚本同，當作『教』，據文義改，『交』爲『教』之借字。
〔三九八〕『太子』，據文義補，甲、乙、丙本無。
〔三九九〕『大』，甲、丙本同，乙、庚本作『父』。
〔四〇〇〕『大王』，據甲、庚本補，乙、丙本無。
〔四〇一〕『爲』，甲、丙本同，乙、庚本作『若』；『脱』，丙本同，甲本作『悦』，當作『説』，據乙、庚本改；『憂』，丙本同，當作『愛』，據甲、乙、庚本改。
〔四〇二〕『某』，甲、丙本同，據乙、庚本當删，《敦煌變文集》、《敦煌變文校注》逕删丙本『某』字。

〔四〇三〕「爲」，甲、丙本同，乙、庚本作「若」；「説」，甲、乙、庚本同，丙本作「脱説」，誤。
〔四〇四〕「驅驅猶爲子身」，甲、丙本亦脱，據乙本補，庚本作「驅驅猶爲子此身」。
〔四〇五〕「墮落五道三塗」，甲、丙本亦脱，據乙本補。
〔四〇六〕「皆是爲男爲女」，甲、丙本亦脱，據乙、庚本補。
〔四〇七〕「珍」，甲、丙、庚本同，乙本作「七」。
〔四〇八〕「不」，甲、乙、庚本同，丙本脱。
〔四〇九〕「裏也能潘」，乙、丙本同，甲本作「令耶能伴」，庚本作「裏耶能伴」。
〔四一〇〕「實難潘」，丙本同，甲本作「實不難泮」，乙本作「招難潘」，《敦煌變文校注》認爲甲本「泮」爲「難」之改字。
〔四一一〕「須」，丙本同，甲本作「燃」，乙、庚本作「然」，當作「雖」，《敦煌變文校注》據文義校改，「須」爲「雖」之借字，《敦煌變文校注》認爲甲本作「須」，誤；「然」，丙本同，甲、乙、庚本作「須」，《敦煌變文校注》認爲甲本作「燃」，誤；「你」，丙本同，庚本作「示」，當作「爾」，據甲、乙本改；「名」，甲、丙本同，當作「多」，據乙、庚本改；「愛」，甲、丙、庚本同，乙本作「憂」，誤。
〔四一二〕「福」，丙本同，當作「罪」，據甲、庚本改；「家」，丙本同，甲、庚本無。乙本此句作「自身作罪自身當」。
〔四一三〕「娘」，丙本同，甲、乙、庚本作「孃」，均可通。
〔四一四〕「且」，甲、丙本同，乙、庚本作「者」；「體」，丙本同，當作「替」，據甲、乙、庚本改，「體」爲「替」之借字；「娘」，丙本同，甲、乙、庚本作「孃」，均可通。
〔四一五〕第二個「自」，甲、丙本同，乙本作「自身」。
〔四一六〕「怨」，甲、乙、庚本同，丙本作「愁」；「子」，丙本同，當作「與」，據甲、庚本改。「妻與兒」，乙本作「與妻兒』。

〔四一七〕『家』，丙本同，甲、乙、庚本作『人』。

〔四一八〕『子妻及兒』，甲、丙本同，乙本作『妻益妻』，庚本作『妻兒』。

〔四一九〕『我』，甲、丙本同，乙、庚本作『那』；『緣』，甲、乙、庚本同，丙本作『浮』，《敦煌變文校注》認爲『浮』爲『緣』之草書之訛。

〔四二〇〕『努』，丙本同，當作『怒』，據甲、乙、庚本改，『努』爲『怒』之借字。

〔四二一〕『煞』，甲、乙、丙、庚本同，《敦煌變文校注》釋作『殺』，雖義通而字誤；『你』，甲、丙本同，乙、庚本無。

〔四二二〕『任君』，甲、乙、丙本同，庚本作『君王』；『眷』，乙、丙、庚本同，甲本作『卷』，『卷』爲『眷』之借字；『儸』，乙、丙本同，甲、庚本作『羅』，『羅』爲『儸』之借字。

〔四二三〕『黑繩繫項』，甲、乙、庚本同，丙本作『里澠系須』，誤，《敦煌變文集》、《敦煌變文校注》認爲丙本『里』作『黑』，亦誤；『牽』，甲、丙、庚本同，乙本作『索』。

〔四二四〕『地』，甲、乙本同，丙本作『他』，誤；『裹』，甲、丙本同，乙、庚本無；『交』，甲、乙、丙、庚本同，當作『教』，《敦煌變文校注》據文義校改，『交』爲『教』之借字；『度』，甲、乙本同，丙本作『座』，庚本作『舍裹度』，《敦煌變文校注》認爲庚本作『度舍裹』，誤。

〔四二五〕『你』，甲、丙、庚本同，乙本無；『儸』，甲、乙、丙本同，庚本作『羅』，『羅』爲『儸』之借字；『憐天』，丙本同，當作『陵天』，據甲、乙、庚本改，乙本作『天陵』。

〔四二六〕『郡』，乙、丙、庚本同，甲本作『群』，誤；『莊』，甲、乙、丙本同，庚本作『産』。

〔四二七〕『待』，丙本同，當作『待』，據甲、乙、庚本改，《敦煌變文集》認爲底本作『待』，誤；『人』，丙本同，乙本作『時』，當作『身』，據甲、庚本改。

〔四二八〕「男」，甲、乙、庚本同，丙本作「男子」，誤；「擬」，丙本同，甲、乙、庚本作「義」，「義」爲「擬」之借字。

〔四二九〕「右」，甲、乙、丙本同，庚本作「存」，當作「有」，《敦煌變文校注》據文義校改，「右」爲「有」之借字；「取」，甲、丙本同，乙、庚本作「要」；「畔」，甲、乙、丙本同，庚本作「伴」，「伴」爲「畔」之借字。

〔四三〇〕「莫疑」，丙本同，甲本作「真擬」，當作「直擬」，據乙本改，《敦煌變文校注》認爲甲本作「真疑」，誤；「西」，甲、乙、庚本同，丙本作「面」，誤。

〔四三一〕「徒」，甲、丙、庚本同，乙本脱；「造」，甲、乙、庚本同，丙本作「遣」。

〔四三二〕「你」，甲、乙、庚本同，丙本作「作」，誤；「黄」，甲、丙、庚本同，乙本作「皇」，「皇」爲「黄」之借字。

〔四三三〕「被」，甲、乙、丙、庚本同，《敦煌變文校注》校改作「鞁」；「朱」，底本原寫作「騃」，係涉下文的類化字；「騌」，丙本同，甲本作「綜」，乙、庚本作「宗」，「綜」、「宗」均爲「騌」之借字。

〔四三四〕「去」，丙本同，甲、乙、庚本脱。

〔四三五〕「或」，甲、乙、丙、庚本同，《敦煌變文校注》校改作「忽」。

〔四三六〕「祥」，甲、丙、庚本同，乙本作「庠」，「庠」爲「祥」之借字；「序」，丙本亦脱，據甲、乙、庚本補。

〔四三七〕「真」，甲、丙本同，乙、庚本作「直」。

〔四三八〕「問」，甲、乙、丙本同，庚本作「聞」，「聞」爲「問」之借字。

〔四三九〕「是」，甲、乙、庚本同，丙本作「事」，「事」爲「是」之借字。

〔四四〇〕「諸」，甲、丙本同，乙本作「之」，「之」爲「諸」之借字。

〔四四一〕「架」，甲、乙、庚本同，丙本作「桀」，誤。

〔四四二〕「生」，丙本同，甲、乙、庚本作「在」。

〔四四三〕「非常喜悦」，丙本同，甲、乙本作「歡喜非常」。

〔四四四〕「急」，丙本同，甲、乙本作「速」。

〔四四五〕「便問三寶」，丙本亦脱，據甲、乙、庚本補，《敦煌變文集》認爲底本有此四字，誤。

〔四四六〕「知」，丙本同，當作「之」，據甲、乙本改，「知」爲「之」之借字。甲、庚本此句作「汝師是誰？誰之弟子」，乙本作「汝師是誰之弟子」，《敦煌變文校注》認爲甲本「汝師」作「汝」，誤。

〔四四七〕「四」，甲、丙本同，乙本作「死」，誤；「之」，據甲、乙、庚本補，丙本無。

〔四四八〕「便問」，甲、乙、丙本同，庚本脱。

〔四四九〕「何」，丙本亦脱，據甲、乙本補。

〔四五〇〕「悍」，甲、丙本同，乙本作「捍」，「捍」爲「悍」之借字；「勞」，乙、丙本同，甲本作「牢」，「牢」爲「勞」之借字。

〔四五一〕「益」，甲、乙、庚本同，丙本作「蓋」，誤。

〔四五二〕「當」，丙本同，甲、乙本無。乙本此句作「便歡喜」。

〔四五三〕「道」，丙本同，甲、乙、庚本無；「入」，丙本同，甲、乙本作「歸宮」。此句庚本作「父王聞父王作宮」，《敦煌變文校注》認爲庚本「作宮」作「歸宮」。

〔四五四〕「人」，丙本同，甲、乙、庚本作「宮人」；「觀」，甲、乙、庚本同，丙本作「歡」，誤，《敦煌變文集》、《敦煌變文校注》將丙本釋作「觀」；「占」，甲、乙、丙、庚本同，當作「瞻」，據文義改，「占」爲「瞻」之借字；「已」，甲、乙本同，丙本無，當作「與」，《敦煌變文校注》據文義校改，「已」爲「與」之借字；「不喜」，甲、乙本同，丙本無。

〔四五五〕「大王」，甲、乙本同，丙本無。

〔四五六〕「太子」，乙、丙本同，甲本作「太子太子」。

〔四五七〕「悦」，甲、乙、庚本同，丙本作「説」，「説」同「悦」。

〔四五八〕「陀羅」，甲、丙本同，乙本脱。

〔四五九〕「無」，甲、乙本同，丙本作「元」，誤，《敦煌變文集》、《敦煌變文校注》將丙本釋作「無」。

〔四六〇〕「王」，丙本同，甲、庚本作「門王」，乙本作「王門」，誤；「於」，丙本同，甲本作「依」，乙本作「伊」，「依」、「伊」均爲「於」之借字。

〔四六一〕「遣」，乙、丙、庚本同，甲本脱；「被」，甲、乙、丙、庚本同，《敦煌變文校注》校改作「鞁」；「於」，丙、庚本同，甲本作「依」，乙本作「衣」，「依」、「衣」均爲「於」之借字；「朱」，底本原寫作「駯」，係涉下文的類化字；「騌」，丙本同，甲本作「綜」，乙、庚本作「宗」，「綜」、「宗」均爲「騌」之借字。

〔四六二〕「便擬」，底本背面止於此二字，下文接抄於正面。

〔四六三〕「了」，甲、乙本同，丙本作「之」，《敦煌變文校注》認爲「之」應讀作「知」，與「了」同義。

〔四六四〕「身」，甲、丙本同，乙本作「一身」。

〔四六五〕「採」，丙、庚本同，乙本作「菜」，當作「綵」，據甲本改，「採」、「菜」均爲「綵」之借字，《敦煌變文校注》認爲底本作「綵」，誤。

〔四六六〕「苦」，甲、乙、丙、庚本同，《敦煌變文集》將丙本釋作「若」校作「苦」；「砌」，甲本同，乙、庚本作「切」，丙本作「物」，《敦煌變文集》認爲甲本作「切」；「嚎」，丙本同，甲、乙、庚本作「難」，誤；「咷」，甲、丙本同，乙、庚本作「桃」，「桃」爲「咷」之借字。

〔四六七〕「有」，甲、丙本同，乙本作「又」，「又」爲「有」之借字。

〔四六八〕「無留念」，甲、乙本作「無留別」，丙本作「念」。

〔四六九〕『留』，甲、丙本同，乙本無；『一』，據甲、乙本補，丙本無，《敦煌變文集》、《敦煌變文校注》將丙本逕釋作『一』，誤；『辨』，甲、乙本作『辦』，丙本作『辯』，當作『瓣』，《敦煌變文集》據文義校改，『辨』、『辯』均爲『瓣』之借字。

〔四七〇〕『告』，甲、乙本同，丙本作『生』，誤；『於』，甲本作『依』，乙本作『伊』，丙本脱，『依』、『伊』均爲『於』之借字。

〔四七一〕『太子』，丙本亦脱，據甲、乙本補。

〔四七二〕『天』，丙本同，甲本作『天門』，乙本作『門』。

〔四七三〕『即』，甲、丙、庚本同，乙本作『卻』，誤；『違』，丙本同，當作『逾』，據甲、乙、庚本改。

〔四七四〕『以』，甲、丙本同，乙、庚本作『位』，誤；『即』，丙本同，甲、乙、庚本作『卻』，誤。

〔四七五〕『其』，甲、乙、庚本同，丙本作『共』，誤；『胤』，甲、丙本同，乙本作『引』，誤，當作『孕』，《敦煌變文集》據文義校改，『胤』爲『孕』之借字。

〔四七六〕『某』，甲、丙本同，乙本無。

〔四七七〕『一』，丙本同，甲、乙、庚本無。

〔四七八〕『須』，據乙本補，甲、丙、庚本無；『隨』，甲、丙、庚本同，乙本無。

〔四七九〕『臨』，甲、乙、庚本同，丙本作『牒』，誤。

〔四八〇〕『著』，甲、丙本同，乙本脱。

〔四八一〕『綵』，甲、乙本同，丙本作『緑』，誤；『女』，丙本亦脱，據甲、乙本補；『婚』，丙本同，當作『昏』，據甲、乙本改，『婚』爲『昏』之借字，《敦煌變文集》、《敦煌變文校注》將丙本逕釋作『昏』，誤。

〔四八二〕『忖』，丙本亦脱，據乙本補，甲、庚本作『寸』，《敦煌變文集》將丙本據甲、乙本補作『忖』，按甲本實作

「寸」。

〔四八三〕「門」，丙本同，甲、乙、庚本無；「道」，丙本同，甲、乙本作「道修行」，庚本作「道行」。

〔四八四〕「努」，丙本同，當作「怒」，據甲、乙、庚本改，「努」爲「怒」之借字。

〔四八五〕「士」，甲、丙、庚本同，乙本脱。

〔四八六〕「火」，甲、丙、庚本同，乙本作「大」。

〔四八七〕「及」，丙本同，甲、乙本作「與」。

〔四八八〕「是」，甲、乙、丙本同，庚本無；「之」，甲、丙、庚本同，乙本無；「孩」，甲、丙本同，乙本作「子」，當作「孫」，據庚本改，《敦煌變文集》將丙本據乙本校作「孫」，誤；「子」，甲、丙、庚本同，乙本作「孫」。

〔四八九〕「令」，甲本同，乙、庚本作「靈」，丙本作「令推」，「靈」爲「令」之借字，「推」字衍。

〔四九〇〕「去」，甲、乙、丙本同，庚本作「其」；「兒」，甲、丙、庚本同，乙本作「子」。

〔四九一〕「新婦」，丙本亦脱，據甲、乙本補。

〔四九二〕「甚」，乙、丙、庚本同，甲本作「發願甚」，《敦煌變文校注》認爲甲本作「發願」，誤。

〔四九三〕「卻」，甲、丙本同，乙本作「可」；「大」，甲、丙本同，乙本脱。庚本此句作「去笑也大其中也大其」。

〔四九四〕「雪」，甲、丙本同，乙本作「靈」。

〔四九五〕「者」，甲、丙本同，乙本無；「可」，甲、乙、丙本同，庚本作「耳」，誤。

〔四九六〕「交」，甲、丙、庚本同，當作「教」，《敦煌變文校注》據文義校改，「交」爲「教」之借字；「孤」，丙本同，甲、庚本作「辜」，均可通；「一」，丙、庚本同，甲本作「倚」。乙本脱此句。

〔四九七〕「并及」，甲本作「并與」，乙本作「及」，丙本作「及以」；「兒」，甲、丙本同，乙本作「子」。

〔四九八〕「火」，甲、丙、庚本同，乙本作「火坑」。

〔四九九〕『推入火』，丙、庚本同，甲本作『堆入火』，乙本作『入』，『堆』字誤。
〔五〇〇〕『火』，甲、丙、庚本同，乙本脱；『汝』，甲、丙本同，當作『以』，據乙、庚本改，『汝』爲『以』之借字。
〔五〇一〕『之』，甲、丙本同，乙本無。
〔五〇二〕『梥』，甲、丙本同，當作『朵』，據乙本改，『梥』爲『朵』之借字，《敦煌變文校注》認爲『梥』爲『朵』之俗字。
〔五〇三〕『座』，甲、乙、丙、庚本同，《敦煌變文校注》校改作『坐』，按『座』通『坐』，不煩校改；『一』，甲、乙、庚本同，丙本作『壹』，《敦煌變文集》、《敦煌變文校注》將丙本釋作『一』；『朵』，乙本同，甲、丙、庚本作『梥』，『梥』爲『朵』之借字。
〔五〇四〕『士』，乙、丙、庚本同，甲本作『仕』，『仕』爲『士』之借字。
〔五〇五〕『推入火坑』，據甲、乙、丙本補。底本從此句開始又接抄於背面。
〔五〇六〕『並燒不』，據甲、乙、丙本補；『煞』，甲、乙、丙本同，《敦煌變文校注》釋作『殺』，雖義通而字誤。
〔五〇七〕『孩』，乙、丙本同，當作『孫』，據甲、庚本改。
〔五〇八〕『則』，甲、丙本同，乙本無，庚本作『便』；『婦近前』，據甲、乙、丙本補。
〔五〇九〕『即知』，據甲、乙本補，丙本脱；『新婦』，甲、乙本同，丙本脱。
〔五一〇〕『便』，據甲、乙本補，丙本無；『父』，甲、乙、丙本同，庚本作『大』。
〔五一一〕『亦』，甲、丙、庚本同，乙本作『之』，誤。
〔五一二〕『新婦既去』，據甲、乙、丙、庚本補，《敦煌變文集》認爲庚本『既』作『即』，誤。
〔五一三〕『亦』，甲、丙本同，乙本作『之』，誤；『連留』，甲、丙本同，當作『留連』，據乙本改。
〔五一四〕『乃』，甲、丙本同，乙本無。

〔五一五〕「吟」，據甲、乙、丙、庚本補。

〔五一六〕「夫人」，據甲、乙、丙、庚本補；「陽」，甲、乙、庚本同，丙本作「楊」，「楊」爲「陽」之借字，《敦煌變文校注》認爲乙本作「雲陽」，誤。

〔五一七〕「是」，丙本同，甲、乙本作「事」，「事」爲「是」之借字；「蓮」，甲、丙本同，乙本作「連」，「連」爲「蓮」之借字。

〔五一八〕「李」，乙、丙本同，甲、庚本作「梨」，「梨」爲「李」之借字。

〔五一九〕「鉗」，甲、乙、丙、庚本同，當作「紺」，《敦煌變文校注》據文義校改。

〔五二〇〕「水」，甲、丙本同，乙本作「行」，誤；「資」，甲、丙本同，當作「玆」，據乙本改，「資」爲「玆」之借字。

〔五二一〕「墔」，甲、丙本同，當作「摧」，據乙本改，「墔」爲「摧」之借字，《敦煌變文集》、《敦煌變文校注》將丙本逕釋作「摧」。

〔五二二〕「努」，甲、乙本同，丙本作「弩」，「弩」爲「努」之借字；「從」，甲、丙本同，乙、庚本作「修」；「聖道」，甲、丙、庚本同，乙本作「道聖」。

〔五二三〕「慵」，甲、丙、庚本同，乙本作「懅」；「讒」，甲、丙、庚本同，當作「饞」，據乙本改，「讒」爲「饞」之借字；「擎」，丙本同，甲、乙、庚本作「掣」。

〔五二四〕「往」，甲、丙本同，乙本無，庚本作「便」。

〔五二五〕「亦隨」，甲、丙、庚本同，乙本作「之次」，誤；「修」，丙本亦脱，據甲、乙、庚本補。

〔五二六〕「呼」，甲、乙、丙本同，庚本作「乎」，「乎」爲「呼」之借字。

〔五二七〕「得」，丙、庚本同，甲、乙本脱。

〔五二八〕「睺」，乙、丙本同，甲、庚本作「候」，「候」爲「睺」之借字，《敦煌變文集》、《敦煌變文校注》將丙本釋作

『睺』；『密』，乙、丙本同，甲、庚本作『蜜』。底本背面至此止，下文接書於正面，横書。

〔五二九〕第二個『知』，甲、丙、庚本同，乙本脱。

〔五三〇〕庚本與底本相同内容止於此句之『我』字，庚本此句後有大段歌吟及《悉達太子讃》一首。

〔五三一〕乙本與底本相同内容止於此句，乙本此句後有六行文字。

〔五三二〕『一』，丙本作『壹』。甲本無此句。

〔五三三〕『知』，丙本亦脱，據甲本補。

〔五三四〕『極』，據甲本補，丙本無。甲本此後有題記『長興伍年甲午歲八月十九日蓮臺寺僧洪福寫記諸（之）耳。僧惠定池（持）念讀誦，知人不取』。

參考文獻

《敦煌變文集》（上），北京：人民文學出版社，一九五七年，二八五至三一六頁（録）；《敦煌寶藏》一八册，臺北：新文豐出版公司，一九八一年，五四一至五四四頁（圖）；Mair, *Chinoperl Papers*, No. 10（1981）, p. 51（録）；《英藏敦煌文獻》四卷，成都：四川人民出版社，一九九一年，六二至六七頁（圖）；《敦煌變文集新書》，臺北：文津出版社，一九九四年，四九七至五三四頁（録）；《敦煌佛學·佛事篇》，蘭州：甘肅民族出版社，一九九五年，一四一至一四三頁（録）；《敦煌變文校注》，北京：中華書局，一九九七年，四三四至四六七頁（録）。

圖書在版編目（CIP）數據

英藏敦煌社會歷史文獻釋録．第11卷/郝春文等編著．
—北京：社會科學文獻出版社，2014.8
（敦煌社會歷史文獻釋録．第1編）
ISBN 978-7-5097-5825-0

Ⅰ.①英…　Ⅱ.①郝…　Ⅲ.①敦煌學-文獻-注釋
Ⅳ.①K870.6

中國版本圖書館CIP數據核字（2014）第058655號

敦煌社會歷史文獻釋録　第一編
英藏敦煌社會歷史文獻釋録　第十一卷

編　　著／郝春文　王秀林　陳于柱　韓　鋒
　　　　　宋雪春　聶志軍　杜立暉

出 版 人／謝壽光
出 版 者／社會科學文獻出版社
地　　址／北京市西城區北三環中路甲29號院3號樓華龍大廈
郵政編碼／100029

責任部門／人文分社（010）59367215　　責任編輯／魏小薇
電子信箱／renwen@ssap.cn　　責任校對／陳晓永
項目統籌／宋月華　魏小薇　　責任印製／岳　陽
經　　銷／社會科學文獻出版社市場營銷中心（010）59367081　59367089
讀者服務／讀者服務中心（010）59367028

印　　裝／北京鵬潤偉業印刷有限公司
開　　本／889mm×1194mm　1/32　　印　　張／16.75
版　　次／2014年8月第1版　　字　　數／362千字
印　　次／2014年8月第1次印刷
書　　號／ISBN 978-7-5097-5825-0
定　　價／59.00圓